CORPVS SCRIPTORVM ECCLESIASTICORVM LATINORVM

EDITVM CONSILIO ET IMPENSIS
ACADEMIAE SCIENTIARVM AVSTRIACAE

VOL. LXXXI:

AMBROSIASTRI QVI DICITVR COMMENTARIVS IN EPISTVLAS PAVLINAS

PARS II

IN EPISTVLAS AD CORINTHIOS

RECENSVIT
HENRICVS IOSEPHVS VOGELS

VINDOBONAE
HOELDER-PICHLER-TEMPSKY
MCMLXVIII

CORPVS SCRIPTORVM ECCLESIASTICORVM LATINORVM

EDITVM CONSILIO ET IMPENSIS
ACADEMIAE SCIENTIARVM AVSTRIACAE

VOL. LXXXI

AMBROSIASTRI QVI DICITVR COMMENTARIVS IN EPISTVLAS PAVLINAS

PARS II

IN EPISTVLAS AD CORINTHIOS

RECENSVIT

HENRICVS IOSEPHVS VOGELS

VINDOBONAE
HOELDER-PICHLER-TEMPSKY
MCMLXVIII

AMBROSIASTRI QVI DICITVR COMMENTARIVS IN EPISTVLAS PAVLINAS

PARS SECUNDA

IN EPISTVLAS AD CORINTHIOS

RECENSVIT

HENRICVS IOSEPHVS VOGELS

VINDOBONAE
HOELDER-PICHLER-TEMPSKY
MCMLXVIII

VINDOBONAE
Ex universitatis Vindobonensis officina typographica
Adolphi Holzhausen Successorum

INDEX

AD LECTOREM

Commentarii in epistulas ad Corinthios H. J. Vogels duas recensiones discernendas cognovit, quae quidem minus inter se differant quam recensiones commentarii in epistulam ad Romanos. Cum editor ipse ultimam limam operi adhibere non potuisset, Vincentius Bulhart editionis curam suscepit adiutusque a Leopoldina Swoboda non utriusque recensionis textum separatim typis exscribere voluit, sed, quae auctor, recensionem priorem leviter retractans, mutavit vel addidit, cancellis adnotavit. Vincentio Bulhart mortuo textui et apparatui critico perficiendo summam curam iterum adhibuit Michaela Zelzer.

Rudolphus Hanslik

Conspectus Codicum

Recensionis prioris (α):

N = cod. Monacensis 6265, saec. IX
K = cod. Coloniensis (Köln) 34, saec. X
V = cod. Vaticanus 4919, saec. XI
Π = consensus codd. NKV

E = cod. Caroliruhensis Aug. CVIII, saec. IX
T = cod. Tricassensis (Troyes) 432, saec. IX/X
L = cod. Oxoniensis Bodl. Lyell Empt. 9, saec. XIV

Recensionis posterioris (γ):

C = cod. Casinensis 150, saec. VI$^{med.}$
W = cod. Fuldensis A a 18, saec. IX
G = cod. Sangallensis 101, saec. IX
P = cod. Parisinus 13339, saec. IX
D = cod. Parisinus 1759, saec. IX^{in}
A = cod. Ambianensis (Amiens) 87, ca. a. 800

Hi codices descripti sunt in parte I, p. XLII sqq. Textum recensionis α codd. NKV tradunt; codd. ETL medium quendam locum obtinent et lectiones recensionis α proprias et addidamenta recensionis γ praebentes.

Includimus cancellis his:

⌊ ⌋ quae sola in recensione α leguntur
( ) quae in recensione γ mutantur
{ } quae in recensione γ adduntur

Quaest. Quaestiones Veteris et Novi Testamenti ed. A. Souter (CSEL vol. 50)

AD CORINTHIOS

AD CORINTHIOS PRIMA

⟨Argumentum⟩

1. Praecepto domini admonitus apostolus resedit apud Corinthios annum et menses sex docens inter eos verbum dei. hinc est unde magna cum fiducia et caritatis affectu agit cum eis, aliquando commonens, aliquando arguens, aliquando blandiens ut filiis. **2.** nam multae causae sunt propter quas scribit ad eos. quarum prima haec est, quod more hereticorum dissentientes ab invicem hominibus devoti Pauliani et Petriani et Apolloniaci dici volebant, non Christiani, quos (quod) valde exprobrat apostolus. erant tamen inter eos, qui ab his dissentirent Christo soli dicati. **3.** secunda haec est, quia ⌊de⌋ eloquentia delectari coeperant et terrena filosofia, ut sub nomine Christi his inbuerentur, quae contraria sunt fidei. tertia, eo quod inflati essent, quod non iret ad illos apostolus. quarta propter fornicatorem ⌊fratrem⌋, quem inter se esse patiebantur. quinta, ut con-

---

2 *cf.* Act. 18, 11

---

prologum Marcioniticum praem. ΠE: corinthii achaici (achaii *K*) sunt (enim sunt achaici *E*). et hi similiter ab apostolis audierunt uerbum ueritatis. et hi subuersi multifarie (-a *Π*) a falsis (a f. *om. Π*) apostolis, quidam a philosophiae uerbosa eloquentia, alii ad sectam legis iudaicae (iudeae *N*) inducti. hos reuocat apostolus ad ueram et euangelicam sapientiam scribens ab epheso per timotheum. (*add.* explicit *V*, incipit *E*) argumentum (*add.* incipit prologus *E*) **3sq.** chorinthios *KPA*, *corr. G*, corintheos *LC (sim. ubique)* **4** anum unum *NK* **5** cum magna *A* **6** commonens aliquando *om. P* **7** filios *EWGPD* **9** dissidentes *A* deuoti omnibus *A* **10** paulini *G* et non *A* **11** quos *ΠTL* exprobat *NKLG*^{1} **12** tamen] tunc *A* **13** de *ΠET* dilectare *A* **14** et *om. L* a philosophia *N* his] eis *ED* inbuerentur] inperentur *A* **15** sint *A* eo] uero *K* **16** iret] intret *N* fornicationem *A* **17** fratrem *ΠETLG*^{2} se *om. P* patiebatur *G*^{1} **17sq.** commonere *K*

moneret de praeterita epistola, quam ante hanc quae prima dicitur scripserat. sexta, quia invicem sibi iniurias et fraudes faciebant (facere coeperant) et infidelium potius examina requirebant. **4.** septima causa est, in qua designat licere sibi sumptus accipere, sed contemnere, ne forma esset rapacibus pseudoapostolis. octava vero est, ut respondeat epistolae illorum; perturbari enim coeperant ab hereticis de matrimoniis. nona est, in qua declarat sic debere unumquemque manere, ut credidit. decima autem de virginibus, eo quod nihil sit sibi praeceptum. et reliquae sunt causae, quae in corpore videbuntur.

1, 1. Paulus vocatus apostolus Christi Iesu per voluntatem dei. 1. ad Romanos aliter coepit, quia altera causa est; his vero apostolum se esse Christi Iesu dei voluntate scribit, quia omnia quae egit, filii dei egit voluntate, qui dixit ad Paulum (eum): vade, ego longe ad gentes mittam te. hinc vocatus est apostolus, hoc est dei voluntate missus ad gentes. 2. per quod tangit etiam illos, quos neque Christus miserat neque verum erat quod docebant. deum enim et Christum ideo frequenter nominat, ut Christum deum non ipsum patrem ostendat, sed esse Christum filium, esse et deum patrem, non unionem, cum

16 Act. 22, 21

3 faciebant *ΠEL* examinare *P*, -aret *WG* **4** querebant G^1 designat] significat *A* **5** sumptos *NV*^{1} contemneret forma esse *A* **6** pseudoapostulus *N* **7** illorum *om. A* perturbare A^1 ab] ad *N* **8** in *et* sic *om. A* **8 sq.** manere debere unumquemque *A*, manere un. *TCWGD* **10** causae *om.* C^2WG^1A **11** corpore] corde *A* videbuntur] -bantur *K*, -entur *A*, *add.* explicit *ΠTLWGPD*, *add.* prologus *VTLWGPD*, *add.* incipit tractatus s. ambrosii in epistola prima ad corinthios *VE* **12** vocatus *om. EL* iesu christi *(Vulg.) NA* **14** est *om. A* hic *ΠETD* iesu christi (*om.* dei) *A* **16** Paulum *ΠELD* **16 sq.** ego – gentes] ergo quia ad gentes longe *A* **19** uerus erant *K* **20** dicebant *CWG* **21** non in WG^1D

ostenditur filium dici. 3. multae enim sectae emerserant, quae evangelium Christi pro sensus sui arbitrio adserebant, ex quibus rami aridi extant nunc usque, quarum adsertores ecclesias evertebant. hinc apostolus omnia quae heresibus contraria sunt ponit ac se verum praedicatorem per id quod a Christo dei voluntate missus est adseverat.

Et Sosthenes frater. etiam istum sua conmendat societate. **1, 2.** Ecclesiae dei santificatis in Christo Iesu quae est Corinthi. 1. propterea ecclesiae scribit, quia tunc (adhuc) singulis ecclesiis rectores non erant constituti. et cum in multis arguat eos, ait: sanctificatis in Christo Iesu, sed ideo quia regenerati in Christo sanctificati sunt. post autem coeperant male conversari, ut ostenderet omnem ecclesiam sanctificatam fuisse in Christo, sed quosdam illorum prava doctrina pseudoapostolorum eversos a traditione veritatis.

Vocatis sanctis. 2. hoc est, vocati estis, ut sancti sitis; quod est, ut non recedatis a regula sanctificationis. cum omnibus qui invocant nomen domini Iesu Christi, in omni loco ipsorum et nostro. id est, cum Iudaeis veris iungit et gentiles (gentes), quia salus ex Iudaeis est, ut in omni loco ubi gentes, quae invocant

---

21. Ioh. 4, 22

---

1 extenditur *C W^1 D* sectae quae *C* emerserant *om. W G P* **2** propensus *E* propensu sui arbitrii A **3** existant *A* **4** hereticis *A* **7** sostenes (sus- *N V D A*) *Π E P D A*, sustines *L* **7 sq.** suam ... societatem *K A^1* commendet *K* **8 sq.** quae est corinthi sanctificatis (-us *E*) in christo iesu *(Vulg.) Π E L D A* **9** Iesu *om. A* quia] qui *W G^1* **10** tunc *Π E* singulis tunc *L* constitui *N* **11** multis argumentis *N K* **12** ideo autem *A* **13** postea *K A* coeperunt male conuersare *A* **14** christo iesu *A* **15** eversos] -us *Π E*, auersos *A* **17** vocati—sancti] uocatis sanctis ut cum sanctificati *A* **17 sq.** ut—sitis *om. Π* **18** quod est] quid est *V A^2*, quidem *N K* non *om. Π E A* credatis *K* **19** omnibus] uniuersis *A* domini nostri *N K E^2 D A* **21** uiris *A* iunget *V E* gentiles *Π E* **21 sq.** quia—gentes *om. C^1* **22** est *om. A* loco id est *A* quae] qui *P*

nomen domini nostri Iesu Christi, et ubi Iudaei supra memorati sunt, similiter sint omnes ⌊in⌋ unum. pseudoapostoli enim, qui nomen Christi per prudentiam mundi praedicabant, id est admixta filosofia, veterem legem et profetas reprobabant. 3. negabant enim Christum vere crucifixum, sed tantum visum crucifigi, sicut Marcion et Manicheus. unde apostolus: nos autem, inquit, praedicamus Christum crucifixum. neque carnis resurrectionem fatebantur, quod profeta Esaias clamat dicens: qui in monumentis sunt resurgent.

1, 3. Gratia vobis et pax a deo patre nostro et Iesu Christo domino nostro. ne, quia dixerat quicumque (qui) invocant nomen domini nostri Iesu Christi, ⌊ne⌋ patris aut nomen aut donum tacuisse videretur et suspicionem forte aut occasionem daret unionis, docet Christum quidem rite invocandum, sed omnem gratiam esse patris, ut et duos, qui unum sunt per divinitatem, ostenderet et patris auctoritatem praeferret.

1, 4. Gratias ago deo meo semper pro vobis. 1. quamquam omnibus in ecclesia scribat, sed ita significat, cum aliquando corripit, aliquando laudat, ut unusquisque, cum legit (epistola legitur), intellegat, quid pro se, quid adversum se dicatur. in una enim plebe duobus populis scribit,

---

7 I Cor. 1, 23 **9** Is. 26, 19 **13** I Cor. 1, 2

---

2 in *ΠE* **2 sq.** pseudo enim apostoli *E* **3** prudentia *N* **4** id est *om. A* uetere *N* **4 sq.** reprobare *A* **5** Christum *om. V* vere] -um *P*, *om. T* **6** crucifigi *om. CWGDA* Manicheus] manin (-min *K*) *Π* **8** sed neque *A* **9** aesaias *W*, eseias *VETLCA*, isaias *P (sim. ubique)* clamat] damnat *A* **9 sq.** qui—resurgent] resurgunt mortui et resurgunt qui in monumentis sunt *A* **12** domino iesu christo *(Vulg.) KVA* ne] nam *K* dixerit *P* **12 sq.** quicumque *ΠL* **13** inuocauerit *K* nostri *om. K* **14** ne *ΠET* domum *E* **15** suspicionem] -ne *NK*, suspectionem *A* **16** quidem Christum *K*, quidem *om. N* **17** et *om. T* duo *A* in unum *WGP* sunt] est *V* **18** auctorem *P* **19** *post* vobis *add.* in gratia dei quae data est uobis in christo iesu *A* **21** corripit aliquando *om. V* **22** cum legit *ΠET*, cum ep. legatur *C* intellegat *om. V*

ut cum arguit, qui male versantur sciant sibi haec scripta. similiter {et} cum laudat, sciat qui in regula manet ad se haec dici. 2. ideoque: gratias, inquit, ago (ago inquit) deo meo semper pro vobis super gratia dei, quae data est vobis in Christo Iesu. datam dicit gratiam a deo in Christo Iesu. quae gratia sic data est in Christo Iesu, quia hoc constitutum est a deo, ut qui credit in Christum salvus sit sine opera. sola fide gratis accipit remissionem peccatorum.

1, 5. Quia in omnibus ditati estis in ipso, in omni verbo et in omni scientia. hoc significat, quia in accepta gratia et in verbo veritatis doctrinae scientiam spiritalem adsecuti permanserunt. ideo gratias agit in his deo.

1, 6. Sicut testimonium Christi confirmatum est in vobis. testimonium Christi confirmatum est in his, quia roborati in fide nihil de hominibus sperabant, sed omnis spes illorum in Christo erat, nullis voluptatibus vel (voluptatis) inlecebris capti.

1, 7. Ita ut vobis in nullo desit aliqua gratia, expectantibus revelationem domini nostri Iesu Christi. manifestum est hunc expectare diem iudicii, qui circumspectus sollicitus est. futurum iudicium dei dicit, in quo dominus noster ⌊Iesus Christus⌋ revelabitur non fidis sed

---

1 uersabantur (con- *L*) *KVETLG*² scient *WG* **2** et] *om.* *ΠET*, autem *A* regula fidei *A* hoc *L* **3** ideo *E* inquit ago *Π* **4** pro] in *ΠE* dei *om.* *E* **5** datam *om.* *P* **5 sq.** datam – Iesu *om.* *WGDA* **6** quae] quia *ΠET* gratia dei *D* est nobis *P* **7** est constitutum *P* ad deum *V* **8** opere *CG* gratiae *N* accepit *NKETP*, accipiens *L* **10** qui *WG* ditati] diuites facti *(Vulg.)* *A* **11** conscientia *E* hos *WG* qui *G*²*A* **12** accepta] coepta *K* in *alt.* *om.* *WGPD* **13** ideoque *L* deum *V* **14** sicut et *A* **15** testimonium – his *om.* *Π* in his *om.* *A* **16** qui *P* roborati] laborati *A* hominibus] omnibus *P* **17** voluptatibus (uolun- *N*) vel (*om.* *L*) *ΠETL* **19** ut *om.* *V* ut – aliqua] nihil uobis desit in ulla *(Vulg.)* *A* nobis *K* aliqua *om.* *K* **22** circumspectus et *V* est et *N* futuro iudicio *A* dicit *om.* *CWGDA* **23** noster *om.* *K* Iesus Christus *ΠETLA* **23 sq.** non fidis sed infidis *ΠA*

infidis (tam fidis quam infidis), ut cognoscant {increduli} ac sciant verum esse quod credere noluerunt {et pereant, fidi vero gaudeant plus boni invenientes quam putaverant}.

1, 8. Qui et confirmabit vos usque in (ad) finem sine crimine in adventu domini nostri Iesu Christi. alacri animo confisus de spe illorum securus est, quia inviolati usque ad futurum iudicium erunt. qui enim inter tot discrimina diversi sensus (discrimina sensuum) et perturbationes diversitatum inmutari minime potuerunt, procul dubio in eodem mansuros se ostendunt. cum hos laudat, illos qui errore pseudoapostolorum depravati fuerant, invitat; dum enim horum (horum enim) fidem praedicat, illos ad paenitentiam vocat.

1, 9. Fidelis {est} deus, per quem vocati estis in societatem filii eius Iesu Christi domini nostri. quis ambigat de promissis et fide dei, quia non erit aliter quam dixit, filios eos adoptatos sibi credentes in Christum? hoc enim nobis donat quod credimus, ut quia credimus Christum filium esse dei, hoc nos esse incipiamus mansuri in eadem dignitate, sicut manet Christus, quem credimus filium dei. societas enim fraternitas est, ut quomodo fidem dei incolumem in hac causa nobis futuram ostendit, ita nos non diffidentes et perfidi inveniamur, sed perseverantes in adoptionem (-e).

---

1 increduli *om. ΠA* ac] et *ETL*, hanc *P* **2sq.** et—putaverant *om. ΠA* **4** confirmauit *NKETWGA*^{1} in *ΠPA* **5** aduentum *NKWCGP*, die aduentus *(Vulg.) V*, die *A* Iesu *om. K* **7** quia] qui *A* usque ad futurum *om. K* **8** diversi sensus (-um *KV*) *ΠET* **9** minime non *V* **10** ostendit *V* **11** errorem *D*^{1}*A*^{1} depredati fuerunt *A* **12** enim horum *ΠELD* **14** fideles *N* est *om. ΠETLDA* **16** fidem *K* quia] que *A* **18** nos *WG* ut—credimus *om. N* quia] que *A* **19** nos esse] nosse *Π* incipiamus esse *E* **21** fraternitatis *E* **22** incolomem (-en *K*) *KETWGPA*^{1} futuram] -a *V*, -arum *C*^{1}, profuturam *A* **23** et perfidi] perf. non *A* **23sq.** adoptionem *ΠELA*, adolatione *G*^{1}

1, 10. Obsecro autem vos, fratres, per nomen domini nostri Iesu Christi, ut id ipsum dicatis omnes. 1. omnes nunc orat, ut unum sentiant, hoc {utique} in quo renati dei filii appellati sunt. ad omnem enim {modo} ecclesiam loquitur, ut hi qui dissentire coeperant reverterentur ad coeptam fidem, quam videbant in his laudari, qui in illa perseverabant.

Et non sint in vobis scismata, sitis autem perfecti in eodem sensu et in eadem scientia. 2. perfectos vult eos esse in eodem sensu, quem illis tradiderat, ut non discreparent. ad illorum enim exemplum, quos supra laudat, hos provocat, ut hoc sentiant ac defendant.

1, 11. Perlatum est enim mihi de vobis, fratres, ab his qui sunt Cloes {quod contentiones sint inter vos}. quamvis eversi fuerant, tamen fratres illos appellat, sicut et in Esaia profeta dicit deus ad illos qui secum erant, ut eis qui pseudoprofetis credebant dicerent: fratres nostri estis vos {ut per id non dissentirent ab his quasi fratres}. quod autem dicit: ab his qui sunt Cloes, aliquibus videntur homines esse manentes et fructificantes in fide Christi (dei), aliquibus videtur locus esse, ut puta si dicatur: ab his qui sunt Antiochiae, aliquibus autem videtur feminam fuisse deo devotam, cum qua multi fuissent (essent) colentes deum, quibus fides non denegaretur, ut quod deferrent de Corinthiis

---

17 Is. 66, 5

---

1 autem *om.* *NTA* **3** omnes *alt.* *om.* *ΠETL* orat] orant *WG*, erat *P* utique *om.* *ΠET* **4** modo] *om.* *ΠET*, *post l. 5* ecclesiam *A* **6** coeptam] acceptam *V* laudare *A* **7** illo *A*, illi *N* **8** et] ut *A* **9** sententia *NE* **10** esse eos *E* **11** non *om.* *Π* **12** supra laudat] sua plaudat *K* prouocant N^1 **13** enim *om.* *A* **14** chloes *K*, coloes A^1 quod] quia *A* **14 sq.** quod—vos *om.* *ΠLD* sunt *A* **15** tamen] tunc *A* (*saepe*) **16** et *om.* *L* in *om.* *N* dominus *V* **17** eis] ad eos *A* nostri] enim *A* **18** eritis *CWG* ut—fratres *om.* *ΠA* ab eis T^2D **19 sq.** uidetur *TE* **20** Christi *ΠETL* **21** si] sic *KV*, hic *N* **23** fuissent *ΠETL*, esse *A* **24** ut] eo *ΠET* different *ΠL*, defenderent *P*

verum esset, quod contentiones inter vos sint (essent inter eos). contentiones inter eos esse dixerunt, ut ostenderent diversitatem mentis illorum de disciplina dominica. {et} quae esset, subiecit dicens:

1, 12. Dico autem hoc, quod unusquisque vestrum dicit: ego quidem sum Pauli, ego autem Apollo, ego vero Cephae, ego autem Christi. errorem ostendit et (sed) auctorum nomina non prodidit. nec enim in loco stabant, sed circumibant ad eversionem simplicium. nam hos quos nominat, sine dubio boni erant doctores, sed sub horum specie falsos apostolos tangit. si enim in his gloriandum vetat (negat), quanto magis in malis doctoribus, quorum doctrinam pravam in subiectis significat; inter eos tamen hos perseverantes designat, qui dicebant se Christi esse, non hominis, quos superius laudat.

1, 13. Divisus est Christus. 1. divisum dixit Christum, quia gloriam eius homines sibi partiti sunt. sicut heretici, qui se aut Fotinianos aut Arrianos aut Catafrigas aut Novatianos {aut Donatianos} aut Manicheos vocari non abhorrent (horrent), ita et Corinthii diversorum hereticorum nominibus subici coeperant, ut viderentur loco Christi homines venerari. qui dum diversa de Christo accipiunt, dividunt Christum. 2. unus enim hominem tantum accipit Christum, alter deum purum sine homine (corpore) fatetur, alius dicit per profetas praedictum Christum, alteri iterum negant (alter

1 uerum non *A* esset]-se *ETWG*, erat *Π* eo quod *A* inter vos sint *ΠL* **2** ostenderetur *K* **3** diuersitate *N*, -tati *K* et *om.* *ΠET* **4** essent subiecti *A* **5** hoc autem dico *ΠE* **6** dicens *P* quidam *G* sum *om.* *N* autem *om.* L^1 **7** uere *G* coephe *A* **8** et *ΠET* auctorem *EP* non *om.* *Π* prodit *A* **9** subuersionem *P* **9sq.** simplicum *NKEC* **11** eorum *L* **12** vetat *ΠETL* **14** designat] dicebat *NK* **15** quod *A* **17** gloria *ΠC* hominibus *ΠA* sibi *om.* *ΠA* **18** catafligas *A*, catafricanos *L* aut *quart. om.* L^1C^1 **19** aut Donatianos *om.* *ΠE* **19sq.** abhorrent *ΠEL* **21** coeperunt *G* **22** uenerat *E* de] a *ΠE* **23** accepit *A* **24** homine *ΠET* fateretur C^1 **25** per *om.* *A* alteri (alter *EA*) iterum negant (-at *A*, -auit *E*) *ΠETA*

negat) profetas de Christo locutos. cum ergo Christus unus sit deus et homo, isti sibi dum alius aliud vindicant (sibi alius aliud eius vindicantes) dividunt Christum. {et quia sub nomine suo ecclesias faciunt multas subiecit:}

Numquid Paulus crucifixus est pro vobis? 3. ideo a se coepit, ne forte putaretur aliorum ideo refutare personas, ut suam commendaret. si enim Christus pro nobis {inquit} mortuus est, quomodo gratiam eius et beneficium hominibus inputamus ad eius iniuriam?

Aut in nomine Pauli baptizati estis? 4. si credentes autem {inquit} in Christum baptizamur, ut in nomine eius iustificemur, quid est ut fidei huius homines nobis auctores faciamus, inmemores coeptae credulitatis?

1, 14. Gratias ago deo, quod neminem vestrum baptizavi nisi Crispum et Gaium, **15.** ne quis dicat, quod in nomine meo baptizati estis (baptizavi). **16.** baptizavi autem et Stefanae domum; ceterorum nescio si quem alium baptizaverim (baptizavi). 1. gratias agit deo, quia non multos ex illis (his) baptizavit, ne quia error sub hac re coeperat, ex nomine eius error esset in plurimis, per hoc arguendos et baptizantes et baptizatos, qui ad iniuriam salvatoris baptismatis eius gratiam hominibus deputabant, illis dissimulantibus gloriae causa. 2. sic enim erant sicut nunc Novatiani et Donatiani, qui bap-

---

1 locutus *NK* **2** deus sit *TWG* dum alius aliud (-um *V*) vindicant *ΠET* alius *om. L* **3** uendicantes *L* **3 sq.** et—multas *om. ΠA* quia *om. TE* **4** subiecit *D*, *om. cett.* **7** suum *P*, suas *W*[1] uobis *P* **8** inquit *om. ΠET* gratiam] gramen *P* (*saepe*) **10 sq.** baptizati—Christum *om. V* autem credentes *A* **11** inquit *om. NKETA* baptizamur] -mus *D*, -zati sumus *P* **14** deo meo *KA* niminem *NA* **15** baptizabi *G* **16** quod] quia *A* baptizati estis *ΠELG*[2]*PDA* **17** stephani *WA*[1] **17 sq.** ceterum *NVETLCDA* **18** quem alium] aliquem *A* baptizaverim *ΠE* **19** illis *ΠE* **19 sq.** baptizauerit *ET* **20** ne quia] neque *A* ceperet *V* error *alt. om. A* **20 sq.** errores sed in *NV* **21** plurimus *K*[1] hoc *om. P* arguendus *A* **21 sq.** baptizandos *E*[1] **22** quia *NE* **24** nunc *om. A* donatiniani *WG*

tismum sibi vindicant, a nostris baptizatos reprobantes; et baptizati ab his gloriantur in personis illorum. denique {a} Christi nomine abdicati Novatianos et Donatianos vocari se gloriantur. 3. Crispus ergo et Gaius Corinthii sunt, quos ad testimonium nominat, quia sic baptizati sunt ab apostolo, ut nullam illi gloriam ex hac causa dandam adsererent. Stefanae autem domus primitiae sunt Achaiae, sicut in postrema parte epistolae significat, quibus testimonium dat, quia (qui) in ministerium sanctis se constituerunt (constituerant).

1, 17. Non enim misit me Christus baptizare, sed evangelizare. 1. quoniam maius est evangelizare quam baptizare, ideo non se missum baptizare dicit, sed evangelizare, quia in episcopo omnium ordinationum dignitas est. caput est enim ceterorum membrorum. per quos (quod) etiam illos humiliat, quibus illi multum dabant, propterea quod ab illis fuerant baptizati, ut ex eo scirent non magnum esse baptizare, quia non omnis qui baptizat idoneus est et evangelizare. 2. verba enim sollemnia sunt, quae dicuntur in baptismate. denique apostolus Petrus credentem Cornelium cum suis iussit baptizari, nec dignatus est ministris adstantibus hoc opus facere; si enim defuissent, ipse hoc egerat necessitate conpulsus. quanto ergo melior his sit, quos illi venerabantur, ostendit. et non tamen hoc nomini suo decerni

---

7sq. *cf.* I Cor. 16, 15 **20sq.** *cf.* Act. 10, 48

---

1 uendicant *KL* (*saepe*) **2** illorum] eorum C^1 a *om.* *ΠEWGA* **3** christiano *A* nouatianus et donatianus *W* **5** qui *A* **6** gloriam] gratiam *ET* adsererent] addiscerent *CWGPDA* **9** quia *ΠLPDA* ministeriis *ΠEL* se sanctis *A* constituerunt *ΠED*, -erint *L* **12** maius] melius *P* **13** qui ideo *K* **14** est *om. A* **15** quos *ΠEL* **16** multa *P* **17** illis] illo *A* fuerunt *G* **18** esse *om. K* qui *om. K* et *om.* T^1 **19** sollemni *K* **21** baptizare *KA* **21sq.** adstantibus] *om. K*, *add.* iubere *A* **22** egeret *DA*, agerat *ET* **23** melius *V* **24** hoc *om. A*

permisit, sciens periculosum esse gloriam dei nomini hominis vindicare. {est enim quasi idolatria.}

Non in sapientia verbi, ne (ut non) evacuetur crux Christi. 3. quia praedicatio Christiana non indiget pompa et cura (cultu) sermonis, itaque (ideoque) piscatores homines inperiti electi sunt, qui evangelizarent, ut doctrinae veritas ipsa se commendaret teste virtute, ne hominum versutia et calliditate humanae sapientiae acceptabilis videretur, non veritate, sicut disciplinae ab hominibus inventae, in quibus non ratio, non virtus, sed verborum quaeritur compositio. 4. ac per hoc gloriam suam quaerit, qui fidem Christi verbis exornare vult. obscurat enim illam splendore verborum, ut non illa, sed ipse laudetur, sicut et pseudoapostoli, ne stulti viderentur prudentibus mundi, in sapientia hominum Christum praedicabant duplici genere, ut eloquentiae studerent et ea quae mundus in nobis stulta iudicat evitarent, ut neque incarnatum dei filium et de virgine natum docerent neque carnis futuram resurrectionem, quia mundi istud sapientia et ratio stultum iudicat. 5. ac per hoc apostolus non se in sapientia hominum dicit Christum praedicare, ne evacuetur {inquit} crux Christi, quia qui in sapientia hominis Christum adnuntiant (-at), negant (-at) veritatem praedicationis, sicut supra memoravi.

1, 18. Verbum enim crucis pereuntibus quidem stultitia est. manifestum est, quia quibus crux Christi

---

1 nomine *A* **2** uindicari *V* est—idolatria *om.* *ΠA* **3** ne *ΠET* uacuetur *K* **5** cura *ΠETA* itaque *ΠE* **7** ueritatis *CP* **11** ac] hac *C* gloria *K* Christi *om.* *L* **12** exorare *ΠE* splendorem *P* **13** ipsa *P* **14** insipientia *G* **15** ut] *add.* et *KETD*, et ut *L* eloquentia *VTW*G^{1}*P* ut et loquentiae *N* **16** stulta in nobis *E* stulte *G* **18** futurum *G* **18sq.** sapientiae ratio *ΠETL* **19** stultis *V* **19sq.** iudicat—praedicare] sicut supra memoraui quod reprobat *CWGPDA* **20** praedicare sicut supra memorauit quos reprobat ne *ET* praedicasse *A* **21** inquit *om.* *ΠEL* **22** adnuntiant negant *ΠEL* **23** memoraui] *om.* C^{1}, -uit *ET* **25** est *alt.*] enim *A*

stultitia est, in perditione sunt; infernae enim morti non sunt erepti.

His autem qui salvi fiunt virtus dei est. non est obscurum, quia his qui credunt dei virtus est. credunt enim non infirmitatem esse crucem Christi, sed virtutem, intellegentes mortem victam esse in cruce. cuius signum qui habent salvi sunt, quia ab illa teneri non possunt.

1, 19. Scriptum est enim {in Esaia}: perdam sapientiam sapientium et intellectum prudentium reprobabo. perdit sapientiam sapientium, dum quae illa negat posse fieri, facit; et reprobat intellectum prudentium, cum (quando) deum, quem incuriosum dicunt, adgressum probat ea quae stulta putant, ut dei filius in carne natus (incarnatus) de virgine crucifigeretur pro humana salute. quod factum vere testatur virtute, non verbis.

1, 20. Ubi sapiens? ubi scriba? ubi conquisitor huius saeculi? 1. his dictis tam in Iudaeos quam gentiles invehitur, quia et Iudaeorum scribae et legis doctores deum filium habere stultum putant credi. simili modo et gentes istud risui deputant. sed Iudaei, quia hoc non tam aperte in lege significatum est, diffidunt, gentiles vero, quia mundi ratio non istud recepit, quia nihil posse fieri (recipit,

---

8 Is. 29, 14

---

1 stultia in perditione fit *A* ab inferni *ET* **3** his—fiunt] salus autem futuris nobis *A* **4** est *pr. om. A* quia] qui A^1 **5sq.** uirtute intellege gentes *K* **6** uitam P^1A esse *om.* CWG^1PDA **7** qui ab *WGP* **8** in Esaia *om.* *ΠPA* **9sq.** et—sapientium *om. A* **10** perdit] -det P^1, -ditum *W* **11** *post* facit *add.* et prudentiam prudentium reprobabo *A* intellectum] prudentiam *A* **12** cum *ΠETL* dicit *WGP* **13** probata quae *V* stultum *W* in carne natus *ΠE* **15** uere factum *A* **16sq.** conquesitor A^1, consequitor *N* **17** saeculi] mundi *(Vulg.) A* iudeus *A* **17sq.** gentilis *A* **18** invehitur] -hit LD^2, inuenitur (-nietur *N*) NA^1 qui CA^1 leges *P* **20** istud *om. E* putant *A* quia hoc iudaei *P* tam non *Π*, tam hoc non *EA* **22** recepit *ΠT* quia nihil posse fieri (*add.* dicit *LA*, enim dicit *T*) *ΠETLA*

nihil enim dicit fieri posse) sine conmixtione {et} stultum iudicat. 2. conquisitor tamen saeculi hic est, qui constellationibus agi mundum et duodecim signis ortus et occasus fieri decernit calculis, nihil omnino sine horum motu putans posse fieri (fieri posse).

Nonne stultam fecit deus sapientiam huius mundi? 3. stulta facta est sapientia huius mundi; putans enim se sapere, inventa est inprudens. quod enim inpossibile iudicabat possibile declaratum est, deum incuriosum aestimans. est aliquid hac adseveratione stultius, ut fecisse dicatur mundum et curam eius non agere? ut quid fecit, si non ad illum pertinet quod fecit? sed quia vident quosdam feliciter mundo frui, quosdam deprimi, et bene agentes despici, malivolos gloriari, idcirco incuriosum deum esse crediderunt. 4. qui incuriosum deum dicit, non negat malivolum aut iniustum. aut enim iudicaturus est mundum aut iniustus est dissimulans de bonis {et patiens fieri mala}. si igitur advertant (animadvertant) seposito odio divinae legis, possunt videre causam istam a nobis terminari, qui dei iudicium expectamus, in quo {vi} depressi exaltabuntur et violenti humiliabuntur, quia non est personarum acceptio apud deum.

1, 21. Nam quoniam in sapientia dei non cognovit mundus per sapientiam deum, placuit deo

---

21 Rom. 2, 11

---

1 et *om.* *ΠETLA* **2** iudicant *NKET* **2 sq.** constillationibus *PA* **3** occasum *V* **4** calculus *K* nihilominus (-hominus *NKA*) *NKEDA* sine horum] siue bonorum *P* putas *T*, -ant *Π*, *add.* enim *A* **4 sq.** posse fieri *ΠEL* **7** stulta—putans] putant *Π* **10** ac *V* est stultius *N*, stultitius *G* **12** ad illum] alium *A*[1] pertenit *N* qui uidet *A* **13** bene *om.* *L*[1] **14** dispici *A* idcirca *L* **14 sq.** credit *A* **15** deum] *om.* *T*[1], *add.* esse *LD* dicit *om.* *Π* negant *K* **17** et—mala *om.* *Π* fieri *om.* *T*[1] **18** animaduertunt *A*, aduertant *Π* **19** possum *K* **20** vi *om.* *ΠL* **21** non est *om.* *T* **23** quoniam enim *A* in se *P* **24** deum] *om.* *G*[1], dei *K*

per stultitiam praedicationis salvos facere credentes. non cognovit mundus, id est homines, deum in sapientia eius, quia unicam maiestatem illius figmentis dederunt vel elementis dissimulantes de eo, per sapientiam carnis putantes haec debere coli quae videntur. propterea placuit deo praedicationem ordinare, quae illis stulta videretur, ut credentes quae illi diffidunt salvi fierent illis damnatis. vicissitudo ergo haec est, per quam dei consilio falsum a vero damnatur.

1, 22. Quoniam Iudaei signa petunt et Graeci sapientiam quaerunt. Iudaei signa petunt, quia non diffidunt posse (potuisse) fieri, sed an factum sit quaerunt, scientes virgam Aaron aridam germinasse {et} fructum tulisse (adtulisse) {et} Ionam a ceto gluttitum in ventre eius tribus diebus et tribus noctibus fuisse et vivum eiectum esse. illud tamen praecipue quaerunt, ut aliquid tale videant, quod vidit Moyses, in igne deum. {unde dicunt: nos scimus quia Moysi locutus est deus}. cum maius (cum maius sit mortuum) Lazarum ⌊iam⌋ fetidum quarto die de monumento mortuum (vivum) exisse ⌊vidissent⌋. Graeci vero sapientiam quaerunt, quia nolunt audire, praeterquam quae mundi ratione possibilia sunt.

1, 23. Nos autem praedicamus Christum crucifixum, Iudaeis quidem scandalum, gentibus autem stultitiam. scandalum est Iudaeis, dum audiunt Christum dei se filium profitentem et sabbatum evacuantem, gentibus

---

13 *cf.* Num. 17, 8 **14sq.** *cf.* Ion. 2, 1sqq. **17** *cf.* Exod. 3, 2 **17** Ioh. 9, 29 **19sq.** *cf.* Ioh. 11, 14 **26** *cf.* Marc. 2, 28

---

2 hominem *A* **3** magestatem *EA* **6** stultitia *NKE* **10** quoniam quidem *A* iudeis N^{1} petunt *om. L* **12** posse *ΠL* **13** scientis G^{1} et *om. ΠEL* tulisse *ΠA* **14** et *om. ΠEL* **15** uium *K* iectum *A* **16** tamen] ut non *A* **17** igni NC^{2} **17sq.** unde—deus *om. ΠET* **18** maius] magis *V* **19** sit *om. ΠL* mortuum *om. Π* iam *ΠEL*, etiam *A* **20** mortuum *Π* uiuum de monumento *L* vidissent *ΠLD* **22** mundi ratione] moderatione *ΠE* **26** dei filium se *NKE*, se filium dei *D*, dei *om. V*, se *om.* T^{1}

autem stultitiam (-a), quia ea audiunt praedicari, quae dum rationi mundanae non congruunt, insensata videntur {ut partus virginis et resurrectio mortuorum}.

1, 24. Ipsis vero vocatis Iudaeis atque Graecis Christum dei virtutem et dei sapientiam. suadente virtute, quae potior verbis est, credentes in Christum intellegunt, Iudaei primum qui signum quaerebant, Christum dei esse virtutem et Graeci similiter vident Christum dei esse sapientiam, illam autem mundanam, quam prius putabant prudentiam, maximam esse stultitiam. virtus ergo dei est, quia per ipsum omnia fecit pater deus, sapientiam (-a) autem idcirco, quia per ipsum cognitus est deus. nec enim posset cognosci deus, nisi per eum qui esset de eo, quia nemo novit nec vidit patrem nisi filius et cui voluerit filius revelare.

1, 25. Quia quod stultum est dei, sapientius est hominibus. 1. stultum dei inquit, non quia vere stultum est, sed quia ab hominibus, dum rationi mundanae non convenit, stultum putatur, cum sit ratio spiritalis. ac per hoc sapientius dinoscitur esse hominibus, quia spiritalia plus sapiunt quam carnalia. non enim spiritalia per carnalia sunt, sed carnalia constant per spiritalia, ideoque subiuncta (subiecta) sunt carnalia spiritalibus.

Et infirmum dei fortius est hominibus. 2. sine dubio caelestia vincunt terrena. quamobrem infirmum dei

---

13 Matth. 11, 27

---

1 stultitiam *ΠCPA*[1] quia] que *A* ea] et *Π* audiuit *NK* praedicare *A* **2** ratione *P* **2 sq.** ut—mortuorum *om. Π* **4** vero] autem *A* **5 sq.** suadent uirtutem *NKE*, suadentes credentes *V* **6** in *om. D* **7** christum querebant *V* **8** virtutem—esse *om. VA* **9** illi *K* **10** prudentiam] sapientiam *E* **11** deus pater *A* sapientiam *ΠELC* **12** posset] -sit *ΠPA*, -se *W*[1]*G*[1] **13** ni *K* **14** nec vidit *om. ΠETL* patrem *om. E* filius *om. A* **16 sq.** sapientius est *om. K* **18** quia] que *A*, *om. L* ratione *A*[1] **19** cum *om. A* **20** hominibus esse *TWG* **22** subiuncta *Π* **24** est *om. A*

non est infirmum, quia infirmitas Christi magna victoria est. vicit enim cum victus videtur, sicut ait in psalmo quinquagesimo: et vincas cum iudicaris. victor enim extitit qui iniuste occiditur, reum constituens a quo occiditur.

1, 26. Intuemini enim, fratres, vocationem vestram, quia non multi sapientes secundum carnem, non multi potentes, non multi nobiles. 1. manifestum est, quia rari (pauci) sunt, qui mundi rationibus inflati magis quam eruditi sunt, hoc est, qui stellarum motus inspiciunt et discernunt. ipsos autem dicit et fortes secundum carnem, quos et prudentes. 2. et ideo fortes, quia passionem crucis Christi infirmam adserunt; iniquitas autem (enim) fortis et vincere sibi videtur ad tempus. ipsi {etiam} nobiles, per quos superstitionis suae originem antiquitatis adsignant, nos novellos dicentes. non ergo hanc adseverationem elegit deus, quae in paucis est.

1, 27. Sed stulta mundi elegit, ut confundat sapientes. 1. {stulta mundi sunt virginem peperisse et dei filium crucifixum; credi enim hoc stultum putat. ideo deus, ut hunc confundat, hos elegit, qui hoc credunt quod hic stultum iudicat.} confunduntur enim sapientes, dum quae pauci negant multos vident fateri. non est enim ambiguum multorum sententias paucorum anteponi sententiis.

---

3 Ps. 50, 6

---

2 uideretur *KA* **4** reum—occiditur *om. Π* **5** intuemini] uidete (*Vulg.*) *A* enim] eum *K*, *om. E* **5 sq.** uocationem uestram fratres (*Vulg.*) *A* **7** potentes] prudentes *E* **8** rari *ΠEL* qui] quia *WGP* **10** inspiciant *VEC* discernant *ΠE* dixit *A* **12** Christi] *om. V*, *add.* domini *E* autem *ΠE* **13** et *om. P* sibi *om. L* etiam] *om. ΠE*, enim *L* **14** superstitonis] -ne *WG*, -ni *A*, -nibus *N* sua *WG* **15** nos] non WG^1 **17** stulta] -am *N*, stultitia *P*, quae stulta sunt (*Vulg.*) *A* elegit deus *KD* **18** stulta—**21** iudicat *om. ΠA* **19** enim *om. L* **20** hunc] hoc *T* credant *T* **21** confundantur NPA^1 quem *WG* **22** uideant A^1 est *om. PA*

Et infirma mundi elegit deus, ut confundat fortia. 2. idem sensus est, quia quod pauci infirmum putant {hi qui se prudentes aestimant in saeculo diffidentes de spe}, a multis virtus adseritur, {quia multi credunt quam non credunt} ad illorum ruborem. vident enim (etenim) infirma Christi nominata daemoniis imperare et prodigia facere. {infirma autem sunt mundo iniuriae et passio salvatoris nescienti haec ad virtutem proficere, quia ideo ista pati se permisit, ut vinceret mortem. iniuste enim pati et posse resistere et nolle gloria est patientis et damnatio occidentis.}

1, 28. Et ignobilia huius mundi et contemptibilia elegit deus, quae non sunt, ut ea quae sunt destrueret. ignobilia ergo et contemptibilia elegit, non quia vere ignobilia et contemptibilia sunt, sed sic iudicantur a mundo, quia spernunt rationes mundanas {credendo in Christum}, ut ea quae sunt vere ignobilia et contemptibilia destrueret, quia ipsi magis iudicandi et condemnandi sunt qui iudicant. adseverationem {enim} illorum error invenit nec fuit ab initio; nostra autem disciplina ab initio est. destruitur ergo, dum sine testimonio nudis verbis adseritur; nostra vero non verbis solis, sed et teste virtute probatur.

1, 29. Ut non glorietur omnis caro in conspectu dei. id est, ut sententia carnis erubescat in errore

---

1 et quae infirma sunt *A* **2** est *om. A* quia] que *A*[1] **3** hi—spe *om. ΠA* aestimat *WG*, -abant *ET* **4** uirtutes *C*[1] quia—credunt *om. ΠA* quam—credunt *om. E*[1]*D* **5** robur (-or *N*[1]) *Π* vident enim *ΠEA* **6** demonis *K* et *om. WG* **6** infirma—**10** occidentis *om. ΠA* **8** ista *om. T*[1] **9** posse] potentem *ETLC* et *alt. om. TL* nolle et *E* **12** *post* elegit *add.* non quia uere *K* deus] *om. K, add.* et *A* **13** destrueret] dis- *A*, destruet *N* **14** vere *om. L* **15** quia] que *A* mundana *N* **15 sq.** credendo in Christum *om. ΠA* **16** vere *om. K* contemptabilia *K* **17** ipsis *V* contemnendi *A* **18** iudicant que *A* adseueratione *KA* enim *om. ΠDA* **19** nostra] nam *A* **20** destruetur *ΠEA* **21** vero] nam uere *A*[1] et *om. L* teste] *om. N*, isti *V* **22 sq.** in—dei] coram deo ex ipso autem uos estis in christo iesu *A* **23** in *om. Π*

suo iudice deo. {sensus enim carnis est diffidere dei potentia virginem peperisse etc., quia hoc mundi ratio, qui cognatus est carnis, non recipit.}

1, 30. Ex ipso autem (enim) vos estis in Christo Iesu. 1. ex ipso, id est ex deo {qui omnipotens est} esse nos in fide Christi. dei enim propositum est, ut veritatem eius {et misericordiam} per Christum disceremus. {veritas est mysterium trinitatis; misericordia vero, quia cum essemus captivi, redemit nos.}

Qui factus est sapientia nobis ⌊a deo⌋ et iustitia et sanctificatio et redemptio. 2. ad confirmationem credentium Christum dei voluntate dicit egisse quae gessit, ut sciamus nos vere (vere nos) sapientiam didicisse et sanctificatos esse et iustificatos et redemptos a deo per Christum. nemo enim redimit, nisi quod fuerat suum. 3. sive ergo quod redempti sumus sive quod sanctificati, id est ab opera carnis et idolorum inmunditia purgati, sive quod iustificati — iustum est enim creatorem colere ceteris spretis —, sive quod sapientes per id quod mundanos didicimus imperitos, totum hoc dei beneficium est per Christum. redemptio tamen nostra haec est; obtulit enim se Christus diabolo cupienti, ut peccati ipse (in se) contradictionem auferret et sic captivos eius erueret.

1, 31. Ut quemadmodum scriptum est: qui gloriatur, in domino glorietur. hoc scriptum est in Hiere-

---

24 Ier. 9, 24

---

1 sui *LD* sensus—**3** recipit *om. ΠA* enim] autem *ET* **2** hanc ratio mundi *E* **4 sq.** ex—Iesu *om. A* autem *ΠETL* **5** qui—est *om. ΠETA* **6** enim *om. L* **7** et misericordiam *om. ΠA* diceremus *T* veritas—**9** nos *om. ΠA* **8** misericordiae *P* vero] est *ET* **10** nobis a deo *ΠPDA* **12** christi *C*¹ **13** gessit] dixit *L* nos vere *ΠE* nos sciamus *L* **15** redemit *NEA* **17** opere *VCGDA* et ab (ad *W*) *T*¹*WG* **17 sq.** sive—iustificati *om. A*¹ **18** iustus *C*¹ **19** dicimus *KL* **22** ipse *ΠET* **22 sq.** et—erueret *om. NK* **23** eius *om. VETLA* **24** ut sicut *A* **25** hoc est *N* est scriptum *V*¹ **25 sq.** iheremia *EL* mia profeta. dignum est quod dicit profeta, ut in domino gloriemur, quia non poterit confundi qui gloriatur in domino (deo); opera enim eius et magnificentia in rebus gestis apparent (-et). ideoque confundantur, inquit, in idolis suis, qui non pluunt nec fecerunt caelum et terram. simili modo et qui in hominibus gloriantur, quos sciunt nullius esse virtutis. quare et ait {scriptura}: vana spes {est} in homine.

2, 1. Et ego cum venissem ad vos, fratres, veni non cum eminentia sermonis aut sapientiae praedicans vobis mysterium dei. **2.** neque enim iudicavi scire me aliquid inter vos nisi Christum {Iesum} et hunc crucifixum. 1. quoniam superius gradatim formam disciplinae nostrae ostendit, nunc non se aliter illis tradidisse probat, quam quae ostendit, quia et in humilitate sermonis et in stultitia praedicationis, sicut mundo videtur, locutus est illis de Christo mysterium. 2. quod ideo mysterium vocat, quia quod incarnatum est, ⌊et⌋ occultum erat a saeculis apud deum, deus verbum. hereticos autem esse in quibus gloriabantur, quia et per eloquentiam pravam doctrinam commendabant. prudentiam

---

4 *cf.* Ps. 96, 7 **7** *cf.* Ier. 17, 5 **18** *cf.* Eph. 3, 9; Col. 1, 26 **20** *cf.* Gal. 5, 11

---

1 dicit] ait *P* **2** poterat *K* domino *ΠEL* **3** in] et *ΠET* gestis *om. T* **3 sq.** apparent *ΠEL* **4** ideo *N* inquit] in fide A^1 **5** nec fecerunt *om. N* et *om. A* **6** homines *P* **7** de qua re *D* et *om.* E^1D scriptura *om. Π* est *om. ΠEA* **8** ego ueniens *A* fratres mei EG^2 **9** veni *om. E* cum] in G^2A sermonis] uerbi *A* **10** praedicans—neque] adnuntians uobis testimonium dei non *(Vulg.) A* ministerium E^1 **11** me scire *D* **11 sq.** iesum christum *(Vulg.) A*, Iesum *om. ΠE* **12** *post* hunc *add.* esse inter uos *K* **13** forma *N* se *om. N* **14** illis aliter *A* illis] -i *N*, *om. K* quam quae] quamquam *L* quia] que *A* in *om. NEGA* **15** et—praedicationis *om. N* in *om. KVEL* stultitiae *K* **16** mysterium de christo *A* **17** quod—mysterium *om. N* **18** et *ΠE* a *om. Π* dei uerbum *A* deus] dicitur *G*, *om. V* **19** gloriabantur] glorie- (ae *W*) *GW*, gloriantur *A* quia] que A^1 per] praeter *A*, *om. K* **19 sq.** eloquentia *V* **20** commendabant et *WGD*

mundi sectantes crucem Christi evacuabant, erubescentes stulti appellari a mundo, ut neque natum Christum ex virgine praedicarent neque {vere} crucifixum docerent, quia stultum videtur dei filium natum hominem fateri et crucifixum. 3. hos et apostolus Iohannes (Iohannis apostolus) designat dicens: qui negat Christum in carne venisse, Antichristus est; et qui negat filium, nec patrem habet, quia ipsum patrem sibi filium appellatum dicebant. ex quibus Marcion traxit errorem. qui arguit quae clausa videntur, quia non illa manifestat, sed intellegi vult ex eo, quod prudentia mundi invehitur, quae est religioni inimica. quae autem sunt quae corripit, ⌊ex⌋ eius iudicio vult disci, ut quaeque nostra inrident(-et) velut stulta, ea se omnia in Corinthiis reprehendere ostendit(-at). corpus enim ipsum memorat, ut ex eo membrorum eius ratio dinoscatur. Corinthiis tamen manifesta erant, quia causas in quibus arguebantur non ignorabant.

2, 3. Et ego in infirmitate et timore et tremore multo fui apud vos. Christum enim in stultitia humanae sapientiae praedicans odium sibi et persecutiones provocabat, quasi rem vanam adnuntians et inimicam Iudaeis atque gentibus (gentilibus).

2, 4. Et sermo meus et praedicatio mea non in persuasione humanae sapientiae. 1. ostendit non

---

6 I Ioh. 2, 22sq.

---

1 euabant *C* **3** vere *om. Π* **4** fateri] fieri *A* **5** hoc *A* apostolus (-os *N*) Iohannes *ΠE* **8** quia] qui *E* dicebat T^1 **9** ex] e *NV*, et *K* qui] quia *D*, quae *CWGPA* quae] quae ergo *E*, ergo *D*, autem *A*, *om. CWGP* **10** uult ut *A* **11** prudentiam T^1CWGPD religio *P*, regioni N^1G^1 **12** corripuit *N* ex *ΠEA* **13** quaeque] quia *A* inrident *Π* ea se] esse *V* **14** ostendit *ΠEA* **15** ex eo] et *N V*, *om. K* **16** quia] qui et *A* **17** non carne K^1 **18sq.** et tremore *om. CWGD* **19** multi G^1 in *om. ΠA* stultitiae *Π*, -am *P* **21** vanam] mundanam *A* inimicitiam CWG^1P **22** gentibus *ΠETL* **23** sermo] uerbum *A* **24** suasione *A* sapientiae uerbis *A* ostendit quia *CWGD* **24sq.** non se ut *ΠEA* se ut (ostendit, ne) hominum favorem adquireret, idcirco humanae {se} sapientiae placere noluisse neque verborum arti studuisse, sed fidem auctori exhibuisse, qui doctrinam suam non ornatu traditionis humanae acceptabilem voluit esse (esse voluit) verborum strepitu, sed ipsis rebus, quia res ante verba sunt.

Sed in ostensione (ad ostensionem) spiritus et virtutis dei. 2. ut quia verbis quae infirma iuxta virtutem sunt res fatuae comptae ⌊cunctis⌋ prudentibus (prudentes) videntur, deus praedicationem suam non testimonio verborum voluit commendari, sed virtutis, ut verbi stultitia iudicata factis se sapientiam demonstraret spiritali ratione fundata.

2, 5. Ut fides vestra non sit in sapientia hominum, sed in virtute dei; **6.** sapientiam autem (enim) loquimur inter perfectos. 1. hoc est inter eos, qui crucem Christi virtutis testimonio sapientiam fatentur. hi enim {sapientes et} perfecti sunt, qui fidem non magis verbis habent quam rebus.

Sapientiam autem non huius saeculi. 2. recte ait: sapientiam non huius saeculi, sed futuri, in quo veritas dei negantibus apparebit. hoc enim saeculum rationem hanc non capit infirmitate cogitationis terrenae.

Neque principum eius (huius saeculi), qui destruuntur. 3. manifestum est non esse sapientiam hanc

---

1 hominem *N* idcirco *om. NKEA* **2** se *om. ΠEA* placuisse *ΠEA* **2 sq.** neque–exhibuisse *om. A* **3** sed–exhibuisse *om. N* **4** ornatu traditionis] ornat aut rationi *A* humana *W* acceptabile *K* **4 sq.** voluit esse *ΠE* **5** sed in *P* **6** antequam *EA* **7** sed in ostensione *ΠEA* **8** virtutis dei] ueritatis *A* quia] que *A* **9** fatuae *om. D* cunctis prudentibus *ΠED* **11** commendare *A* ut] sui *N*, ui *K* uerbis *ΠEA* **12** sapientiam] *G*, -tia *A*, -tium *cett.* **13** fundatum *EA* **14 sq.** ut–dei *om. CWG¹D* **15** in *om. L* sapientia *N* autem *Π* **18** sapientes et *om. ΠA* sunt *om. NK* **18 sq.** uerbis non magis *K* **20** autem] ergo *A* **21** sapientia *N* **22** saeculum] secundum *EG* **23** capit] *add.* in *A*, *add.* sed C^1 infirmitatem *N* **24** eius *ΠEL* saeculi] mundi *A*, *om. ΠL*

principum huius mundi, qui (quia) destruuntur ab illa. Christianitas enim errores, quos hi inseruerunt, excidit, id est idolatriam, avaritiam et cetera vitia, sicut dicit Iohannes apostolus: propter hoc venit filius dei, ut solveret opera diaboli.

2, 7. Sed loquimur dei sapientiam in mysterio, quae abscondita est. 1. occultum sensum manifestare se missum (missum se) testatur, quem neque principes neque potestates scirent, neque mundus audierit, ac per hoc stultum putari, quia incognitum est. esse autem rationale et salutare teste virtute, cui omnis intentio cedit ratiocinationis humanae. abscondita est ergo dei sapientia, dum non in verbis, sed in virtute est, non humana ratione possibilis, sed spiritus efficacia credibilis.

Quam praedestinavit deus ante saecula in gloriam nostram. 2. usque adeo vera sapientia et cum deo semper fuisse declaratur, ut ante saecula praedestinata in gloriam nostram dicatur, qui credimus. praescius enim deus errores futuros in mundo, {quem erat facturus} hoc decrevit ad confusionem illorum, qui sibi stultitiam sapientiam facturi erant, ad nostram autem gloriam, qui credituri eramus et credimus.

2, 8. Quam nemo principum huius saeculi cognovit; si enim cognovissent, numquam dominum maiestatis crucifixissent. 1. principes huius saeculi non

---

4 I Ioh. 3, 8

---

1 principium E^1 qui $\Pi L G^2 D A$, *om.* T **2** hi] illi V excidit] -et C, abscidit A **2 sq.** id est *om.* A **3** sicut] quae A dixit A **8** se missum ΠE missus A^1 quem] que A **9** audierat $C W G$ **11** credit A **12** ergo est A in *om.* A^1 **15** praedistinauit $E T W G P A$ **16** vera] -e A^1, uerba L **18** qui credimus] quibus V praescios $N^1 K$ **18 sq.** deus enim L **19** quem] de his quae A quem—facturus *om.* ΠL **20 sq.** sapientiam *om.* $N A$ **21** futuri Π **23** cognovit—**25** saeculi *om.* V **24** deum A **25** magestatis $E G P$

solos (solum) homines accipiendos Iudaeorum ac Romanorum, sed et hos principes ac potestates, quos supra dixit, ad quos vere pertinet dictum hoc adversus quos nobis conluctatio est, spiritalia nequitiae in caelestibus, quia consilio ac voluntate illorum crucifixus est Christus. denique post temtationes recessit, ait, diabolus usque ad tempus. et ipse dominus: princeps, inquit, huius mundi venit et in me non invenit quicquam (invenit nihil). 2. principes ergo huius saeculi per ignorantiam dominum maiestatis crucifixerunt. {nam} Iudaeorum principes quomodo principes saeculi huius possunt intellegi, qui erant sub (subiecti) regno Romano? et neque Romanorum principes crucifixerunt Christum, quippe cum dixerit Pilatus: nullam causam mortis invenio in eo. unde et manus lavit dicens {Iudaeis}: innocens {ego} sum a sanguine huius, vos videritis. 3. hi ergo principes crucifixerunt dominum, quos detriumfavit (triumfavit) libere in semetipso. quamvis dicat Marcus evangelista de daemonibus: sciebant enim Christum esse ipsum Iesum. scierunt quidem ipsum esse, sed qui in lege promissus erat; mysterium tamen eius, quod

---

4 Eph. 6, 12; *cf.* Quaest. 66, p. 115, 26sqq. **6** Luc. 4, 13 **7** Ioh. 14, 30 **10sqq.** *cf.* Quaest. 66, p. 115, 16sqq.; 65, p. 114, 18sqq. **13** Act. 13, 28 **15** Matth. 27, 24 **17** *cf.* Col. 2, 15 **18** Marc. 1, 34

---

1 solos *Π* ac] aut *A* **2** ac] et *T W G P D A* **3** dictum] uerbum *A* est idem *A* **4** nequitia *Π E W G* quia] qui P^1 *A* **5sq.** temptationis *W* G^1 **6** recessit ait diabolus] quas domino diabolos inferre ausus est ait euangelista recessit diabolus *A* **7** principes *N* princeps—venit] ecce uenit princeps huius mundi *A* **8** non invenit quicquam *Π E T L A* **8sq.** princeps *K* T^1 **9** deum *P* **10** nam (*om. Π*) Iudaeorum] iud. autem *A* **10sq.** quomodo principes *om. A* princeps *N* **11** erunt *K* sub *Π* **12** regno *om. E* et] sed *A* neque *om. V* **14** inueni *N E L* in eo] in eum *V P*, *om.* T^1 unde etiam *A* lauit manus *W G P* **14sq.** Iudaeis *om. Π E L* **15** ego *om. Π E* sanguine iusti *P* **17** detriumfavit *Π L* C^1 A^1 **18** Marcus] matheus *L* **18sq.** ipsum christum *E*, ipsum *om. P*, esse *om. E* **19** Iesum *om. Π E T L* ipsum *alt. om. P* **20** quod *Π E*

(quo) filius dei est, nesciebant. hoc etiam et Petrus apostolus ad populum Iudaicum dixit: scio, fratres, quia per ignorantiam gessistis hoc malum sicut et principes vestri {non tamen saeculi}. 4. si ergo per ignorantiam servi occiderunt dominum, peccatum eis adscribi non debet, sed non licet ignorare. et quamvis dominum esse nescierint, tamen quia rem impiam faciebant, non erant nescii. dominus tamen maiestatis crucifixus dicitur, cum mori nesciat. sed quia verbum caro factum est, id est dei filius incarnatus homo factus est, ipsi adscripta est mors, quia Iudaei non utique carnem persecuti sunt, sed eum qui operabatur per carnem, ac per hoc quamvis dominus maiestatis mortem ignoraret, quantum ad Iudaeorum tamen votum pertinet et ad principum huius saeculi, dominum occiderunt in carne.

2, 9. Sed sicut scriptum est: quod oculus non vidit nec auris audivit nec in cor hominis ascendit, quae praeparavit deus his qui diligunt (diligentibus) eum. 1. hoc scriptum est in Esaia profeta aliis verbis (est in apocalypsi Heliae in apocryfis). per hoc exemplum inopinatam rem factam et quae non solum in humanum sensum non caderet, sed et caelestes potentias lateret, dei scilicet filium incarnatum, ut quod supra dixerat firmaret, quia si principes huius saeculi dominum hominem factum

---

2 Act. 3, 17 9 Ioh. 1, 14 **19sq.** *cf.* Orig. in Matth. 27, 9 (de la Rue 3, 916)

---

1 esset *V* apostolos A^1 **4** non—saeculi *om.* *Π* tamen huius *L* **5** deum *A* **7** nescierint] -runt *WGPA*, -scirent *L* **8** maiestati *N* dicitur crucifixus *WGPD* **11** carne *K* **13** ignoret *WG* tamen *om.* *G* **14** et—saeculi *om.* *A* principem *L* **15** in carne] in carnem *C*, *om.* *VE* **18** his qui diligunt *ΠEL* **19** eum] se *P* **19sq.** in Esaia profeta aliis verbis *ΠETLG*^{2}*PD* **20** apocalypsin *WG*^{1} **20sq.** exemplum docet A^2 **21** opinatum *WG* **21sq.** non—caderet *om.* *W* **22** et *om.* A^1 caelestis V^1 potentias] -tes *N*, p. non *E* **24** hominem deum *C* factum] -am G^1, *om.* *N* **24sq.** non intellexerunt factum *A*

non intellexerunt, quanto magis homines. 2. sed si verba offendiculum vel scandalum faciebant, virtutibus tamen et signis fides non debuerat denegari. infirmitati enim et ignorantiae humanae virtus debuerat praeponi et credi quod humanae rationi inpossibile videbatur. ideoque diligentibus deum, id est credentibus, praeparavit donum hoc.

2, 10. Nobis vero revelavit deus per spiritum suum. 1. {et} quia principes saeculi hoc ignorabant, deus hoc per spiritum suum revelavit credentibus, quia res dei non potest sine spiritu dei addisci. nam non solum hominibus sacramentum istud missum se dicit declarare, sed et principibus {et potestatibus in caelestibus}, qui dominum crucifixerunt, ut hoc praedicante in terris discant qui sunt in carnalibus caelis, qui degunt sub elementis firmamenti. hic ergo singularis apostolus est, qui hanc gratiam consecutus est, quia trinitatis mysterium a nullo sic potuit explicari. unde et vas electionis divino iudicio vocitatus est.

Spiritus enim omnia scrutatur, etiam profunda dei. 2. quia enim de deo est hic spiritus, omnia novit. 'dei profunda' autem ideo ait, quia omnem virtutem et praescientiam eius novit, quod omni creaturae inpossibile est.

2, 11. Quis enim scit hominum ea, quae sunt hominis, nisi spiritus {hominis}, qui in ipso est.

13sq. *cf.* Col. 2, 8.20 **17** Act. 9, 15

1 non *om. K* **4** virtus] -tutes *K*, -tutis *W* G^{1} **5** ratione *K* V^{1} uideretur *WG* ideo *E* **6** hoc donum *TWG* **7** vero] autem *PA* **8** et] ut *P*, *om. ΠETA* ignorant *A* **8sq.** hoc deus *E* **10** addisci nam] ad disciplinam *A* omnibus *A* **12** et – caelestibus *om. Π* deum *K* **14** debunt *N* sub] in *A* **15** est *om. A* **16** est *om. A* quia] per *A*, qui hanc *K* ministerium *E* **18sq.** profunda] alta *A* **19** quia enim] que autem *A* deo] celo *K* **20** nouit dei; profunda *NKEWD* deus *V* ait] ut *ΠE* quia] atque *A* **21** praesentiam C^{1} *P* **23** enim] autem *A* ea *om. A* sint *NV* **24** hominis *alt. om. ΠLC* est] *add.* quia *A*, *add.* hoc est – quamvis re (*p. 29,20 – p. 32,8*) *W*, *add.* hoc est his – ad vitam (*p. 29,30 – p. 30,9*) G^{1}

1. manifestum est cogitationes nostras a nullo sciri nisi ab animo nostro, quem spiritum dixit. denique in evangelio inter cetera sic ait: et spiritus eius reversus est ad illam.

Sic et quae in deo sunt, nemo cognovit nisi spiritus dei. 2. hic spiritus dei docuit nos quod scit naturaliter, non doctus. et docuit nos de mysterio Christi, quia non solum spiritus dei est, sed et Christi.

2, 12. Nos autem non spiritum huius mundi accepimus, sed spiritum qui ex deo est. 1. hinc scimus quia spiritum, qui de deo est, accepimus, quia mundi spiritus non potest scire, quae ab hoc nobis insinuata sunt. spiritus tamen mundi hic est, per quem arripiuntur fanatici, qui sine deo sunt. est enim inter mundanos spiritus potior, unde solet coniecturis quae mundi sunt divinare; quem pytonem appellant. hic est qui per versimilia fallitur et fallit, hic est qui per Sibyllam locutus est, sensum nostrorum secutus, locum volens inter caelestes habere.

Ut sciamus quae a deo donata sunt nobis. 2. quia enim dei spiritus datus est nobis, scimus quae a deo donata sunt nobis. non enim possemus scire, si mundi spiritum haberemus, quia non potest scire mundi spiritus. sensum enim dei nemo novit, nisi qui de deo est spiritus dei. inferiora

---

2 *cf.* Quaest. app. 42, 3, p. 425, 9sq. **3** Luc. 8,55

---

1 a] an *P* **2** spiritu G^1 **3** sic] hic *P* ait] agit *K* illum *A* **4** sic] ita (*Vulg.*) *A* in deum *V* **5** hic—dei *om. A* nos] hos G^1 scit *om. Π* **6** et docuit] edocuit *K* **10** quia *pr.*] quod *A* quia *alt.*] que A^1 **12** corripiuntur *D* **13** enim] autem *A* spiritu] -tuus *C*, -tos *N* **14** coniecturis quae] c. ea quae *E*, coniectatores ea qui A^1 munda A^1 **15** pytonem *K*, phitonem (phy- *VA*) *VETLGPDA*, pitonem *W*, pinitonem *N* **15 sq.** fallitur et fallitur *E* **16** sybyllam *N*, sybillam *TC*, sibillam (sibb- *P*) *WGP*, siluam *V* sensu *Π* **17** caelestes] -is *E*, -ia *A* **18** nobis *om. NK* **19** enim] autem *A* nobis *om. E* **20** possemus] simus KA^1, -sumus V^1 **21** quia] que *A* **22** enim] autem *A* dei] domini *VETG* nemo] non *L* de] a *N* est et *V* dei est *V*

enim non possunt superiorum scire consilium, neque creatura conditoris sui dinoscere voluntatem.

2, 13. Quae et loquimur. 1. ut hinc manifestum sit scire nos quae a deo nobis donata sunt, quia haec et loquimur, ut et alii discant per doctrinam spiritalem. praedicatoribus enim, id est apostolis, insinuata divinitus sunt quae traderent populis, et addiscerent principes huius saeculi quid amisissent mali.

Non in doctrina verborum humanae sapientiae, sed in doctrina spiritus. 2. verba enim humanae sapientiae hunc sensum non vident, neque litteraturae studiis adprehenditur, sed per fidem spiritali ratione concipitur dicente Esaia profeta: nisi credideritis, neque intellegetis. naturali enim magis lege quam cursu siderum et calculis signorum, quae in firmamento denotantur, addiscitur. denique credentes non humanis verbis, sed naturae suae vident congruere quod credunt; opus enim agnoscit opificem. ideoque evangelium animis nostris loquitur spiritalia, excitans illos ad cognotionem sui creatoris.

Spiritalibus spiritalia comparantes. 3. hoc est, his qui mundanam prudentiam refutant, spiritalem efficaciam tradere, quae mysterio fidei continetur, ad inluminandos sensus benivolorum hominum. credentes enim quae mundi sapientia stulta iudicat, spiritales sunt.

---

13 Is. 7, 9

---

1 enim *om.* L^1 **1 sq.** scire—sui *om.* *L* **2** noscere L^1 **3** loquitur E^1 sit] scit *A* **4** donata sunt nobis *A* **5** et *om.* *PA* per *om.* *E* doctrina *N* **6** enim] autem *A* id est] idem A^1 **7** populum *NK* quod *P* **9** doctrina—sapientiae] doctis humanae sapientiae uerbis *(Vulg.)* *ΠETL* **10** sed] se G^1 **10 sq.** verba—sapientiae *om.* *A* **13 sq.** intellegitis *NEC* **14** enim] autem *A* **17** enim] autem *A* **20** conparentes *W* hoc est—**p. 32,8** quamvis re *om.* *WG* (*cf. p. 27,24*) **21** prudentiam] sapientiam *P* **22** misterium *E* **23** enim in eis *A* mundi sunt *V* **24** sapientiam *P* stulta] -titiam *A* sunt *om.* *V*

2, 14. Animalis autem homo non percipit ea quae sunt spiritus dei; stultitia enim est illi. 1. pecoribus enim similis sensum suum in terram deprimit. ideo non adsequitur nisi quae videt, nec putat aliquid posse fieri quam quomodo scit. ideo quidquid aliter audit quam novit, stultum iudicat, nihil enim aestimat posse fieri sine conmixtione. unde ridet audiens deum filium genuisse, quem scit simplicem et incorporeum, et virginem peperisse, et resoluta corpora rursum revocari ad vitam, cum haec magis ad laudem dei proficiant, ut credatur fecisse, cuius operis ratio investigari non possit; deus est enim qui fecit. inbecillitas enim humana stultum putat, quod scientia sua non concludit, cum hoc magis stultum deberet habere et illud prudens, quod quia dei factum dicitur, conprehendi non potest.

Et non potest scire, quoniam spiritaliter iudicatur. 2. humanam traditionem sequentes dum unius dei fidem abnegant, spiritaliter factum est, quod ratione carnis inflati putarent (putant) fieri non posse, et sic reprobi adnotati spiritaliter condemnati sunt.

2, 15. Spiritalis autem diiudicat omnia, ipse autem a nemine diiudicatur. quoniam vera ratio spiritalium est, id est credentium — hoc enim quis nuncupatur

---

7sq. *cf.* Quaest. 48, p. 94, 22

---

1 autem *om. A* non percepit homo *T W* percoepit *N* ea *om. C W* **2** stultitia] stulte *L* est enim *N V E L P D*, est *om. T W G*, autem illi est *A* **3** terra *K V C W G D A* **4** uidit *V* putant *E*, potat *C*, putat se *A* **4sq.** posse—quidquid *om. A* **5** audire *A* **6** stultum] stultitiam *L* enim] autem *A*, *om. K* estimet *E* sine] nisi *A* **8** scit] sit T^{1} **9** reuocare *A* **10** proficiat *Π E* **11** inuestigare T^{1} *A* enim] autem *A* **12** enim est *E* **13** illum *W* **13sq.** quod quia] que *A* **15sq.** et—iudicatur *om. C W P D* scire] intellegere *(Vulg.) A* quoniam] quod *K*, que *A* **16** diiudicatur *A* humanum *E* **17** abnegat *N* **18** putarent *Π E L C*, inputarent *A* et *om. Π E T* sicut *E* **20** spiritalis] qui spiritalis est *A* dei iudicat *E* **21** nimine *(item saepe) N* iudicatur *Π* **22** enim] autem *A* noncupatur *A*

quod credit —, omnia iudicant; ipsorum enim exemplo infidelitas iudicabitur (diiudicabitur), ipsi autem a nemine iudicabuntur. quis enim condemnet vera dicentem? cum enim constet omnes inimicos fidei falsa tenere pro veris, accusatio illorum in irritum iam deducta est, veri iudicio condemnata, quia qui non crediderit, inquit dominus, iam iudicatus est.

2, 16. Quis enim cognovit sensum domini, qui instruat eum? 1. sensus dei est, quod haec spiritaliter iussit fieri, per quae mundi sapientia stulta probaretur, negans posse fieri quod factum est. quem sensum nullus est qui cognoverit et displiceat illi, ut emendet consilium dei; quia qui cognovit, laudat potentiam dei, quem, qui omnia negat posse, nec mundum credit fecisse. quid enim magnum est, ut de se credatur generasse, qui non ambigitur cuncta ex nihilo fecisse? quippe cum dicat salvator: apud deum autem omnia possibilia sunt.

Nos autem sensum domini habemus. 2. hoc dicit, quia credentes participes sumus eiusdem, id est divinae scientiae (sententiae).

3, 1. Et ego, fratres, non potui vobis loqui quasi spiritalibus, sed quasi carnalibus. nunc his loquitur, qui propterea quod saeculi adhuc voluptatibus serviebant, carnales erant. quamvis iam baptizati essent et spiritum sanctum accepissent, tamen quia post baptismum

6 Ioh. 3, 18 **8** Is. 40, 13 **21** Matth. 19, 26

2 iudicabitur *ΠEA* neminem *K* **3** qui *K* **4** teneri *T* **5** iam in irritum *A* veri] uero *V*, de uero *A* **6** crediderint *N* **9** dei] domini *E* quo *CA* **10** quae] per quem *VLP* mundi] multa *V* sapientiam *P* **11** sensus *P* **13** quia] atque *A* qui *om. V* **14** negant *V* enim] autem *A* **16** dominum *P* **18** domini] christi *A* **19** quia] quia (que *A*[1]) qui *WA*[1] eiusdem *om. W* diuina *T*, *om. A* **20** scientiae *Π* **21** et *om. L* **23** qui *om. ΠE* **24** iam] enim *A* **25** accipissent *N* quia *om. T*[1]

statim ad veterem hominem fuerant reversi, cui abrenuntiaverant, dicuntur carnales. spiritus enim sanctus tunc permanet in eo, cui se infuderat, si maneat in proposito regenerationis; si quo minus, abscedit, ita tamen ut si se reformaverit homo, redeat ad illum. semper enim paratus ad bonum est, diligens paenitentiam.

Quasi parvolis in Christo **3, 2.** lac vobis potum dedi, non escam. 1. quamvis renati essent in Christo, tamen non fuit dignum tradi his spiritalia. accepta enim fide, quae est velut semen spiritale, nullum fructum deo dignum fecerunt, ut perfectionis verba mererentur addiscere, sed quasi parvoli inperfectionis sensibus studebant. apostolus autem vir divinus et medicus spiritalis unicuique secundum vires eius tradebat, ne per inperfectionem et inperitiam quis de rebus spiritalibus scandalum pateretur.

Nondum enim poteratis. 2. ostendit aperte non illos debuisse audire quae confirmatis dicenda sunt.

Sed neque nunc potestis; adhuc enim carnales estis (estis carnales). 3. hic valde arguit temeritatem illorum, qui querebantur dudum se non audisse spiritalia, cum adhuc digni non (indigni) essent audire. pseudoapostoli enim promiscue omnibus uno atque eodem genere tradebant, nullius personam discernentes, ut acceptabiles fierent per hypocrisin commendati, cum constet dominum et auctorem nostrum Christum aliter populis, aliter discipulis interfatum, et inter ipsos apostolos fuisse distantiam; tribus etenim

---

1 fuerunt *LDA* **2** enim] autem *A* **3** infuderit *EL* **7** quasi] tamquam *(Vulg.) A* parvolis] *NC*, paruulis *cett.* **8** dedi et *A* **10** semen] sanctum *E* spiritale *om. A* fructum spiritalem *A* **11** addiscere] ut discerent *V* **12** in inperfectis *A* **14** inperfectione et inperitia *P* **18** neque nunc] nec adhuc quidem *A* enim] autem *A* **18sq.** carnales estis *ΠE* **20** quia *A* querebatur *K* dudum *om. V* non] nondum *V* **21** digni non *ΠETL* pseudo enim apostoli *VE* enim] autem *A* **23** persona *G* **24** hypocrisim (ypo- *C*, -chrissim *C*) *NLCA* **25** aliter *pr.*—discipulis] al. apostolis aliter populis G^1 **26** enim *A*

discipulis gloriam suam in monte ostendit dicens illis, ut tacerent visum, quamdiu a mortuis resurgeret.

3, 3. Cum enim (nam cum) in vobis aemulationes et contentiones sint, nonne carnales estis et secundum hominem ambulatis? indignitatis causas ostendit, quia de homine qui sperat auxilium, carnalis est; qui autem spreta humanitate de deo sperat, spiritalis est, quia deus spiritus est.

3, 4. Cum enim dicit quis (quis dicit): ego sum Pauli, alius autem: ego Apollo, nonne homines estis? 1. sicut enim gloriantes in deo et de ipso omnem gratiam sperantes dii dicuntur a deo adoptati, ita et in homine gloriantes et homines et carnales dicuntur sententia dei conclusi, qui ait: ego dixi, dii estis, vos autem sicut homines moriemini. 2. a sua enim (ergo) persona incipit, ne forte putaretur per invidiam magis personas illorum destruere, ostendens magnum errorem et ad dei contumeliam pertinere, quando deo praedicato gloria datur hominibus. quid ergo minus est a gentilitate, dum adhuc aliquid de hominibus speratur?

Quid igitur est Apollo? quid vero Paulus? **3, 5.** ministri eius, cui credidistis. 1. et (ut) quia ministri sunt, spes in his non est (sit), sed in domino (deo),

1sq. *cf.* Matth. 17, 9 **7sq.** *cf.* Ioh. 4, 24 **14** Ps. 81, 6. 7

1 dicens] et praecepit *A* **3** cum enim $\Pi E G^2$ in vobis] sint inter uos *A* aemulatio $\Pi E T^1 L W G D$ **4** et—sint *om. A* **5** causa *NK* **7** spreta humanitate] spreto hominum auxilio *A* **8** spiritus est deus *TWG* **9** dicit quis *ΠEL* ego quidem *(Vulg.) A* **10** Apollo] apostolo T^1 **11** gloriantes] sperantes *A* de] inde *N* omnem *om.* $W C^1$ **12** gratiam] gloriam *A* **12sq.** dii— gloriantes *om.* A^1 dii] dis *E* optati D^1 **14** conclusi] -sit *WGA*, -dit *P* qui] que *A* *post* estis *add.* et filii excelsi omnes *A* **15** enim *ΠET* **17** distruere *A* **18** praedicatur *K* gloria datur *om. K* **19** quid enim *A* **21** Apollo] apostolus A^1 vero] etiam *A* **22** eius cui] per quos *A* et $\Pi T G^2$ **23** ministri sunt] ministris *K* est *ΠET* sed—deo *om. T* domino *ΠEL* cuius ministri sunt. illi enim gratiarum actio deferenda est, cuius donum est; hi vero servi, quos etiam invitos oportet dispensare. 2. numquid non Moyses coactus est ire ad Faraonem et Ionas invitus missus est praedicare Ninevitis et Ananias contradicens missus est Saulo manum inponere?

Et unicuique sicut dominus dedit. id est, sicut voluit et scivit, divisit singulis officia ministerii.

3, 6. Ego plantavi, Apollo rigavit, sed deus incrementum dedit. plantare est evangelizare et ad fidem adtrahere; rigare vero baptizare solemnibus verbis; peccata autem dimittere et spiritum dare dei solius. si ergo effectum salutis deus dat, nulla gloria in hac re hominis est. scimus enim et spiritum sanctum sine manus inpositione datum a deo, et non baptizatum consecutum remissionem peccatorum. numquid non hic invisibiliter baptizatus est, quando donum baptismatis consecutus est?

3, 7. Itaque neque qui plantat est aliquid, neque qui rigat, sed qui incrementum dat deus. et plantata enim solent emori et rigata ad effectum fecunditatis minime pervenire, nisi det deus vegetam vitam. quantum ergo ad honorificentiam dei pertinet, nihil est homo; quantum autem ad ministerium {pertinet}, necessarius est, ut honorificetur quasi servus, non ut aliquid de illo speretur ad iniuriam dei.

3, 8. Qui autem plantat et qui rigat unum sunt.

3sq. *cf.* Exod. 3, 10sq.; Quaest. 109, 7, p. 260, 20sqq. **4** *cf.* Ion. 1, 2sqq. **5** *cf.* Act. 9, 10sqq. **13sq.** *cf.* Act. 2, 4; 10, 44

---

2 invitos] -us *W*, -i T^1 **3** est *om. V* **4** iona *P* **4sq.** praedicare—est *om. E* **5** annanias *N V W G A* **7** scivit] sicut *Π* ministeria *E* **9** est] est enim *V*, *om. A* **9sq.** et—baptizare *om. V* et] sed *E* **10** trahere *N K A* **11** spiritum] christum A^1 **13** enim] ergo *V* **15** uisibiliter *K* **16** est consecutus *V* **18** inrigat *A* **19** mori $W G^1$ et *alt.*] et diu *A* **20** vegetam] uegitatam $W G^1$, uegita T^1 **21** pertinet dei *E* pertinet et *V* **22** ad] a T^1 pertinet *om. Π E T L* necessarium *A* est *om. L* **25** plantat enim *A* rigant *C*

unum sunt, quia ambo mercennarii sunt, quamvis diversa sint illorum officia.

Unusquisque autem propriam mercedem accipiet secundum suum laborem. quamvis enim unum sint, sed quia maior est qui evangelizat quam qui baptizat, ideo discrevit mercedes illorum. et non solum {ad} hoc, sed ad doctrinae sinceritatem pertinet, ut ⌊hic⌋ dignus mercede sit, qui inviolatam tradit doctrinam.

3, 9. Dei enim sumus operis participes; dei cultura, dei aedificatio estis. hoc ad apostolorum personam pertinet, quos constat dei esse adiutores, dum vicarii sunt Christi.

3, 10. Secundum gratiam, quae data est mihi, ut sapiens architectus fundamentum posui. 1. gratiam sibi datam dicit, ut dignus esset praedicare evangelium, ut et hoc dei esse ostenderet, non hominis, secundum hanc itaque gratiam ut sapientem architectum fundamentum se dicit posuisse. sapiens architectus est, qui iuxta disciplinam auctoris conlocat fundamentum, id est qui secundum traditionem salvatoris evangelizat.

Alius superaedificat. 2. superficia sunt, quae post praedicationem apostolorum a supervenientibus traduntur aut malis aut bonis doctoribus.

Unusquisque autem videat, quemadmodum superaedificet. 3. id est, ut superficia congruant funda-

1 sq. quamvis—officia *om. A (cf. l. 25)* **2** sunt *N* **5** sunt sed que *A* **6** descreuit *N* merces *NK* ad *om. ΠA* sed et *A* **7** doctrinam *P* hic *ΠA* dignus hic *E* **8** tradidit doctrinam dei *T* **9** operis participes] adiutores *(Vulg.) A* dei—**12** Christi *om.* T^1 W^1 **10** agricultura *(Vulg.) A* est *NKL* **11** quod *N* **13** gratiam dei *ΠE* G^2 mihi *om. A* **15** est *K* **16** esset *KL* hominibus P^1 **18** posuisse] poss- *W*, potuisse *K* **20** euangelizatur *N* **21** alius] alter *(Vulg.) A* superficia] superaedificia *EWGD* quae] qui *K* **22** a *om.* *W* G^1 **24** quemadmodum] quomodo *(Vulg.) A* **25** superaedificet] -at *C*, *add.* quamuis diuersa sint illorum officia *A (cf. l. 1 sq.)* superficia] -aedificia *E* G^2 *D* congruent *WC*

mento, ne si obliqua fuerint et frivola, ruinam faciant manente incolomi (incolumi) fundamento, quia ⌊etiam⌋ si male docuerit, Christi nomen permanet, quod est fundamentum, doctrina autem mala peribit, sicut dicit dominus: omnis plantatio, quam non plantavit pater meus caelestis, eradicabitur.

3, 11. Fundamentum enim aliud nemo potest ponere praeter id quod positum est, quod est Iesus Christus. ideo nemo potest ponere aliud fundamentum, quia quamvis heretici sint aliqui, non tamen docent nisi sub Christi nomine. aliter enim commenta erroris commendare non possunt, nisi interposito salvatoris nomine praedicent, ut res contrarias et absurdas nominis dignitas faciat acceptabiles (acceptabiles faciat).

3, 12. Si quis autem superaedificat supra fundamentum hoc aurum, argentum, lapides pretiosos. lapides pretiosi sunt, quos non corrumpit ignis. tria genera posuit praeclara in mundo, in quibus bonam doctrinam significavit.

Ligna, fenum, stipulam. tria alia genera sunt (posuit), sed frivola, ut in his corrupta et vana doctrina designata dinoscatur.

3, 13. Qui facit hoc opus, manifestus erit; dies enim declarabit, quia in igne revelabitur.

---

5 Matth. 15, 13

---

1 fribola *G*¹, fribula *W* facient *WG* **2** incolomi *ΠGPDA* etiam *Π* si etiam *ET* **3** docuerint *E* **8** quod] qui *A* **9** aliud ponere *NVA* aliud *om. K* **10** sunt *N* **11** nomine christi *NV* enim *om. T*¹*L*¹ commendata errores *A*¹ **13** faciat acceptabiles *Π* **15** super *EPA* **17** lapides—ignis *om. A* **18** mundum *A*¹ **19** significat *VG*¹ **20** lignum *E* stipula *TWGP* sunt *ΠETL* **21** ut *om. CWGP* doctrina *om. A* **22** dinoscitur *WGP* **23** qui facit hoc] uniuscuiusque *(Vulg.) A* manifestum *(Vulg.) A* **24** dies—declarabit *om. CWG*¹ enim domini *(Vulg.) ETLG*²*DA* declarabitur *N* quia] que *A*

hoc est, mala doctrina in igne omnibus apparebit; nunc enim quosdam fallit.

Et uniuscuiusque opus quale sit, ignis probabit. quia enim per ignem examinatio fiet, si in aliquo non invenerit quod exurat, manifestat illum bonum fuisse doctorem. mala enim et adultera doctrina idcirco in ligno et feno et stipula significata est, ut ostenderetur ignis esse esca.

3, 14. Si cuius opus manserit quod superaedificavit(-verit), mercedem accipiet. cum enim nihil in illo sordis inventum fuerit pravae doctrinae, ut in bono auro, ita erit ut tres fratres in camino ignis, mercedem vitam aeternam cum gloria accepturus, quia sicut aurum et argentum et lapides, quos ignis non corrumpit (consumpsit), ita et bonus magister incorruptibilis permanebit.

3, 15. Si cuius opus arserit, damnum patietur. 1. opus quod ardere dicitur, mala doctrina est quae interibit. cuncta enim mala peribunt sicut iter impiorum, quia non sunt substantiae, sed adseverationes perversae. damnum autem pati est poenas perpeti. quis enim in poena positus iacturam non facit?

Ipse autem salvus erit, sic tamen quasi per ignem. 2. salvum illum futurum dixit, quia non interibit substantia qua constat, sicut et doctrina mala peribit, quia accidens causa est. ideo autem dixit: sic tamen quasi per ignem, ut salus haec non sine poena sit, quia non dixit

---

11 *cf.* Dan. 3, 23 **17** *cf.* Ps. 1, 6

---

2 fallit *om. V* **3** quale sit *om. K* **3sq.** probauit *E W* C^1 **4** quia] quae *N* fiat *WG* **5** exurit *K* **7** in feno *WGP* in stipula *P* **8sq.** superaedificauit *ΠTELGA* **11** tres] res G^1 mercedes in *P* **13** corrumpit *ΠETLA*, consumit *PD* **15** damnum] detrimentum *(Vulg.) CWGD* **17** quia] quae *P* **18** adseverationes] -nis $G^1 A^1$, aduersiones *ΠETL* **19** autem] enim *E*, *om. Π* in *om. N* **21** autem] tamen *CWD*, tantum *L* **22** saluum quidem *C* **23** substantiam P^1 doctrinam *N* quia] atque *A* **24** accedens *NE* **25sq.** ut–ignem *om. A* 'salvus erit per ignem', ut merito suo ab igni non conbustus salvus fiat examinatus per ignem. sed cum dicit: sic tamen quasi per ignem, ostendit salvum quidem illum futurum, sed poenas ignis passurum, ut per ignem purgatus fiat salvus, et non sicut perfidi aeterno igne in perpetuum torqueatur, ut ex aliqua parte operae pretium sit credidisse in Christum. 3. semper enim erubescat necesse est, qui se videt falsum defendisse pro vero, et simili modo semper fiduciam habebit dei, qui abiecto falso secutus est verum et spreta inpietate succubuit pietati. extra catholicam enim quidquid est, contrarium est.

3, 16. Nescitis quia templum dei estis et spiritus dei habitat in vobis? templum dei nos ⌊esse⌋ dicit, ut deum in nobis habitare sciamus; in templo enim suo habitet necesse est. {et} quia spiritum dei dicit habitare in nobis, deum significat intellegendum spiritum sanctum.

3, 17. Si quis templum dei violaverit, disperdet illum deus. templum enim dei sanctum est, quod estis vos. haec idcirco praemisit, ut illos conpungat, qui turpiter viventes corpora sua violanda corruperunt (-ant); maxime ille, qui uxorem patris habebat, ut ante esset reus quam causa illius in medium prorumperet. denique simili, immo eodem modo, cum causam illius iudicat, loquitur dicens: an nescitis, quia corpora vestra templum

---

12sq. *cf.* I Cor. 6, 19 **24** I Cor. 6, 19

---

1 igne *VGA* combustus sit *V* **2** cum *om. A* **3** futurum quidem *E* **4** ignis] illum *ΠL*, ignis illum *T* passurum illum *E* **5** sicut *om. T* perfidia *NKD* **5sq.** ut ex ali *om. V* **6** operae] -ra *TW*, -re *ΠCP* **7** enim *om. K* uidit *WP* falsum uidet *T* **9** est eum *E* **10** catholica *NKC* **11** contrarium est] impium est et funestum *A* **13** habitet *N* esse *ΠEG*^{2} **15** et *om. ΠET* **17** quis autem *NKELG*^{2} **18** illum] eum *G* **19** conpungat] -ant *P*, continget *A* **20** violanda] -lantes *P* corruperunt *ΠEL* **21** illi *V* habebant *V* **22** causam *A*^{1} prorumperit *A*^{1} **24** dicens *om. A*

est spiritus sancti, quem habetis a deo? superius templum dei dixit, hoc autem loco templum spiritus sancti. quis hinc dubitet, quia spiritum sanctum deum significavit?

3, 18. Nemo se seducat. id est nemo proprio vel humano consilio putet se sibi prodesse. ad superiorem sensum redit:

Si quis videtur sapiens esse inter vos in hoc saeculo, stultus fiat, ut sit sapiens. hoc dicit, quia si quis intellegit salutem promissam et mysterium incarnationis domini nostri Iesu Christi, stultus fiat, id est sapientiam mundi fugiat, ut stultus ab ea iudicetur, et tunc erit prudens, quia stultus saeculo prudens est deo, dum credit deum fecisse quae ratio mundi non capit, sicut supra memoravi. pseudoapostoli autem prudentes volebant (volentes) videri in mundo, neque deum filium habere neque incarnationem veram esse neque carnem posse resurgere praedicabant.

3, 19. Sapientia enim huius mundi stultitia est apud deum. sic stultitia est sapientia huius mundi apud deum, dum facit deus, quod mundus fieri posse negat, sapientiam illius stultitiam probat. et cum multos deos dicant, fides autem unum probet teste virtute, in inprudentia (prudentia) sua confundentur.

Scriptum est enim: reprehendens sapientes in

2sq. *cf.* Quaest. 97, 20, p. 186, 11sq. **24** Iob. 5, 13

1sq. superius dixit *E* **3** quis autem *G* hic *WGA* qui WG^1 sanctum *om. L* **4** significat *A* **5** se seducat] seipsum fallit A^1 seducit E^1 **6** putat *WC* superiore *C* **10** promissum et missum *V* et in A^1 ministerium *V* **11** nostri *om. TWGD* **12** huius mundi *L* prudens *om.* A^1 **13** quia] et *A* **15** autem] enim *K* volebant *ΠET* in *om. L* **16** dei *K* neque—esse *om. A* **17** resurgere] sugere *E*, regere *A* **18** stultia *K* **19** est *om. NV* sapientia—mundi *om. V* **20** deus *om. A* **22** autem] aut *P* in inprudentia $\Pi G^2 DA$ **24** reprehendens] conprehendens A^1, -dam A^2, reprehentes *E*

astutia eorum (illorum). **3, 20.** et iterum: dominus novit cogitationes sapientium, quoniam vanae sunt. istud in psalmo habetur nonagesimo tertio. denique idem sensus est; sciens enim vanas cogitationes illorum, ut stultos illos probaret, sapientiam illorum reprehendit ostendens verum esse quod falsum dicebant, et falsum quod verum putabant.

3, 21. Itaque nemo glorietur in homine. quoniam enim humanae cogitationes et consilia inprovida et infirma sunt, non esse gloriandum in homine, sed in deo, cuius consilium retractari non potest. quidquid enim homines sine deo sapiunt, stultum est.

3, 22. Omnia enim vestra sunt, sive Paulus sive Apollo sive Cephas {qui est Petrus} sive mundus sive vita sive mors sive praesentia sive futura, omnia vestra, **23.** vos autem Christi, Christus autem dei. 1. alio loco dicit de eodem sensu: nos autem servos vestros propter Iesum. servos pro ministris posuit, ut non singulos sibi defenderent, cum omnibus uterentur, sicut et dominus dicit: ego sum in medio vestrum, non ut ministrer, sed ut ministrem. 2. nam mundus utique noster est, sed ut de illo secundum dei voluntatem sentiamus et decretos cursus eius in dei voluntate ponamus. et vita praesens concessa nobis est, sed ut modeste

---

1 Ps. 93, 11 **17** II Cor. 4, 5 **20** Luc. 22, 27

---

1 eorum *ΠGA*, *add.* hoc scriptum est in esaia (*add.* propheta TG^2) ETG^2, *add.* in isaia C^1 *in mg.* deus *E* **4** uanae *V* cogitiones *P* **5** stultus *A* illos esse *LD* probaret et *ΠEC* reprehenderet *K* **7** putabant *om. V* **8** hominibus *(Vulg.) A* **10** esse] est *D* homine] -nibus *A*, -nes *T* **10 sq.** deo cuius] deum huius *V* **11** consilio A^1 enim *om. A* **14** coephas *P* qui–Petrus *om. ΠEA* **16** uestra sunt *(Vulg.) A* **17** autem *alt.*] uero *A* **18** propter– servos *om. A* seruos autem *L* **20** et *om. P* **21** minister $ΠPA^1$ **23** sentiamus–voluntate *om. A* et] ut *NKP*, *om. L* **24** concessa] consa *P* modesti A^1

illam et cum dei gloria transigamus. sive mors, ut pro Christo mori libenter habeamus spe promissionis futurae. sive praesentia, ut sic praesentibus utamur, ne offendamus. sive futura, ut futura credentes ipsis nos magis, quia meliora sunt, commendemus. 3. vos autem Christi, ut quomodo haec iudicio nostro concessa sunt et subiecta, ita nos Christo subiciamur, quippe cum per ipsum esse coeperimus, et in prima origine et in regeneratione. Christus autem dei. Christus dei est patris sui proprius filius, faciens voluntatem eius, ut et nos ipsius faciamus. si ergo Christi sumus famuli, quid est ut ad eius iniuriam de hominibus aliquid speremus?

4, 1. Ita nos existimet homo, ut ministros Christi et dispensatores mysteriorum dei. 1. hoc significat, quia minus de illo sentiebant aliqui Corinthiorum. sed ut hoc homo de illo (de illo homo) sentiret quod et deus, qui illum elegerat, ideo ministros Christi, ait, et dispensatores mysteriorum dei. quando enim non verborum strepitu neque humana sapientia nitebatur intellegi, debuit sacramentum Christi dispensare, in quo non verba, sed virtus fulgebat; non per quod homo, sed deus gloriosus videretur. 2. collega enim piscatorum non aliter quam illi Christum praedicabat. cum ergo ministrum se Christi et sacramentorum dei probat, pseudoapostolos illos notat ac negat Christi esse quod tradunt, per id quod discordarent a traditione apostolica.

4, 2. Hic iam quaeritur inter dispensatores, ut fidelis quis inveniatur. hoc quod dicit non solum ad

---

2 libenter mori *E* spem *T* repromissionis *P* **3** offendamur *K* **4** ipsi KP^1 quia] qua *K*, que *A* **5** commendamus *A* **9** Christus dei *om. A* patri *T* **11** Christi *om. A* eius *om. L* **13** ita] sic *(Vulg.) A* nos] uobis *V* exestimet *WP* ministeriorum *KP* **15** qui W^1P^1 **16** homo] modo *E* homo de illo *ΠEL* **18** ministeriorum *P* **19** nitebantur *ΠA* **21** per hoc *E* **23** christi se *NVE* **24 sq.** ac negat] et abnegat *WG* **28** fideles N^1 inueatur *A*

pseudoapostolorum personam pertinet, sed et ad reliquorum, qui accepta dispensatione aut verecundia aut timore aut certe commendationis suae causa constanter arguere trepidabant aut malos sensus aut mores. hic enim tam constans erat, ut nec vitae suae parceret, dummodo fideliter omnia celebraret.

4, 3. Mihi enim pro minimo est, ut a vobis diiudicer (iudicer) aut ab humano die. 1. quos in tantis vitiis reprehendit, miserum dicit ab his se iudicari, quippe cum nec a iustis iudicandum se sciret. aut ab humano autem die, hoc est, quia nec a legibus mundo creditis iudicandus erat. supergressus enim humanam iustitiam caelesti iustitiae studebat, sicut dicit dominus: nisi habundaverit iustitia vestra plus quam scribarum et farisaeorum, non intrabitis in regnum dei. 2. humanum ergo diem cum dicit, significat et divinum, in quo iudicaturus est Christus. quia sicut iurisconsulti seu pontifices, quos vocant sacerdotes, certos dies quibus iudicatur decreverunt, ita et dies domini definitus est, quo iudicaturus est mundum.

Sed neque me ipsum iudico; **4,** 4. nihil enim mihi conscius sum. 1. apertum est, quia conscientiam puram habens sollicitus de se non erat.

Sed non in hoc iustificatus sum. nunc humiliat se et loquitur ut homo, qui possit culpam incurrere nescius.

---

14 Matth. 5, 20

---

1 personas *A* pertinet personam *E* et *om.* *LG*[1] **4** enim tam] tamen *A* **6** celebraret] traderet *A* **7** enim *om.* *K* **8** diiudicer *ΠD* **9** se dicit ab his *E* ab] de *A* iudicer *G* **10** aut] ut *N* **11** humana *ΠTDA* que *A*[1] mundi *A* **12** enim] autem *A* **13** celestem iustitiam *V* **14** vestra *om.* *L* **16** dei] caelorum *EP*, *om.* *L* humanam *E* **17** quia] quae *A* **18** sacerdotes *om.* *A* **19** iudicatur] ius dicatur *C* diffinitus *A* **20** quo] quod *VWG*[1] **21** diiudico *A* enim *om.* *E* **23** non erat de se *E* **24sq.** nunc—nescius *om.* *A* **25** se *om.* *V*

Qui autem iudicat me dominus est. recte ait; quamvis humiliaverit se, tamen domino Christo plurimum dedit, qui potest quod hominem latet, dum occulta iudicat, manifestare, non ut reum faciat, sed prudentem. 2. †quamvis enim homo est quem non potest nisi† aliquid lateat, interdum enim aliquid utile putamus, quod inutile est. nec enim omnia membra aut latera conversationis humanae descripta habemus. ab his autem quae gravia sunt, aperte prohibiti sumus. nam quaedam causae nos fallere solent ex causis aliquibus ortae, ut quod non est utile, putemus utile. quod leve quidem est, quia propositum liberum est.

4, 5. Itaque nolite ante tempus iudicare, donec veniat dominus. 1. monet illos ne iudicent, cum iudicandi sint et habeant duplex peccatum, sicut ait dominus: nolite iudicare, ut non iudicemini, sed expectare diem iudicii dei, acsi fideles et boni sint. iniuria enim iudicis est, si ante cognitionem eius a servo procedat iudicium aut sententia.

Qui inluminabit occulta tenebrarum et manifestabit consilia cordium. et tunc erit laus unicuique a deo. 2. hoc dicit, quia in die iudicii nihil occultum erit eorum, quae gesta aut cogitata sunt. et simplicitas et hypocrisis illic apparebit, ut et qui despectus habebatur, forte appareat dignus, et qui aliquid esse putabatur, inveniatur reprobus. omnia enim nuda erunt in die iudicii. et tunc laus

---

15 Matth. 7, 1

---

1 diiudicat *A* **2** quamuis enim *W G* **3** quia *V E T* G^{2} **4** facit *N* se C^{1} quamvis] quis A^{2} **5** quem] quae *N*, *om.* A^{2} **6** enim *om. A* **7** humana *P* discripta *N K A* **8** aparte *Π* sumus] sunt *Π T E* **10** putemus utile *om. K* utile *alt. om.* *W* G^{1} **12** noli *N* antequam $W^{1}G^{1}$ tempus quid *A* **13** donec] usquedum *A* ne] qui *P* **14** sunt *ΠETCWGDA* **15** iudicimini *N* **17** procedit *L* **18** qui *om. A* occulta] abscondita *(Vulg.) P D*, quae sunt abscondita *A*, occulta uel abscondita *V* **19** cordis *A* **20** ad deum *V* dicit *om. V* **20 sq.** erit occultum *P* **22** hypochrisis *N* et ut *K E L* dispectus *T P A* **23** dignus appareat *L* qui] quid *K* qui—esse] qualiter se *A* **24** nuda] nota *W G P D*

erit bene agenti vel cogitanti. hic enim qui laudatur, inprobabile est an dignus sit, sicut ⌊et⌋ alio loco dicit: non enim qui se ipsum commendat, probatus est, sed quem dominus commendat, quem utique nihil latet.

4, 6. Haec autem, fratres, transfiguravi in me et Apollo propter vos, ut in nobis discatis, ne supra quam (quod) scriptum est, unus pro uno infletur adversum alterum. 1. transfiguravit haec in se et Apollo, dum pseudoapostolorum glorias et traditiones perversas sub sua persona et Apollo evacuat, summatim illos designans, non singillatim, ne maior forte discordia in populo nasceretur. 2. nemo enim audiens nomen suum taxari aut eius cui favet, contentus est tacere. tacito autem nomine si quis audiens, acsi de se intellegat dictum, dissimulat. sub hac ergo propositione evacuavit personas illorum cum dicit: ego plantavi, Apollo rigavit etc., ut in his discerent nihil dandum hominibus.

4, 7. Quis enim te discernit? 1. id est sunt aliqui, qui amplius accipientes in baptismate aut in doctrina ceteros dicant minus consecutos. hoc his loquitur, qui baptizatos ab aliis plus aliquid esse putabant, quorum eloquentia seducebantur, ut fuco quodam perversa recta putarent. tanta enim discordia erat in populo, ut multa essent studia diversarum partium, et sic omnia dicta sua aptavit apostolus sine mani-

---

2 II Cor. 10, 18 **16** I Cor. 3, 6

---

1 erit unicuique *V* hic] hinc W^{1}, hic est T^{1} **2** an] ad N^{1} et *ΠETL* **3** conmendat ille *WGD* **4** deus *WGD* **5** transfigurabi *B*, figuraui *K* **7** super *A* quam *ΠELA* unus] ut non *E* **7 sq.** unus—alterum] est sapere ut non unus aduersus alterum infletur pro alio *A* **8** aduersum *NK* **11** forte maior *LD*, forte *om. K* populis *WGPD* **12** taxare *K* **13** tacito] tanto T^{1} **15** ergo *ND* **16** in his *om. N*, in *om.* T^{1} **18** discernerent *Π* est qui *K* **19** amplius] aliquid *V* doctrine A^{1} **20** minos *N* consecutus *W* **22 sq.** tantae enim discordiae *G* **23** erant $T^{1}WG$ **23 sq.** diuersorum patrum A^{1} **24** aptavit *om.* G^{1} apostolos A^{1}

festatione nominum omnibus partibus, ut cum legeretur epistola, unaquaeque pars ad se dicta susciperet, audiens quod causae suae intendi cognosceret.

Quid autem habes quod non accepisti? 2. nihil illum boni ultra dicit consecutum ab aliis quam ab eo acceperat, ideo frustra queri. quod enim habebant, ab apostolo acceperant. ad unum autem videtur loqui, quia ad partem plebis loquitur.

Si autem accepisti, quid gloriaris quasi non acceperis? hoc quasi insultatores apostoli agebant per inperitiam, ut eadem audientes, quae ab apostolo iam didicerant, illum evacuantes, de horum magisterio gloriarentur. eloquentia enim commendati praedicationis gloriam in se convertebant. apostolus vero se contemptibilem volebat videri, dummodo dei gloriam faceret acceptabilem.

4, 8. Iam saturati estis, iam divites facti estis, sine nobis regnatis. 1. ironia est sicut dicunt; irascentis enim verba sunt, non confirmantis. in quibus enim tanta vitia arguit, regnare illos dicit. sic enim putabant gloriantes de his quae a pseudoapostolis tradebantur.

Et utinam regnetis, ut et nos vobiscum regnemus! 2. ut pius pater etiam ingratis filiis bene optat. qui enim fieri poterat, ut sine apostolis regnarent? quidquid enim non ab apostolis traditum est, sceleribus plenum est. sic tamen fuerat ordo dicere: ut nobiscum regnetis. sed quia

---

1 ut] et *K* **2** ad] a *W* dicto *L* susciperet] -ceperit A^1, -rent *V* **3** cognoscerent *V* **4** nihil enim *A* **5** ea *V* **5 sq.** acciperat *NA* **6** quaeri *EWGP*, querit *L* **6 sq.** quod – acceperant *om. A* habent *E* **7** acciperant *N* quia] qui *CWP*, quae *A*, *om. V* **9** si autem] quod si *A* quid] quis *N* **10** acciperis *N* **12** de horum] de eorum *L*, deorum WG^1 glorientur *A* **14** apostolos *KA* contemptibilem se *L* **16** iam *pr.*] nam *L* estis *alt.*] estis iam *CWGPD* **18** affirmantis *V* **19** putantes *V* **20** a] ab *A*, *om. N* tradebant *K* **21** regnaretis *ΠETGPD* **21 sq.** regnaremus *ΠETG*^{2}*D* **22** qui DA^2, quin CWG^1A^1, quid *ΠETPL* **23** poterat fieri *L* regnaret *L* **24** sceleris *N* **25** ordo fuerat *L* dicere fuerat *G* dicere – nobiscum] dicendi utinam ut nobis *A* **25 sq.** sed – regnetis *om. A*

praemiserat: et utinam regnetis aliter dicere non potuit nisi: ut et nos vobiscum regnemus. regnare autem est de spe et promissis Christi securum esse, et gaudere in his quae adversa propter nomen Christi accidunt; lucrum enim adferunt, non detrimentum. unde alio loco dicit: cum infirmor, tunc potens sum.

4, 9. Puto enim deus nos apostolos novissimos ostendit quasi morti destinatos. 1. hoc ideo personae suae deputat, quia semper in necessitate fuit, persecutiones et pressuras ultra ceteros passus, sicut passuri sunt Enoc et Helias, qui ultimo tempore futuri sunt apostoli. mitti enim habent ante Christum ad praeparandum populum dei et muniendas omnes ecclesias, ad resistendum antichristo, quos et persecutiones pati et occidi lectio Apocalypsis testatur. horum ergo tempus suo tempori comparavit apostolus dicens: quasi morti destinatos. ad hoc enim venturi sunt, ut occidantur.

Quia spectaculum facti sumus huic mundo et angelis et hominibus. 2. quia erunt spectaculum et Enoc et Helias usque adeo, ut corpora eorum in platea proiciantur in conspectu totius populi infidelis, ita et apostoli spectaculum facti sunt, quia publice ridebantur positi ad iniurias (iniuriam) et mortem quam passi sunt. mundum autem, angelos et homines dixit, quia et angeli mali sunt

---

5 II Cor. 12, 10 **14** *cf.* Apoc. 11, 8. 9

---

2 regnamus *K* **4** accedunt *W*G^1 **7** nos deus *ΠELA* nouissimos apostolos *TWGPD* **8** quasi] tamquam *(Vulg.) A* distinatos *A* **9** deputet *T* persecutionis *A* **10** Enoc] *NC*, enoke *E*, enoch *cett.* **10 sq.** helias et enoch *P* **11** ultimo—sunt] ultionem praefuturi sunt *A* **12** ante antichristum *A* **14** persecutionis A^1 **15** tempore *P* **16** morte *P*A^1 ad hoc] adhuc *A* **18. 19. 22** expectaculum *TP* **19** et *om. TA* **21** infedeles *E* **22** qui A^1 inridebantur *ET*G^2 **23** iniurias *ΠELCDA* qua *L* **24** autem et G^1*A* sunt mali *E*

dicente David in psalmo septuagesimo septimo: vexabat illos per angelos malos. et homines mali increduli. his apostolorum iniuriae oblectamento sunt. mundus autem idcirco infidelitas dicitur, quia visibilia sequitur.

4, 10. Nos stulti propter Christum. 1. verum est quia amantes Christum stulti sunt mundo.

Vos autem prudentes in Christo. qui prudens in Christo iudicatur a perfidis, non recte adserit Christum; denique Marcion, qui negat filium dei et incarnari deum potuisse, prudens est mundo, et Fotinus, quia non fatetur Christum per id quod natus est deum, sapiens videtur mundanis.

Nos infirmi, vos autem fortes. 2. infirmi ideo, quia sine adulatione et cum stultitia, sicut videtur mundanis, praedicantes Christum iniuriis subiciebantur. vos autem fortes. ideo fortes, quia sic profitebantur Christum, ne offenderent homines, ut essent securi.

Vos nobiles. 3. qui enim Christum non fatetur, quia Abrahae promissus est et ab initio praedicatus est, hic nobilis contra Christum est, quia antiquitatem promissi Christi aliis deputat.

Nos vero (autem) ignobiles. 4. ignobilis mundo est, qui Christum — quod mundus denegat — ab initio profitetur. haec igitur omnia supradicta, quae negare videtur, confirmat; et quae quasi confirmare videtur, negat. irascentis enim verba sunt, qui negando confitetur et confitendo negat.

---

1 Ps. 77, 49

---

3 iniuriae apostolorum *E* oblectamenta *V* autem] huius *A* **4** qui *V* **7sq.** in Christo *om. V* **8** a perfidis *om. A* asseris *V* **9** dei *om. Π* et *om. A* **10** a mundo *N* qui *LD* **11** deum] deus *TGD*, *om. P* **13** vos—fortes *om. E* **13sq.** ideo quia] deo qui *A* **15** Christum *om. A* **17** ut—securi *om. A* **18** uos autem *ΠTE* non *om. P* quia] qui *K*, qui ab *A* **19** habrae *P* et *om. N* est *alt. om. ΠE* **20** nobiles *V* qui *KV* **21** deputant *A* **22** vero *ΠEL* **25sq.** iracentis *N*

4, 11. Usque ⌊in⌋ hanc horam et esurimus et sitimus et nudi sumus et colafizamur et instabiles sumus, **12.** et laboramus operantes manibus nostris. libere enim et iuxta fidem veram (veram fidem) sine aliqua adulatione Christum praedicantes et gesta pravae vitae arguentes gratiam apud homines non habebant et colafizabantur, id est iniuriis agebantur, et instabiles erant, quia fugabantur, ne in loco diu manentes plures docerent. ideo et manibus operabantur, quia non solum gratiam apud homines non habebant, verum etiam ab his accipere indignum erat, qui errori studebant, sicut dicit in psalmo centesimo quadragesimo: oleum {autem} peccatoris non inpinguet caput meum. quia et libertatem arguendi amittit et peccat, qui ab eo accipit, qui ideo dat, ne corripiatur.

Maledicimur et benedicimus. male tractantes enim se hortabantur ad bonum.

Persecutionem patimur et sustinemus, quia persequentibus se non resistebant.

4, 13. Blasfemamur et obsecramus. 1. blasfemantes enim rogabant, ut permitterent reddi sibi rationem.

Tamquam purgamenta huius mundi facti sumus, omnium peripsima usque adhuc. non resistendo ulli neque vicem in malis reddendo, sed semper se subiciendo, ut per patientiam provocaret ad bonum, con-

---

12 Ps. 140, 5

---

1 in *ΠETLPA* **2** colafizamur] colaphis cedimur *(Vulg.) A* et *alt.*—**3** sumus *om.* *ΠETLCWGPD* **3** laborantes *V*[1] manibus nostris operantes *L* **4** liberi *WG* fidem veram *ΠEL* aliqua *L* **7** id—agebantur *om.* *N* angebantur *V* insectabiles *V* **8** fugebantur *VEL* **11** quia *WG* dicit *om.* *EA* **12** *ante* oleum *add.* dicit *A* autem *om.* *ΠETLA* peccatores *W* **13** quia et] qui autem *A* admittit *C* **15** maledicimus *A*[1] tractantes] dicentes *ET* **17** sustinebimus *V* **19** blasfemamur (-mus *K*) et obsecramus] blasphemati deprecamur *A* **20** sibi reddi *L* **23** ulli] nulli *A*[1], *om.* *V* uicem inuicem *K* se *om.* *PA*[1] **24** subicido *N* **24sq.** contemptibiles *N*

temptibilis et despectus fiebat. 2. usque modo, id est usque nunc etiam apud Corinthios, pro quibus haec quae supra memorat mala passus est. et quoniam humilitatem suam nihil proficere in his videbat, queritur dolore conmotus tantam subiectionem et iniurias nullum fructum habere potuisse, sed et quod deterius est, in peius profecisse.

4, 14. Non ut confundam (non confundens) vos haec scribo. hoc est, non ut ruborem vobis faciam, haec scribo, sed ut corrigatis.

Sed quasi filios {meos} carissimos moneo. adhuc se supplicem facit, ne correpti {et} ad iram provocati ammonitionem (admonitiones) eius spernerent. id agit ut medicus salutaris, qui putrim (putramina) abscidens dolorem inlatum spe et blanditiis mitigat, ut aeger se curari permittat.

4, 15. Si enim decem milia paedagogorum habueritis in Christo, sed non multos patres. ⌊nam in Christo Iesu⌋ per evangelium {enim} ego vos genui. his dictis ostendit nullum posse eo affectu diligere {illos}, quo ipse eos diligebat. quis enim alienos filios suis praeponat in amore? ac per hoc monita eius, qui et pro his tanta mala passus est, non debere eos spernere.

4, 16. Obsecro ergo vos, imitatores mei estote! o benivolentiam sancti apostoli, qui obsecratur filios, ut imitentur patrem, hoc est sponte rogat aegros, ut recipiant

---

1 dispectus *TCWG¹DA* nusque *P* **4** in his proficere *LD* quaeritur *NCW* **5** tamquam *E* **6** sed quia *L* proficisse *NKPA* **7** non ut (ut non *K*) confundam *ΠEA* **9** sed] *om. ΠET*, et *P* **10** quasi] ut *(Vulg.) A* meos *om. ΠETLD* **11** se] te *N* nec *N* et *om. ΠETL* **12** ammonitionem *ΠEL* id est *P* **13** salutaris medicus *E* qui] quasi *ΠE*, quia si *T* putrim *Π*, putram *L*, putamina *D*, putredinis *P*, putridum *ET* **14** elatum *KVET²*, et latum *N* spe *om. TP* **15** si—decem] nam si multa *A* **16** habeatis *A* **16 sq.** nam—Iesu *ΠEG²A* **17** enim *om. ΠEG²A* **18** nullos *P* affecto *V¹* **19** illos *om. ΠET* quo] que *P* ipso *W* alienus *P* suis *om. A* **20** praeponit *A* amorem *K* munita *KV¹* **21** debere eos] deberent *A* **22** ergo *om. A* **23** beniuolentia *ETGDA* **24** imitentur] timerent *V*, reuerentur *ET* ponte *N*

medicinam! in his tamen sui illos imitatores vult esse, ut sicut hic multa exitia pro salute eorum (illorum) ab incredulis passus est et non cessit, dummodo per dies et noctes evangelizaret illis donum gratiae dei, ita et illi manentes in fide eius et doctrina non reciperent falsorum apostolorum prava commenta, sed resisterent contemnentes obprobria aut detractiones, ut patri suo spiritali inviolatum servarent (reservarent) affectum.

4, 17. Ideo misi ad vos Timotheum, qui est filius meus carissimus et fidelis in domino. hortatur illos in hoc eodem (id est) Timotheo, quem ideo carissimum et fidelem filium obtestatur in domino, ut in hoc discerent, quid peccarent; cum enim huic testimonium perhibet, illos arguit.

Qui vos commonefaciet vias meas, quae sunt in Christo Iesu, sicut in omni ecclesia doceo. per istum, quem fidelem filium in domino confirmat, reverti illos vult ad regulam a se traditae veritatis, ut commoniti verbis et exemplis operum eius resipiscerent, cognoscentes non perperam se fuisse ab apostolo doctos, quando eadem tenere omnes ecclesias discerent.

4, 18. Tamquam non venturus essem ad vos, ⌊sic⌋ inflati sunt quidam. indignabantur quidam

---

3sq. *cf.* Act. 20, 31; Eph. 3, 7

---

2 eorum *ΠE* **3** cessat *K* **4** domi gratiam *V* domum *T* et] ut *Π* **5** reciperent] -rint *N*, receperint *KV* **6** sed] si *K* persisterent *ΠEL* aut] et *A* **7** ut] aut *K* servarent *ΠETL* **11** illos] -is *P*, eos *D* hoc *om. P* eodem *ΠEP*, idem *GA* **12** filium *om. L* discernent *W* **13** qui *P* peccarint A^2 **13sq.** cum—arguit *om. VE* testimonio *K* peribeo illis *P* arguit illos *E* **15** vos *om. P* commonefaciet] commonefaciat (commu- *K*) *KL*, commonere faciat VE^2 **16** omnia *K* **16sq.** pro isto *A* **17** reuerenti *C* **18** traditans *K* **19** exemplum V respicerent *ΠA* **19sq.** perpere *E*, *om. V* **21** discernent *N* **22** tamquam] autem *A* uenturum *N*, inuenturus *P* sim *(Vulg.) A* non essem *E* **23** sic *ΠEL*

Corinthiorum, quia non ibat ad illos, non desiderio, sed superbia, quod quasi indignos illos haberet, cum magis apostolo hoc studio (studium) fuerit, ut de indignis faceret dignos. habebat ergo votum eundi, sed maiora erant quae agebat.

4, 19. Veniam autem cito {ad vos} si dominus permiserit. post commonitionem promittit se ire ad illos, sed si dominus permitteret, ut, quia plus scit deus quam homo, si sciret operae pretium esse, permitteret, ut si non iret, dominum noluisse (non sivisse) ostenderet, causa utique indignitatis eorum (illorum).

Et cognoscam non sermonem illorum, qui inflati sunt, sed virtutem. confundit illos, quia cum oblique versarentur, indignabantur, quasi digni essent ab apostolo visitari.

4, 20. Nec enim in sermone est regnum dei, sed in virtute. ut sicut regnum dei non splendore verborum commendatur, sed virtute signorum, ita et hi non verbis nudis, sed virtute operum spiritalium dignos se ostenderent ab apostolo visitari.

4, 21. Quid vultis? in virga veniam ad vos an (aut) in caritate spiritus et mansuetudinis? terroris verba infert, ut pudorem passi, qui inflati erant, humiliarentur, ut si vere apostoli praesentiam desiderarent,

---

14 versarentur] *cf.* Quaest. 102, 26, p. 220, 7

---

2 magis] tamen *A* **3** apostolo] -os *NK*, -us *V*C^1, -i *EA* studio *ΠC* **5** agebant *V* **6** ad vos *om. ΠE*T^1*PA* **7** uoluerit *(Vulg.) TCWGPDA* pro commonitione *A* **8** sed *om. K* permitteret] -erit *N*, -miserit *A* dominus *A* **9** si *pr. om. A* operae] -a *P*, -e *ΠLCWG* **10** dominus *TW* noluisse *ΠET*G^2*D*, non senuisse *A* **11** eorum *ΠELD* **13** uirtute *C* confundet *NK* **14** oblique] -us *Π*, -i *P* conversarentur *Migne* **15** apostolis *A* **16** nec] non *(Vulg.) A* **17** ut *om. ΠETL* uerbi *CWGDA* **19** dignum se ostenderet *P* **20** uisitare *T* **21** an *ΠELD* **22** et *om. T* **23** insert *P* fuerant *A* **24** ut si] quasi *A* desiderent *A*

praepararent se ad excipiendum eum, id est abluerent se ab omni macula criminis, ut veniens ad illos laetitiam haberet quasi cum filiis carissimis.

5, 1. Omnino auditur in vobis fornicatio, et talis fornicatio, qualis nec inter gentes {est}. ut ⌊quam⌋ grave ⌊sit⌋ istud peccatum ostenderet, nec ab his hoc dicit admitti, qui deum nesciunt, ut perinde qua poena hic multandus esset ostenderet, qui sub aeterna (terrena) et divina iustitia constitutus tanti sceleris crimen admiserat.

Ita ut quis uxorem patris habeat. praemissi criminis prodidit genus, ut non solum illum aperte reum mortis faceret, sed et adhaerentes illi non inmunes a crimine demonstraret; in quo enim difficile peccatur, plus facit reum.

5, 2. Et vos inflati estis et non magis luctum habuistis? 1. superbiam illorum in tantum humiliat, ut non querulos iam, sed magis supplices faciat — erant enim et ipsi participes, dum paterentur reum tam ingentis facinoris secum incorreptum convenire —, ut omnes uno consilio abicerent eum, si negaret emendare se. si autem quis potestatem non habet, quem scit reum, abicere aut probare non valet, inmunis est; et iudicis non est sine accusatore damnare, quia et dominus Iudam, cum fur esset, quia non est accusatus, minime abiecit.

22sq. *cf.* Ioh. 12, 6; Quaest. 102, 25, p. 219, 10sqq.

---

1 praeparent *DA* se *alt. om.* CWG^1PD **2** macula] plaga *WGPD* ut] et *WG* **4** in vobis] inter uos *(Vulg.) LA* **4sq.** et—fornicatio *om. V* **5** tales . . . quales *N* est *om. ΠEL* **6** quam (quae *N*, quia *VEP*) . . . sit *ΠEPL* **7** perinde demonstraret *A* **8** ostenderet *om. A* aeterna *ΠEG*, -nae *V* et *om. NK* **9** divina *om. ΠN* constitutus] -is *N*, -os *V* tantis *P* amiserat *NV* **10** quis *om. A* patris aliquis *A* **11** reum] eum *N* **12** mortis faceret] mortificaret *ΠE* et *et* a crimine *om. L* **13** enim *om. N* **14** magis] potius *A* **15** humiliet *T* **16** non *om. N* querelos *V* facit *N* **17** reum] eum *ΠET* **18** incorruptum NK^1G^1, corrupto V^1 ut] quod *WG* **19** negarent VA^1 qui *T* **20** scire eum A^1 **21** sine *om. Π* **22** quia—**23** abiecit *om. A* *post* esset *add.* sciebat sed *ΠETLPD*

Ut tolleretur de medio vestrum, qui hoc opus fecit. 2. cognito opere isto pellendum illum fuisse de coetu fraternitatis. omnes enim crimen eius sciebant et non arguebant; publice enim novercam suam loco uxoris habebat. in qua re neque testibus opus erat neque tergiversatione aliqua poterat tegi crimen.

5, 3. Ego quidem sicut absens corpore, praesens autem spiritu. id est absens facie, praesens {autem} auctoritate spiritus, qui nusquam abest.

Iam iudicavi ut praesens eum qui sic operatus est (qui hoc admisit), **4.** in nomine domini nostri Iesu Christi congregatis vobis et meo spiritu cum virtute domini Iesu, **5.** tradere hunc satanae in interitum carnis. 1. quoniam omnis carnalis voluptas a diabolo est, ac per hoc, cum huic voluptati remittitur, traditur satanae. caro enim hoc habet in natura, ut intereat. anima enim (ergo) cum se iungit desiderio eius, infirmans spiritalem suum vigorem simul interitum patitur. itaque si hic correptus stupri admissi erubesceret eiectum se, non interiret paenitentia subsequente. nam omnium consensu et praesentia, sed et virtute domini Iesu, id est sententia, cuius legatione fungebatur apostolus, abiciendum illum de ecclesia. 2. cum eicitur, traditur satanae in interitum carnis. et anima enim

---

4 publice—habebat = Quaest. 102, 26, p. 220, 9 **14 sqq.** *cf.* Quaest. app. 61, 1, p. 455, 11 sqq. **21 sq.** *cf.* II Cor. 5, 20; Eph. 6, 20

---

1 ut] et *L* medium V^1 **2** illum *om. A* *post* fuisse *add.* asserit A^2 **3** omnis *K* **5** testis *K* **6** poterat *om. A* tegri *N*, tergi *P* **8** autem] his *A*, *om. ΠELP* **9** spiritus qui nus *om. V* usquam *C* abest] habet *K* **10** iudicauit *N* ut *om. L* **10 sq.** qui sic (ita *A*) operatus est *ΠETLPA* **13** hunc] huiusmodi *(Vulg.) WGDA* **15** uoluntati *A* emittitur *V* **17** enim *ΠETLPA* infirmat *V* **18** uigorem suum similem in interitum ponitur *A* simul et *V* haec A^1 corruptus *KV*, -tis *T*, -tor *ND* **19** iectum *A* **19 sq.** paenitentiam *V* **20** nam] non WG^1 **21** sed—sententia *om. A* et *om.* CWG^1 sentia *K* **22** fungebantur *VP* ecclesia iubet C^1 cum autem *A* **23** eicitur] ei dicitur *VE*

et corpus intereunt, quando quae contra legem sunt fiunt. sed in hac aliter causa interitus carnis homini deputatur. quamquam enim omnia peccata carnalem hominem praestent, hoc tamen specialiter desiderium carnis est, quod sordibus maculatam animam cum corpore tradit gehennae, quia victa anima {a} libidine carnis fit caro, sicut et corpus recte gubernatum spiritale appellatur. animus tamen est, qui aut victus inlecebris totum hominem carneum facit, aut in vigore naturae suae manens carni praestat, ut spiritalis dicatur.

Ut spiritus salvus sit in die domini Iesu Christi. 3. tradi contaminatum supradictum satanae, ut spiritus sanctus salvus sit in hominibus ecclesiae in die iudicii. nisi enim eiectus esset, non fieret salvus spiritus ecclesiae in die iudicii. deserebat enim omnes contaminationis causa, ut in die domini nudi ab spiritu sancto inventi audirent a iudice domino: recedite a me, non novi vos, sicut dicit ad Romanos: si quis autem spiritum Christi non habet, hic non est eius, et in alia (alia in) epistola: nolite contristare spiritum sanctum dei. si enim contristatur, deserit, et non est (erit) salvus, non utique sibi, qui inpassibilis est, sed nobis quibus datus est, ut per illum dei filii esse probemur. res enim quae amittitur salva non est, non utique sibi, quae ubicumque sit necesse est sit, sed ei a quo amittitur.

---

11 sq. *cf.* Quaest. app. 61, 2, p. 456, 3sqq. **16** Matth. 7, 23 **17** Rom. 8, 9 **18** Eph. 4,30

---

2 hanc *T* causa in A^1 deputetur *E* **3** quamuis *P* peccata omnia *A* praestet *V* **5** traditur *K* **6** a *om.* *ΠETD* fit] est *A* **7** quia ut *NK* **8** hominem non *P* carnem] -is *T*, *om.* C^1 **9** ut] quod *W* **10** sit] fiat *A* diem *E* domini nostri *(Vulg.)* *A* **11** Christi *om.* KG^1 tradit *D* **12** omnibus *P* **13** enim *om.* *T* electus *V* **14** omnis E^1 contaminationes *KT* causas *A* ut] et *ΠTC* **15** ab] a *A* **16** sicut et A^2 dixit *E* ad romanos dicit *A* **18** in alia *ΠE* contristari *KEWPDA* **19** sanctum *om.* *K* **20** est *ΠETLP* **21** filium W^1 probemus *K* **22** quae *alt.*] qui *WGDA* **23** sit *alt.* *om.* ΠETC^1PA sed ei] fidei T^1 mittitur KEC^1A^1

5, 6. Bona gloriatio vestra. 1. hoc est mala (non bona). laeti enim erant, cum magis contristari debuerint in fratre tam acerbe peccante, sicut tristis fuit Samuhel in Saul peccante. a quo crimine mali doctores aut dissimulabant aut neglegentius arguebant, sicut et Heli sacerdos filios suos peccantes in deum, ne amarus eis esset, non eos arguebat (ne amari essent hominibus).

Nescitis quia modicum fermentum totam massam corrumpit? 2. ita et peccatum unius, quod cognitum non arguitur, multos contaminat, immo omnes, qui norunt et non devitant aut, cum possint arguere, dissimulant. non enim sibi videtur peccare, quando a nullo corripitur aut vitatur.

5, 7. Expurgate vetus fermentum, ut sitis nova consparsio. 1. hoc duplici genere accipiendum est, quia est et fermentum humana doctrina dicente salvatore: cavete a fermento farisaeorum, id est a doctrina. et ad malam ergo doctrinam cavendam et ad hanc causam dictum est, quia et eiecto fornicatore vetus fermentum eiciatur (eicitur). ideo autem vetus, quia antiqui erroris peccatum est. nova autem consparsio Christi doctrina est.

Sicut estis azymi. 2. azyma ex causa non fermentatae farinae dicta ⌞tunc⌟ cum filii Istrahel eiecti sunt de Aegypto, ut fermentum vetustas haberetur, azyma autem novitas.

3sq. *cf.* I Reg. 15, 11 **5sqq.** *cf.* I Reg. 2, 23 **16** Matth. 16, 6 **23** *cf.* Exod. 12, 39

---

1 non bona *ΠETLPA* mala *ΠETL* **2** debuerant *LP^1* **3** peccante] -ti *A*, -tem *C^2WPD* fuerat *P* saule *NKELD*, -em *V* **4** desimulabant *A* **5** et *om.* *LA^1* eli *A* filios *om.* *T^1* **6** nec *A^1* amarus—arguebat *$ΠETLG^2PD$* **8** totum *C* **12** a] an *N* **15** consparsio] -spersio *VTLD*, *add.* sicut estis azimi *E* duplice *N* **16** fermente *W* ad doctrina *N* **17sq.** a mala ergo doctrina cauenda *A* **19** et *om.* *A* iecto *KA^1* eiciatur *ΠE* **20sq.** nova—est *om.* *A^1* **21** conspersio *VELWGD* **22** cause *L* firmentatae *L* **23** dicta] -um *TWGP*, -tatum *C* tunc *ΠELDA* **24** uetus *K* haberet *ΠE*

abiectis enim veteribus erroribus Aegyptiorum in novam legem inducti sunt, ita et Corinthii post paganorum errores in evangelium Christi inducti sunt. hortatur ergo, ut secundum professionem suam, quam ab apostolo sub nomine Christi acceperant, et viverent iam vitae novae cultores. hoc est azymos esse.

Etenim pascha nostrum immolatus est Christus. 3. secundum legem docet novitatem paschae ratione consistere, et ideo Christum esse occisum, ut ex eo nova praedicatio novam faceret conversationem, ut qui (quia) paschae rationem colimus, veterem vitam non sequamur. pascha itaque immolatio est, non transitus, sicut quibusdam videtur. prius enim pascha et sic transitus, quia ante exemplum est salvatoris et sic signum salutis. nec enim ante signum quam crux. nam occiso vespere agno in Aegypto filii Istrahel pascha egerunt, ex cuius sanguine postes signaverunt, ut noctu angelus transiens ea loca non contingeret, quae sanguine agni fuerant oblita.

5, 8. Itaque festa celebremus, non in fermento veteri. hoc est laetitiam habentes renovationis facta vetera fugiamus inmunditiam omnem abicientes a nobis, quae est corruptio; quia sicut fermentum totam massam corrumpit, ita et mala vita totum hominem. ergo ut non solum a turpitudine vitae nos observemus, sed et ab iniquitatis studio,

---

13 *cf.* Ambr. exam. 1, 4, 14 (CSEL 32, 1, p. 12, 10); Quaest. 96, p. 170, 17; 171, 3 **15—18** *cf.* Exod. 12, 22. 23

---

2 *et* **3** induti *C* **5** acceperant] accip- *N*, -unt *A* iam *om. L* nouae uitae *KD* cultores et *WGPD* **7** pasca *VE*T^1 **8** nouitate G^1*P* rationem *ET* **9** et *om. A* **10** novam—conversationem *om. ΠE* qui *ΠEL* **11** non sequamur] consequamur *NK* **12** pascha] passio *Π* **14 sq.** salutis—signum *om. T* **15** nam] non *N* occisio T^1*P* **16** egerant *ΠEL* postes *om. L* **17** nocte *T* transiens angelus *E* contingeret] -rent *C*, -tigeret *W*, tangeret *G* **18** oblita] linita *A* **19** festa] diem festum *A* **21** omnes *P* **22** quia *om. A* **23** et *om. N* **23 sq.** turpitudine] -em *L*, turpinae *P*

adiecit: nec in fermento malitiae et nequitiae, sed in azymis sinceritatis et veritatis. hoc est, ut sinceritas mundam vitam faciat, veritas autem omnem fraudem excludat.

5, 9. Scripsi vobis in epistola, ne conmisceamini fornicariis. scripsisse se significat prius, ubi conmonet illos, ne coniungerent se malae vitae hominibus. et quia non intellexisse forte ea quae scripserat videbantur, nunc in hac epistola quid scripserit interpretatur dicens:

5, 10. Non utique fornicariis huius mundi, sed a fratribus talibus recedendum.

Aut avaris aut rapacibus aut idolis servientibus; alioquin debueratis de hoc mundo exisse (exire). igitur intellectum eorum (illorum) arguit, qui putabant forte, quia ab incredulis fornicariis aut avaris aut rapacibus aut idolis servientibus prohibuisset, non a fratribus, et ideo illum, qui uxorem patris habebat, inter se esse non aegre ferebant. si igitur his conmiscemini, inquit, melius erat mori vos. conpendium est enim male agentibus, si citius moriantur quam diutius in peccatis versentur.

5, 11. Nunc autem scripsi vobis non conmisceri (ne conmisceamini). si is qui (si quis) frater nominatur {et} est fornicator aut avarus aut idolis serviens aut maledicus aut ebriosus aut

---

1 nec] neque *A*, non *L* **5** ne] non *A* conmisceamini] commiscere A^1 **6** se *om.* $C^1 A$ **7** iungerent *W G P* **8** intellexisse omnibus *K* **9** quod *W G* scripserat A^1 **12sq.** idolis seruientibus] idolatriis *A* **13** alioqui *N*, -quim *E* exisse *ΠE L* **14** igitur intellectum] et intellectum ergo *A* eorum *ΠE L* quia *A* **15** fore *ΠE T* **16** prohibuisse *P A* prohibuisset—fratribus *om. V* **17** habeat *P* esse *om. N K E* **18** conmiscemini] -scimini *T W G*, -sceamini *V* melius inquit *L* **19** male agentibus] malis non emendantibus socius *A* **20** moriuntur *A* uersantur E^1 **21sq.** non commisceri *ΠE T L*, ut non commisceamini his *A* **22** si is qui *ΠE L* **23** et *om. ΠE T L C* est *om. C A* fornicatur *K* **24** idolorum *P* **24sq.** rapax aut ebriosus *L*

rapax, cum huiusmodi nec cibum quidem sumere. cum infideli non prohibuit cibum sumere, quippe cum dicat: si quis vos vocat ex infidelibus ad coenam et vultis ire (et itis), omne quod adpositum fuerit manducate. ideo ait:

5, 12. Quid (quo) enim mihi de his qui foris sunt iudicare? verum est quia perfidos episcopus non potest iudicare. cum fratre autem, in quo vitia haec reperiuntur, non solum sacramenta non edenda, sed nec communem escam docet, ut erubescat, cum vitatur, et corrigat.

Nonne de his qui intus sunt vos iudicatis? iudicat quis, dum discernit, cui fratri adhaereat, quem arguat, quem devitet.

5, 13. Nam eos qui foris sunt dominus (deus) iudicabit. superius nolite, ait, ante tempus iudicare, hic non prohibet. sed superius incognita per suspicionem maxime de rectore prohibuit iudicare, quia dei solius est occulta iudicare. hoc autem loco, ut frater fratrem examinet etiam iubet, sicut alio in loco dicit: vos ipsos temptate, si estis in fide; ipsi vos probate. qui autem foris sunt, in die iudicii damnabuntur, quia dixit dominus: qui non crediderit, iam iudicatus est. in quo enim spes non est, pro mortuo habendus est.

---

3 I Cor. 10, 27 **15** I Cor. 4, 5 **19** II Cor. 13, 5 **21** Ioh. 3, 18

---

1 eiusmodi *(Vulg.) A* ne *C* quidem *om. A* **2** quippe cum] qui peccatum *T* **3** uocat uos *D* **3sq.** et vultis ire *ΠELWGP*, emittetis A^1 **4** fuerat *P* **5** et ideo *A*, et de eo C^1 **6** quid *ΠETLWGPA* fori *K* **7** sunt] est *C* quia] quid *C* perfidus *P* episcopos *V* **8** fratrem *K* haec uitia *A* **8sq.** reprehenditur *P* **9** nec] ne *T*, *om. P* **11** de his] eos *A* his qui *om. K* **13** arguit E^1 **14** nam eos qui] qui autem *A* dominus *ΠEL* **15** diiudicauit *CWG*, iudicat *EA* ait nolite *TWG* **16** ignita *P* suspectionem *A* **17** iudicari *NC* **18** iudicare occulta *E* fratrem] -es *N* V^1*E* examinent *E* **19** in alio *TWGPDA*, in *om. ΠEL* **20** uos ipsi uos *ΠEL* foris] fornicarii *Π* **21** damnabantur A^1, -bunt *K* quia] qui *N* deus *A* qui] quia T^1

Auferte malum a (ex) vobis ipsis. adhuc conmonet, ut discernantur a malis et operibus et hominibus.

6, 1. Audet aliquis vestrum adversus alterum habens negotium iudicari apud iniquos et non apud sanctos? iniquos duplici genere significat, quia et non credunt et leges a deo mundo creditas {frequenter} cum adulatione interpretantur, auctoritatem horum idolis deputantes, ideoque iniqui sunt. et quia in ecclesia magis lex est, ubi dominus legis timetur, melius dicit apud dei ministros agere causam. facilius enim de dei timore sententiam legis veram promunt.

6, 2. Aut ignoratis quoniam sancti de mundo hoc (hoc mundo) iudicabunt? 1. nihil otiose dicit apostolus. ideo enim hunc mundum dixit, ut ostendat et alterum, quia et Iohannes apostolus: nolite, ait, diligere hunc mundum, et dominus in evangelio: sic, inquit, dilexit deus hunc mundum etc. hic ergo mundus in errore est, non ille superior, ad cuius similitudinem hic factus est. unde homo hic positus est, ad imaginem dei factus, ut sicut in superiore mundo ab uno deo sunt omnia, ita et in hoc ab uno homine omnes haberent originem. 2. hinc est unde Moyses in Deuteronomio: cum divideret, inquit, altissimus gentes, quemadmodum dispersit filios Adae, statuit fines gentium secundum numerum ange-

---

15 I Ioh. 2, 15 **16** Ioh. 3,16 **19** *cf.* Gen. 1, 26 **22** Deut. 32, 8

---

1 a *ΠEL*, de *A* ad hoc *L* **2** et *pr. om. A* **3** quisquam *A* alium *A* **4** negotium habens *A* inicos *N*, iniustos *A* **6** credit *NK* legis *N* mundum *N* creditos *NK* frequenter *om. ΠE* **7** interpretatur T^1 auctoritas est *K* **8** ideo *NA* **9** ubi] ut *WPD* timeatur *WGPD* **10** facilius eis *T* de *om. P* **11** uero *N* **12** aut nescitis quia *A* **12 sq.** mundo hoc *ΠEL* **13** hoc *om. C* **15** ait nolite *TWG* **16** hunc *om. ΠE* **17** deus dilexit *TWG* hoc mundum deus *P* etc. *om. A* **18** error esse *N* ad—*p. 60,2* causa *om.* A^1 **20** superiori *NETWG*, superi *K* sunt deo *T* **22** deuideret T^1, uideret *L* **23** gentem *CW*G^1 filio *K* **24** munerum *T*

lorum dei. quid tam apertum hunc mundum superioris esse imaginem certa ex causa? est enim et Hierusalem inferior et illa superior, quam matrem nostram vocat idem apostolus, est {et} inferior paradisus, in quo homo positus mandatum, et ut operaretur ibi et {ut} custodiret, accepit, est {et} ille caelestis, in quo raptus apostolus audivit verba archana. iudicabunt ergo sancti hunc mundum, quia exemplo fidei illorum perfidia mundi damnabitur.

Et in nobis iudicabitur hic mundus. 3. tunc iudicabitur hic mundus in nobis, si opus perfidorum hominum non inveniatur in nobis.

Indigni sunt ergo huiusmodi, qui etiam de minimis iudicent? hoc est non sunt utique indigni hi, qui ipsum mundum iudicaturi sunt, ea iudicare quae mundi sunt.

6, 3. Nescitis quoniam angelos iudicabimus? addit plus dicendo: angelos iudicabimus, id est potentias spiritales, quas alio loco tradit in caelestibus degere, eodem genere iudicandos angelos a nobis, quo et mundus iudicabitur.

6, 4. Saecularia ⌊igitur⌋ iudicia si habueritis, contemptibiles qui sunt in ecclesia, illos ad iudicandum constituite. saecularia iudicia sunt ad corpus pertinentia vel corporea. et quia non sic fieri debet, adiecit:

---

3 *cf.* Gal. 4, 26 **4 sq.** *cf.* Gen. 2, 15 **6** *cf.* II Cor. 12, 4 **17** *cf.* Eph. 6, 12

---

1 superiores *V*, superis T^1 **2** certis *K* et *pr. om.* *ETL* inferi *W* **3** idem] id est *K* **4** et *om.* *ΠEL* **5** et *pr. om.* *DA* operatur *W* et *alt. om.* *TCA* ut *alt. om.* *ΠTLD* et *tert. om.* *ΠEL* **6** arcana uerba *P* **7** iudicabit T^1 ergo *om.* *D* fide *NK* **8** perfidia illorum *E* **9** et si *(Vulg.) A* uobis *(Vulg.) ΠELCDA* hic *om.* *CWG* **10** iudicatur $NKET^2A^1$ mundus hic iudicatur in uobis *A* **11** non *om.* $ΠELCA^1$ inueniat *K* **12** sunt ergo] estis *(Vulg.) A* **12 sq.** qui—minimis] iudiciorum iniquorum *A* **13** hi *om.* *A* **15** quoniam] quia *A* iudicabimus] -mur *T*, *add.* necdum secularia *A* **17** tradidit *D* **18** angelos *om.* *D* mundos *NK* **19** saecularium *A* igitur *ΠL* **20** contemptibiles qui sunt] eos qui cont. sunt *A* **20 sq.** ad iudicandum] iudicandos *A*

6, **5.** Ad verecundiam (reverentiam) vestram dico. 1. ne supra quia negotium nominavit, sed quale non significavit — sunt enim et divina negotia dicente eodem: adiutor negotii mei. et saecularia forte iudicia, quia prohibuerat apud perfidos agenda, quamvis in ecclesia, sicut audierant, a qualibuscumque tamen putarent audienda aut terminanda —, ad ruborem eorum ait: contemptibiles qui sunt in ecclesia, illos ad iudicandum constituite; sunt enim in ecclesia et lignea vasa. tam ergo (enim) intractabiles et inconsideratos eos significavit, ut inperitos forte ex fratribus iudices eligerent. hoc de experto apostolus. sciebat enim quam tepidi et inprovidi in reliquis causis fuerant deprehensi.

Sic non est inter vos quisquam sapiens, qui possit iudicare inter fratrem suum? 2. quia ergo sunt, inquit, sapientes fratres, aliqui horum eligantur ad iudicandum, quorum iudicium miretur mundus. magnus enim pudor est, si inter eos qui dicuntur deum cognovisse non inveniatur, qui examinare possit negotium iuxta ius evangelicum. ideo autem fratrem iudicem eligendum dicit, quia adhuc rector in ecclesia illorum non erat ordinatus.

6, **6.** Sed frater cum fratre iudicio contendit et

---

3 Rom. 16, 3 **9** *cf.* II Tim. 2, 20

---

1 verecundiam *(Vulg.)* *ΠETL*, confusionem *A* vestram] uobis *A* **2** qualem *C* **3** et *om.* *KL* diuitia V^1 negotia] iudicia *A* dicentem *C* **4** et *om.* *A* qua *K* **5** apud] ad A^1 **6** quibuscumque *PD* audienda putarent *A* **7** terminenda *T* ad] apud C^1 **8 sq.** illos—ecclesia *om.* CWG^1 constituite ad iudicandum *P* **9** et] ut *W* tam ergo *ΠETL*, tamen C^1 **10** consideratos *L* ut] et *Π* **11** fore *T* elegerent *W*, -int *G*, -unt *NP* **13** reprehensi *D* **14** si *NK* sapiens quisquam *(Vulg.)* *A* **16** inquit *om.* *A* ex his eliguntur *A* **17** iudicio *VA* meretur *WGPD*, miseretur A^1 **18** pudor est] pudorem *N* si *om.* *P* **18 sq.** deum—negotium *om.* *E* **19 sq.** ius euangelii *A*, eius euangelium *P* **20** iudice *K* **21** rector ecclesiae *WGD* non *om.* *V* **22** contendet *C* hoc apud infideles. manifestum est quia infideles aut arbitros, ut solet (adsolet) fieri, postulatos significat aut iudicem publicum, cui dici solet: hodie dies sacrorum est, ius dici non potest.

6, 7. Iam quidem omnino delictum in vobis est, quod iudicia habetis inter vos. peccatum esse significat, quia frater cum fratre litigat, cum danda opera sit, ut concordes sint quasi germani, maxime cum fides nostra paci studeat. quamvis enim Christianus litigare non debeat, tamen si grave fuerit et quod contemni non possit, causam ad ecclesiam deferat, ne et damnum ad praesens et offensionem forte incurrat.

Quare non magis iniuriam accipitis (patimini)? quare non magis fraudem patimini (fraudamini)? **6, 8.** sed vos fraudatis et iniuriam facitis, et hoc fratribus. nunc hos corripit, quorum iniustitia iurgium generatur, quia non solum per fraudem admissam rei sunt, sed et partem habent delicti illorum, qui coacti iniuria aut fraude eorum infideles rogant ad iudicandum et, cum fraudem aut iniurias inlatas persequi non deberent, non solum vindicant, sed et ipsi fraudem et iniurias faciunt, ut punienda exempla fratribus tribuant. et quid aliis facere credatur, qui non parcit suis?

---

9 *cf.* II Tim. 2, 24

---

1 manifestum—infideles *om. A* aut] ut *V* **2** arbitros] -res *P*, -or *KV* solet *ΠETL* postulato *V* **3** dicitur V^{1} **4** indici C^{1} potest] oportet *A* **5** iam] nam *L* in uobis omnino delictum *D* **5 sq.** est uobis quia *A* **6** esse] est *A* **8** maxime *om. V* cum] quia *A* **10** graue non A^{1} fuerint *K* contendi *V* posset *ET* **11** offensione *NK* **12** forte] -em *EG*, portae *W*, *om. A* **13** accipitis *(Vulg.) et* **14** fraudem patimini *(Vulg.) ΠETLG*^{2}*A* **15** iniuriam facitis et fraudatis *(Vulg.) CWGPD* **16** nunc autem *V* corripit hos *G* iurgia *P* **17** ammissam (ami- *K*) *NK* sunt *om. ΠE* **18** et] e *K* patram A^{1} **20** non *pr. om.* $W^{1}G^{1}$ solum non *A* **21** et *alt.*] aut *P* ut] et *NK* puniendi *T* **22** facere] parcere *V* credantur *A* **23** parcet *ΠETWPD*, -ent A^{1}

6, 9. An nescitis quia iniqui regnum dei non possidebunt? hoc dicens ostendit illos non nescios peccare, ac per hoc gravius vindicandum. si enim inmisericordes rei sunt apud deum, quanto magis iniqui!

Nolite errare; neque fornicarii neque idolis servientes neque adulteri. **10.** neque molles neque masculorum concubitores neque fures neque avari neque ebriosi neque maledici neque rapaces regnum dei possidebunt. non haec ideo (idcirco) memoravit quasi nescirent, apud quos annum et sex menses sedit docens evangelium dei, sed conmonuit, ut resuscitaret in illis reverentiam legis et meritum ad regna caelorum.

6, 11. Et hoc quidem (haec quidam) fuistis. 1. ne omnibus hoc adscribere videretur aut certe omnes ab his criminibus inmunes faceret, si taceret — prohibuisse enim videbatur, non revelasse crimina illorum —, idcirco sic ait: et haec quidam fuistis. et ne ad iram illos provocaret, adiecit: sed abluti estis. aut agnoscentes crimina rei facti statim respirarent audientes: sed abluti estis. solent enim aliqui pudorem pati et corrigere, cum de se audiunt bona.

Sed sanctificati estis, sed iustificati estis in nomine domini Iesu Christi et spiritu dei nostri. 2. haec omnia beneficia puritatis in baptismate consecuti noscuntur, quod est fundamentum evangelicae veritatis.

---

10 *cf.* Act. 18, 11

---

1 an] aut *A* **2** hoc uel *TWG* dicto *TWGP* nescius *Π* **5** nam neque *G* **6** moles *L* **9** dei non *EP*[1] ideo *ΠE* **10** quia si *T*[1] *lacuna in W* **11** resuscitaret] restauret *GP* in *om. ΠE* illum *N* **13** hoc quidem *ΠETG*[1]*PD* **14** omnes] omnibus *P* **16** uidebat *K*, -bam *P* idcirca *L* sic *om. P* **17** quidem (-aem *T*) *KETPD* **18** aut] ut *ETGP* cognoscentes *KTG* **19** respirent *A* sed—estis *om. ET* **20** aliqui enim *L* aliquid *K* de] et *P* **22** sed *pr.*—**23** nostri *om. E*[1] sed *alt.*—estis *om. P* **23** domini nostri *(Vulg.) CGP* et in *(Vulg.) A* **25** seueritatis *V* illic enim omnibus peccatis depositis abluitur credens et iustificatur domini nomine et per spiritum dei nostri deo filius adoptatur. per haec admonet illos quanta et qualis sit gratia, quam per veram traditionem adsecuti sunt, postea vero contra hanc regulam fidei inpulsu malorum doctorum sentientes his beneficiis se exuerunt. unde id agit, ut revocet illos ad primam sententiam, ut recuperent quod fuerant consecuti.

6, 12. Omnia mihi licent, sed non omnia expediunt. omnia mihi licent, sed ego sub nullius redigar potestatem. 1. omnia sibi licere dicit, ea scilicet, quae et coapostolis eius licuerunt, quae et lex continet naturalis, non Moysi, quia multa prohibuit Moyses propter duritiam cordis populi increduli et cervicosi. tamen si ad causam respicias, aliud fuit in sensu apostoli, ut haec loqueretur. haec enim praemisit postea acturus hanc causam, sicut fecit et de illo qui incestum admiserat; proponit enim designans quid acturus est postea. denique statim ad superiorem sensum, breviter interim re commendata, redit. 2. hoc enim ideo dixit, quia licebat illi ab his sumptus accipere. sed quoniam sciebat pseudoapostolos occasionem quaerere accipiendi, noluit ab his accipere, ne causa ventris vigor evangelicae veritatis torpesceret. si enim ab his acciperet, quos in tantis vitiis arguebat, auctoritatem magisterii concessam sibi

---

13 Matth. 19, 8

---

1 peccatis omnibus *A* et *om. NGP* **2** iustificat *E*, -atus *P* et *om. ΠE* per *om. P* **3** adoptator *N* **5** inpulsum *KVA* **6** exuerint *ΠL* unde] ualde *K* agitur *ΠET*, ait *P* **7** recuperarent *Migne*, receperent *T* **10** omnia—**p. 66, 1** expediunt *om. ΠE et ponunt post* expedit *p. 66, 16* omnia—**p. 65, 23** sui *om. DL et ponunt post p. 66, 1* expediunt; *quos testes sequuntur editiones Erasmi, Romana, Maurina* **10** sub nullius] non *A* **10 sq.** sub potestate illius *A* **12** et *pr. om. ΠETL* et *alt. om. L* **14** ceruicosi et increduli *G* **15** respiciat *V* haec] ita *A*, *om. TG* **15 sq.** eloqueretur *G* **17** incertum G^1 ammiserat N^1K **18** qui E^1 **19** credit *Π* **21** pseudoapostolus *N* occansionem *A* quaerre *C* **22** uigorem *Π*

a domino inclinabat. non enim potest constanter argui a quo accipitur, maxime cum ideo promptus ad dandum sit, ut sibi humiliet praepositum. unde et dicit: sed ego sub nullius redigar potestatem.

6, 13. Esca ventri, et venter escis. deus autem et hunc et haec destruet. destructio ventris est, cum edendi cessat officium; escae vero destructio tunc erit, quando steterit nativitas. pseudoapostoli autem, qui non utique religionis causa, sed quaestus circuibant, peccantibus amari esse nolebant.

Corpus autem non fornicationi, sed domino. nunc redit ad superiorem sensum: et dominus corpori. {quid dominus corpori?} subauditur: inmortalitatem resuscitato praestabit. corpus enim deo dicatum dono spiritali remunerabitur merito ducis, id est animi.

6, 14. Deus vero et dominum suscitavit et nos suscitabit per virtutem suam. 1. idem sensus est, quem exemplo voluit dominico (dominicae voluit exemplo) resurrectionis firmare. virtus tamen dei Christus est, qua nos suscitabit et ipsum dominum. hoc dixit, quia ipse dominus corpus suum suscitavit, sicut et ipse dominus ait: solvite templum hoc, et ego tribus diebus suscitabo illud. hoc autem dicebat de templo corporis sui. 2. quibusdam tamen videtur propter libertatem concessi arbitrii dixisse apostolum: omnia mihi licent, sed non omnia

19 *cf.* I Cor. 1, 24 **21** Ioh. 2, 19. 21 **25** Marc. 6, 18

1 instanter *P* **2** accepitur *N* **3** sed] *add.* et *GPD*, *om. V* **5** autem] tamen *E* **6** et *pr. om. D* haec] hanc *N²EP*, illam *A* distruet *TA¹*, destituet *K* cum *om. T¹* **9** peccatoribus *A* **11** fornicationis *C* deo *ET* **13** quid—corpori *om. ΠETL* subaudiatur *ND* **14** praestauit *NK* decatum *N*, datum *T¹* **15** id est] adest *C* **16** deus autem et dominum iesum *A* nos cum illo *A* **17** suscitauit *ΠETPDA¹* **18** exemplo (-um *K*) voluit dominico *Π* noluit *A¹* **20** dominum—**21** ipse *om. A* **20** suscitauit *codd.* **21** quia et *D* et *om. K* **22** ego *om. E* in tribus *EPA* excitabo *E* **23 sq.** quibus *ΠE* **24** tamen *om. LD* expediunt, ut liceat fornicari, non tamen expediat. sed quomodo licet quod prohibetur? aut certe si omnia licent, nihil potest dici inlicitum. sed licet, non tamen expedit. haec susurrant potius quam adserunt, aut inmemores aut neglegentes. dicit enim Iohannes baptista ad Herodem: non licet tibi habere uxorem fratris tui. sed forte Iohannes expers fuerit humani eloquii inspiratus in utero, quia si hoc est, dicere debuit (debuit dicere): licet tibi, sed non expedit. 3. sed et dominus similiter mulieri Cananeae ait: non licet accipere panem filiorum et mittere canibus. et iterum dicit dominus Iudaeis: non legistis quid fecit David, cum esuriret, quomodo intravit in domum dei et panes propositionis accepit, quos non licebat ei etc. omne ergo quod prohibetur non licet; et omne quod non prohibetur licet, sed aliquando interveniente causa aliqua non expedit.

6, 15. Nescitis quia corpora vestra membra Christi sunt? corpora nostra membra Christi sunt, sed in novum hominem, qui secundum deum creatus est, quia ipse est caput ecclesiae.

Tollens ergo membra Christi faciam membra meretricis? absit. absit, ait, quia meretrici adhaerentia membra desinunt esse membra Christi.

---

10 Matth. 15, 26 **11** Marc. 2, 25sq. **17sq.** *cf.* Eph. 4, 24sq.

---

2 probetur *P* **3** *post* expedit *ΠE* *ponunt p. 64, 10* omnia—*p. 65, 25* licent *et add.* et cetera **5** iohannis *K* **7** expres *K*, expresse *T* quia—**9** expedit *om. A* quia si] quasi *ΠETG*^{1} **8** est *om. E* debuit—**9** et *om. P* dicere debuit *ΠE* **9** deus *ΠET* **11** canibus ad manducandum *E* dominus dicit *EA* **12** esurierit *A*, -riretur *K* **13** domini *ΠE* propositiones *N* **14** ei edere *NKED* **14sq.** licet non probetur *P* **15** et—licet *A*, *om. cett.* sed] se *N* **16** aliqua causa *NKA* **17** quoniam *(Vulg.) ΠE* **18** sunt christi *L* uestra *T* **19sq.** quia—est *om. V* **20** est *om. N* **21** faciem *N* **22** absit *pr.*—meretrici *om. V* absit *alt. om. TLCGP* ait—**23** desinunt *om. A* meretricis *T* herentia *E*

6, 16. An nescitis quia qui adhaeret meretrici unum corpus efficitur (fit)? hoc dicit, quia qui contaminationi se admiscet, unum fit cum eo, cui se admiscet. fornicatio enim ambos unum facit, ut quomodo in natura, sic et in macula unum sint.

Erunt, inquit, duo in carne una. manifestum est ut, quia mulier de viro est, ambo in carne una sint.

6, 17. Qui autem adhaeret domino, unus spiritus est, quoniam in bene agentibus spiritus dei est communis cum deo et hominibus.

6, 18. Fugite fornicationem. 1. recte fugiendam monet fornicationem, per quam filii dei fiunt filii diaboli.

Omne peccatum quodcumque fecerit homo, extra corpus est. qui autem fornicatur, in corpus suum peccat. ostendit gravissimum esse peccatum, quia ex hoc omne deperit corpus, in ceteris autem peccatis portio perit, non totum. totum enim corpus vir est et mulier, quia portio viri est mulier. quicumque enim aliud peccatum admiserit, extra se peccat; fornicarius vero in carnem suam peccat. 2. age, si laqueo vitam finiat aut ferro se trucidet, non in corpus suum videtur peccare, sed in animam, cui vim

---

16 *cf.* Quaest. app. 58, 1, p. 452, 5

---

1 an] aut *A* quia *om. C* qui *om.* A^1 adhaeret] coniungit se *A* meretrice *N* **2** efficitur *(Vulg.) ΠET*, est *A* dixit *GD* **2 sq.** contaminationi] -nis *N*, -ne A^1, -nem *K* **3** se *om.* *NK*A^1 ammiscit (ad- *V*) *Π* **6** carnem unam *C* **7** sunt *A* **8** adhaeret] adiungit se *A* deo *G* **10** cum *om. P* et] est *ΠETCGD*, est et *A* **11** fugite – **12** diaboli *om.* T^1 G^1 *Vindob. 550* **12** fili *(bis) C* sunt *V* **14** est] suum peccat A^1, *add.* quia cetera peccata, etsi per corpus generentur – carnalis *(=Eugippius CSEL 9, p. 1028, 2 sqq.)* unde subditur *L*, *quem sequuntur ed. princeps, Erasmi, Romana, Maurina* **16** corporis *A* autem *om. K* **17** totum *pr.*] *add.* corpus *D*, *add.* fugite fornicationem – diaboli *(l. 11 sq.)* T^1 **18** enim *om. D* **18 sq.** admiseria A^1 **19** carne sua *A* **20** age] ac *K* age – vitam] agens illaque ob uitam *A* laqueos *P* trucidat *P* trucidet se G^1 **21** non] nam *K* videtur peccare] peccat *GA* peccare] *add.* non in corpus suum peccat *CG Vindob. 550* cui] cum *P*

facit. fornicari autem corporale delictum est, quod et corpus contingit et animam. non enim sine desiderio carnis — quia habet et caro proprium motum — anima concupiscit, ut peccet in carnem, quamvis sine anima nihil possit. per id quod ergo (ergo quod) in carnem, quae ex se est, peccat — ad originem enim retulit —, in corpus suum dicitur peccare, ut desinat a fornicatione quasi sibi parcens. 3. Novatiano tamen hic qui fornicatur non in corpus suum videtur peccare, sed in Christi. aliter {enim} hoc pronuntiat, ut etiam illum qui fornicatur in spiritum sanctum dicat peccare propter causam, qua scissus est ab ecclesia. hoc nulla ratione adstrui potest. corpus enim Christi non est unus aut duo Christiani, sed omnes; singuli autem membra sunt. quomodo ergo qui fornicatur, in Christi corpus peccat, cum non omnes contaminet? quod si ita esset, ut Novatiano videtur, cetera omnia peccata extra deum essent, et sola fornicatio peccatum esset in deum. etiam qui vadit ad idola, non peccat in deum, nec qui negat in persecutione quia omne peccatum, quodcumque fecerit homo, extra corpus est Christi, sicut illi videtur. 4. si autem et hoc aliter voluerit pronuntiare, ut neget aliquod extra corpus Christi esse peccatum, cogetur dicere quia

---

7–9 *cf.* Quaest. app. 58, 2, p. 472, 17sqq.

---

1 fornicarii *NT*, -rius A^1 **2** contigit *E* animum *A* non–**4** possit *om. A* qui VT^1P **3** animam *P* ut] et *G* **4** peccat *N* carne *P* **5** quod ergo $\Pi E^1 C$, quod enim *A* carne *KT* quae–est *om. TG* est *om. D* ad–**6** retulit *om. A* **6sq.** ut–a] unde sinata *A* **7** quasi sibi] qua s. *VTA*, quas ibi *N*, quas sibi *K* parens *P* Novatiano–**p. 69, 16** peccat *om. A* Novatiano] noua ratione *ΠT Gand. 544*², noua fornicatione *P*, noua $IIIG^2$ **8** qui] non *K* peccare uidetur *G* **9** enim *om. ΠETL* pronuntiet *G* **10** dicit *LP* **11** qua] quia T^1C, quam *V* scisus G^1, excisus *K*, abscisus *NVETLD* ratio *P* **13** ergo] autem *ET* qui *om. L* **14** fornicator *NL* corpus christi *L* **14sq.** contaminat *TCG* **15** uidietur *K* omnes *K* **17** etiam–deum *om.* T^1 idolum *K* nec] neque *ΠLD*, ne *T* qui *alt.*] quia G^1 **18** qui *TG* **19** christi est *E* ille *P* **20** negat *NL* **21** peccatum esse *L* cogitur (coig- *N*) *ΠE*

omnis, quicumque quodcumque peccatum fecerit, in deum peccat et in spiritum sanctum (sanctum spiritum), ut et fur et periurus et mendax in spiritum sanctum peccare dicatur. et quomodo est illud, quod ait dominus: quia omnia peccata et blasfemiae remittentur hominibus; qui autem peccaverit in spiritum sanctum, non remittetur ei neque hic neque in futuro? 5. apparet utique exceptis ceteris peccatis aliud esse peccatum, quod {peccatum} dicitur in spiritum sanctum. quibusdam iterum videtur quia qui fornicatur, ideo in corpus suum dicitur peccare, quia ecclesiae membrum est et se contaminans in ecclesiam peccat, cuius membrum est. qui ergo ecclesiae membrum est, dicendum est illi, cum fornicatur, quia non sibi, sed in ecclesiam peccat. porro autem dicit apostolus, quia qui fornicatur, per id, quod in portionem suam delinquit, in corpus suum peccat.

6, 19. An nescitis quia corpora vestra templum est spiritus sancti, quem habetis a deo? superius templum dei dixit, hic templum spiritus sancti, quia in substantia hoc est spiritus, quod deus. hoc idcirco dixit, ut corpora nostra incontaminata (intaminata) servemus, ut possit illic spiritus sanctus habitare.

Et non estis vestri; **6, 20.** empti enim estis pretio ⌊magno⌋. manifestum est quia qui emptus est non

4 Matth. 12, 31 **19** I Cor. 3, 16

1 quodcumque *om. P* fecerit peccatum *G* **2** spiritum sanctum *ΠEPD* ut—**3** sanctum *om. K* **5** blasphemia *NKEPD* remittuntur *P* **7** futurum *L* **8** peccatis *om. L* **9** peccatum *om. ΠET* **10** qui *om. P* fornicator *P* **11** qui *G* ecclesia *P* **12** ecclesia *CG*¹*PD* cui *K* quia *D* qui—**13** membrum *om. ET* est *pr.*] et *N* cum] qui *G* **14** ecclesia *GD* **15** delinquet *NKE*, relinquit *L* **17** an] aut *A* corpus uestrum *A* **18** est] *add.* qui in uobis est *A* quem—**20** spiritus *om. A* **19** hoc *C*¹ **20** spiritus sanctus *NVETPD* hoc est quod deus spiritus sanctus *K* **21** incontaminata *ΠEGP* seruaremus *D*, -rentur *L* **22** sanctus spiritus *TG* **23** estis *om. K* **24** magno *ΠETPD*

est sui arbitrii, sed eius a quo emptus est, ut non suam, sed illius faciat voluntatem. et quia caro ⌊pretio⌋ empti sumus, propensius domino nostro servire debemus, ne offensus, a qua nos redemit, morti nos reddat. quam enim carissimo pretio nos emit, ut sanguinem suum daret pro nobis!

Clarificate et portate deum in corpore vestro. hoc est clarificare deum in corpore, ut secundum legem eius ambulemus; per legem enim suam ipse videtur in nobis. portare tamen deum hoc est imaginem dei in rebus bene gestis ostendere.

7, 1. De his autem quae scripsistis mihi, bonum est homini mulierem non contingere. pravis sensibus pseudoapostolorum exagitati, qui nuptias per hypocrisim, ut puriores ceteris viderentur, spernendas docebant, haec per epistolam ab apostolo requirebant. quia enim non oblectabantur hac sententia, praetermissis ceteris hoc solum requirunt. quibus tamen respondit bonum esse quidem mulierem non tangere (contingere), quamquam non illi istud simpliciter adserant (adserent).

7, 2. Tamen propter fornicationem. hoc est ne quid contra legem admittatur, cum quando quod lex non prohibet vitatur, unusquisque suam uxorem habeat, et unaquaeque suum virum habeat. solent enim qui conpendium quaerunt errare. qui enim fieri posset, ut hi ab uxoribus suis se abstinerent, quos in tantis vitiis reperit?

---

2 pretio *ΠETG*^{2}*PD* **3** deo *P* ne] neque *ΠE*^{1} offensus a] offensa *D* **6** clarificate] glorificate domino *A*^{1} **7** glorificare *A* **8** suam] eius *D* **11** his] quibus *(Vulg.) ΠEA* mihi *om. T* **12** contingere] tangere *(Vulg.) NKEPA, add.* propter fornicationem autem *A* **13** hypochrisin (-im *N*) *NV* ut *om. V* **14** uideretur *A*^{1} dicebant *D* **15** epistola *NK* qui *ETGD* **15 sq.** oblectabant *K* **16** hac] hec *V* hoc non *K* **17** esse] est *K* **18** tangere *ΠET* simpliciter non *L*^{1} **19** adsererent *NVETA* **20** hoc non *K* **21** quod *om. V* **22** uetatur *A* ut quisque *P* **23** et—habeat *om. N* **24** qui] quin *T*^{2}*LA*^{1} possit *GD* **25** suis *om. K* se *om. A* ideo ergo non permittit, ne a (ab) licitis se abstinentes inconcessa praesumerent, sicut faciunt Manichei.

7, 3. Uxori vir debitum reddat, similiter autem et uxor viro. invicem sibi subici illos in hac causa, ut quia unum corpus sunt, una illorum sit et voluntas in lege naturae.

7, 4. Mulier sui corporis potestatem non habet, sed vir; similiter et vir sui corporis potestatem non habet, sed mulier. hoc dicit quod neque viro neque mulieri liceat corpus suum aliis (alii) tradere. invicem {enim sibi} debitores sunt in hac causa, ne peccandi daretur occasio.

7, 5. Nolite fraudare invicem. 1. hoc dicit, ut conveniat illis in re uxoria, ne dissensio generet fornicationem. nisi ⌊forte⌋ ex consensu ad tempus. id est, ut ex condicto abstineant {se} propter gratiarum actiones. ut vacetis orationi. quamquam enim sine intermissione orandum sit, meditatio enim haec omni die facienda est, tamen ut orationi insistatur, huic rei vacandum praecipit interpositis temporibus ad deum (dominum) promerendum; ut enim misereatur, mundius exorandus est. quamvis munda sint coniugia, tamen etiam a licitis abstinendum est, ut facilius ad effectum deducatur oratio. nam et in lege sanctificari volentes inter cetera etiam ab uvis passis iussu domini

---

21–p. 72, **1** *cf.* Num. 6, 4

---

1 permittet *Π* a *ΠTA* inlicitis $C^{1}P$ **3** autem *om. LDA* **4** in *om. CG* hac *om. D* causam *T* ut *om. ΠE* **5** una et G^{1} illorum] eorum *L* sit] fiat G^{1} **6** mulier autem *D* habeat *L* **7** similiter autem *(Vulg.) A* **8** habeat *L* dixit *P* uirum *A* **9** mulierem *A* corpus suum liceat *G* aliis *ΠE* **9 sq.** enim sibi *om. ΠE* **10** nec *K* **12** cum ueniat *P* illis] *om. D*, illi *N* **13** forte *(Vulg.) ΠET*G^{2}*A* **14** condicto] -tu *L*, conditione *A* se *om. ΠE* **15** oratione *N* sine] si A^{1} intermissionem *P* **16** sit] est *A* **17** oratione T^{1} uacandi *P* praecepit *ΠETGA*, *add.* ut *A* **18** deum *ΠETD* **21** affectum *PA* perducatur *G*, deducat *A* oratio] -ionis *A*, ratio T^{1} nam *om. A* in *om. N* **21 sq.** sanctificare *P* **22** uvis passis] uua p. *Π*, huius passionis usu *A* iussa N^{1} dei *T*

temperabant, ut fierent sanctiores. cum enim quis etiam concessa non contingit, ostendit se velle quod precatur accipere.

Et iterum ad id ipsum revertimini. 2. quoniam coniugiis consilium dat, ut ad ipsum dominum revertantur abstinentes se ab uxoribus suis, ut possint dignius accipere corpus domini (consilium dat post dies orationis ad usum naturalem reverti debere), *ne vos temptet satanas propter incontinentiam (intemperantiam) vestram,* interpositis diebus abstinendum monet, ne occasio detur diabolo, sicut dicit Petrus apostolus: *ecce diabolus velut leo rugiens circuit, quaerens quem devoret.* si enim causa filiorum creandorum ducitur uxor, non multum tempus concessum videtur ad ipsum usum, quia et dies festi et dies processionis et ipsa ratio conceptus et partus iuxta legem cessari temporibus his debere demonstrat (-ant).

7, 6. *Hoc autem dico secundum indulgentiam, non secundum imperium.* manifestum est ideo hoc illum dare consilium, ut fornicationem excludat, non ut ad meliorem vitam tendentibus iter claudat.

7, 7. *Volo (volebam) autem omnes homines esse sicut me ipsum.* quantum ergo ad benivolum et sollicitum

---

11 I Petr. 5, 8 **14 sq.** *cf.* Quaest. 127, 36, p. 415, 8 **15** *cf.* Lev. 18, 19

---

1 enim *om. ΠE* **2** congit *A*[1] ostende *L* **4** et *om. T* et–ipsum] aliter *L* ad–revertimini] in idipsum sitis *A* id *om. N V* revertimini *om. LC* **5** coniugis *KA* consilium coniugiis *LD* datur *T* **5 sqq.** ut ad ipsum dominum (ad idipsum *E*) revertantur abstinentes se (se *om. L*) ab uxoribus suis (suis *om. E*) . . . corpus domini *ΠETLP* **9** incontinentiam *ΠET*[2]*A* **10** diebus *om. ΠCG*[1]*DA* monet] esse monet in idipsum reuerti *A* **11** Petrus apostolus] beatus petrus *D* ut *CG* **12** ruiens *A* circumit *D* **13** causam *E*[1] creandorum filiorum *P* dicitur *T*[1] **15** processionis] purgationis *KE* **16** demonstrat *ΠETA*, monstrant *CG* **17** dico *om. CGL* **19** ut] et *N* fornicatione *N* ad *om. K* **20** claudat] excl- *T*, cludat *A*, intercludat *P* **21** volo *ΠETA*, uolebat *D* **22** sicut] secundum *E* quanto *C*

magistrum pertinet, omnes tales, si fieri posset, volebat esse sicut se ipsum. qualis autem ipse erat, mox in subiectis ostendit:

Scd unusquisquc proprium habct donum (donum habet) a deo, alius quidem sic, alius vero sic. hoc est unusquisque iuxta votum suum donum dei habet, ut velle ipsius nutu dei possibilitatem consequatur. ideo non debet quis constringi, ne a licito prohibitus inlicita admittat, sed ipse sibi eligat quid sequatur.

7, 8. Dico autem innuptis et viduis: bonum est illis, si sic permanserint sicut et ego. non diceret: bonum est innuptis, ut sint sicut et ego, nisi esset integer {in} corpore, nec diceret: omnes homines volo (volebam) esse sicut me ipsum. si enim habuit uxorem et hoc dixit, virgines esse non vult (noluit). sed absit. sic enim a pueritia spiritu ferbuit, ut huius rei studium non haberet, quippe cum iuvenculus anticipatus sit a gratia dei. postquam dixit unumquemque proprium donum habere a deo, ostendit, in qua re melius est propensiorem esse (esse propensiorem), quia in eo adiuvatur quis, quod videtur aviditate mentis adpetere.

7, 9. Quodsi se non continent, nubant. 1. imitari

---

17 *cf.* Gal. 1, 15

---

1 si *om. CGP* possit *NK*, posse *CGP* **2** quales *N* **4** probrium *E* habet donum *ΠETL* **5** quidem *om. A* vero] autem *A* **6** sic] sit G^1 **7** velle] si uelit *GP* **8** ammittat *Π*, -tit *E* **9** quod *KVE* **10** innuptis] non nuptis *(Vulg.) LCGPD*, his qui sine uxoribus sunt *A* est *om. LC* **11** illi *NV* si *om. K* sic] ita *A* permanserint] -maneat *C*, -manent G^1 **12** ut sic *P* et *om. P* in *om. ΠEG* **13** volo *ΠET* **14** dixit non *A* **15** non vult *ΠP*, non uoluit *D*, uoluit *EGA*, *add.* sed *(om. G)* coniugatas *ETG* spiritui *D* **16** ferbuit] -uuit *VG*, -uet *ET*, -uit *NKCD*, seruit *P*, seruiuit *L* haberent *W*G^1 cum in G^1 **17** iuvenculus] -lis *NTP*, in uinculis *A* antecipatus *C*, anticipatis *E* **19** propensiorem esse *ΠE* **20** adiuuatus *E* quis quod] quicquid *A* auiditatem *E* **21** appatere *N* **22** si autem non se *A* continet nubat *CWG* imitare N^1A^1

illos vult et contendere, ut se contineant. quodsi inpulsu carnis perseverare se viderint non posse, quia nec sunt promptiores in eo ipso, ut adiuventur a deo — illum enim deus iuvat, quem videt tota virtute contendere —, nubant {itaque, si uri timent}. forte enim poterunt postea hoc adipisci. digesto enim impedimento reparat se voluntas robustiore virtute.

Melius est ⌊enim⌋ nubere quam uri. 2. non ideo dixit: melius est nubere quam uri, quasi bonum sit uri, ideo nubere melius; sed consuetudinem secutus est. solemus enim dicere: melius est lucrum facere quam damnum. uri ergo est desideriis agi vel vinci. cum enim voluntas calori carnis consentit, uritur. nam desideria pati et non vinci inlustris viri est et perfecti.

7, 10. His autem qui matrimonio iuncti sunt, praecipio non ego, sed dominus. postquam innuptis et viduis locutus est, hos adloquitur, qui matrimonio iuncti sunt ore dominico:

7, 11. Uxorem a viro non discedere; quodsi discesserit, manere innuptam. 1. hoc apostoli consilium est, ut si discesserit propter malam conversationem viri, iam innupta maneat. aut viro reconciliari. quodsi continere se, inquit, non potest, quia pugnare non vult contra carnem, viro reconcilietur. non enim permittitur mulieri, ut nubat, si virum suum causa fornicationis dimiserit aut apostasiae aut

1 et *om.* *CWG* continere *A* **2** uiderent T^1 **3** ut *om.* *N* **4** adiuuat L^1*A* nubant] ne nubat *NVET* **5** itaque–timent *om.* *ΠA* timent] -eant *EG*, ament *T* poterint *A* hoc postea *L* **8** enim *ΠETWPD* enim est *G* ideo] id *E*, *om.* *N* **10** nubere *om.* *ΠE* melius (*add.* est *G*) nubere *WG* **11** est *om.* *A* **12** est *om.* *EA* desiderium *N* cum–**13** uritur *om.* *A* **13** consentis *K*, consistit *V* utitur *E* **14** inlustribus uiris . . . perfectis *A* et] uel *G* **15** hi T^1 **16** principio *W* dominus] deus *G*, deos *W*, *add.* uxorem a uiro non discedere quodsi discesserit manere innuptam *A* **16 sq.** locutus est et uiduis *A* **17** alloquatur *E* **22** aut reconciliari *om.* *A* **23** se *om.* *N* inquit *om.* *A* **24** suo uiro *A* reconcilitur *E* ut nubat mulieri G^1 si] se N^1 **25** demiserit *C* postasiae *N*

si ⌊inlicite⌋ inpellente lascivia usum quaerat uxoris, quia inferior non omnino hac lege utitur qua potior. si tamen apostatet vir aut usum quaerat uxoris invertere, nec alii potest nubere mulier nec reverti ad illum.

Et vir ne uxorem dimittat, virum uxorem non dimittere. 2. subauditur autem: excepta causa fornicationis (fornicationis causa). et ideo non subiecit sicut de muliere dicens: quodsi discesserit, manere sic, quia viro licet ducere uxorem, si dimiserit {uxorem} peccantem, quia non ita lege constringitur vir sicut mulier; caput enim mulieris vir est.

7, 12. Nam ceteris ego dico, non dominus. hoc dixit, ut ostendat quid proprio ore dominus iussit et quid huius auctoritati concessit, quia et per ipsum (istum) dominus loquitur. ait enim: an experimentum quaeritis eius qui in me loquitur Christi?

Si quis frater uxorem habet infidelem, et haec consentit habitare cum illo, non dimittat illam.

7, 13. Et si qua mulier habet virum infidelem, et hic consentit habitare cum illa, non relinquat virum. hoc dixit, quia inter ipsa primordia, cum ambo utique essent gentiles, fiebat ut unus ex his crederet. et quia hor-

---

8 Matth. 5, 32 **10** I Cor. 11, 3 **15** II Cor. 13, 3

---

1 si *(om. LA)* inlicite *ΠELPA* inpellit *P* lascivia] -uiae uir *A*, lascia *W* **2** hac] ac *W* qua] quia *N*, quam E^1 **3** apostat et *NK*, apostatat A^1 aut] non *A* nec] ne WG^1 **4** reuerti fornicationis *A* **5** uir ne dimittat *ΠE* demittere T^1 **6** subauditur] -or *N*, -us *E* **6sq.** causa fornicationis *ΠEP* **7** et—**11** est *om. D* **8** dicens sicut de muliere *L* sic] hic *V* **9** uxorem *alt. om. ΠE* **10** ita] in *A* legem T^1 constringetur *E* constringitur lege *L* **11** est *om. V* **12** hoc enim *L* **13** ostendat] -deret *G*, -dit *W* qui propriore A^1 **14** auctoritata *A* et *om. LD* ipsum *ΠET* **15** ait enim] qui ait *A* **16** christus *KTLWGPD* **20** illa] ea *A* relinquat] dimittat *(Vulg.) A* **21** ipsa] illa *WG* **22** fiebat *om. A* **22sq.** horrebant perfidi culturam] abhorrebant per difficultatem *V*

rebant perfidi culturam dei, similiter et credentes contaminationem praeteriti erroris, ideo praecepit, ut si contenti essent habitare cum inmutatis, contenti essent et credentes esse cum illis.

7, 14. Sanctificatus est enim vir infidelis in uxore fideli, et sanctificata est mulier infidelis in viro fideli. habere illos beneficium bonae voluntatis ostendit, qua (quia) horrorem nominis Christi non habent. et ad tuitionem hospitii pertinet, in quo signum fit crucis, quo mors victa est; sanctificatio enim est.

Alioquin filii vestri inmundi essent. inmundi essent filii eorum, si dimitterent volentes habitare secum et aliis se copularent. essent enim adulteri ac per hoc et filii eorum spurii, ideo inmundi.

Nunc autem sancti sunt. sancti sunt, quia de coniugiis licitis nati sunt et quia sub creatoris veneratione nati sunt propensiore ex parte, quia quidquid per dicationem idolorum fit, inmundum est, ita ⌊et⌋ quidquid sub dei creatoris professione fit, sanctum est.

7, 15. Quodsi infidelis discedit, discedat. 1. propositum religionis custodit praecipiendo, ne Christiani relinquant coniugia. sed si infidelis odio dei discedit, fidelis non erit reus dissoluti matrimonii; maior enim causa dei est quam matrimonii.

---

1 cultura *N* **2** et ideo *L* **3** contempti *P* et *om. LA* credentes] fideles *WGPD* esse *om. L* **5** enim *om. D* **6** est *om. Π* in] a *L* **7** fideli in fratre *A* habere] habitare A^1 illis A^1 beneficium] officium *V* **8** qua *ΠC WD* horrore *V* **9** et *om. TWGPD* tuitionem (cui- *W*)] diuitionem *V* hospiti *V* **10** uincta A^1 est enim *A* **11** alioquin] -im *E*, *add.* omnes *V* **11 sq.** inmundi essent *alt. om. WGP* **12** si] se T^1 volentes] uoluntes *N*, nolentes *A* habere *A* **13** alii *VT* se *om. K* ac] eorum *WG*, et *P*, *om. D* filiorum *P* **14** ideo] id est *G* **15** sancti sunt *alt. om. ΠEL* quia et *CA* **16** coniugibus *A* creatores *K* **17** propensiorem *K* dedicationem *ΠEG²PD* **18** et *ΠETLCA* **19** professione] -fectione *E*, -pensione *K* **20** descendit *N*, discederit A^1 **22** si infidelis] sunt fidelis W^1 **23** est dei *P* est *om. A*

Non est enim frater aut soror servituti subiectus in huiusmodi. 2. hoc est non debetur reverentia coniugii ei qui horret auctorem coniugii. non enim ratum est matrimonium, quod sine dei devotione est, ac per hoc non est peccatum ei qui dimittitur propter deum, si alii se iunxerit. contumelia enim creatoris solvit ius matrimonii circa eum qui relinquitur, ne accusetur alii copulatus. infidelis autem discedens et in deum et in matrimonium peccare dinoscitur, quia noluit sub dei devotione habere coniugium. itaque non est ei fides servanda coniugii, qui ideo recessit, ne audiret auctorem esse Christianorum deum coniugii. 3. nam si Hesdras dimitti fecit uxores aut viros infideles, ut propitius fieret deus, nec iratus, si alias ex genere suo acciperent — non enim ita praeceptum his est, ut remissis istis alias minime ducerent —, quanto ⌊ergo⌋ magis si infidelis discesserit, liberum habebit arbitrium, si voluerit nubere legis suae viro; illud enim non debet imputari matrimonium, quod extra legem (decretum) dei factum est, sed cum post cognoscit et se emendat — dolet se deliquisse —, veniam meretur (et dolet se deliquisse, se emendat, ut veniam mereatur). si autem ambo crediderint, per cognitionem dei confirmant coniugium.

11 sqq. *cf.* I Esdr. 9 *et* 10

1 enim *om. A* **1 sq.** frater—huiusmodi] seruituti subicietur frater uel soror in talibus *A* seruitutis *ΠT* subiectus] -is *V*, -os *E* **2** eiusmodi *WGPD* ne *E* debere *K* reverentia] reuerti a *K* debetur—**4** non est *om. A* **3** ei—coniugii *om.* G^1 ei] iure et *K* auctoritatem *ET* ratum] raptum *W*, aptum *G* **5** ei] et *N* alii] -iis *P*, -io *A* iunxerit] -unt *E*, coniunxerit P^1 **7** aliis *A* **8** descendens *N* matrimonii] -io *E*, patrimonium C^1 peccasse *A* **9** noluit enim *A* **10** ei *om. K* qui—**11** coniugii *om. C* **11** rectorem *WGPD* deum christianorum *A* nam—**21** coniugium *om. A* **11 sq.** hesdra (es- *KET*) *ΠETWGPD* **12** fecit dimitti *P* propius *P* **13** ne *V* **14** remissis] -missistis (-misi- *N*) *NKW* istis] his *ETG*, *om. NKWP* **15** ergo *ΠETC* infideles *E* **17** legem *ΠEL* **18** factum *om. L* post] potest *V* **18 sq.** et se (se et *K*, se *om. NV*) emendat dolet (dolens *Bulhart*) . . . meretur *ΠE* **19 sq.** deliquisse se emendat se *T* se *tert.*] si *G*, *om. CWP* **21** confirmat WG^1PD

In pace autem vocavit nos deus. 4. verum est quia non oportet litigare cum eo qui discedit, quia odio dei discedit, ac per hoc nec dignus habendus est.

7, 16. Quid enim scis, mulier, si virum salvum facias? aut unde scis, vir, si uxorem salvam facias? hoc dicit, quia forte possunt credere qui non abhorrent (horrent) nomen Christi.

7, 17. Nisi unicuique sicut divisit dominus. 1. divisit dominus unicuique, quando salvetur, hoc est scit, quando potest credere, et sustinet illum. sic et hic docet expectandos eos nec scandalum de his pati debere, quia custodienda est spes illorum. si enim ipsi recesserint, dissimulandum ab his.

Unumquemque sicut vocavit deus, ita ambulet. 2. hoc est, ut, si matrimonio iunctus est qui credit, non deserat neque vir neque mulier, sed sic maneat sive Iudaeus sive Graecus.

Sicut in omnibus ecclesiis doceo. ut suadeat, non se aliter his tradere dicit quam ceteris, ut cum ceteros huius fidei hoc doceri audiunt, promptius adsequantur. facile enim quis inclinatur, si viderit socium consensisse.

7, 18. Circumcisus aliquis vocatus est? non adducat praeputium. hoc est quod dixit, ut ita ambulet, sicut vocatus est; ut Iudaeus factus Christianus non putet se forte indignum, quia praeputium non habet, dans gloriam praeputio.

---

2 *cf.* II Tim. 2, 24

2sq. quia—discedit *om. V* dei *om. A* **3** ne *KEWG*^{1} **5** unde] quid *A* uxorem] mulierem *(Vulg.) A* saluum *E* facis *L* **6** abhorrent *ΠETP*, horrunt *WG*^{1}, *add.* credere *A* **8** nisi *om. A* cuique *WG*^{1} deus diuisit *E* **9** saluentur *V* scit—**10** potest *om. ΠE* **10** possit *L* et sic et *CWG* **11** eos *om. G*^{1}*A* ne *G* **12** discesserint ipsi *E* **14** deus ita] dominus sic *A* **15** ut] et *A* **15sq.** deserant . . . maneant *V* **18** sicut—doceo] et sicut in ecclesiis omnibus precipio *A* docea *N* **20** doceri] -re *T*^{1}*A*, dicere *K* **25** fore *A*

In praeputio quis vocatus est? non circumcidatur. ut gentilis vocatus non aestimet se debere (debere se) circumcidi, per id quod filios Abrahae audit praeponi. nec enim quia circumcisi sunt, praeponuntur, sed merito Abrahae, cuius filii sunt in utroque, si credant. si quo minus, peiores erunt gentilibus. deterius est enim fuisse et non esse quam numquam fuisse.

7, 19. Circumcisio nihil est et praeputium nihil est. manifestum est quia nec obest nec prodest. sed observatio mandatorum dei. id est fides propitium facit deum, si bonis operibus adprobetur.

7, 20. Unusquisque in ea vocatione, in qua vocatus est, in ipsa permaneat. hoc firmat quod supra dixit. **21.** servus vocatus es? non sit tibi curae, sed et si potes liber fieri, magis utere. hortatur, ut bene serviens de dei timore carnali domino dignum se faciat libertate, ne audiens forte: servus vocatus es? non sit tibi curae, neglegentior esset circa bonos actus carnalis domini et doctrina Christi blasfemaretur et nec ille deum promereretur, qui in his terrenis bene serviens meritum sibi conlocat apud deum, quia dixit dominus: qui in minimo fidelis est, et in magno ⌊fidelis est⌋.

7, 22. Qui enim in domino vocatus est servus,

6sq. *cf.* Tert. paen. 7, 12 **21** Luc. 16, 10

---

1 praeputium *K* aliquis *(Vulg.) A* **2** gentiles A^{1} se debere *ΠEL* **3** circumcidatur *V* filius VT^{1} habrae *P* audit] -et *Π*, -iet *P* praeponi audit *TWGD* **5** utroque] ueroque *V* si] se A^{1} credat A^{1}, credunt WG^{1} si quo minus] sic hominus *W* **6** erant *P*, *add.* in *K* enim est *VG* **8sq.** et—est *pr. om. V* **9** manifestum est *et* nec prodest *om. Π* sed] si *E* **10** fides] fidelis *A*, -les C^{1} propitium] praeputium $WG^{1}P$ **12** ea] qua *(Vulg.) A* **13** uocati estis *E* ipsa] ea *(Vulg.) TCWGPDA* firmum *V* **14** es] est T^{1} non—curae] nihil ad te pertineat *A* cura *ΠE* **15** et *om. C* potest *N* **16** indignum WG^{1} **18** esse *L* actos NWA^{1} carnali *A* **19** doctor in christo *ΠE* illi *A* **20** promeretur *NVT*, promitur *A* qui] quia *ΠEA* **22** magnos *K* fidelis est *alt. ΠET*

libertus est domini. 1. ereptus enim a peccatis, quae vere servos probant, libertus fit. hic enim omnino servus est, qui inprudenter agit, sicut et veteribus placuit, qui omnes sapientes liberos appellarunt, inprudentes autem omnes servos. unde Solomon: servo, inquit, sapienti liberi servient. hic ergo qui credit, acsi servus sit ad tempus, quia rem facit prudentem, ut credat in Christum, libertus fit domini. si enim (ergo) peccata servos faciunt, sicut Cam filius Noe peccati et inprudentiae causa factus est servus, cum ⌊enim⌋ accipit ⌊quis⌋ remissionem peccatorum, libertus efficitur.

Similiter ⌊et⌋ qui liber vocatus est, servus est Christi. 2. profectus est ex libero servum fieri Christi. liber enim erat a deo, quod maximum crimen est. ⌊et⌋ ideo amissa amara et contraria libertate condicionem sortitus est quae prodest, sicut dicit dominus: tollite iugum meum super vos, quia suave est, et onus meum, quia leve est. superbiam itaque abscidit et unitatem fecit, ut neque servus pudore condicionis despectum se putet neque liber elatione mentis inflatus servo se superponat.

7, 23. Pretio empti estis, nolite fieri servi hominum. verum est quia tam caro empti sumus, ut a nullo redimi potuissemus nisi a Christo, qui omnium dives est. qui ergo pretio emitur, magis servire debet, ut aliquatenus vicem reddat emptori. a deo ergo empti, id est a Christo,

---

5 Sir. 10, 28 **8sq.** *cf.* Gen. 9, 22sqq. **16** Matth. 11, 29sq.

---

1 ereptus est *N* quae vere] quaerere *K* **2** sit *T* **3** inprudentur *T* **4** appellauerunt *K* **5** unde et *A*[1] salamon *W*, salemon *PL* **6** servient] -iunt *LD*, *om.* *K* acsi] quasi *ET* **7** sit *EP* **8** enim *ΠETA* seruus *N* Cam *C*, *om.* *A*, cham *cett.* **9** causae *CWGP* **10** enim *ΠETG*[2]*P* accepit *NK* quis *ΠETG*[2]*P* **12** et *ΠETA* **13** est *om.* *A* **14** et *ΠETL* ammissa *K* **15** amara *om.* *ΠE* quae] quod *V* **16** prodest *KVL*, prodesset *cett.* **17** quia *alt.* *om.* *ΠEPA* **18** itaque] quippe *E* **19** pudorem *C*, -ri *L* **22** tam *om.* *L* caro] *add.* pretio *KVL* **23** redemi *NK*

servi hominum esse non debent. servi autem hominum hi sunt, qui humanis se subiciunt superstitionibus. apostolus tamen illud memorat, quod in capite epistolae reprehendit, eo quod dicerent: ego sum Pauli, alius autem: ego Apollo. dedit tamen articulum Christum fatendum deum, quando servos Christi non hominis servos appellandos ostendit.

7, 24. Unusquisque frater, in quo vocatus est, in eo maneat apud deum. hoc est quod supra dixit, quod, ut plene commendet, reiterat.

7, 25. De virginibus autem praeceptum domini non habeo. hoc ad scripta illorum respondit, sicut supra dixit: de quibus autem scripsistis mihi etc.

Consilium autem do, tamquam misericordiam consecutus a domino, ut sim fidelis. praeceptum se de virginibus negat accepisse, quia non poterat auctor coniugii rem adversam nuptiis imperare, ne factum suum pristinum accusaret; consilium autem ⌊ait⌋ do, non quod displiceat neque quod adulatione fucatum sit, quia ad hoc gratiam consecutus est, ut idoneus sit in dandis consiliis salutaribus.

7, 26. Existimo ergo hoc bonum esse propter praesentem necessitatem, quia optimum est homini

---

4 I Cor. 1, 12 **12** I Cor. 7, 1

---

1 debet G^1 **2 sq.** apostolus autem *E* **4** quo *T* ego *pr.*] *add.* quidem *D* alius—**5** Apollo] et reliqua *ΠE* **5** Christum] -i A^1, *om.* *ΠE* ad fatendum *ΠE* deum christum *ΠE* **6** quando] quoniam *D* servos *pr.*] -us *NKW* non—servos *om.* *Π* **7** fratres *ΠL* in qua uocatione *A* **8** ea *A* permaneat *(Vulg.)* *NKE*, -net *V*, meat A^1 **9** commendaret *VP* **11** hoc est *D* **12** scripsisti *L* **13** do tamquam] datam quam *N* tamquam] sicut *A* **14** deo *A* fidelis essem *A* praeceptus est *N* **15** de] fide *K* **16** coniugi WG^1 aduersa *NC* **17** ait ΠET^2LG quod non *N* **18** quod *om.* *G* adulationem *V* fugatum A^1, factum *P* **19** est] sum *V* sit] sim *V* **22** praesentem] instantem *(Vulg.)* *A* optimum] bonum *(Vulg.)* *ΠETP* hominis N^1K

sic esse. 1. bonum dicit esse virginem permanere. {et} ut hoc absolutius ostenderet, propter praesentem necessitatem ait, quia optimum est, ut inter bonum et optimum nihil tam praeclarum atque utile esse cognosceretur, quam est virginitas, quia non solum apud deum virginitatem commendatiorem docet, sed {et} apud vitam praesentem, dum necessitates temporis nescit, quas patitur coniugatio, et merores partus simulque orbitates filiorum ignorat. 2. ut ergo ad hanc affectandam hortaretur, praesentis necessitatis exitia lucrari docet hos, qui (has, quae) illam dilexerint, ut cum non solum ⌊hanc⌋ apud deum locum {hanc} meliorem habere discunt, verum etiam in praesenti omni industria hanc adpeterent. unum enim est quod laborat, ut affectum carnis vincat in ceteris omnibus libera. quia enim caro in origine sua est et natura, usus eius suavis videtur et dulcis aspectus (affectus); ideo haec superare non brevis gloria est.

7, 27. Vinctus es uxori? ne quaesieris solutionem. 1. haec remediorum consilia sunt; dicit enim non debere quemquam absolvi ab uxore nisi causa fornicationis. frequenter enim suas dimittentes sub tegmine continentiae alias decipiunt refrigescente proposito. sed si melius vult vivere cum uxore sua positus, exhortetur illam, ut sine scandalo purius vivant.

18sq. *cf.* Matth. 5, 32; 19, 9

---

1 et *om. ΠET* uti *WGPD, add.* ab *K* **2** adsolutius *E* **3** quia] *add.* bonum et *ET* **5** uirginitatis *A* **6** commendationem *A* et *om.* $ΠEL^1A$ **7** necessitatem *VWGP* **8** merores] -is $ΠD^1$, memores *P* **9** necessitatis *om. N* **10** lucrare A^1 hos *ΠEL, om. A* qui *ΠEA* ut *om. V* **11** cum] enim *ET* non cum *L* hanc apud deum locum *ΠELP* hanc *om. G* **12** ediscunt *NKET* hanc] hunc *E*, hac *A* **13** adpeterent] -uerterent *A* est enim *E* **14** uincant *K* omnibus in ceteris *G* liberam *A* **15** in natura *P* aspectus *ΠE, add.* uidetur *L* **17** vinctus] alligatus *(Vulg.) A* est T^1 noli quaerere *(Vulg.) A* **19** dissolui *A* uxore sua *G* nisi *om. CWGA* **19sq.** frequent *P* **20** alias] -ius *N*, -ios *V*, -ia *W* **21** uult melius *E* **22** cum—positus *om. V* hortetur *V* scandalum A^1 **23** purius] proprius A^1

Solutus es ab uxore? ne quaesieris uxorem. 2. ut sciens hoc magis deo acceptum et a necessitate liberum, non quaerat uxorem; ita tamen, ut et a ceteris temperet. si quo minus, quid prodest desiderium carnis premere, hoc est rem licitam spernere et inlicitis subiacere?

7, 28. Si autem acceperis uxorem, non peccasti. 1. non utique peccat, quia quod concessum est facit. si vero contempserit, meritum sibi conlocat et coronam. magnae enim patientiae est hoc non contingere quod prohibitum non est.

Etsi nupserit virgo, non peccabit. non peccat, quia apud deum ex hac causa libera est.

Tribulationem (tribulationes) tamen habebunt carnis (carnis habebunt) huiusmodi. 2. hoc est, acsi a peccato liberi sint, in hac tamen vita tribulationes habebunt, gemitus ventris, nutrimenta filiorum, victus, tegumenta, dotes, aegritudo, adparatus domus, uxoris necessitas, mariti dominatio.

Ego autem vobis parco. parcit, quando ad haec magis provocat, quae tribulationes carnis et sollicitudines memoratas excludunt. potest sic videri parcere, cum permittit et non contradicit volentibus quod onerosum ostendit.

7, 29. Hoc itaque dico, fratres, tempus breviatum est, reliquum est. 1. breviatum tempus et reliquum

---

1 noli quaerere *(Vulg.) A* **2** liberum si *A* **3** a] ea *W* **4** desideria *P* **5** rem licitam] relictam *A* **6** acciperis *N* uxorem acciperis *A* **8** magna *N V* **9** enim *om. L* enim—est] pati enim patientiae esse *P* patientia *N V*, penitentiae *K* **11** et *om. ΠE* peccabit] -uit *L*, peccat *V* non peccat *om. C W* G^1 **12** qui *T* **13** tribulationem *(Vulg.) ΠE A* **13 sq.** habebunt carnis *ΠE* **14** acsi] si T^1 *A* **14 sq.** ad peccatum *A* **15** sunt *C W G A* uita tamen *A*, tamen *om. N* uia *ΠE* **17** doces *P* adparatos A^1 meriti A^1 **19** quando] quoniam *D* **20** tribulationis *A* **21** excludant T^1 *A* potes *E*, *add.* et *A* uidere *D* parare *G* **23** itaque] autem *A* dico *om. E* fratres quia *A* **23 sq.** breviatum] -us *P*, breue *(Vulg.) A* **24** breuiatum est *E* dicens finem mundo inminere significat (significavit), quamvis sciret adhuc tempora superesse. sed aliter scribere non debuit propter hos, qui lecturi haec tunc sunt, cum breve (perbreve) supererit tempus, ne semper dum longe esse putaretur dies iudicii, aut non timeretur aut falsum esse aestimaretur. illud autem quod dicitur, cum adhuc longe sit, inminere multum proficit. terrorem enim incutit ad meliorem vitam agendam hominibus. denique hic in praesenti quam solliciti sunt hi, qui apud iudices habent quae agant, cum actorum dies dicitur inminere! hoc sonat hic, quod alio in loco dicit: seductores, sed veraces.

Ut et qui habent uxores ita sint acsi non habentes. 2. quia enim mundi finis in proximo est, non debere ad generandum esse sollicitos neque ad usum ipsum deditos, ut propensiores et vigilantes in divinis operibus, exerciti circa curam legis inminenti (inminente) praelio repugnent. pressurae enim erunt, quales numquam fuerunt, et multi casuri sunt in laqueum diaboli. denique nullus nostrum vult tempore suo haec provenire timens praedictas a salvatore pressuras. 3. ideo sicut nobis optamus, consolamus et aliis, ut a generatione nos filiorum multorum abstineamus plus orationi et dei servituti subiecti, providentes diem iudicii, ne et nos simus inparati per inpedimenta necessitatis prae-

11 II Cor. 6, 8 **19sq.** *cf.* Matth. 24, 21

1 dicens] tempus *A* finem] sine *K* mundi *ETA* significat *ΠETA* quamvis—**11** veraces *om. A* **3** lectori *N* sunt haec tunc *V*, tunc erant haec *P* breve *ΠETG*^{1}*D* **4** superet *L* **7** incuti *P* **9** qui iam *L* dies *om. P* **10** quod] qui *N* in *om. KVC*^{1}, *add.* alio *GP* **11** sed] et *P* **12** et *om. ΠEL* uxoris *T*^{1} **12sq.** ita—habentes] tamquam non habentes sint *(Vulg.) A* **13** finis mundi *V* fines *G*^{1} **14** sollicitus *Π* ipsum se *K* **15** deditus *V* propensior esset uigilantes *N*, propensiores euigilantes *L* **16** exercitati *ETLWG* inminenti *ΠETWGPD* **17** erant *V*^{1} quales enim *L* **18** nullum *V* **19** vult] aut *A* hoc *TWG* praeuenire *P* praedicatas *CWG* **20** consolamus] -amur *LA*, -emur *ET* **21** alios *ETLG* **22** praeuidentes *D*

sentis et illi incurrant quod nos timemus. etiam a licitis ergo temperare vult fideles, ut non solum innocentes, sed et gloriosi videantur. concessa enim praeterire virtutis est maximae et prohibita non desiderare non longe est.

7, 30. Et qui flent, tamquam non flentes. scientes enim in proximo finem mundi mox consolationem eorum futuram, qui pro dei iustitia forte premuntur, hac spe inter eos consolantur se.

Et qui gaudent, tamquam non gaudentes. in praesenti enim qui gaudent sciant mox luctum venturum, eis videlicet, qui mundo gaudent ambigentes de dei iudicio.

Et qui emunt, tamquam non possidentes. credentes enim qui emunt parum (parvum) tempus superesse mundo, sic agant, ut non omnem curam in rem cito perituram inpendant, magis autem curam animae suae gerant quam sciunt aeternam.

7, 31. Et qui utitur (utuntur) hoc saeculo, tamquam non utatur (utantur). id est, ut non praesumat (praesumant) de usu hoc, quia cito peribit corruente mundo. praeterit enim figura huius mundi. quia finiri mundum dixit, ostendit figuram eius praeterire et hunc esse finem, id est non substantiam eius perire (praeterire), sed formam. itaque si forma mundi peribit, dubium utique non est omnia, quae in mundo sunt, interire. ideo praeterit, quia quotidie senescit mundus.

---

1 etiam—**4** est *om.* *A* **2** uult temperare *LD* **3** uideatur T^1 **5** flentes sint *A* **6** sciens *A* in] et *C W*, a *A* proximo esse *P* **7** propter dei iustitiam *K* primuntur *NK*, perimuntur *V* hac] ac A^1 **8** consolatur *ΠPD* **11** ambientes $ΠC^1$, abicientes *E* iudicio] *add.* et qui utuntur hoc saeculo tamquam non utantur *P* **13** parum *ΠE*, paruo tempore *A* **14** re . . . peritura *D* **15** gerant] agant *A* **17 sq.** et—utantur *om.* *P* utitur *ΠE* saeculo] mundo *(Vulg.)* *A* **18** utatur *ΠE* ut *om.* *V* **18 sq.** praesumat *ΠE* **19** uso A^1 peribit] periet *A* **21** et] in die *A* hunc] hoc *N* **22** perire *ΠETPA* **23** itaque—**25** mundus *om.* *A* forma] -am *T* periret *K* utique] itaque *E*

7, 32. Volo vos sine sollicitudine esse. deminuta enim sollicitudine saeculi in dei rebus propensius vigilatur. qui sine uxore est, cogitat quae domini sunt, quomodo placeat deo. quomodo sine sollicitudine simus, ostendit dicens: qui sine uxore est, cogitat quae domini sunt. amputata enim sollicitudine rei uxoriae, quae sola in mundo ceteris gravior est, ad deum promerendum animus eruditur, si tamen hac spe animus his molestiis se exuat, ut deo magis serviat.

7, 33. Qui autem cum uxore est, sollicitus est quae sunt huius mundi, quomodo placeat uxori ⌊et divisus est⌋. cura enim uxoris et filiorum cogitatio mundi est. nam inter cetera solent aliquando res puniendas admittere, ne illas offendant, sicut refert Zorobabel, unus de tribus cubiculariis Artaxerxis in libro Hesdrae: magna enim amaritudo est in domo uxor tristis. ⌊divisus ideo dicitur, quia non potest et divinis insistere rebus et uxoris facere voluntatem⌋.

7, 34. {Divisa est mulier et virgo. 1. divisa non utique natura, sed actu, quia legimus in Numeris mulieres virgines appellatas. alia ergo sollicitudo mulieris, alia virginis est. tamen cum dicitur mulier, incertum est quid significet, nisi significatio subsequatur. cum autem dicitur virgo, manifesta locutio est. hic apostolus post mulierem virginem

---

15sq. *cf.* I Esdr. 4, 12sqq. (LXX) **19sq.** *cf.* Num. 31, 9

---

1 volo autem *(Vulg.) A* uobis *T* deminutae *C* **2** sollicitudine] -nes *C*, -nem *K* vigilatur] -are *K*, -antur A^1 **4** quomodo *alt.*—**5** dicens *om. LWGPD* sumus *A* **6** sunt] *add.* quomodo placeat deo *D* enim ac *WG* sollicitudinem *V* rei] re *E* **7** grauiorem ad *P* **8** hac] ac *WG*, haec *P* molestis *K*, -sti *N* **9** ut *om. V* **10** autem—est *alt.*] uxorem habet cogitat *A* **11sq.** et divisus est *ΠET*^{2}*L* **13sq.** ammittere *Π* **14** illa *K* offendat *V* sicut] si T^1 **15** artaxersis *N* in—Hesdrae *om. WG* magna enim in libro hesdre *T* **16sq.** divisus—voluntatem *ΠETL* **18** divisa—**p. 87, 3** copulata *om. ΠE* **18** et diuisa est mulier innupta et uirgo *A* virgo] uiro T^1 **19** naturae *W*G^1 legis A^1 **21** quod *W*G^1 significat *A* **22** dicit *TLWGPD* **23** hinc *LC*, his A^1

posuit, ut mulierem non virginem significaret; per hoc enim voluit ostendere virginem liberam a taediis et laboribus, quos patitur mulier viro copulata.}

Quae autem non est nupta, sollicita est de his quae domini sunt, ut sit sancta et copore et spiritu, id est animo. 2. dum enim spe caelestium mariti et filiorum sollicitudinem non suscipit, de domino cogitat, quomodo propositum deo devotum custodiat, si tamen in corpore mundo animus terrena abiciens caelestibus studeat. animus est enim, qui aut sanctificat aut polluit corpus. quid enim prodest corpus mundum habere et animam pollutam, cum merito animae aut honoratur corpus aut damnatur.

Nam quae nupta est, cogitat quae sunt huius mundi, quomodo placeat viro. 3. lege enim maritali constricta cogitat (sollicita est), quomodo impleat ius maritalis officii subdita mundanis necessitatibus.

7, 35. Hoc autem ad vestram ipsorum utilitatem dico; non ut laqueum vobis iniciam, sed ad id quod honestum est. 1. quoniam quibusdam asperum et grave videtur, quod utilius aut melius est propter consuetudinem temporalis usus, ideo post rationem redditam hortatur affectu caritatis simpliciter hoc utilius, hoc honestius esse quod dicit. honestum est, quia sanctum est et mundum, utile

---

2 et laboribus *om.* *P* **3** viro] uirgo *P* **4 sq.** quae—sunt] et mulier innupta et uirgo cogitat quae sunt domini *(Vulg.)* *NKE*, quae nupta est cogitat quae d. sunt *A* **7** sollicitudinem *om.* *L* suscepit Π, -ciperit *A* **8** deuotum est *V* tamen] autem *A* in *om.* *D* **9** abiciens—**12** damnatur] cogitat polluit et corpus *A* **10** qui aut] quia ut $T^1 W$ aut *alt.*] ut *N* **12** horatur *K* **13** nam quae] quae autem *(Vulg.)* *A* **13 sq.** mundi huius *E* **14** mundi] saeculi *A* **15** contrista *N* cogitat ΠE impleat] placet *A*, *om.* L^1 **16** subdita] sub $\Pi E T^1$ munda ΠP, -di *ET* necessitati $T A^1$ **17** hoc autem] porro hoc *(Vulg.)* $\Pi E L$ autem *om.* *C* ipsorum *om.* *A* **19** quo *P* est] christo A^1 quoniam *om.* *A* **20** aut] ac ΠA, et *ET* **21** temporis P^1 usum E^1 orationem G^1 **22** affectu] affectum (ad a. *A*) $E^1 A$ similiter ΠE utilius esse *E* hoc *alt.* *om.* *A* esse] est *E* **23** est et] esset $W G^1$

vero, quia dignitosum est apud deum et leve in saeculo. quid ergo dicimus? si virgines de deo cogitant et iunctae viris de mundo, quae spes relinquitur nubentibus apud deum? si enim ita est, dubium est de salute eorum. 2. nam videmus virgines de saeculo cogitare et matrimonio iunctos dominicis studere operibus. his virginibus non inputabitur sanctimonium a deo et his matrimoniis erit merces apud deum, quia cum obligati essent terrenis et carnis nexibus, operam dederunt, ut in futurum aliquid inmortalis praemii mererentur. illis autem non solum non inputabitur virginitas, sed et poenae subicientur, qui sub tegmine melioris spei vitam et conversationem suam mundiali cura et sollicitudine occupantes pigros se ad dei opera agenda fecerunt, sicut dicit Hieremias profeta: maledictus qui opera dei agit neglegenter. 3. hi sunt, de quibus in alia epistola dicit: habentes quidem speciem pietatis, virtutem autem eius abnegantes. apostolus autem his loquitur, qui mera devotione obsequi desiderant caelestibus praeceptis, ostendens et docens quo conpendio citius itur ad deum, quia qui propter deum promerendum virgo manere vult sciens quale praemium possit accipere, qui a licito temperat, ut melior fiat, simul omnia impedimenta carnis spernit non nescius haec esse, quae gressum currentis velut oneribus conpedum detinent.

---

13 Ier. 48, 10 **15** II Tim. 3, 5

---

1 dignitosum] -sium *V*[1], dignum *EPD*[2], -nius *D*[1], -nus *T*[1], -nitissimum *A* in hoc *P* saeculum *V* **2** iuncta ueris *T* **3** relinquetur *NKET*[2] **4** eorum] illorum *P* **5** iunctus *N* **7** obligatae *A* **8** et carnis *om.* *WGD* **9** inmortalitatis *VD* praemiis *P* illud *N* **10** solum *om.* *A* non *om.* *K* et *om.* *E* poena *N*, pene *K* **11** meliores *P* **12** sollicitudinem *E* pigras *A* ad] a *KT* **14** agit] facit *P* facit opera dei *A* **15** alia in *A* speciem quidem *L* **16** pietatis] ueritatis *CWGPA* **16 sq.** apostolos *W* **17** mera] maiore *V* obsequii *PA*[1] **18** scelestibus *W* quo] qui *V* **19** iter *A*[1] qui *om.* *L*[1]*G*[1] **22** spernit] -at *WG*, *om.* *T*[1] nesciens *A* **23** compeditum *ΠPD*

7, 36. Si quis autem turpem se viderit supra virginem suam, si sit ultra pubertatem et sic oportet fieri, quod vult faciat, non peccat, si nubat. propter quod superius virginitatem tenendam et continentiam reddita ratione hortatus est ita, ut paene ad conparationem earum coniugia inutilia et abicienda videantur, nunc ne nuptias negare putaretur, non peccare virginem, si nubat, ostendit, sed rem maximi laboris adgreditur (adgredi) {et} quae apud deum praemium non habet (habeat), sicut non habet poenam. Christianos enim vult per omnia esse meliores. si ergo aliqua in desiderio nuptiarum est, iam matura {ad usum}, melius esse, ut secundum concessam legem publice nubat, quam occulte istud (ista) turpiter agat et erubescatur in illa.

7, 37. Qui autem statuit in corde suo ⌊firmus⌋ non habens necessitatem, potestatem habet de sua voluntate et hoc decrevit in corde suo servare virginem suam, bene facit. hoc dicit, ut qui virginem habet, cui animus ad nuptias non est, servet illam nec illi ingerat fomitem nuptiarum, quam videt nubendi voluntatem non habere. beneficia enim si praestanda sunt, quanto magis minime auferenda!

7, 38. Itaque et qui nuptum dat virginem suam, bene facit. {bene facit, quia licet quod facit.} et qui non

---

1 se turpem *E* viderit] uideri existimat (estimat *E*) *(Vulg.) ΠET*, existimat uidere A^1 super *(Vulg.) NETWG* supra—**2** pubertatem] in uirgine sua si supramatura sit *A* **2** paupertatem *V* sic] ita *(Vulg.) A*, si G^2 **4** propterea quod *A*, quoniam *G* **5** reddit ad rationem *V* est id aut *V* **7 sq.** virginem si nubat *om. WG^{1}D* **8** adgreditur *ΠETC*, -dit *L* **9** et *om. ΠETL* quae] qui *TWCGP*, quia *ΠED*, quiquae A^1 habet *ΠETA* **10** christianus *NEWG^1* **11** natura *E* **11 sq.** ad usum *om. Π* **12** esse] est *EL* **13** istud *ΠELA*, in ista *T* **15** firmus *(Vulg.) ΠEG^{2}P*, stabilis *A* **16 sq.** uoluntatis suae *A* **17** decrevit] statuit *A* suo corde *L* ut seruet *A* **18** uirginitatem *pr.* T^2 *WG* **19** cui] cuius *A*, cum *K* ne *V* **20** uoluptatem *TCWG* **23** nuptui *E*, *add.* non *L* **24** bene *alt.*—facit *tert. om. ΠE*

dat {nuptum}, melius facit. melius facit, quia et apud deum illi meritum conlocat et a saeculi sollicitudine illam liberat.

7, 39. Uxor vincta est lege, quamdiu vivit vir eius. 1. haec idcirco prosequitur, ut doceat quia mulier, etiamsi a viro fuerit eiecta, nubendi licentiam non habet.

Si autem mortuus fuerit vir eius, liberata est. etiam haec ad supra dictas pertinent causas, ut ostendat quam beata sit virgo, cum nulli nisi soli deo subiecta sit. vincere enim videtur naturalem subiectionem, quando quod per naturam humiliatum est erigit.

Cui vult nubat, tantum in domino. 2. id est, quem sibi aptum putaverit, illi nubat, quia invitae nuptiae solent malos proventus habere. tantum autem in domino. hoc est, ut ⌊et⌋ sine suspicione turpitudinis nubat et religionis suae viro nubat; hoc est in domino nubere.

7, 40. Beatior autem erit, si sic permanserit secundum meum consilium. cum dicit nubat, ⌊ex⌋ lege loquitur naturali, quamquam a deo primae nuptiae sint, secundae vero permissae sint. denique primae nuptiae sub benedictione dei celebrantur sublimiter, secundae autem et in praesenti carent gloria. concessae autem sunt propter incontinentiam et quia solent viduatum iuniores incurrere. ac per hoc concedit secundas. sed quia melius est, ut se contineat,

---

1 nuptum *om.* *ΠEA*, -am *L* facit *pr.*] *add.* bene facit quia licet quod facit *E* **2** meritum illi *LD* a *om.* *LWGD* **4** uxor] mulier *(Vulg.)* *ΠETA* vincta] uicta WG^1, alligata *(Vulg.)* *ΠETA* legi *(Vulg.)* EG^2A **4 sq.** vivit—eius] uir eius uiuit *(Vulg.)* *A*, uiuitur eius *K* **5** haec enim *N* quia *om.* *N* **6** a *om.* *CWGP*, a viro *om.* *A* eiecta] subiecta *P*, electa *W* habebit *NKE* **7** si—fuerit] quod si dormitionem acciperit *A* libera *A* **8** hoc *NKETG* pertinet ΠEG^2A^1 ostendas A^1 **11** redigit *A* **13** potauerit *N* qui G^1 in uita *W* nuptii WG^1 **14** prouentos *N* autem *om.* *D* **15** et *Π* et *alt.* —**16** nubat *om.* *V* **18** ex ΠETG^2P **19** quamquam—**24** secundas *om.* *A* **20** vero *om.* *K* sunt WG^1 **21** sublimiter] *add.* de secundis nuptiis *WG* **22** careant *K* gloriam *N* concessa *TWC* sunt autem *L* **23** incurrere iuniores *E* **24** concedat WG^1 se *om.* *G* contineant *T*

ut dignior sit in futuro, consilium dat spiritali ratione praecipuum, ut se contineat.

Puto autem et ego spiritum dei habeo. ut ratum et providum consilium suum ostendat, humilitate verbi hoc commendat alto sensu.

8, 1. De his autem quae idolis immolantur scimus, quia omnes scientiam habemus. 1. nunc scientiam (de scientia) locuturus est, et quae sit scientia, non interim dicit, sed in subiectis ostendit dicens quia nihil est idolum.

Scientia inflat. manifestum est habentem scientiam in eo ipso gloriari, si non foris, quia prudens est, vel apud se. genus enim hoc est scientiae, ut glorietur in sese: ideo inflat.

Caritas vero aedificat. 2. itaque tunc scientia magna est et sibi utilis, si caritate humilietur, ut amplius crescat. temperatur enim a dilectione, ut non satis mera sit et inebriet scientem, ut se extollat. sicut enim vinum non temperatum admixtione aquae mentem alienat, ita et scientia superbum facit, nisi fuerit temperata. omnia enim sola insuavia sunt et nociva, quia nec panis solus bene editur nec reliqui cibi sine admixtione grati sunt, sed nocivi. ideo caritas aedificat. ipsa caritas licet uno vocabulo appelletur, multis tamen consistit; sine patientia enim non potest

9 I Cor. 8, 4

1 digniores *T* sint *T W G*[1] **1 sq.** praecipium *T*[1], praeceptum *A* **2** contineant *T* **3** autem] enim *A*, *add.* quod *ΠE T G*[2] *P D* et *om. N T* habeam *NT* **4 sq.** humilitate—commendat *om. Π* verbi *om. E* haec *PD* **6** autem *om. T* qui *P* immolantur] sacrificantur *(Vulg.) A* **7** habent *G*[1] **7 sq.** nunc scientiam *ΠE* **8** locutus *L W G*[1] *D* **8 sq.** interim non *D* **9** in *om. W G*[1] ostendit *om. A* **12** ipso gloriari] pro gloria *Π* si *om. A* non] *add.* stultus *V* **13** haec *D* gloriemur *A*[1] se *N A* ideo] ita *T* **15** et] ut *K* humiliatur *V*, -litatis *E* ut] et *W G D*, *om. E* **16** temperetur *A* mera] magna *V* **17** inebriat *V T* **18** mente *K* **19** superbum] super *A*[1] temperantia *G*[1] sola] singularia *A* **20** et *om. A*[1] editur] dicitur *G* **21** sed] et *ΠETLWGDA*, *add.* non *KVETPD* nocui *K* **22** aedificat—caritas *alt. om. A* **23** patientia] paenitentia *ΠE*

neque sine humilitate neque sine cordis simplicitate. 3. hi ergo inflati erant per scientiam, quia nihil est idolum, qui contra salutem fratrum inperitorum carnes sacrificatorum edebant scientes licere carnem edere, et quia nihil est idolum, ideo non contaminari edentem. hi scandalo fratribus erant caritatem prae oculis non habentes, quia plus erat carnem contemnere quam fratri scandalum facere. scientia enim illorum destruebat animos inperitorum fratrum, putantium esse illic apud idolum aliquam gratiam, quando peritiores fratres interesse illic et non horrere videbant. ideo ait: caritas aedificat, ut saluti fratrum studentes scientiae illic legibus non uterentur, ne illis scandalum facerent.

8, 2. Sed (quod) si quis existimat se scire, nondum cognovit quemadmodum oporteat scire. eos ipsos qui in scientia gloriantur, ostendit non ita cognovisse, sicut cognoscendum est. dum enim caritatem, quae mater omnium bonorum est, non sectantur, non sciunt sicut oportet. ut ergo scientia fructum habere possit, caritati se debet subicere.

8, 3. Si vero quis diligit deum, hic cognitus est ab eo. hic diligit deum, qui caritatis causa scientiam mitigat, ut prosit fratri, pro quo Christus mortuus est.

8, 4. De cibis igitur quae idolis immolantur

2, 4 I Cor. 8, 4 **22** Rom. 14, 15; I Cor. 8, 11

---

1 hic *E* **2** ergo] enim *A* erunt *NET* quia] qui *A* nihil est *om.* A^{1} **3** qui] quia C^{1}, *om. A* carnis A^{1} sacrificatorum] insacri- *N*, -tores G^{1}, -catas A^{2} **3 sq.** edebant carnes sacrificatorum *E* **4** quia] quod *A* nihil] malum *V* **5** hi *om. ΠET* scandalum *ETWGPDA* **5 sq.** erant fratribus *LD* **6** erat] erant *G* **7** fratris N^{1} **8** illi// *A* **9** idolum] illos *A* **10** peritiores] -ris *N*, -risi *V* et *om. A* **12** illis] illic *N*, illi *WGP* faceret A^{1} **13** sed *ΠET* **13 sq.** existimat–nondum] se existimat cognouisse aliquid nondum *A* **14** scire *om. A* **15** gloriabantur *V* ita non cognouissent *V* **18** debat N^{1} **19** subiecere A^{1} **20** vero (uere *WGD*) quis] quis autem (*Vulg.*) *ΠETA* **21** eo] illo *A* quia *KP* **23** cibis–immolatur] escis autem sacrificiorum *A* quae (qui *P*) idolis immolantur *ΠE*G^{2}*PD* (simulacris immolatorum). nunc causam ipsam pertractat, ut ostendat per rationem scientiam non solum non proficere caritate contempta, sed et obesse.

Scimus ⌊enim⌋ quia nihil est simulacrum et quia nemo deus nisi unus. verum est; apud Christianos enim unus est deus.

8, 5. Licet sint qui dicantur dii et domini sive in caelo sive in terra. a paganis enim et sol et luna et cetera sidera dii caelestes dicuntur; et in terra Apollinem, Scolapium, Herculem, Minervam deos dicunt et dominos.

8, 6. Nobis tamen unus deus pater, ex quo omnia, et nos in illo. 1. omnia enim ex illo quaeque sunt, ubicumque sunt; nos autem cum dicit in illo, discrevit nos a ceteris, quae cum ex illo sint, non tamen sunt in illo, dum adhuc non credunt.

Et unus dominus Iesus, per quem omnia, et nos per ipsum. omnia enim ex patre ⌊quidem⌋, sed per filium creata sunt. 2. sed cum dicit: et nos per ipsum, reformatos nos per ipsum, per quem creati fueramus, significat in dei cognitione, quia facti per ipsum cum ceteris post stuporem mentis et ignorantiae nos per ipsum agnovimus mysterium unius dei. unum ergo deum patrem dixit et unum dominum Iesum filium eius, ut quia deus non potest non esse dominus,

---

1 ipsam *om. N* **3** non *om. ET* contenta *E* et *om. ΠETG²A* **4** simus *A¹* enim *ΠETCP* simulacrum] idolum *(Vulg.) ΠETA, add.* in hoc mundo *A* et] sed *E¹* **5** quia nemo] quod nullus *(Vulg.) ΠETG²* verum est *om. ΠETA* **6** deus est *KVE* **7** licet] nam etsi *(Vulg.) A* dicuntur *A* et domini *om. A* **8** terra] *add.* sicut sunt dii multi et domini multi *A* **9** sydera cetera *TWG*, sidera *om. ΠE* caelestis *ΠE* et *om. TWG* appollini *T¹* **10** sculapium *P*, scolapi *E¹* minerbam *WG* **11** tamen] autem *A* **12** in ipsum *A* sunt et *K* **12 sq.** ubicumque sunt *om. C¹D* **13** nos *pr.*] et nos *ΠETA (recte?)* describit *WG¹* nos *alt. om. E* **14** cum] enim *E* **16** iesus christus *(Vulg.) VA* **17** *et* **18** per ipsum nos *G¹* **17** enim] autem *A* quidem *ΠEG²A* **19** reformatos—ipsum] *post* fueramus *L, om. WG* reformari *A* **20** cognitionem *DA* post] per *CWGP* **23** iesum christum *VA* ut quia] nusquam *A* non *pr. om. A* esse non *L*

similiter et dominus intellegatur esse et deus, unum esse deum et dominum demonstraret modum unius principii conservando.

8, 7. Sed non in omnibus est scientia. id est non omnes norunt credentes mysterium dei unius. ideo quidam putant ex his qui credunt aliquid numinis in simulacris. aliqui autem adhuc conscientia simulacri quasi simulacro immolatum manducant. de plebe enim aliqui cum veneratione adhuc simulacri manducabant de sacrificatis, quasi aliqua esset illic divinitas.

Et conscientia illorum, cum ⌊adhuc⌋ sit infirma, coinquinatur. maculatur conscientia, si infirma est contra (circa) deum ⌊unum⌋.

8, 8. Esca autem nos non commendat deo. verum est quia non ideo deo placebimus, si omnia ederimus, aut offendimus, si aliqua contempserimus. Neque enim si ederimus, abundabimus, neque si non ederimus, deerit nobis. contempta enim sacrificiorum esca non utique deerit quod edatur; si autem sumpta fuerit, non abundabit, {ita} ut nihil requiratur, ac per hoc abicienda, quia neque sine illa non vivitur et scandalum fratribus est.

8, 9. Videte tamen ne forte licentia vestra offensio fiat infirmis. hoc est, ne quia licere vobis edere carnem de sacrificio dicitis, per id quod nihil esse idolum

---

1 similiter et dominus *om. V* et *pr.*] ut *A* esse intellegeretur *A* **2** demonstraret] -auit *A*, -at *V* conseruandas *W*, -um *E* **4** credentes *om. A* mysteria *A* **5** nominis *VP* **5sqq.** aliqui—immolatum] quidam autem in consuetudine idoli usque adhuc idolum *A* **6** conscientia *CWG*[1] quasi] qua *ΠETWG* **10** illorum] eorum *A*, aliorum *E* adhuc *ΠETLG*[2] **11** coninquinatur] -abitur *NKET*, contaminatur *A* maculatus *N*, -tum *K* **12** contra *ΠET* unum *ΠETLA* **13** autem *om. A* non *om. Π* **14** qui *A*[1] **15** contempseremus *A*[1] **16** ederimus] edimus *ΠE*, non manducauerimus *(Vulg.) A* abundabimus] -uimus *C*, deficiemus *(Vulg.) A* **16sq.** non—deerit] manducauerimus habundabimus *A* **17** contenta *WG* **19** ita *om. ΠET* ut] aut *Π* quia] que *A*[1] **21** uedete ergo *A* **22** offendiculum *(Vulg.) A* ne] neque *V*, *om. N* ne quia] ne que *A*, *om. K* **23** esset *V*[1]

scitis, offensionem generetis fratribus, qui nesciunt adhuc quia nihil est idolum.

8, 10. Si enim quis viderit eum, qui habet scientiam, in idolio recumbentem, nonne con scientia eius, cum sit infirma, aedificabitur ad manducandum de simulacris? hoc ideo dixit, quia videns quis fratrem peritum in idolio invitatum recumbentem edere carnes sacrificiorum, putat esse illic aliquid gratiae, et incipiet et ipse edere carnes sacrificiorum, non illa conscientia, qua ille peritiae causa sciens nihil esse idolum, sed esse putat illic numen, quando fratrem peritum videt illic edere nec horrere.

8, 11. Et peribit qui infirmus est in tua scientia frater, pro quo Christus mortuus est. peribit infirmus, si edat contra unius dei fidem de sacrificatis. quod quidem quasi irascentis verba sunt et ostendentis, quid mali possit parere scientia, si non fuerit temperata {a} caritate. in tua scientia. id est tua peritia illum occidit, quando a te fieri videt quod ille aliter intellegit, et tu eris occasio mortis fratri, quem Christus ut redimeret, crucifigi se permisit. ac per hoc aliquando ab scientia dissimulandum docet caritatis causa, quia sine dubio plus est salus fratris quam cibus, quia licet quidem, sed non expedit. hoc erit cognovisse sicut oportet scire.

8, 12. Sic autem peccantes in fratres, percutientes conscientiam illorum infirmam, in Christo

---

1 generetis] -neritis *N*, -nitis *K* **3** nam si *A* eum] te *A* habet] abat A^{1}, habes A^{2} **6** de simulacris] immolata *A* qui $WG^{1}P$ **7** idolium *A* non uitatum WG^{1} **8sq.** putat—sacrificiorum *om.* *Π* **9** incipit *D* **11** numen] nomen *ΠP*, non deum *L* uidelicet D^{1} nec] non *K* **13** quia *NK* in—**14** est *om.* *A* **14** mortuus est christus L^{1} **16** irascentes T^{1} ostendentes T^{1} posset *C* **17** a *om.* $ΠETG^{2}$ **18** occidet *C* **19** videt] debet A^{1} fratris $LWGPD^{1}$ **21** dissimulandum] dei simulandum *N*, ad sim. *A* **22** cibi *K* quia] que *A* **23** sed] se $C^{1}A$, si *K* expediat *A* **25** sic] si $LP^{1}D^{1}$ fratres et *(Vulg.)* *WGP* **26** illorum] ipsorum *A*

peccatis. quando enim caritatis non aemuli sunt, qua Christus nos liberavit, peccant in Christo, non in Christum, quia in Christum peccare negare Christum est, in Christo autem in haec quae sunt Christi. sicut et hic, qui sub lege est, in lege dicitur peccare, ita et hi, qui sub Christo sunt, in Christo peccare dicuntur.

8, 13. Propter quod si esca scandalizat fratrem, non edam carnem in aeternum, ne fratrem scandalizem. in tantum caritati studendum docet, ut licita pro inlicitis habeantur, ne obsint fratri. quantum enim mali est per inlicita non delinquere et per ea quae concessa sunt offendere, ut lex servetur in inlicitis, et in licitis non custodiatur, dum inconsiderate eduntur. lex enim sic permisit quae concessit, ut modus tamen sit, quem custodiant. uxorem certe licet habere; sed si fornicata fuerit, abicienda est. ita et carnem licet edere, sed si idolis oblata fuerit, respuenda est.

9, 1. Non sum apostolus? non sum liber? nonne Iesum dominum nostrum vidi? cum negare videtur, confirmat; iratus enim loquitur. apostolum enim se probat, quia missus est ad gentes dicente domino ad eum: ⌊vade⌋, ego longe ad gentes mittam te. liberum autem se ostendit, quia nullius aliquid concupivit neque in adulatione

---

5 Rom. 2, 12 **20** Act. 22, 21

---

1 peccantis *NK* aemulati *V* qua] quia E^1C **2** peccanti N^1K, peccat T^1 in *pr.*] non in *A* Christum] -o *VA* **3** nagare *P* **4** quae *om. A* **7** esca *om.* WG^1D fratrem meum *(Vulg.) A* **8** edam] manducabo *(Vulg.) A* **8 sq.** scandalizarem *L* **10** licitis $ΠE^1$ ne] non *K* **11** inlicitam *K* relinquere *W* **12** in *pr. om. DA* in licitis et inlicitis *ED* in *pr.*—et *om. N* inlicitis] licitis *WGP* et—licitis *om. KVP* licitis] inlicitis *A* **12 sq.** custodiuit *K* **13** eduntur] edunt *A*, caeduntur *W* enim] autem *A* sic *om. EA* **14** tamen est *NK* quem] quae *A* custodiant] -at *V*, *add.* item de uxoribus *WG* **15** haberi *Π* fuerit fornicata *K* **16** ablata *P* **18** christum iesum *(Vulg.) A* uideretur *ΠA* **19** enim *om. T* **20** quia] qui *A* vade $ΠETG^2A$ **21** ego longe *NVET* gentes] longe *K* **22** ostendit hic *A* nullus *K* neque—**p. 97, 1** docuit *om. V*

docuit. Iesum autem dominum nostrum vidit, dum oraret in templo Hierosolymis.

Nonne opus meum vos estis in domino? ideo opus eius sunt, quia ipse illos plantavit in domino annum et sex menses evangelizans eis verbum dei (domini).

9, 2. Si aliis non sum apostolus, verumtamen vobis sum, quia a Iudaeis credentibus et nihilominus legem observantibus (servantibus) apostolus esse negabatur, iam enim circumcidi non debere docebat neque sabbatum custodiri, ceteris autem apostolis propter scandalum ab hac re dissimulantibus hic aliter videbatur docere. ideo apostolus ab his negabatur; his enim erat apostolus, quia viderant in eo virtutis insignia.

Nam signaculum apostolatus mei vos estis in domino. hoc enim praedicante conversi sunt ab idolis ad fidem dei unius.

9, 3. Mea defensio ad eos, qui me interrogant, haec est. nunc incipit agere causam, quam superius praemisit dicens: omnia mihi licent, sed ego sub nullius redigar potestatem. esca ventri et venter escis. sic ergo incipit causam hanc, ut dicat: mea defensio apud eos, qui me interrogant, haec est, et quae sit ⌊defensio eius⌋ subiecit (subicit) {dicens}:

9, 4. Numquid non habemus potestatem mandu-

1sq. *cf.* Act. 22, 27sqq. **4sq.** *cf.* Act. 18, 11 **19** I Cor. 6, 12sqq.

1 nostrum dominum *T W G* **3** nonne] non *C* **4** illo *P* **5** dei *Π* **6** alii T^1 verumtamen *om. A* **7** uobi *K* sum] cum *N E* quia *om. A* a *om. Π E T W G P D* iudaeis autem *A* nihil hominis *E* **8** observantibus *Π E* **8sq.** iam enim] quia iam *A* **9sq.** custodire *A* **10** ab] de *A* **12** his *alt.*] omnibus *A* uiderunt in eum *A* eo] more *E* **13** insigna *K* P^1, signa *A* **14** uos mei *K* **14sq.** in domino *om. Π E* **16** unius dei P^1 **17** interrogant] iudicant *A* **18** quam] quum *T* **20** potestate *(Vulg.) Π E P* **21** sic—dicat *om. W* G^1 *P D* incipit *om. A* hanc agit A^2 **22** apud] ad *A* interrogant] iudicant *A* haec] hic *Π* **23** et *om. Π E T* defensio eius *Π E T* subiecit *Π E T A* dicens *om. Π E T* candi et bibendi? hoc est quod dixerat: omnia mihi licent.

9, 5. Numquid non habemus potestatem mulieres circumducendi sicut et ceteri apostoli et fratres domini et Cephas? ideo addidit et Cephas, quia cum primus esset inter apostolos, non refutabat sumptus oblatos. Cephas ipse est {Simon} Petrus. mulieres enim desiderio doctrinae dominicae et cupidae virtutum sequebantur apostolos et ministrabant (ministrantes) eis et sumptus et servitia, sicut et salvatorem secutae sunt ministrantes ei de facultatibus suis.

9, 6. Aut solus ego et Barnabas non habemus potestatem hoc operandi? hoc est habemus potestatem operandi, sed nolumus. pro 'accipiendi' tamen operandi ait, ut honestius loqueretur. et ut hoc firmet, exempla subiecit (subicit) dicens:

9, 7. Quis militat suis stipendiis umquam? quis plantat vineam et de fructu eius non edet? quis pascit gregem ovium et de lacte earum non percipit? **8.** numquid secundum hominem {haec} dico (loquor)? id est numquid humanam sententiam sequor? an et lex haec {eadem} dicit? concordare docuit supra

---

1 I Cor. 6, 12 **10** Luc. 8, 3

---

3 aut numquid *A* potestatem] *add.* sororem *A* **3sq.** mulierem T^1*CWGP* **5** chephas *N* addit *CA*, addicit *T* **6** qui W^1P^1 sumptos N^1V^1, subtus *W* **7** oblatus *P* est *om. N* Simon *om. ΠET* **8** desiderium A^1 et] ac *A* uirtutem *A* **9** apostolus G^1 et ministrabant *ΠETL* sumptos N^1V^1 **10** eis *KE*C^1 **12** aut solus] an solum A^1 **13** hoc *pr.*] non *Π* (*cf. comm. ad II Cor. 11, 21*), haec *L* **15** ut et hoc *A* hos *V* exemplo *EA* **16** subiecit *Π*G^2, *A* (*add.* hoc) **17** stipendiis suis *L* quis *alt.*] aut quis *A* **18** plantauit *KEP* aedit *W* **19** ouium *om. NKETA* earum] eius V^1*A*, gregis (*Vulg.*) *NKET* **19sq.** percipit] manducat (*Vulg.*) *NKEA*, edat *V* **20** haec *om. ΠET* dico *ΠETA* **21** sententiam] scientiam *D*, sapientiam *T*, *om.* G^1 sequor] loquor *A* **22** haec *om. L* eadem *om. ΠETA* dicit] loquitur *A*

dicta testimonia documentis divinis, ut ostendat non sine causa utique nolle se ab illis sumptus accipere, quando tot exemplis ostendit et dandum et accipiendum esse.

9, 9. In lege enim scriptum est: non alligabis os bovi trituranti. numquid de bubus cura est deo? interim paucis hoc absolvamus. in Iona enim profeta scriptum est: non parcam civitati, in qua inhabitant plus quam centum viginti milia hominum et pecora multa? et psalmigrafus: homines, inquit, et iumenta salvabis ⌊domine⌋. quomodo ergo deus non curat de bubus et pecoribus? {sed} non curat {de bubus et pecoribus} propter haec ipsa, sed propter nos, quorum causa sunt facta. ideo de nobis curat, non de illis.

9, 10. An (aut) potius, inquit, propter nos dicit? propter nos enim scriptum est. per figuram enim omnia dicta ad nos transeunt. quoniam qui in spe arat et triturat, debet spei suae fructum percipere. verum est quia hac spe laboratur, ut fructus capiantur.

9, 11. Si nos vobis spiritalia seminavimus, magnum est, si {nos} vestra carnalia metamus? non dicit magnum neque par esse, si evangelizantes regnum dei et

---

4 Deut. 25, 4 **7** Ion. 4, 11; *cf.* Quaest. app. 41, p. 423, 25 **9** Ps. 35, 7

---

2 utique] itaque *P* sumptos *N*[1] *V*[1] quanto *N* **4** in—enim] in moysi enim lege *A* alligabis os] -aberos *N*, infrenabis os *A* **6** hoc est *N* obsoluamus *K* enim] autem *L* profeta *om. A* **7** quo *E* habitant *VEWG* **8** quam *om. A* **9** psalmigrafus] psalmographus *K*, -os *N*, spalmigraphus *ET*[1] **9 sq.** et iumenta inquit *L* **10** domine *ΠETG*[2]*A* **11** et pecoribus *om. A* et] aut de *P* sed *om. ΠETL* **11 sq.** de—pecoribus *om. ΠEL* **12** pecoribus non *P* **13** de *pr. om. TWG*[1]*PD* **14** an *(Vulg.) ΠET* an—inquit *om. A* nos utique *(Vulg.) A* **15** enim *pr.*] utique *A* **16** omnia *om. V* quoniam—**17** percipere] quia debet in spe arare qui arat et qui triturat sub spe percipiendi triturat *A* qui *om. V* **17** et triturat] triturans *NK* suum *V* **18** hac] in *A* capiatur *EWGPD* **19 sq.** seminamus non magnum *A* **20** nos *om. ΠE* **21** par esse] preesse *A* euangelizarent *V*[1]

caelesti cibo ecclesiam saginantes alimenta corporis sumerent, ut tradentes aeterna consequerentur temporalia.

9, 12. Si alii potestate vestra utuntur, non (nonne) magis nos? 1. si enim hi qui per evangelium patres vestri non sunt nec eundem affectum habentes (habent) erga vos, facultatem habent accipiendi, quanto magis nos! et subauditur: vestri apostoli, quia et Barnabas apostolus erat.

Sed non sumus usi hac potestate, sed omnia toleramus, ne quod inpedimentum demus evangelio Christi. 2. diu occultatum prodidit sensum; ostendit enim sumptus ideo se nolle, cum liceret accipere, ne vigor evangelicae auctoritatis torpesceret. pseudoapostoli enim peccantibus blandiebantur volentes accipere, ita ut non sibi viderentur peccare illis subiecti. et (sed) quoniam haec res contra evangelicam erat disciplinam, hic non vult accipere, ut libere arguat, ne in illorum numero inveniatur. ut enim regulae Christianae vis maneat, licita inlicita facit (fecit), quia {illi} per licentiam offendebant.

9, 13. Nescitis quoniam qui in sacrariis operantur, de sacrario vivunt? et qui altario deserviunt,

---

2sq. *cf.* Deut. 18, 3

---

1 ecclesia *D*[1], *add.* dei *P* saginentes *WG*[1] **2** consequentur *NKE*, -antur *T* **3** potestate—utuntur] uestri potestatem habent *A* uestram *E* non *ΠE* **5** patris *WG*[1] uestris *W* non *om. V* habentes *ΠET*, *G*[2] (*ex* -te) **6** accipienti *K* **7** et *alt. om. LWGP* **9** hac] ac *KV*[1] hanc potestatem *A* **10** tolleramus *KVP*, sufferimus *A* impedimentum] offendiculum *(Vulg.) A* euangelium *W* **11** occultum *L* enim se *V* **12** sumptos *N*[1] *V*[1] cum liceret *om. V* uigore *N* **15** illi *WG* subiectis *ΠETPDA* et *ΠETA* **16** accipere ut *om. V* **17** ne] nec *K* ut] et *ΠE* enim ut *ΠE* regula *T* **18** vis] ius *CWGP* maneret *WGPD* licita] -as *W*, *om. A*[1] inlicita *om. WG*[1]*PD* facit *ΠET* qui *A*[1] illi *om. ΠEA* **19** licentiam] stientia *K*, centiam *N* offendebat *T*[1] **20** quoniam] quia *A* sacrario *A* **20sq.** operantur] *add.* ea quae *A* **21** vivunt] sunt edunt *(Vulg.) A* et *om. A* altari *(Vulg.) CA* seruiunt *LA* de altario participantur? in sacrariis legem gentilium significat, in altario vero Iudaeorum. sic enim decrevit dominus per Moysen, ut de his quae oblata sunt (erant) partem sumerent sacerdotes.

9, 14. Ita et dominus Iesus ordinavit eis (eos), qui evangelium adnuntiant, de evangelio vivere. non ergo deus per Moysen gentilium formam secutus est, sed ipsa naturalis ratio hoc habet, ut quis inde vivat, ubi laborat. hanc ergo rationem ipsi naturae et conversationi humanae decrevit. haec tamen ad cumulum adhuc addens gravat causam, ut non leve faciat neque otiosum, quod tantis testimoniis conmendat. et non tamen sibi proficere vult, ne libertatem arguendi humiliet.

9, 15. Ego autem nullo horum usus sum. postquam multis modis ostendit licere accipere, sibi tamen non opus esse; obest enim accipere a peccantibus, sicut supra memoravi.

Non autem scripsi haec, ut ita fiat in me. bonum est mihi magis mori. gloriam meam nemo evacuabit. gloriam suam dicit in eo, si evangelii severitas maneat, et mori magis elegit, quam evangelii iura violare, sciens hoc magis sibi proficere ad futuram salutem. debitum

---

5sq. *cf.* Matth. 10, 9sq.

---

1 de *om.* *CWGPD* altari *(Vulg.) LCWGA* participant *(Vulg.) A* in—**2** significat] legem gentium significat in sacrariis *A* **2** altari *CWGP*, -re A^1 **3** oblata sunt *ΠET* **5** et *om. A* Iesus *om. A* ordinavit] disposuit *A* eis *ΠET*, his *A* **6** denuntiant *K* uiuant *PA* **7** non ergo] nonne *NK* gentium *A* **8** ubi] unde *D* **9** ipsi—humanae] ipsa natura et conuersatio humana *A* conuersatione T^1 **11** facit *V* neque] nec *A*, ne T^1 odiosum *WP* **14** autem] his A^1 nullum A^1 **15** accipere uxorem *P* **18** autem] his A^1 haec scripsi *A* in me fiat *ΠE* fiat] fiant G^2A, *om. P* **19sq.** gloriam—evacuabit] quam ut *(om. A)* gloriam meam quis euacuet *(Vulg.)* $ΠETLG^2PA$ **20** si] sicut *EA* severitas] ueritas EG^2D **22** proficere sibi *P*

enim obsequium abnuit ab his sibi inpendi, ne per hoc accipiant fiduciam delinquendi.

9, 16. Nam si evangelizem, non est mihi gloriatio; necessitas enim mihi incumbit. sicut dicit dominus: cum feceritis, quae dico vobis, dicite: servi inutiles sumus; quae debuimus facere, fecimus. vae enim est (erit), inquit, mihi si non evangelizavero (si non praedicavero evangelium). missus enim servus a domino facit etiam invitus, quod sibi praeceptum est; si quo minus, adstringatur plagis necesse est. denique Moyses invitus missus est ad Faraonem et Ionas coactus est praedicare Ninevitis.

9, 17. Nam si volens hoc ago, mercedem habeo. manifestum est quia nemo accipit remunerationem eius rei, quam invitus agit; si enim voluntarius, dignus mercede est, quia consentit domino, et quod voluntate fit, melius fit.

Si autem invitus, dispensatio mihi credita est. nec hoc obscurum est quia, qui indevotus aliquid facit, non voluntate facit, sed necessitate; quia enim potestatis suae non est, facit invitus quod sibi praeceptum est.

9, 18. Quae ergo erit mea merces? ut evangelium adnuntians sine sumptu efficiam evangelium, ut non abutar potestate mea in evangelio. repressa

---

5 Luc. 17, 10 **11** *cf.* Exod. 4, 13 **11 sq.** *cf.* Ion. 1, 2 sq.; Quaest. 109, 7, p. 260, 19 sqq.

---

1 abnuet *C* **3** nam si] si enim *A* euangelizauero *(Vulg.) ΠEP* **3 sq.** gloria *(Vulg.) ΠEA* **4** enim *om. LA* **4 sq.** dominus dicit *G* **5** perfeceritis *A* **6** debemus *A* facere non *A* **7** est *ΠET* est enim mihi inquit *E* inquit *om. A* mihi erit *A* **7 sq.** si non evangelizavero *ΠEA* **8** missus sum *ΠET* **9** facit enim *E* etiam] *add.* seruus *ΠET* **10** abstringitur *E* **13** nam et *NKG* **14** nemo] nimio *N*, animo *V* accepit *N*[1]*V* **15** agit] ait *A*[1] uoluntarius est *WG* est *om. D* **19 sq.** sed—facit *om. T* potestatis] uoluntatis *L* **21** ergo—mea] igitur est mihi *A* merces mea *ΠE* mercis *WG*[1] **22** adnuntians] praedicans *(Vulg.) ΠE*, euangelizans *A* **23** potestatem meam *P*

verborum iactantia gloriatur et vult intellegi, quanta dignus mercede est (sit), quia potestate sua non utitur in evangelio, dum respuit oblatos sumptus, ne vim praedicationis humiliet. hoc est licere, sed non expedire propter salutem fratrum, ut corrigantur. forma ergo vult esse ceteris, ut ubi vident non expedire, etiam licitis non utantur; si quo minus, de licito fient rei, quod sic sumunt, ut ad detrimentum proficiat.

9, 19. Nam cum liber sim ex omnibus, omnium me servum feci, ut plures lucrifaciam. liber ex omnibus est, cum nulli in adulatione tradidit evangelium neque cuiusquam praeter salutem aliquid concupivit neque ad delicias habendas ab aliquo sumptus largiores mercedem (mercede) hypocrisis accepit. servum autem sic se omnium factum dicit, dum se per humilitatem similem omnium mente inbecillium exhibuit, ut eos per patientiam firmaret ad salutem futuram confovens animos illorum, qui aut peccabant aut res divinas tardius sequebantur, ut non aspere ferrent reprehendi se.

9, 20. Et factus sum Iudaeis tamquam Iudaeus, ut Iudaeos lucrifacerem. non quasi videtur simulasse, ut omnibus fieret omnia, quod solent adulatores facere? sed non ita est. vir enim divinus et medicus spiritalis, sciens omnium causas et vulnera, magna industria confovet illos et conpatitur. cum omnibus enim hominibus quaedam habemus communia. factus est ergo Iudaeis quasi Iudaeus, quia propter scandalum illorum circumcidit Timotheum et purifi-

---

25 sq. *cf.* Act. 16, 3 **26 sq.** *cf.* Act. 21, 26

---

2 est *ΠEA* qui potestatem suam *A* **3** oblatus *W* sumptos *NV* **5** esse uult *A* **6** delicto *ΠETA* **7** fiant *A* sic *om.* WG^1 proficiant *ΠETP* **8** sim liber *Π* sim] similiter *E* ex] ab *A* **9** plures] omnes *A* lucrifacerem *(Vulg.) ΠETA* **11** propter CWG^1PD ad *om.* *V* **12** sumptos *V* mercedem *ΠETLGDA* **13** accepit hypocrisis TWG^1 **14** similem] semper *LP* mentem *K* **15** patientia *N* **16** animus *NV* **18** reprehendisse *ΠP* **19** tamquam] quasi *A* **20** iudaeis WG^1 lucrarer *(Vulg.) A* quasi *om.* *L* **21** fierit NV^1 sed] et *N*

catus ascendit templum, ne occasionem per eum acciperent blasfemandi. rem ergo fecit, quae iam cessare deberet, sed fecit secundum legem. nam et consensit illis legem esse a deo et profetas et exinde illis ostendit Christum hunc esse, qui promissus est, ut adsensus eius haberet effectum.

9, 21. His qui sub lege sunt, quasi sub lege essem — cum ipse non sim sub lege —, ut eos qui sub lege sunt lucrifacerem. 1. hi qui sub lege sunt, Samaritani noscuntur; legem enim solam accipiunt, id est quinque libros Moysi. sunt tamen (autem) ex origine Persarum et Assyriorum, quos rex Assyriorum sublatis filiis Istrahel in captivitatem posuit ad incolenda loca Samariae. ideo et ignem colunt more Persarum. his ergo apostolus, dum non negabat legem esse a deo, fiebat quasi sub lege. sed ex ea illis miti verbo Christum intellegendum tradebat, sicut et Samaritana illa, quae dixit ad dominum: scio quia Messias venit docta per legem.

His qui sine lege sunt, quasi sine lege essem, cum sine lege non essem dei, sed in lege essem Christi. 2. hoc dicit, quicumque (quia cum) in lege Christi est, in lege dei est, quia quod Christi est, dei est, et quod dei est, Christi est, sicut dicit: omnia mea tua sunt et tua mea.

8sq. *cf.* Origenes (Cramer, Cat. 5, 178, 2); Quaest. 48 app., p. 444, 2 **10–13** *cf.* IV Reg. 17, 24 **16** Ioh. 4, 25 **22** Ioh. 17, 10

---

2 ergo] enim *ET* debuerat *A* **3** consentit *A* illi *N* **4** propheta *NK* exinde] de *WGPD*, inde *T* hunc] iesum *A* esse hunc *TWG* **6** sub *pr. om. L* quasi–**8** sunt *pr. om. N* **7** non–lege] sub lege non essem *A* **8** sunt *pr.*] erant *(Vulg.) A* lucrifacere *K* his *KETWG* **9** cognoscuntur *NK*, -entur *V*[1] **10** libri *N* tamen *ΠE* **12** posuit] possunt *T* et ideo *ΠEP* **13** non *om. TWG*[1] **14** negabant *WGP* esse *om. ΠE* legem *WG*[1] **15** mitti *ΠEPD*, mittit *A*[1], mitti in mare uel miti *L* uerbum *A* intellegendum] *add.* christum *A* et *om. ΠE* **18** tamquam *A* legem esse *T* **20** quicumque *ΠET*, qui cum *PA*, quia cumque *D* in lege *om. N* **21** quia–est *tert. om. NK* est *quart. om. NK* **22** tua *pr. om. T*

Ut eos qui sine lege sunt lucrifacerem. 3. dum enim adsentit illis, id est gentibus (gentilibus), iuxta fysicam rationem mundum factum a deo et quae in eo sunt et animam esse inmortalem et ab ipso nos originem habere — ita enim in Actis apostolorum ait: et sicut quidam ex vobis dixerunt: ipsius enim et genus sumus —, sic fiebat quasi sine lege, per quod subintroducebat illis Christum ipsum esse, quem deus ad iudicandum mundum praeelegit, et ipsum esse, per quem omnia fecit.

9, 22. Factus sum infirmis infirmus, ut infirmos lucrifaciam (lucrifacerem). infirmus factus est, dum propter fratres infirmos a licitis abstinet, ne illis scandalum generet.

Omnibus factus sum omnia, ut omnes salvos facerem. hoc fuit vere prudentis et spiritalis, ut omnibus omnia factus propositum tamen religionis non excederet; quia ubi cessit, ad hoc cessit, ut proficeret, nec aliud fecit, quam lex mandavit.

9, 23. Omnia autem facio propter evangelium, ut particeps eius efficiar. hoc est omnia supra dicta facio, ut voluntatis evangelicae particeps fiam, quam habet circa salutem humanam.

9, 24. Nescitis quoniam qui in stadio currunt, omnes quidem currunt, unus autem accipit pal-

---

5 Act. 17, 28

---

1 sine] sub *ΠL* sunt] erant *(Vulg.) A* **2** gentibus *ΠETWGA* **4** origine *N* **4sq.** ait *ante* in *ΠEA* **5** actibus *KPA* **7** christo *K* esse] est *K* **8** mundum *om. A* mundum—**9** fecit *om. V* praelegit *NKC* **10** factus—infirmus] fui infirmis tamquam infirmus *A* infirmis quasi *E* **11** lucrifaciam *ΠE*, lucrarer *A* **12** fratres *om. A* **14** sum *om. L* **14sq.** facerem saluos *P* **15** faciam *T* vere] uire *D*, uiri *L* prudens *WGD*, -dentes A^{1} **16** exciderit *WP*, -ret G^{1} **17** proficeret et *ΠETWGPD* facit *V* **20** participes *K*, socius *A* efficiantur *K* **23** quoniam] quia *A*, quod *(Vulg.) Π*, quo E^{1}, *om. T* **24** sed unus *(Vulg.) A* accepit *NTW*G^{1}

mam? nunc aliud vult exponere. itaque hoc exemplo ostendit, quanta sit utilitas legis nostrae, in qua non uni, sed omnibus promissa est palma.

Sic currite, ut conprehendatis. sollicite vult curri ad promissionem, quia magna est.

9, 25. Omnis autem, qui in agone contendit, ab omnibus abstinet. ab his omnibus, quae vitanda eadem tradidit (tradit) disciplina, cum sciant unum coronandum. quanto magis observandum nobis est, quia omnibus promissa est salus!

Et illi quidem, ut corruptibilem coronam accipiant, nos autem incorruptibilem. et in hoc multum dispar donum est, ac per hoc diligentiores nos esse debere, quibus non terrenis et marcescentibus floribus, sed aeternis conserta gemmis in modum regalis diadematis spiritalis corona servatur.

9, 26. Ego igitur sic curro, non quasi in incertum. magna spe currere se profitetur certum habens quid sit promissum.

Sic pugno, non quasi aerem caedens. hoc est non verbis magis, sed rebus contendo.

9, 27. Sed castigo corpus meum et servituti subicio. castigare corpus est ieiuniis illum agere et illa ei dare, quae ad vitam proficiant, non ad luxum. servituti vero subicitur, dum non suam perficit, sed spiritus voluntatem.

Ne forte aliis praedicans ipse reprobus in-

---

1 nunc autem *T W G* ita quod *L* ostendere *A* **2** sit *om. A* quam *K* **6** autem] enim *A* **7** abstinet] se abstinet *(Vulg.) N K L* G^{2} *P*, continens est *A* euitanda *A* **8** tradidit *Π E T L A* disciplinam *P* **9** nobis *om. K* **12** incorruptam *(Vulg.) Π E P* **13** multo *A* est donum *A* non est *V* **15** deadem *A* **16** seruabitur *K* **17** sic] si *K P* **18** magne *N* currire *N*, curre *P* se currere *D*, se *om. C W G* A^{1} quod *P* **20** sic] si *K* caedens] uerberans *(Vulg.) L P* **21** magis] tantum *A* **22** castigo] libidum facio *A* **23** ieiuniis est D^{1} illum] illud *E L* illa] illo *P* **25** perfecit *N K* **26** aliis praedicans] cum aliis praedicauerim *(Vulg.) A* **26 sq.** inveniar] efficiar *(Vulg.) V*

veniar. ideo se refrenare corpus suum ostendit, ut remuneratione, quam aliis praedicat, etiam ipse dignus habeatur, ne aliis curatis ipse remaneret in vulnere. ratam ergo spem praedicationis suae adfirmat, quando gestis id se prosequi quod docet ostendit, quia qui aliter agit quam praedicat suspectos facit audientes {ut de promissis dubitent}. suo itaque exemplo non magis verbis quam operibus exercendum hortatur.

10, 1. Nolo enim vos ignorare, fratres, quia patres nostri omnes sub nube fuerunt et omnes per mare transierunt **2.** et omnes in Moysen baptizati sunt in nube et in mari. Iudaeorum exemplo, qui neglegentia sua offenderunt, sollicitos nos vult esse. ideoque sub nube dicit illos fuisse, quia omnia quae gesta sunt in figura nostri facta sunt, ut veritatis nostrae illi habuerint imaginem. contecti enim nube et ab adversariis suis tuti praestiti, dum a morte liberati sunt, baptizati dicuntur. illis enim, id est Aegyptiis, in mari mortuis, dum hi duce Moyse feliciter transeunt, erepti sunt morte, quod praestat baptismum. non enim {illis} praeterita mala inputata sunt, sed per mare et per nubem purificati praeparati sunt ad accipiendam legem et formam futuri sacramenti nostri.

10, 3. Et omnes eandem escam spiritalem

---

10 *cf.* Exod. 13, 21; Num. 9, 21 **10 sq.** *cf.* Exod. 14, 22 **14** I Cor. 10, 6

---

1 sq. remunerationem *ΠG* **2** et alii T^{1} **3** uulneratam *V* **4** suae praedicationis *ΠE* gestis] gentibus *Π* **5** agit] facit *E* **6** suspectus *N* V^{1} ut—dubitent *om. Π* **7** non uerbis tantum *A* exercendos *G*, exercet (-ent *P*) dum *PA* **9** uos fratres ignorare *E* quia] quod *A* **10** per *om. LP* **11** Moysen *N* V^{1}*A*, -i *K*, -e *(Vulg.) cett.* **12** sunt et *V* **13** esse] est *K* ideo *NK* **14** dixit *D* qui *D* omnia *om. ΠET* **14 sq.** in figura] cura *A* **15** nostra *V* ut] et *VA* **17** tuti] toti *K*, uti *W* **18** mare *VA* dum autem A^{1} hi *om. D* **18 sq.** duce—feliciter] ducemus effeliciter (feli- *V*) *NV* **19** transeunte *A* morti *KVA* praestabat *D* **20** illis *om. ΠE*, illic *A*

ederunt. **4.** et omnes eundem potum spiritalem biberunt; bibebant enim de sequenti spiritali petra. petra autem erat Christus. manna et aqua, quae fluxit de petra, haec dicit spiritalia, quia non mundi lege parata sunt, sed dei virtute sine elementorum conmixtione ad tempus creata habentia in se figuram futuri mysterii, quod nunc nos sumimus in conmemorationem Christi domini. ideo et ‚panis angelorum' dictus est, quia virtute qua angeli subsistunt creatus est hoc significans, quia de caelis venturus erat, qui spiritaliter pasceret. unde et manna primum dominico die venit de caelo ad saturitatem populi; sequens autem (tamen) petra dicta est, quae intellegitur esse Christus. ubi enim defiebat (deficiebat) humanum eis suffragium, aderat Christus. ideoque (ideo) sequebatur, ut ubi defecisset, ille subveniret. nec enim petra aquam dedit, sed Christus.

10, 5. Sed non in pluribus eorum bene sensit deus. ideo hoc dixit, quoniam (quia) acceptum beneficium non intellexerunt.

Prostrati enim sunt in deserto. dignum est, ut qui magna consecutus in parvis diffidens est, non solum haec non adipiscatur, verum etiam amittat et illa. quoniam ergo superius hortatus est ad meliora se etiam id laborare (elaborare), ut ad promissionem dignus occurrat, nunc ut istud

---

3sq. *cf.* Exod. 16, 15; 17, 6 **7** *cf.* I Cor. 11, 25; Ps. 77, 25 **13sq.** *cf.* Exod. 16, 15 **19** *cf.* Num. 26, 65

---

1 ederunt] manducauerunt *(Vulg.) ΠETPA* **2** enim] autem *(Vulg.)* *V*¹*EL* spiritali sequenti *A* **3** autem] uero *A* mannam *C* aquam *WG*¹*P* **4** quia non] non enim *A* **5** lege *om.*, paratas *P* **6** habentur *C*, habent *WG* **7** sumus *Π* commemoratione *NKEDA* **8** qui *A*¹ **9** qui *TWG* caelo *P* **11** autem *ΠETP* **12** intellegetur *A* **13** defiebat *Π* **14** ideoque *ΠETG*² **16** non *om. NK* **16sq.** eorum — deus] illorum bene placitum fuit deo *A* **17** deus *om. N* quoniam *ΠETA*, qui *W* **18** non omnes *A* **19** protracti *A*¹ **20** quia *WG* consecutus] -um *K*, consequitur *A*, *add.* est *ΠETL*, *add.* et *A* est *om. ΠE* **21** adipiscitur *G*¹, dispiciatur *A*¹ **22** idem laborare *A* laborare *ΠET* **23** dignos *A*¹, -is *K* ut] et *W*¹

exempli terrore constringat ac suadeat, Iudaeos tunc simili modo dicit donum dei et gratiam sortitos sicut et nos. et quia indiligentes et dubitantes de dei promissione fuerunt, prostratos esse in deserto, ut ideo semetipsum adfligere se ostenderet, ne in illorum numero inveniretur. proinde elaborandum, ut sui imitatores existerent.

10, 6. Haec autem in figura nostri facta sunt, ut non simus desiderantes mala, sicut et illi desideraverunt. hic sensus est et ratio (et ratio est), quam supra memoravi.

10, 7. Neque simulacris servientes sicut quidam illorum. nunc hos tangit, qui in idolio recumbentes putabant non esse peccatum.

Sicut scriptum est: sedit populus manducare et bibere et surrexerunt ludere, ante idolum utique, ut non se crederent inmunes a crimine, qui in idolio epulabantur. nam Moysi in monte posito apud deum simulacro vituli facto post oblationem dedicationis causa sedit populus manducare et bibere et surrexerunt ludere. haec luxoria est, qua semper oblectati in dei rebus infideles inventi sunt. ideoque instruit, ne in hanc diffidentiam per adsensum luxoriae idolii incidamus.

14sq. Exod. 32, 6

---

1 ac suadeat *om. V* iudaeus *N* **2** sicut et nos *om. A* **3** qui *T* indiligentes] indig- *Π*, inde neglegentes *A* promissione] prouisione *N V E W P D* fuerunt] futurum *D* **4** prostratus *K* eos esse *E T* ut] et *A* se *om.* $N W G^1 A$ **5** ostendit *A* in *om.* $E A^1$ numerum A^1 **5sq.** et laborandum *V*, laborandum *E T* **6** existeret *V* **7** figuram E^1 **8** sumus $W G^1$ desiderantes mala] concupiscentes malorum *(Vulg.) Π E T*, concupiscamus mala *A* **8sq.** concupierunt *(Vulg.)* $Π E T^2 A$ **9** his *W G* est et (ut *Π*) ratio *Π E T P D A*, est *om. C W G L* **11** simulacra *K* simulacris servientes] idola colamus *A* **12** illorum] ex illis *A* ydolo *V* **14** sicut—p. **111, 17** perierunt *om. V* sicut *om. N K E* **15** idolo *N* **17** Moysi *N K C A*, -e *cett.* **20** quas *N K E T A* oblectat *N K E T P A* rebus semper *E* fideles *K* **21** destruxit *A* hac *C W G* diffidentia *W G* **22** idoli $W G^1 P A$, -ii *N K T E D* incedamus *N K E*

10, 8. Neque fornicemur, sicut quidam illorum fornicati sunt, et ceciderunt una die viginti tria milia hominum. hoc illis retributum est, quando cum Madianitis mulieribus se conmacularunt. ira enim dei extitit contra illos, quae aemulatione Finees sacerdotis habentis zelum dei sopita est, ne plures morerentur.

10, 9. Neque temptemus Christum, sicut quidam temptaverunt, et a serpentibus perierunt. detrahentes de deo Christum temptasse dicuntur, quia Christus erat, qui ad Moysen loquebatur. denique ne nos in eadem causa inveniamur, conmonet, ne diabolo tradamur, cuius serpentes habent figuram.

10, 10. Neque murmuraveritis, sicut quidam ex ipsis murmuraverunt. 1. murmurare est falso ad invicem de praepositis et rectoribus queri, quantum ad mentem loci pertinet, quia solet murmur fieri et iusta ex causa.

Et perierunt ab exterminatore. hoc est in locum Iudae concesserunt anticipantes illum, quia tradens Christum exterminatus est de numero apostolorum a iudice deo. 2. per haec exempla ad correctiorem nos vitam provocat, ut monitis eius aut praemium, si oboedientes fuerimus, aut propensiorem poenam mereamur inoboedientes. non est enim ambiguum illos peccantes plus subiciendos tormentis, quibus peccantium poenae ad hoc relatae sunt, ne peccarent.

2sq. *cf.* Num. 25, 9 **8** *cf.* Num. 21, 6 **13sq.** *cf.* Num. 14, 2; 11, 1 **17** *cf.* Num. 14, 36sq. **19** *cf.* Act. 1, 25

---

1 fornicemus *C* A^1 **3** hominum *om. A* est *om. NK* **4** mulieribus se conmacularunt] m. secum macularunt *W* G^1, mulier ebuisse cum macularunt *A* domini *NK* **5** habentes *NK* A^1 **6** morirentur *P* **7sq.** quidam eorum *(Vulg.) WGPD* **9** de deo] deum *A* **10** ad] *add.* christus *K* **13sq.** neque—murmuraverunt *om. C* neque] ne *A* **14** ex ipsis] ex illis *A*, eorum *(Vulg.) NKEL* murmurari *CWG* **15** et] uel *A* quantum] tantum *N* **15sq.** mentis locum *A* **18** qui *A* **20** hac *N* correctiorem] correpť- *T*, correptionem *W* G^1, correctionis *A* uitae *K* **21** eius] ei *WG* **22** enim est *TWG*, est *om. L* **23** peccantis *K* **24** relati *P*

10, 11. Haec omnia autem in figura contingebant illis; scripta sunt autem ad correptionem nostram, in quos fines saeculorum devenerunt. fines saeculorum nos sumus, quia tunc haec ideo facta noscuntur circa retributionem illorum, ut nobis essent exemplo, qui postremo saeculo futuri eramus in fide Christi. pro utilitate enim nostra gesta sunt, ut si terrore horum in dei timore manserimus, gloriam illis promissam accipiamus; si quo minus, geminabitur nobis poena illorum, quia maior notitia legis plus facit reum.

10, 12. Propterea et qui se putat stare, videat ne cadat. hoc ad eos loquitur, qui praesumentes de scientia, qua licitum est omnia edere, infirmis fratribus scandalo erant, et putantes se aliquid profecisse doctrina pseudoapostolorum deterioraverant, et iudicabant apostolum, cum ipsi essent rei. superbiam ergo amputat, ne per hanc temptentur, sicut Iudaei temptati sunt et perierunt.

10, 13. Temptatio vos non adprehendat nisi humana. 1. ac per hoc detrahentes apostolo dominum temptare videntur, quia et tunc, cum Moysi detraherent et dubitarent de eo, deum temptasse dicuntur. omne enim quod probatum non habetur, temptatur. ideo ut haec temptatio

---

18 *cf.* Quaest. 99, 1, p. 190, 1sqq. **21** *cf.* Num. 14, 22 **21sq.** *cf.* Quaest. 99, 1, p. 190, 11

---

1 autem omnia *(Vulg.) NKEPA* **2** correctionem *LD*, commonitionem *A* **2sq.** nostram correptionem *P* **3** deuerunt *NT* **4** quia tunc] quae tamen *A* haec *om. E* facti *P* **5** haec circa *E* essent] sint *NKET* exemplar *A* **6** saeculi *C* futuri saeculi *TWG*^{1} **6sq.** utilitatem . . . nostram *N* **7** horum] eorum *ETA* **7sq.** manserimus timore *A* **8sq.** sic hominus *W* **9** poenam *C*^{1} **11** propterea et] et *om. NKETL*, itaque qui *(Vulg.) A* putat se *P* **12** cadet *W*^{1} praesentes *L* **13** quia *NDA* infirmorum fratrum scandalum *A* scandalum *ET* **14** putant esse aliquid (al. esse *L*) *TLWGP* proficere *L* **15** deteriorauerunt *TA* **16** amputant *WG* ne *om. NK* sicut et *A* **18** adprehendit *NV* **19** apostolum *KPA* deum *V* **20** et *pr. om. VA* Moysi] -e *A* **20sq.** detrahent . . . dubitant *A* **22** ideoque *A*

convellatur, admonet cum terrore, ut autem humana illos temptatio (temptatio illos) adprehendat, hortatur. humana enim temptatio est propter spem dei diffidere de homine, quia vana spes in homine, ut in necessitate aut pressura non desperet de deo humanum auxilium requirendo sicut et Iudaei, qui dubitantes de deo idolorum adminiculum exorabant. hoc est hominum (humanum) auxilium, quia dii paganorum terra sunt et culturam illorum humanus error invenit. propter Christum ergo pati humana temptatio est, per quam proficitur apud deum.

Fidelis autem deus, qui non patietur vos temptari super quam potestis; sed faciet cum temptatione etiam proventum, ut possitis tolerare. 2. ideo fidelem dicit deum, qui non patietur vos temptari super id quod potestis, quia daturum se promisit deus diligentibus se regna caelestia; et det necesse est, quia fidelis est. propterea ergo tribulantibus pro se aderit nec patietur tantum inrogari, quod tolerari non possit, sed faciet, ut aut cito cesset temptatio, aut si prolixa fuerit, det tolerandi virtutem; alioquin non dabit quod promisit, si vincitur (quia vincetur) qui patitur. homo est enim infirmitati subiectus, et non erit qui accipiat. 3. sed quia fidelis est deus qui promisit, subvenit, ut impleat quod promisit. denique breviatos

1 sq. *cf.* Quaest. 99, 1, p. 190, 8 **6** *cf.* Exod. 32, 1 **23 sq.** *cf.* Matth. 24, 22

1 convellatur] non uellantur *N* terrore] temptare *V* **1 sq.** illos temptatio *ΠEA* illos non *P* temptatio enim *L* **4** quia—homine *om. A* vana] una *E* homine est *V* necessitas autem *K* **5** disperet *ΠTWGA* **6** idolam *A* adminicula *LD* **7** hominum *ΠET* qui *N* **8** illorum] idolorum *L, add.* terra sunt *K* **11** deus est *P* patiatur *C* **12** quam] id quod *LA*, qua *T* faciat *K* **13** positis *T* tolerare] sustinere *(Vulg.) PA*, sustinere tolerare *E* **17** propterea ergo *om. A* tribulantibus] *om. Π*, -tis *D* adherit *WG*[1] **18** inrogare *EA* quod] quantum *T* tollerare *NKWGP* **19** tolerandi det *ΠET* **20** alioqui *NK* si *ΠET* vincitur *ΠETWGPDA* **21** quia *V* enim *om. ΠETA* infirmitatis subiectos *N* **23** brebiatos *C*, -uiatur *A*

dies dicit dominus, ut salventur electi et possint consequi regnum dei. quomodo tamen a deo adiuvatur, si tantum permittitur (permittatur) temptari quantum potest? adiuvatur plane, dum non plus permittitur ei imponi quam scitur ferre posse, ut quarto die pati non permittatur, quod scitur ultra non posse quam triduo tolerare.

10, 14. Quapropter, carissimi, fugite ab idolorum cultura. hortatur etiam nunc, ut abstineant se ab omni societate idolatriae, ut non solum pes, sed et animus inde tollatur, ne per hoc nascatur in deum temptatio. nemo enim adsiduus in idolio nihil sperat de eo. hinc enim sperare dubitare de deo est, sicut {et} Saul relicto deo, qui ei fuerat delicti causa iratus, ad idolatriam se contulit aliquid sperans de ea. cui quidem et in praesenti obfuit et in futurum gehennam ultricem providit.

10, 15. Quasi prudentes vos iudicate quod dico. exempla subicit, ut facilius suadeat, quia cui verba satis non faciunt, solet exemplis suaderi (solent exempla suadere).

10, 16. Calicem benedictionis quem benediximus nonne communicatio sanguinis domini est? panem quem frangimus nonne communicatio cor-

---

12sqq. *cf.* I Reg. 28, 7sqq.

---

1 dominus *om.* *WGPD* et] ut *LA* possent $WG^{1}DA^{1}$ **2** quomodo—**6** tolerare *om.* *A* **2** deo *om.* *K* adiuuantur *Π* **2sq.** permittitur *ΠETWGP* **3** temptari quantum *om.* *C* quantum] -tur *W*, *add.* non *V* potest—**4** quam *om.* $CWG^{1}PD$ potest sustinere *V* adiuuantur *N* **5** quod *C*, qui *cett.* **7** propterea quod *(Vulg.)* *ΠETA* carissimi mihi *(Vulg.)* *A* **8** cultura] seruitute *A* ab *om.* *D* **9** ut] et *NKET* sola *A* pes *C*, spes *LWGPDA*, non sperare *ΠET* et *om.* *K* **10** inde] in deo *CWGD* **11** speret *LCA* **12** et *om.* *ΠET* ei] et *NKA* **13** delicta *N* **14** quidam WG^{1} **15** prouidetur A^{1} **16** quasi—dico] sicut prudentibus dico iudicate nos *A* quod] que *L* **17** suadeat ut *C* **18** exemplis *T* solet exemplis suaderi *ΠEA* **19** calix *(Vulg.)* *CWGP* **19sq.** benediximus *CP*, -cimur *K*, -cimus *(Vulg.)* *cett.* **20** communicatione *E* est sanguis christi *A* est domini *P* **21** panis *D* quem *om.* *K*

poris domini est? **17.** quia unus panis, unum corpus multi sumus; omnes enim de uno pane et de uno calice participamus. quoniam unum sumus, alter alterius membra, unum nos sentire debere dicit, ut fides una unum habeat sensum et opus.

10, 18. Videte Istrahel secundum carnem. hoc est discite homines videntes deum, quemadmodum se habeant carnalia, id est idolatria.

Nonne qui edunt hostias, participes sunt altaris? sicut enim nos de uno pane et de uno calice percipientes {participes et} consortes sumus corporis domini, ita et qui edunt hostias participes sunt altaris erroris.

10, 19. Quid ergo dico, quia simulacro immolatum aliquid sit (est)? non quia idolum sit (simulacrum est) aliquid? **20.** sed quae sacrificant, daemoniis immolant ⌊et non deo⌋. simulacrum vere nihil est, quia imago videtur rei mortuae. sed sub tegmine simulacrorum diabolus colitur.

Nolo vos participes fieri daemoniorum. ostendit illis non hoc esse tantum quod videtur in idolio, sed esse occultum iniquitatis mysterium, quod ut unius dei fidem corrumperet, satanas adinvenit. unde et Iohannes apostolus in epistola sua dicit: ad hoc venit filius dei, ut solveret opera diaboli.

---

3 *cf.* Rom. 12, 5 **23** I Ioh. 3, 8

---

1 est domini *P*, christi est *A* **3** participamur *ETWGPD* unum *om. A* **4** membri *E* dicit *om. ΠA*[1] **5** habeat et *A* **7** habebant *A* **8** idolatriae *P* **9** edunt hostias] manducant sacrificia socii *A* **10 sq.** participantes *A* **11** participes et *om. ΠET* sumus et consortes *L* **13** quia] quod *K* quia—**14** est *om. A* simulacro] idolis *(Vulg.) ΠET* **14** sit *pr. ΠET* quia] quod *A* idolum sit *ΠETA* **15** sacrificant] immolant gentes *(Vulg.) ΠETA* **16** immolant] sacrificant *A* et non deo *ΠETA* uero *A* **17** quia] quod *A*, quam *N* mortui *WG* **19** autem uos *ΠETA* fieri socios *A* **20** sed *om. ΠE* **21** ut] ad *A*, *om. NVE*[1] dei] *om. ΠE*, *add.* quisque *EA* **22** corrumpere *VA* apostolus *om. D*

Non potestis calicem domini bibere et calicem daemoniorum; **10, 21.** non potestis mensae domini communicare et mensae daemoniorum. sicut et dominus ait: non potestis deo servire et mammonae, quia cum calicem daemoniorum bibit, calici domini insultat, et cum mensae daemoniorum communicat, mensae domini, id est altario domini (altari), obstrepit et domini corpus crucifigit. idciro enim Christus crucifixus est, ut dissolveret (quia dissolvit) opera diaboli. qui ergo facit opera diaboli, Christo repugnat.

10, 22. Aut aemulamur dominum? numquid fortiores illo sumus? vix fit ut humilis zeletur potentem; scit enim non sibi competere, in quo illi potest invideri; sed aut aequali invidetur aut prope aequali. ideo apostolus non posse dixit homines aemulari dominum Iesum, praeterea qui (propterea quia) illum sciunt dominum {si quo minus, non videbitur eis dignus esse vocari dominus, quem zelantur ne dominus sit}. zelo enim satanas idolatriam invenit, ut homines negando deum dominum idolis serviant quasi diis et dominis.

Omnia licent, sed non omnia expediunt. omnia dicit licere secundum legem naturae; omnia enim munda sunt. de escis enim agebatur et carne idolis immolata. nam

---

4 Matth. 6, 24

---

2 non potestis *om.* *PA* mensaeque *A* **3** participare A^1 mensa $W G^1$ et *alt. om.* *T* **4** deo – mammonae] duobus dominis seruire *(Vulg.)* *ΠET* **5** cum] qui *NVEP*, *om.* *K* bibet *ΠE* calicem $E G^2 P D$, et calicem *V* **6** communicat] participat *A* mensae *alt.* – **7** est *om.* *ΠET* **7** altario domini *ΠET* domini *alt. om.* *LA* **8** enim *om.* *ΠET* crucifixus *om.* *A* ut dissolveret (solu- *K*) *ΠEL* **9** qui – diaboli *om.* *V* **11** aut] ut *A*, an *(Vulg.)* *ΠETP* aemulemur $K E^1 A$ domino *A* **12** illorum *V* **13** in] si *A* **14** inuidere *P* aequali *alt.*] -ibus *L* **16** praeterea *ΠL* qui *ΠLCWGP* **17 sq.** si – sit *om.* *Π* uidetur *L* **18** quam *G* zelant *E* **19** dominum deum *TWG* **20** dei sed domini *V* **22** licere et *ΠET* **23** omnibus idolis immolatis *A* immolatam *K*, -um *N* nam *om.* *ΠEP*

quae prohibita et interdicta sunt, quomodo dici possunt licere, cum hic etiam ipsa quae concessa sunt, significet aliquando non expedire? {sicut dicit Petrus apostolus: si haec est causa viri cum uxore, non expedit nubere.}

10, 23. Omnia licent, sed non omnia aedificant. idem sensus est, quia licet omnia edere, sed quod idolis immolatur non aedificat, quia scandalum facit fratri, sicut supra dictum est. ideoque a licitis aliquando temperandum est, ut prosit. hinc est unde sumptus ab his, cum ei liceret, noluit accipere sciens non expedire. ⌊hoc et de omni re sentiendum est, sicut dicit Petrus apostolus: si haec est causa viri cum muliere, non expedit nubere.⌋

10, 24. Nemo quod suum est quaerat, sed quod alterius. verum est quod, dum unusquisque in idolio recumbit, voluntati suae satisfacit, et fratri conscientia infirmo scandalum ponit; quapropter festinandum est pro caritate domini nostri Iesu Christi, ut et magis quae sunt saluti proximi necessaria prohibeamus quam nostrae voluntati, sicut idem apostolus, vas electionis et medicus spiritalis, ait: non quaerens quod mihi utile est sed quod multis.

10, 25. Omne quod in macello venit edite, nihil interrogantes propter conscientiam; **26.** domini est enim terra et plenitudo eius. ut omnia munda ostenderet, exemplo psalmi vigesimi tertii hoc roboravit, quia non potest inmundum esse quod domini est. et quoniam superius de escis ⌊sic⌋ ait: omnia licent, statim subsecutus

3, 11 Matth. 19, 10 **19** I Cor. 10, 33 **22** Ps. 23, 1

1 quae] quia A^1 dicit *V* **1 sq.** licere possunt *N V* **2** hic *om. ΠE* **3 sq.** sicut—nubere *post* **10** expedire *add. ΠE T L* haec] ita *(Vulg.) A*, haec ita *ΠE T* **6** quia] quod *A* omnia licet *P* quod] quo *P* **8 sq.** ideoque—est *pr. om. T* **9** ab his *om. E* eis *P* ei liceret] eiceret *Π* **10** noluit ab his *E* **13** nemo—**20** multis *A*, *om. cett.* **18** prohibemus A^1 **21** manducate *(Vulg.) A* nil *N V* **22** interrogantes] -ate *P*, discernentes *A* domini—**p. 117, 2** conscientiam *om. D* **24** psalmi—tertii *om. V* quia] quod *A* **26** sic *ΠE T* subiectus *K*

est: omne quod in macello venit edite, nihil interrogantes propter conscientiam. hoc autem ideo subiecit, ut libera sit conscientia. licet enim aliquid pollutum sit per accidentiam, id est oblationem idoli, cum hoc tamen nescit qui emit, nullum patitur scrupulum et apud deum inmunis est.

10, 27. Si quis vocat vos ex infidelibus ad caenam et itis, omne quod adpositum vobis fuerit edite nihil disquirentes. hoc est simpliciter manducate {quod adponitur} non interrogantes unde sit.

10, 28. Si quis autem (si vero aliquis) dixerit: hoc immolatitium est, nolite manducare propter conscientiam. **29.** conscientiam autem dico non tuam, sed alterius. 1. hoc perfectis loquitur, qui possunt contemnentes idolatriam, quia nihil est, manducare de sacrificio, certi quia quicquid (quod) sub dei creatoris nomine editur, non potest polluere. sed quia alius, qui idolis servit, gloriabitur te edente de sacrificatis, quasi venereris idola, ideo non debet edi. apud conscientiam enim ille laetabitur suam, quia videt te libenter adpetere quod idolis immolatum est.

Ut quid enim libertas mea iudicatur ab infideli conscientia? 2. hoc dicit quia, cum ab idoli devotione conscientia sit libera, quid opus est, ut putetur quia venerationis causa edat idolis immolata? iudicatur enim non distare

---

1 macellum PA^1 manducate *(Vulg.)* *ΠE* **1 sq.** discernentes *A* **2 sq.** hoc – conscientia *om.* *PA* **4** tamen] tantum *A* **7** quis autem *A* **8** itis] uultis ire *(Vulg.)* *ΠET*, ire uolueritis *A*, editis *P* adponitur ante uos *A* vobis *om.* *K* **9** edite] manducate *A* disquaerentes WG^1, discernentes propter conscientiam *A* **10** quod adponitur *om.* *ΠE* **11** quis autem *(Vulg.)* *ΠETA*, *add.* uobis *A* **12** immolatum *(Vulg.)* *A* est] et *N* noli *P* **13** conscientiam *alt.* *om.* *N* loquor *A* non dico *L* **15, 16** quia] que *A* **15 sq.** sacrificiis V^1P **16** certe *ΠETP* quicquid *ΠET* **17** edit *K* **18** gloriatur *ΠET* veneris ND^1A^1, -raris *P*, -retis *V* **19** enim *om.* *P* suam ille *NVE* suam laetabitur *KP* **20** qui *A* **24** cause *NV* immolatam *N*

ab eo qui colit idola, quando non horret quod oblatum est simulacro.

10, 30. Si ego gratiae particeps sum, quid blasfemor pro quo ego gratias ago? id est, si ego gratiae dei communico, quia in ipsius nomine edo, quid opus est hoc arbitrari aliquem, quia ego idolo devotus sim (sum), dum non horreo quae oblata sunt idolo, hoc est blasfemor? et me ergo blasfemat et ille in idolo suo gaudet; dum me putat participem, habet occasionem permanendi in errore et fratribus malum datur exemplum. nam si praeceptum in lege est, ut luci et arae et tituli et ipsa idola confringantur, vide si non peccatum est non solum haec non facere, sed et interesse epulis huiusmodi. propterea de sacrificatis non expedit edere.

10, 31. Sive igitur editis sive bibitis sive aliquid facitis, omnia in gloria dei. per haec subiecta declaravit in idolio edere, quavis licet conscientia, inimicum esse deo; ad obprobrium enim unius dei haec diabolo dicantur. nam in gloria dei edere et bibere et aliquid facere hoc est, ut sub invocatione creatoris cum modestia convivium celebretur. in gloria autem dei aliquid fit, cum in actibus et conversatione Christiani deus laudatur ⌊vel cum filiorum procreatio a deo speratur⌋.

---

10 sq. *cf.* Deut. 7, 5

---

1 qui] quo *W* G^1 adhorret *V* **3** ergo *N* K^1 *L G* cum gratia participo (percipio *A*) *Π E A (Vulg.)* participo *T* **3 sq.** blasphemur *W* **4** eo quod *Π E T D* id est *om. A* si ergo *T A* **5** quid] quod *W* **6** quia] quod *A* sim *Π E A* non *om. A* **8** idolio *C W G P D* putet *W G* **9** et habet *Π E T P D A* habet occasionem *om. C W G* errorem *Π* **10** exemplum datur *T W G* **11** luti et aere *K* confringatur *P* uides *N*, unde *K* **12** est *om.* G^1 *P A* non *alt. om. A* et *om. Π E T P* interesse — **13** propterea *om. A* huius mundi *W G* **14** ergo manducatis *(Vulg.) Π E T A* ergo *L* sive *tert. om. W* G^1 **14 sq.** facitis aliquid *A*, aliud (aliquid *N*) quid f. *Π E T* D^2 **15** gloriam *Π W G P D* dei facite *(Vulg.) K A* **16** non edere *A* quamuis *Π W G P D A* apud conscientiam *A* **17** esse] sit *A* deo tamen (*om.* enim) *A* haec — **18** dei *om. A* dedicantur *Π E A* **20** autem] enim *L* facit *N K E T* et *om. W P* **21 sq.** vel — speratur *Π E P*, *D* (*om.* a deo)

10, 32. Sine offensione estote Iudaeis et Graecis et ecclesiae dei. sic temperandam conversationem docet, ut nullus in ea scandalum patiatur. offensio ergo Iudaeis fit, cum idola, quae illi abominantur, Christianum, qui se dicit legem et profetas accipere, vident non horrere; Graecis vero, id est gentilibus, haec est offensio, si in eo in quo sunt non solum non arguantur, sed et promptiores fiant, dum non vitantur vota idolorum illorum; ecclesiae autem dei fit offendiculum, quando quosdam ex numero suo videt his, quae inimica deo sunt, adhaerere.

10, 33. Sicut ⌊et⌋ ego omnibus per omnia placeo, non quaerens quod mihi utile est, sed quod multis, ut salvi fiant. omnibus per omnia placere est sine scandalo cuiusquam agere ad profectum utilitatis illorum, ut et illis et huic sit utile.

11, 1. Imitatores mei estote sicut et ego Christi. humanum est, quod dicit, ut imitatores eius simus, qui a deo nobis magister indultus est. si enim hic dei imitator est, quare non nos hominis? quia sicut deus pater misit Christum magistrum et auctorem vitae, ita et Christus misit apostolos nobis magistros, ut eorum imitatores essemus, quia eius esse non possumus. ita enim ait dominus ad patrem: sicut me misisti in hunc mundum, ita et ego misi eos in hunc mundum. et quia digni et imitatores eius

---

20 *cf.* Act. 3, 15 **23** Ioh. 17, 18

---

1 estote et *A* **2** temperandum *V E* G^1, -da in *C* conuersationem nostram *L* **3** nulla *C* **6** gentibus *G* **7** arguuntur *C W G D* fiunt *D A* **8** uitant *N*, uideantur A^1 **9** uident *Π W G P D* quosdam uideat ex *A* **10** dei *A* sunt deo *L* **11** et *(Vulg.)* *Π E T L* G^2 *P* ego in *G* **12** est *om. A* quod *alt. om. C W G L* **14** scandalum *N* eorum *E* **15** illi *N* **18** quia dicit *K* **18sq.** imitatorem quare *N* **19** quod *A* **21** simus *N* quia—**22** possumus *om. V* **22** esse *om. L* **23** sicut et *C* **24** hunc mundum] mundo A^1 et *alt. om. Π E G P*

fuerant futuri (erant) subiecit (subicit): et pro eis sanctifico me ipsum.

11, 2. Laudo autem vos, fratres, quod omnia mea memoria retinetis, et quomodo ubique trado, traditiones meas tenetis. postquam mores et conversationem illorum arguit, nunc traditiones vult corrigere. ideo non hoc confirmat, sed succenset eis, quia, cum esset apostolus eorum, inmemores erant traditionum eius neque quod adhuc non didicerant ex aliarum ecclesiarum traditione sequebantur. ac per hoc quasi noviter tradit illis dicens:

11, 3. Volo vos scire, quia omnis viri caput Christus est. ad auctoritatem retulit, quia ⌊omnis⌋ homo a deo quidem, sed per Christum.

Caput autem mulieris vir. quia quamvis et mulier per Christum, de viro tamen facta est ac per hoc subicitur viro.

Caput autem Christi deus. dignum est, ut filii caput pater dicatur quasi genitor eius. aliter tamen caput viri Christus est et aliter vir mulieris et aliter deus caput Christi est; deus autem ideo caput Christi est, quia de eo vel ab ipso genitus est; mulieris vero idcirco caput vir est, quia ex eius costa dei virtute formata est; Christus autem

---

1 Ioh. 17, 19 **22** *cf.* Gen. 2, 21sq.

---

1 fuerant futuri *ΠETL* subiecit *ΠECA* **1sq.** sanctificabo *WGP* **3** uos autem *P* fratres *om. A* per omnia *(Vulg.) ΠET*G^2 **4** mea *CWG*, mei *(Vulg.) cett.* memoria retinetis] memores estis *(Vulg.) ΠET* sicut tradidi uobis *A* trado *om. W*G^1 **6** traditionem *ΠET*, -is *W*G^1 **7** succenset] susc- *W*G^1*A*, suggessit *ETL*G^2, successit *NKP*, *add.* inproperat *WG* qui A^1 **7sq.** apostolos *W*G^1 **8** traditionem *V* quod] cum *K* **9** dicerant *K* ex] sed *A* aliorum *WGPD* traditionem G^1*A*, -um *W*, -es *N*, *add.* eius G^1 **10** tradidit *ΠETA* **11** uolo autem . . . quod *(Vulg.) A* **12** est christus *TWG* est] *add.* caput autem mulieris uir *A* omnis *ΠETLP* **14sq.** caput—per *alt.*] mulier autem quamuis per christum tamen dicit de uiro facta *A* quia] quod *P* et *om. K* **15** tamen quia *CW*G^1 est—hoc *om. A* **17** autem] uero *(Vulg.) A* est *om. D* **21** caput *om. CWGP* uiri *K*

ideo caput viri est, quia per ipsum, cum non esset, creatus est. una ergo dictio diversam habet intelligentiam, quia et personae discrepant et substantiae.

11, 4. Omnis vir orans aut profetans velato capite deturpat caput suum. orare dicit deprecari, profetare autem adventum fore domini voce symboli post orationem effari.

11, 5. Omnis autem mulier orans aut profetans non velato capite confundit caput suum; unum est enim atque id ipsum, ut decalvata. **6.** si autem non velatur mulier, tondeatur; si autem turpe est mulieri tonderi aut decalvari, velet caput. **7.** vir enim non debet velare caput, cum sit imago et gloria dei. 1. quamvis una substantia sit {et} vir et mulier, tamen, quia vir caput mulieris est (est mulieris), anteponendus traditur, ut per causam et rationem maior sit, non per substantiam. inferior ergo mulier viro est; portio enim eius est, quia origo mulieris vir est; ex eo enim est ac per hoc obnoxia videtur mulier viro, ut imperio eius subiecta sit. honorificentiam et dignitatem viri obstare dicit, ne velet caput; imago enim dei incongruum est ut celetur; abscondi enim non debet, dei enim gloria videtur in viro.

Mulier autem gloria viri est. 2. multum distat inter gloriam dei et gloriam viri; vir enim ad imaginem dei

---

24sq. *cf.* Quaest. 21, p. 47, 25sqq.; 43, 3, p. 82, 24sq.

---

1 creatus] formatus *L* **2** dicto *A* diuersa *N* **4sq.** omnis—suum *om. A* **5** deprecare *V* **6** uocem *E* **8** *ante* omnis *add.* omnis uir orans aut prophetans uelato capite dehonestat caput *A* aut] uel *A* **10** est *om. K* atque] et *A*, ac si *T* ut] ac si sit *A* decaluetur *(Vulg.) TWGPD* autem] enim *A* **11** mulier et . . . quod si *A* **12** mulier *W* tondere *KA* caput suum *(Vulg.) TW²A* **13** enim] autem *A* caput suum *(Vulg.) V* **13sq.** dei sit . . . gloria, *add.* mulier autem gloria uiri est *A* **14** et *om. ΠETDA* **15** vir *om. E* mulieris est *ΠA* **15sq.** anteponendum *V* **16** rationem] traditionem *ΠEL* **18** hoc *om. NV* **20** uiro *A* **21** non congruum *L* celetur] ueletur *LPD* **23** autem] enim *A*

factus est, non mulier. haec est autem imago dei in viro, quia unus deus unum fecit hominem, ut sicut ab uno deo sunt omnia, ita essent et ab uno homine omnes homines, ut unius dei invisibilis unus homo visibilis imaginem haberet in terris, ut unus deus in uno homine videretur auctoritatem unius principii conservare ad confusionem diaboli, qui sibi neglecto uno deo dominium et deitatem voluit usurpare. quod profeta Ezechiel significat et apostolus idem; ait enim: ita ut in templo dei sedeat ostendens se quasi sit deus.

11, 8. Non est vir ex muliere, sed mulier ex viro; **9.** etenim non est creatus vir propter mulierem, sed mulier propter virum. **10.** propterea debet mulier potestatem habere super (supra) caput propter angelos. potestatem velamen significavit; angelos episcopos dicit, sicut docetur in Apocalypsi Iohannis. et quia utique homines sunt, quod non corriperent plebem arguuntur, et quod rectum in illis est laudatur. mulier ergo idcirco debet velare caput, quia non est imago dei, sed ut ostendatur subiecta. et quia praevaricatio per illam inchoata est, hoc signum debet habere, ut in ecclesia propter reverentiam sacerdotalem (episcopalem) non habeat caput liberum, sed velamine tectum, nec habeat potestatem

2sq. *cf.* Quaest. 2, 3, p. 18, 22sq. **5sq.** *cf. ibid.* 21, p. 48, 3 **8** *cf.* Ezech. 28, 6 **8sqq.** II Thess. 2, 4 **16** *cf.* Apoc. 2, 1sqq.

1 est *alt. om.* *ΠED* autem est *A* uiro est *V* **3** ab *om. P* **4** unus deus (-i *D*) *WGD* habere *N* **5** deus *om.* *ΠET* homine uno *TWG*, unum hominem *A* **7** dominio *A*, -num *PD*, -nicum G^1 et] ut *V* uoluit et seruare L^1 **8** hiezechiel *ΠP* item *A*, id est *N* enim] idem *L*, *om. A* **13** propterea] propter hoc *A* **14** mulier debet *CPD*, mulier potestatem (uelamen *T*) habere debet *TWG* **14sq.** super caput habere *P* super *ΠEWG* **15sq.** significat *A*, *add.* apostolus G^1 **16** docet *E*, dicitur *PA* **17** et] sed *A* sunt et *A* corriperint *ΠET* **18** quod autem *A* laudi datur *N* **19sq.** quia—subiecta *om. A* **20** ut *om. WG* et *om. A* **21** signum *CP*, -o KV^1, -i *cett.* ut *om. D* **22** sacerdotalem *ΠET*

loquendi, quia sacerdos (episcopus) personam habet Christi. quasi ergo ante iudicem sic ante sacerdotem (episcopum), quia vicarius domini est, propter reatus originem subiecta debet videri.

11, 11. Verumtamen neque mulier sine viro neque vir sine muliere in domino. ideo in domino, quia deus ex uno fecit ambos et unum. una enim caro et unum corpus sunt in domino, hoc est secundum dominum, qui creavit. denique qui non credunt mulierem de viro sumptam, hi sine domino vel non secundum deum credunt hominum originem.

11, 12. Nam sicut mulier de viro est, ita et vir per mulierem. hoc firmavit quod dixi, quia ambo unum sunt in natura, quia origo mulieris vir est, sicut legitur in Genesi factus (factum) a domino creatore.

Omnia autem ex deo. postquam gradatim exposuit singula, ut omnia deo subiceret unum servans principium, ait: omnia autem ex deo, ut neque mulier subiectionis suae causa contristaretur neque vir quasi exaltatus superbiret.

11, 13. Vos ipsi iudicate: decet mulierem non velatam orare deum? hinc est unde superius illis per ironiam succenset dicens: laudo quia omnia mea memoria retinetis, et quomodo ubique trado, tradi-

14sq. *cf.* Gen. 2, 22 **23** I Cor. 11, 2

1sq. sacerdos . . . sacerdotem *ΠET* **3** qui *A* domini] christi *V* **5** neque—viro *om. V* **6** nec *Π* **7** dominus *A* et unum *om. ETG²A* una enim] et una *ET*, *add.* est *K* et *om. WG* **8** deum *D* **9** muliere *K* **9sq.** sumpta *K* **12** sicut enim *A* de] ex *T* est *om. CWG¹PDA* (*Vulg.*) ita] sic *A* **13** dixit *VEG²A* qui *NV* **14** legimus *V* **14sq.** in genesi loquitur *A* **15** factus *ΠP* creaturae *WG¹* **17** subicerit *ΠT*, -ent *A* **19** quasi] quia si *WG¹* exaltatur *N* **21** uos ipse *L*, apud uosmetipsos *A* **22** uelato capite *A* **23** succenset] illis s. *L*, -it *EP*, suscenset (-it *NKT*) *NKTCWGA*, suscendit *V¹* laudo uos *ET* quia per *ETG²* **23sq.** memoria (-am *ET*) mea *TWG¹* mei *G²A* **24sq.** et—tenetis *om. A* trado *om. V*

tiones meas tenetis. cum enim haec esset traditionis ratio, ut velatae mulieres essent in ecclesia, illi contra revelatas eas in ecclesia patiebantur. ideoque non iam auctoritate traditionis, quam neglexerant, sed per ipsam naturam suadere illis nititur veritatem dicens:

11, 14. Nec ipsa natura docet vos, quia vir quidem, si comam habuerit, ignominia est illi? hoc secundum legem locutus est; prohibet enim virum esse comatum.

11, 15. Mulier autem si comam habuerit, gloria est illi, quoniam coma pro velamine data est. naturaliter hoc honestum et propemodum decretum vult esse, ut velata mulier satisfaciat et gratias agat deo. coma ergo indicium velaminis est, ut naturae et voluntas addatur. {denique nulla mulier revelata adit potestatem.}

11, 16. Si quis autem videtur contentiosus esse, nos talem consuetudinem non habemus neque ecclesia dei. post rationem redditam, ut contentiosos vincat, auctoritatem interponit, quia neque Iudaismus hoc habuit, unde dicit: neque nos neque ecclesia dei, ut neque Moyses neque salvator sic tradiderit.

11, 17. Hoc autem praecipio non laudans, quod non in melius, sed in peius convenitis. quomodo particulatim conversationem eorum per correptionem emen-

---

8sq. *cf.* Lev. 19, 27

---

2 e contra *A* **3sq.** auctoritatem *V W G P D* **4** quas *K* per *om. P D* **6** nec *om. L* quod *(Vulg.) A* **7** quidam *W G* coma *N* habuerit] nutriat *(Vulg.) Π E T P A* ignominia—illi *om. C W G* **8** esse uirum *Π* **10** comam] omnia *K* habeat *A*, nutriat V^1E **11** quoniam] que *A* coma—est] capilli pro uelamine ei dati sunt *(Vulg.) Π E T* **12** discretum *A* **14** iudicio *A* et *L C*, *om. cett.* **15** denique—potestatem *om. Π E* **17** neque in *L* **17sq.** ecclesiae $N K W G^1$ **18** contentiosos (-ios *V*) *Π E* **19** iudaeorum mos *A* **20** ecclesiae *N* dei *om. P* ut *om. A* **22** principio *N*, pronuntio *A* **23** in *pr. om. A* peius] deterius *L* **24** illorum *L* correctionem *L A*, conuersationem *D* **24sq.** emendat *om. A*

dat, ita et traditiones eorum, non laudans utique, sed vituperans eos.

11, 18. Primum enim. primum dicendo genus peccati ostendit, unde orti sunt errores quos reprehendit. ubi enim dissensio est, nihil rectum est.

Convenientibus vobis in ecclesia audio dissensiones esse et partim credo. **19.** oportet enim et haereses esse, ut et qui probati sunt, manifesti fiant inter vos. sciendo nonnullos mente corruptos versutia diaboli dicit: oportet haereses esse. non utique voluit nec optavit; sed quia sciit futurum, dixit sicut et dominus: oportet, inquit, venire scandala. et: oportet filium hominis pati, praescius quia Iudas proditor erat futurus. ut probati autem cum dicit, manifesti fiant inter vos, illos significat, qui in traditione accepta durantes exemplum probationis erant evangelicae disciplinae ad condemnationem ceterorum. hi sunt, quos in capite epistolae significat, eo quod dicerent: nos vero Christi, cum alii dicerent: ego Pauli, ego Apollo.

11, 20. Convenientibus vobis igitur in unum iam non est dominicam caenam manducare. **21.** unusquisque enim vestrum propriam caenam praesumit in manducando; et alius quidem esurit,

---

12 Matth. 18, 7 **12sq.** Luc. 9, 22 **19** I Cor. 1, 12

---

1 illorum *L* **3** enim] quidem *(Vulg.) ΠETA* primum *alt.* — **4** unde *om. A* **4** ostendens *V* *ante* ubi *add.* unde orti sunt *V* **5** dissessio *N*, -censio *WGP*, -sentio *D* est *pr.*] eius WG^1 est *alt.*] *add.* primum dicemus id genus peccati ostendit unde rectum nihil est *A* **6sq.** discensiones *WGP*, scismata *A*, scissuras *(Vulg.) ΠE* **7** ex parte *(Vulg.) ΠETA*, *add.* aliqua *A* **8** esse — sunt] in uobis esse ut probati *A* et hi *T* manifestati *A* **9** in uobis *T* sciendum TWG^1 **10** diabulo *K* oportet et *A* **11** que *A* scit *TCWGPA*, sciret *V*, sint *L* **12** oportet *alt. om. A* **13** quod *A* **15** in uobis *(Vulg.) ΠET* quia *C* **16** probationis] traditionis *A* **18** nos vero] ego quidem sum *A* **18sq.** cum — dicerent *om. A* **20** igitur *om.* KW^1A **21** est] *om. C*, es *P* **22** enim *om. ΠE* vestrum *om. TA* suam caenam propriam *P*, suam c. *(Vulg.) A* **23** ad manducandum VT^1P

alius ebrius est. **22.** numquid domos non habetis ad edendum et bibendum? aut ecclesiam dei contemnitis, et confunditis non habentes? 1. hos notat, qui sic in ecclesia (ecclesiam) conveniebant, ut munera sua offerentes advenientibus presbyteris — quia adhuc rectores ecclesiis non omnibus locis fuerant constituti — totum sibi qui obtulerat vindicaret scismatis causa. 2. dissensiones enim inter eos pseudoapostoli seminaverant, ita ut oblationes suas zelarentur, cum una atque eadem prece omnium oblationes benedicerentur, ut hi qui, ut adsolet fieri, non obtulerant aut unde offerrent non habebant, pudore correpti confunderentur non sumentes partem. et tam cito illud agebant, ut supervenientes non invenirent quod ederent. 3. ideoque si sic, inquit, convenitis, ut unusquisque suum sumat, domi haec agenda, non in ecclesia, ubi unitatis et mysterii causa convenitur, non dissensionis et ventris. munus enim oblatum totius populi fit, quia in uno pane omnes significantur. per id quod enim unum sumus de uno pane omnes nos sumere oportet.

Quid dicam vobis? laudo vos? in hoc non laudo. apertum est deprehenso et correpto errore, ut de cetero corrigant et sciant hoc verum, quod dudum in primordiis ipsis didicerant. forma illis, quae a salvatore in re huiusmodi data est, iterat dicens:

11, 23. Ego enim accepi a domino, quod et

---

1 alius autem *(Vulg.) ΠΕΤΡΑ* domus *K* **2** manducandum *(Vulg.) ΠΕΤΑ* **2 sq.** contemnitis] confunditis *K* **3** confundetis *N* non habentes] eos qui non habent *(Vulg.) T* **4** ecclesia *ΠΕΑ* **6** non in *E* G^2 *A* erant *P* **7** scismaticis *P* enim] eorum *E* **8** seminauerunt *TGPD A* **9** atque] ut *G* **10** ut *om. K* adsolent *N* **11** offerent *WG*, offerre *A* **11 sq.** confundentur *NE*, uerecundarentur *A* **13** quid *L* dederent *N* ideo *N* **14** conuenieritis *W* G^1 unusque *G* suum *om. C W* G^1 *PD* **15** et *om. K* mysteria W^1 *P* **16** conuenit *K*, conuertitur *P* dissensiones *K* **17** fit] sit *LPD* **18** enim *om. A* **21** est de *C*, e. etenim *A* correcto *A* -rupto *WGP* **22** corrigant se *A* verum] uerbum *K*, *add.* esse *A* dum G^1 *P* **23** ipsi *KWGP* qua *A* ad saluatore (-em *P*) *NP* in re *om. A* **25** quod] quo *N* et] etiam *A*

tradidi vobis, quoniam dominus Iesus in qua nocte tradebatur, accepit panem **24.** et gratias agens fregit et dixit: hoc est corpus meum, quod pro vobis frangitur; hoc facite in mei conmemorationem. **25.** simili modo et calicem, postquam caenatum est, dicens: hoc poculum novum testamentum est in meo sanguine; hoc facite, quotiescumque bibitis, in mei conmemorationem. ostendit illis mysterium eucharistiae inter caenandum celebratum non caenam esse; medicina enim spiritalis est, quae cum reverentia degustata purificat sibi devotum. memoria enim redemptionis nostrae est, ut redemptoris memores maiora ab eo consequi mereamur.

11, 26. Mortem domini adnuntiantes, donec veniat. 1. quia enim morte domini liberati sumus, huius rei memores in edendo et potando carnem et sanguinem, quae pro nobis oblata sunt, significamus novum testamentum in his consecuti, quod est nova lex, quae oboedientem sibi tradit caelestibus regnis. nam et Moyses accepto sanguine vituli in patera aspersit filios Istrahel dicens: hoc est testamentum, quod disposuit deus ad vos. 2. hoc figura fuit testamenti, quod dominus novum appellavit per profetam, ut illud vetus sit, quod Moyses tradidit. testamentum ergo

---

20 Exod. 24, 8 **22** *cf.* Ier. 31, 31

---

1 quia . . . iesus christus *A* **2 sq.** gratias—dixit] benedixit et fregit dicens *A* **4** frangitur] est *A*, tradetur *(Vulg.) T* meam *(Vulg.) V T* **5** similiter *(Vulg.) T A* **6** hoc poculum] hoc *om. ΠE*, populum *N*, hic est calix *T*, hic calix *(Vulg.) A* noui testamenti *A* **7** sanguinem *W* **8** bibetis *G* meam *V* commemoratione, *add.* quotienscumque manducabitis panem hunc et calicem bibetis mortem domini adnuntiabitis donec ueniat *A* **10** caenam esse] caenasse *A* quae] quia *A* **13** praemium consequamur *A* mereamus *K*, *add.* quotiescumque enim editis panem hunc et bibitis calicem mortem domini annuntiabitis *T* **16** putando *W G*[1] **17** pro *om. ΠE* significans et quod sumus *A* **18** oboediendum *P* tradidit *E* **22** per profetam *om. A* prophetas *K* **23** quod] ut *W G*[1] ergo in *A*

sanguine constitutum est, quia beneficii divini sanguis testis est. in cuius typo (typum) nos calicem mysticum ad tuitionem corporis et animae nostrae percipimus, quia sanguis domini sanguinem nostrum redemit, id est totum hominem salvum fecit. caro enim salvatoris pro salute corporis, sanguis vero pro anima nostra effusus est, sicut prius praefiguratum fuerat a Moyse. 3. sic enim ait: caro, inquit, pro corpore vestro offertur, sanguis vero pro anima, ideoque non manducandum sanguinem. si igitur apud veteres imago fuit veritatis, quae nunc apparuit et manifestata est in salvatoris adventu, quomodo haereticis contrarium videtur vetus novo, cum ipsa sibi invicem testimonio sint?

11, 27. Itaque quicumque ederit panem hunc aut biberit calicem domini indigne {domino}, reus erit corporis et sanguinis domini. indignum dicit esse domino, qui aliter mysterium celebrat quam ab eo traditum est. non enim potest devotus esse qui aliter praesumit quam datum est ab auctore. ideo praemonet, ut secundum ordinem traditum devota mens sit accedentis ad eucharistiam domini, quoniam futurum est iudicium, ut quemadmodum accedit unusquisque, reddat causas in die domini Iesu Christi, quia sine disciplina traditionis et conversationis qui accedunt, rei sunt corporis et sanguinis domini. quid est autem reos esse, nisi poenas dare mortis domini? occisus est enim pro his, qui beneficium eius in inritum ducunt.

7 *cf.* Lev. 17, 11

1 quia] quod *A* beneficiis *P* sanguinis C^1 *P A* **2** typo *Π E T* mysticum] *om. A*, *add.* sanguinis *L* **3** corporis et sanguinis (*add.* domini *P*) *C W G P D* percepimus *N* qui *A* domini *om. A* **4** hominum *E* **5** facit *A* **6** animae nostrae *A* sic *A* **7** a Moyse] moysi *A* sicut *P* pro — **8** offertur] enim saluatoris pro salute corporis *P* vestro *om. A* **8** offeretur *Π* ideoque non] ideo quod *A* **11** aduentum *C* ac nouum *A* **12** ipso inuicem *P* testimonia *N A* **13 sq.** manducauerit panem et (aut *T*) *T A* **14** domino *om. Π E T* G^2 *P A* reis *W* **15** domini *om. A* **16** celebrant *V* qua *K* **19** accedentes *C* **20** domini nostri *V A* **22** disciplinae *P* **23** quid] quod *T W* G^1 **24** dare sortis *A* **25** eius in *om. A*

11, 28. Probet autem se homo et sic de pane edat et de poculo bibat. **29.** qui enim manducat et bibit indigne, iudicium sibi {ipsi} manducat et bibit non discernens corpus domini. devoto animo et cum timore accedendum ad communionem docet, ut sciat mens reverentiam se debere ei, ad cuius corpus sumendum accedit. hoc enim apud se debet iudicare, quia dominus est, cuius in mysterio sanguinem potat, qui testis est beneficii dei. quem nos si cum disciplina accipiamus, non erimus indigni corpore et sanguine domini; gratias enim videbimur reddere redemptori.

11, 30. Ideo multi in vobis invalidi et aegroti et dormiunt multi. ut verum probaret, quia examen futurum est accipientium corpus domini, iam hic imaginem iudicii ostendit in eos, qui inconsiderate corpus domini (domini corpus) acceperant, dum febribus et infirmitatibus corripiebantur {et multi moriebantur}, ut in his ceteri discerent et paucorum exemplo ceteri territi emendarentur non inultum scientes corpus domini neglegenter accipere et eum, quem hic poena distulerit, gravius tractari fore, quia contempsit exemplum.

11, 31. Quodsi nosmetipsos iudicaremus (disceremus), non utique iudicaremur. **32.** dum iu-

1 seipse *A* **2** edat] manducet *A* calice *(Vulg.) ΠETA* **3** indigne *om.* C^1 *WG* ipsi *om. ΠETPA (Vulg.)* **5** communicationem *A*, -monitionem *W*G^1 **6** se dare *A* se debere ei] ipsius *P* **8** putat *W*G^1 **9** quem eum A^1 **10** corporis et sanguinis *P* sanguini *K* domini] christi *A* gratia *NWPA*, -iae *K* uidebimus *ND*, -itur *W*G^1 **11** reddere *om. CW* G^1*A* **12** ideo—aegroti] propterea inter uos multi infirmi et egri *A* aegri *NKET* **13** multi *om. A* **14** accipiendum W^1*P* domini (*om.* A^1) corpus *CA* iam—**15** domini *om. A* **15** non considerate *N* corpus domini *ΠEC* **16** acciperant *N*, -piunt *A*, acceperunt *T* **17** et multi moriebantur *om. ΠE* ceteris *N* discernerent *A* **18** ceteri *om. ΠEP* emendarent *NK* **19** neglegentes *KP* **20** quia] que A^1 **22** nos ipsos *A* iudicaremus (-amus E^1) *ΠETA* **23** dum] cum *E* **23sq.** iudicamus *E*

dicamur autem, a domino corripimur, ut non cum hoc mundo damnemur. hoc dicit quia, si nosmetipsi errores nostros corrigeremus, non a domino iudicaremur. et quia corripimur, tamen pro nobis est, ut timore ipso emendemur. in paucis enim omnium est emendatio. ne cum hoc mundo, id est cum infidelibus, damnemur. nihil enim differt ab infideli, qui inconsiderate ad mensam domini accedit.

11, 33. Itaque, fratres, cum convenitis ad manducandum, invicem expectate. **34.** si quis esurit, domi manducet. 1. ab invicem expectandum dicit, ut multorum oblatio simul celebretur, ut et omnibus ministretur. et si quis inpatiens est, domi terreno pane pascatur.

Ut non ad iudicium conveniatis. hoc est, ne mysterium reprehensibiliter et cum offensione agatis.

Cetera autem cum venero, disponam. 2. caput prius salutis ordine agendum ostendit et, quomodo in ecclesiam ab utroque sexu conveniatur, praemisit. in quibus rebus si error fuerit, non leve peccatum est. cetera autem quae ad aedificationem ecclesiae pertinent, praesentia sui ordinare se promisit.

12, 1. De spiritalibus autem nolo vos ignorare, fratres. **2.** scitis quia gentes eratis simulacrorum forma euntes, prout ducebamini. spiritalia illis tradi-

---

1 ut non] ne *A* cum *om. K* **2** si] *om. N*, quasi T^1 **3** corrigeremur *A*, corrigemus *K* W^1 et] ut *W C* **4** non tamen *W* **4sq.** emendemus *N* **5** nec *PA* **7** differebat *NK* ab *om. N* infidelibus *N* **9** fratres mei *(Vulg.) ΠETPA* cum convenitis (con *om. N*)] conuenientes *A* **10** in inuicem *A* expectare *K* **12** et ut *A* **14** ut] et *D* in iudicio *W GP* ne *om. A* **14sq.** ministerium *E* **16** cum autem *V* **17** ordinem *A* et *om. A* **17sq.** in ecclesiam ab *om. A* ecclesia *KP* **20** sui *NETPA*, sua *cett.* **22sq.** fratres nolo uos ignorare *A* **23** quia] quia cum *ΠE* G^2 *PD*, quoniam cum *(Vulg.) TA* eratis] essetis *TA*, *add.* ad *ET* G^2 *A* **23sq.** simulacrorum—ducebamini] ad idola muta quam praecipites ferebamini *A* **24** formam *ET* G^2

turus exempla (exemplum) prioris conversationis memorat, ut sicut simulacrorum fuerunt formae (forma) colentes idola et ducebantur duce voluntate daemoniorum, ita et colentes deum sint forma legis dominicae ambulantes sicut placet domino. forma enim uniuscuiusque legis in professione et conversatione cultoris debet videri. ille enim forma et imago legis dei est, in cuius fide et conversatione evangelii veritas lucet.

12, 3. Propter quod notum vobis facio quia nemo in spiritu dei dicit: anathema Iesum; et nemo potest dicere dominum Iesum nisi in spiritu sancto. 1. quoniam rationem spiritalium ignorantes per singula carismata hominibus potius quam deo gloriam dabant non adsecuti per spiritum sanctum hoc donum ministrari, et quia qui dominum Iesum vocat, non sine sancto spiritu hoc dicit; habet enim gratiam in eo ipso fidei suae propter gloriam nominis Christi; non enim sine dono dei est dominum dicere Iesum; ac per hoc ostendit illis in omnibus dei esse laudem et gratiam; quia sicut idolorum imago in administris eius est ordinem suum habens per singulos gradus, totum tamen hominis est, ita et in lege dominica gradus carismatum sunt officiis ecclesiae non utique meritis humanis indulti, sed ut membra ad aedificationem ecclesiae pertinentia, quae per se et in se habent gloriam, sicut est etiam in humanis officiis. 2. scolae enim sunt, quae positis in se dant dignitatem, ut loci honor hominem faciat gloriosum, non propria laus. ait ergo: nemo in spiritu dei dicit: anathema Iesum.

1 exempla *ΠEP* **2** sicut] simul *K* formae *ΠE* **3** et *pr. add.* ut *NK* **4** sint] in *NK* **5 sq.** legis—conversatione *om. A* **7** est dei *VA* et *om.* *W*G^{1}*P* **9** facio uobis *A* **10** loquens dicit *(Vulg.) ΠEP* dicat *A* anathema iesu *NKEDA* **13** charisma *NE*, carissima *K* hominibus] in (*om. A*) omnibus *K*A^{1} **14** secuti *A* **15** deum *V* **18** ac *om. A* illi *N* **19** ministris (-os P^{1}) *EWGPD* **21** in *om. A* in lege] intellegi *N* sunt in *ET*G^{2} **22** ecclesiis *V* inhumanis *V* **24** et *om. NV* haberent *A* etiam] enim *N* **25** scola *NA* **26** hominum *P*, omnem *N* laus] salus *V* ait ut *ΠE*

vox enim quae dicit: anathema Iesum, humano est errore prolata. quicquid enim falsum est, ab homine est. et nemo potest dicere dominum Iesum, nisi in spiritu sancto. dictum enim ipsum, quo significatur dominus Iesus non adulatione hominum, sicut et idola dii vocantur, sed spiritus sancti veritate profusum est. quicquid enim verum a quocumque dicitur, a sancto dicitur spiritu. 3. ne ergo hominum favorem existimarent in regula Christiana et propter hoc argui se minime paterentur, sicut est et in simulacris — homo enim adinvenit, ut deus dicatur, qui non est; ac per hoc subiecti sunt antestites illis —, ostendit enim eis nullum beneficium esse humanum in eo, cum dicitur dominus Iesus, sed magis donum dei, qui dignatus est mysterium suum hominibus declarare. etenim ipsa professio remissionem adquirit peccatorum, sicut exaggerat dicatio idolorum. 4. docet ergo eos, quia non praestant religioni beneficium dicentes dominum Iesum, sed accipiunt, ne more idolorum hominum putarent gratiam esse in lege domini, dum vocatur deus, qui non est. denique non intellegentes dei donum esse in fide singuli singulos sibi homines delegerant, quos sequerentur dicentes: ego sum Pauli, ego vero Apollo. superbiam ergo illorum humiliat, ut patiantur se argui.

12, 4. Divisiones autem gratiarum sunt. non hoc humanis meritis vult adscribi ⌊sicut dixi⌋, sed gratiae dei

6 *cf.* Quaest. app. 65 p. 459, 12 **21** I Cor. 1, 12

1 vox—Iesum *om.* *Π* quae enim (*om.* dicit) *P* humana *A* **2** probata *A* enim *et* est *pr. om.* *A* **4** ipso *A* quod *P*, qui *E* **5** adulationem *V* dii vocantur] dicuntur (-antur *N V*) *Π E* **5sq.** spiritu *G* **6** professum *L* **6sq.** ad quemcumque *A* **7** in (a *D*) sancto spiritu dicitur *D A* **8sq.** se argui *L*, arguisse *N* **9** in *om.* *Π* **10** aduenit *T* **11** antestitis *A* illis *om.* *A* enim] itaque *A*, *om.* *Π E L* eis] illis *D A*, *om.* *V* **14** etenim] et *K* promissio *A* adquiret *E* **16** praestat $V^1 T^2$ **17** ut ne *A* ne morem *N*, minorum *K* putarent *om.* *A* **19** fides *V* singulis *D* **21** vero *om.* *K* superbiam—**22** argui *om.* *A* **22** patiatur *K*, *add.* sicut dixi *L* **23** gratiarum] donationum *A* **24** vult adscribi] ultra adscribit *A* sicut dixi $Π E T L G^2 A$ gratiam *P*

ad honorificentiam nominis eius. sicut enim qui dicit dominum Iesum in spiritu sancto (sancto spiritu) dicit, qualisvis sit, ita et in loco ordinis officii ecclesiastici positus gratiam habet, qualisvis sit, non utique propriam, sed ordinis per efficaciam spiritus sancti. unde inter initia dicit: neque qui plantat est aliquid, neque qui rigat, sed qui incrementum dat deus.

Idem autem spiritus. 5. et divisiones ministeriorum sunt. per eundem spiritum diversa dona dicit praestari.

Idem vero dominus. 6. et divisiones operationum sunt. 1. iungit nunc Christum sancto spiritui.

Idem autem deus, qui operatur omnia in omnibus. in tantum non hoc hominibus dandum quasi proprium, sed soli deo adserit, ut etiam donum spiritus sancti et gratiam domini Iesu unius dei dicat operationem, ne gratia et donum divisum sit propter personas patris et filii et spiritus sancti, sed indiscretae unitatis et naturae trium unum opus intellegatur, ut ad unum omnem gloriam redigat et divinitatem. 2. divisiones autem gratiarum sunt officiis ecclesiae non humanis meritis deputatae. si enim spiritus sanctus idem dominus est et dominus idem deus est, tres unus deus est. cum enim spiritus sancti gloria et potestas et natura dei est et dominus Iesus idem est in natura quod deus est, unus utique spiritus sanctus et dominus Iesus et pater

5 I Cor. 3, 7

2 spiritu sancto *ΠEA* **2 sq.** qualis ui sit *T*, quales iussit *N*, q. dicit *K* **3** in *om. A* **4** quales ui sit *T*, q. iussit *Π* sed] si *N* **4 sq.** efficientiam *V* **5** dicit] adiecit *A* **6 sq.** crementum *K* **7** deus] *add.* diuisiones uero gratiarum sunt *ΠET* **8** autem] uero *A* spiritum *W* **8 sq.** ministratiorum *K* **9** spiritum] *add.* per eundem spiritum *E* diuisa *ΠET* **11** idem autem christus *A* **14** non *om. A* omnibus *A* **15** ut et *WG* **17** propter] per *ET*²*LCG*²*A*, *om. NK* **18** unitas *V* natura et *A* **19** intellegitur *ET* **22** est *pr. et* tres *om. A* **24** naturae *WG*¹ deus *A* idem] ita *A* **25** est et *ΠET* unus deus *K* utique] itaque *A*

deus est; et singuli enim deus unus et tres deus unus. denique operante uno tres operari dicuntur, ut trinitatis mysterium in unius dei natura et potestate claudatur, cum sit inmensum.

12, 7. Unicuique autem datur manifestatio spiritus ad utilitatem. hoc est donum accipit, ut divinis retinaculis vitam suam gubernans et sibi et aliis utilis sit, dum exemplum bonae conversationis ostendit.

12, 8. Cuidam enim datur per spiritum sermo sapientiae. id est datur illi prudentia non ex litteris, sed corusco spiritus sancti, ut cor habeat inluminatum et prudens, ut discernat quae vitanda sunt, quae sequenda.

Alii vero sermo scientiae secundum eundem spiritum. hoc est, ut habeat scientiam rerum divinarum.

Alii gratia curationum in uno spiritu. id est, ut medellam tribuat infirmis vel aegris.

12, 9. Alii fides in eodem spiritu. hoc dicit, ut fidei profitendae ac vindicandae pressa verecundia accipiat facultatem.

12, 10. Alii operatio virtutum. potestatem dari significat in eiciendis daemoniis aut signis faciendis.

Alii profetia. id est, ut spiritu repletus dicat futura.

Alii discretio spirituum. {hoc dicit,} ut intellegat et iudicet, quod dicitur, an spiritus sancti sit an mundani.

Alii interpretatio linguarum. interpretari est, ut

---

1 unus deus *VE* **1 sq.** uno denique operante et *A* **2** operarii *K* **3** in *om. N* naturae *KT* clauderetur *A* **4** datur autem *LD* **5** accepit *K* **6** suam *om. A* **8** cuidam] alii *(Vulg.) TA* enim] autem *A* sermo *om. E* **9** ex *om. P* sed] si *N* **10** spiritu sancto *G* ut] et *E* **11** ut] et *L* sequenda sunt *E*[1] **12** vero *om. ΠEA* **14 sq.** alii—aegris *post* **18** facultatem *posuit A* curationum] sanitatum *(Vulg.) A* **16** dicitur *A* **17** profitendi ac uindicandi *A* **20** significans in eiciendi demones aut signa faciendi *A* **21** prophetatio *A* repletus *om. CWG* **22** hoc dicit *om. ΠETL* **23** sanctus *K* mundani] *add.* alii genera linguarum eorum scilicet qui per spiritus sancti magestatem accipiunt gratiam ut possint eligere diuersarum linguarum aeloquium *A* **24** interpretatio] *add.* sermonum alii genera *ΠETLPD*

dicta illorum, qui linguis loquuntur vel litteris, per donum dei fideliter interpretetur.

12, 11. Omnia autem haec operatur unus atque idem spiritus dividens unicuique prout vult. quod superius trium personarum dicit, nunc per unum spiritum sanctum agi profitetur, ut quia unius naturae sunt et virtutis, quod unus operatur, operentur tres. unus est tamen deus, cuius gratia dividitur singulis prout vult, non ad meritum magis hominis, sed ad aedificationem ecclesiae suae, ut omnia quae mundus imitari vult, sed non implet, qui (quia) carnalis est, haec in ecclesia, quae domus dei est, singulorum officiis dono et magisterio spiritus sancti indulta ad probationem veritatis in his, qui contemptibiles mundo sunt, videantur.

12, 12. Sicut enim corpus unum est, membra autem habet multa, omnia autem membra ex uno corpore, cum sint multa, unum sunt corpus, ita et Christus. **13.** etenim in uno spiritu nos omnes in unum corpus baptizati sumus, sive Iudaei sive Graeci sive servi sive liberi; et omnes unum spiritum potavimus. per haec docet nullius personam quasi despecti contemnendam neque alicuius, quasi perfecta sit, praeferendam nec gloriam, quae soli deo debetur, hominibus tribuendam, quando in omnibus unus atque idem deus sit

---

11 *cf.* I Tim. 3, 15

---

1 dicat *N* loquitur *E*, -queretur D^1 per] pro *P* **2** fideliter *om. V* interpretatur WGA^1 **3** autem *om. P* **4** unicuique *om. A* **7** operantur *ΠETLA* autem *A* **9** magis *om. C* hominum *VET*, -nibus *P* aedificationum *K* **10** sed] si *N* qui $ΠE^2$ **11** quae] quia *A* **12** dono et] donet *ΠE* **13** contemptibilis *N* mundo *om. P* **15** et membra *ΠE* **16 sq.** ex uno corpore] corporis *(Vulg.) TA* **17** multa cum sint *A* unus *V* sunt] est *A* itaque *P* **18** nos *om. ΠEPA* omnes nos *T* **20** sive servi *om.* CWG^1 **20 sq.** uno spiritu potati sumus *(Vulg.) T* **21** potamus *A*, optauimus *NK* per] post *ΠE* **22** dispecti (-um A^1) $ΠTGA^1$ contempnendi *K* quasi] quam si A^1, *om. K* **24** quando] quia deus *ΠET*

gloriosus, quippe cum omnes et unum baptisma habeamus et unum atque eundem spiritum sanctum; hoc propter supra dictam causam, quia in aliquibus gloriabantur, aliquos vero velut contemptibiles spernebant.

12, 14. Nam et corpus non est unum membrum, sed multa. hoc dicens ostendit unitatem habere varietates officiorum et diversitatem hanc non discrepare in unitate potestatis, quando corporis unitas non in singularitate consistit, sed in multis membris, ut invicem sibi praestent quod dehabent.

12, 15. Si dixerit pes: quia non sum manus, non sum de corpore, non ideo (propterea) non est de corpore? hoc est non posse eum, qui infirmus videtur inter fratres, negari esse de corpore, quia non est potens.

12, 16. Si dixerit auricula: quia non sum oculus, non sum de corpore, non propterea non est de corpore? non debere dicit illum, qui paulo inferior est, non necessarium putari corpori, propterea quod de primis non sit.

12, 17. Si totum corpus oculus, ubi auditus? si totum auditus, ubi odoratus? id est, si omnes unius essent officii et operis, quomodo impleretur reliqua necessitas corporis, cum constet multis officiis opus esse ad gubernacula corporis?

12, 18. Nunc autem deus posuit membra unum-

---

1 omnis *K* baptismum *P* **3** qui *V* **5** nam et] etenim *A* membrorum *W G*[1] **6** sed] si *N* habere *om. Π E L* uarietatis *L C W G*[1] *P* **7** unitatem *A* **10** debent *Π E T L*, habent *P* **12** de] ex *(bis) A* non *pr.*] et *A* ideo *Π E T* es *K* **14** negari esse] -re se *A* potens] de corpore *P* **15** si] et *L* **16** *et* **17** de] ex *A* propterea] ideo *(Vulg.) A* **17** deberi *N V* dici *Π E T G*[2], *om. L* **18** corpore *W G*, *om. P* **19** non *om. L* **20 sq.** si – odoratus] *om. D, post 24* corporis *ponunt C W G* ubi est *Π E T L W G* **21** totum est *E T* ubi est *Π E T W G* adoratus *W G*[1] id est] ideo *D* **25 sq.** nunc – voluit *post p. 137, 4* perfectum *ponunt C W G P* posuit deus *(Vulg.) C W G P*

quodque eorum in corpore, sicut voluit. voluntatem dei, quia provida et rationabilis est, membra dicit corpori aptasse, ut nihil desit corpori, sed sit multis membris perfcctum.

12, 19. Si autem fuissent omnia unum membrum, ubi corpus? manifestum est quia si omnes unius fuissent dignitatis, non dicerentur membra neque corpus, ideo quia variis membrorum officiis gubernatur. omnia enim unum membrum esse non poterant. ideo autem multa sunt, quia ab invicem differunt dignitate.

12, 20. Nunc vero (autem) multa quidem membra, unum autem corpus. hoc dicit quia multa membra, cum invicem sui egeant, non discrepant in unitate naturae, quamvis diversa sint, quia diversitas haec in unum concurrit, ut corporis utilitas expleatur, sicut et ea quibus ipse mundus (mundus ipse) constat, cum sint diversa non solum officiis, sed et naturis, ad unius tamen mundi proficiunt perfectionem; et ex omnibus his nascitur temperies quaedam in fructibus, qui humanae proficiunt utilitati.

12, 21. Non potest autem oculus dicere manui: opera tua non egeo (indigeo). hoc est non potest potior dicere inferiori: non mihi opus es, quia oculis quidem videtur, sed manus sunt, quae operantur.

Aut iterum caput pedibus: non estis mihi ne-

5sq. si—corpus *om. C W G D (cf. l. 10)* **6** unus *N* **8** quia] que *A* gubernantur *E T C*, congubernatur *L* **9** unum] omnium membrorum *Π E T* poterunt *A* **10** dignitate] -em A^2*P*, *add.* quodsi essent omnia—corpus *(cf. l. 5sq.) T L C W G P D* **11** vero *Π E T A* **12** multum *G* membra *om. C W G P D* **13** cum *om. C* sui inuicem *L* egeat *N* **14** sint diuersa *C* sit *K* quia *et* haec *om. Π E* **15** ut] aut *W* sicut *om. A* **15sq.** ipse mundus *Π E A* mundus et *T* **17** sed] sunt *N* et *et* proficiunt *om. K* **20** autem *om. A* dicere oculus *C W G P D* **21** opera—indigeo] non es mihi necessaria *A* egeo *Π E T*, *add.* aut—necessarii *(l. 24sq.) C W G P D* **22** non es mihi necessarius *A* quia—**23** operantur *om. A* oculus *D* **24sq.** aut—necessarii] sed—sunt *(p. 138, 5sq.) C W G D* caput dicere *Π E T L D* non desidero opera uestra *A* necessarium *K*

cessarii. id est maior gradu et dignitate non potest sine illo esse, qui humilis est, quia est quod humilis potest, quod non potest sublimis, quia ferrum potest, quod non potest aurum. ac per hoc honorem capiti faciunt pedes.

12, 22. Sed multo magis, quae videntur membra corporis infirmiora esse, necessariora sunt. manifestum est quia, quamvis aliquis dignitate sublimis sit, si subiectus tamen defuerit, qui obsequiis suis illum faciat gloriosum, ipsa dignitas contemptibilis erit. officium est enim, per quod dignitas constat. tale est, si imperatori desit exercitus. quamvis ergo magnus sit imperator, necessarium tamen habet exercitum; membrum est enim corporis eius ante se habens tribunos, comites, magistros. his omnibus inferiores sunt milites et magis necessarii sunt, sicut membra corporis, quae cum inferiora videntur, plus utilia sunt; sine oculis enim manibus operatur et ambulans victum quaerit.

12, 23. Et quae putamus ignobiliora esse membra corporis, his maiorem honorem circumdamus. 1. similis est sensus (sensus est), quia qui putantur sine dignitate esse, invenimus in eis quod laudemus, sicut et in membris, quod et plus nobis placeat quam quod in ceteris invenimus. quo enim honore dignae sunt manus, quando quod volumus tenemus! vel pedes, cum quo volumus imus! propterea et nos addimus eis honorificentiam, ut puta pedi-

---

1 dignitatem *K* **2** esse *om. C W G¹ A* est *alt. et* quod *alt. om. A* **5 sq.** sed — sunt] et quae putamus ignobiliora membra corporis esse his abundantiorem honorem circumdamus et quae inhonesta (honesta *D*) sunt nostra *(cf. l. 17 sqq. et 139, 3 sq.) C W G D* videntur] putantur *A* **7** aliquis *om. A* dignitatis *N* sublimi *D* **9** ipse *T* **14** sicut] nunc *K* sicut — **16** quaerit *om. A* **15** inferiora sunt *K* **16** manus *K* quaeritat *N K* **17** et] at *L* **17 sq.** et — corporis *om. C W G D (cf. ad l. 5 sq.)* ignobiliora] inhonestiora *A* **18** corporis membra *P* membra *om. A* his] ipsis *L* honorem abundantiorem *(Vulg.) A* **19** est sensus *Π E L*, est *om. T* qui *om. V* **20** sicut] nam *A* **21** in *pr. om. A* quod *pr.*] ut *T,* quod — **24** nos] nostris quae ignobiliora dixit *A* et] ut *W G P* quod *alt.*] *add.* et *T W G D* **23** vel] et *D* pes *E G² P* quo *om. P* imus et *W G* **24** eis *om. A* **24 sq.** pedes *E T*

bus, quos quia humiles sunt et sine dignitate, calceamentis ornamus.

Et quae inferiora (inhonesta) sunt nobis (nostra), reverentiam abundantiorem (abundantiorem honestatem) habent. 2. manifestum est quia pudenda nostra, quae turpia videntur, dum aspectus publicos vitant, honestate se contegunt, ne per inreverentiam horreant. simili modo et quidam fratrum, cum sint egestate et habitu inhonesti, non tamen sunt sine gratia, propter quod membra sunt (sint) corporis nostri. 3. nam solent succincti pede nudo vesticula tetrica incedere. cum ergo videantur contemptibiles, magis honori sunt, quia solent vitam habere meliorem (mundiorem); quod enim hominibus videtur despectum, solet a deo pulchrum iudicari.

12, 24. Quae autem honesta sunt nostra, nullius egent. {sed deus temperavit corpus ei cui deerat abundantiorem tribuendo honorem.} apertum est quia caput non eget neque facies neque manus, ut his addatur per quod decorentur. ita et fratribus, in quibus studium peritiae et conversationis viget honestas, nihil est quod a nobis addatur; debitus enim illis redditur honor. despectis vero vel humilibus exhortatio necessaria est, per quam addatur illis aliquis honor, ut fiant utiles; si quo minus, ipso

---

1 quos *om. ETA* quia] qui *A* **3** et – **5** habent] et uerecundiora nostra maiorem honestatem habent *A* **3 sq.** inferiora sunt nobis reverentiam abundantiorem *ΠEL* **6** quae – videntur *om. A* aspectos *N* V^1 *P* **7** ne] ut *N* inreuerentia *N* **9** non – gratia] reuerentiam tamen habent *A* **10** sunt *ΠETLD* **11** uestiuncula *K* cum] quamquam *ETL*, quam quod *NK* cum – **12** solent] et *A* **12** honorari E^1, honoris *TWGPD* sint *G* **12 sq.** et uitam habent emundiorem *A* **13** meliorem *ΠET* quod – **14** iudicari] quamuis aliqui sint dispectiores quibus aliquae gratiae dantur ut sint utiles *A* **15** honesta autem nostra *(Vulg.) CWGPD* sunt honesta *A* **15 sq.** non indigent *A* **16 sq.** sed – honorem *om. ΠET* **18** hi *N* **19** et *om. A* patribus *W* G^1 **19 sq.** studia *A* **20** conuersionis G^1 viget] -cit *WD*, -cat G^1 honestatis *ΠETL* **22** quem *V* **23** aliqui *NC*, -quid A^1

contemptu neglegentiores circa se erunt, in quibus magis proficiendum est. ⌊sed deus temperavit corpus ei cui deest ampliorem tribuendo honorem.⌋

12, 25. Ut non sit scisma in corpore, sed in id ipsum pro invicem sollicita sint membra. sic dicit a domino moderatum humanum corpus, ut omnia membra eius necessaria sint ac per hoc pro se invicem sollicita, quia aliud sine altero non potest, et quod inferius putatur, magis necessarium est, sicut et de fratribus expositum est vel disputatum quia nullus debet velut inutilis despici.

12, 26. Et si quid patitur unum membrum, conpatiuntur omnia membra. hoc de membris corporis carnis ambiguum non est quia, si oculus aut pes vel manus capiantur (capiatur) aegritudine aliqua infirmitatis, totum condolet corpus; ita et nos docet condolere fratribus, si aliquid huiusmodi aut necessitatis emerserit.

Sive glorificatur unum membrum, congaudent omnia membra. manifestum est quia laetum est caput sive cetera membra, si pedes fuerint accurati vel sani. sic debemus et nos alacres fieri, si fratrem aliquem viderimus cultiorem et aptum (auctum) honestate morum; hoc est (erit) sanum esse consilio.

12, 27. Vos autem estis corpus Christi et membra de membro. ostendit aperte nostram se causam per

---

1 contempto *K* **2sq.** sed deus temperavit (temptauit *E*) corpus ei (eius N^1*K*, *om. A*)—honorem *ΠETLA* **4** scisma] separatio *A* **4sq.** in id ipsum] in ipsum *C*, id ipsum *(Vulg.) ΠETD*, ipsa *L*, *om. WGP* **5** pro—sint] eadem inuicem pro se cogitent *A* sunt *VETWG* **6** a domino] deum *ΠLA* **8** alius *TWG* potest esse *G* et—**9** est *pr. om. A* **12** conpatiantur *T* **13** quia si] quasi *P*, quod si *A* vel] aut *A* **14** capiantur *ΠETL*G^2*P*, patiantur *A* aegritudinem aliquam *A* **15** condolore *W*G^1 **16** aut *om. A* emerserint T^2*W*G^1 **17** gloriatur *(Vulg.) TECWGPD*, inlustratur *A* **18** quia] quod *A* **19** sive] si *ΠET* si] sive *ΠEP* vel sani *om. A* **21** cultorem (*add.* dei *KV*) *ΠET* aptum *ΠETL*, *add.* omne A^1 **21sq.** hoc—consilio *om. A* est *ΠETL* **24** de membro] ex parte *A* se nostram *A* membrorum carnalium rationem tractasse, quia non omnes possumus eadem (eadem possumus), sed singuli pro qualitate fidei et gratiam habemus concessam.

12, 28. Et quosdam quidem posuit deus in ecclesia primum apostolos. 1. caput itaque in ecclesia apostolos posuit, qui legati Christi sunt, sicut dicit idem apostolus: pro quo legatione fungimur. ipsi sunt episcopi firmante istud Petro apostolo et dicente inter cetera de Iuda: et episcopatum eius accipiat alter.

Secundo profetas. profetas duplici genere intellegamus et futura dicentes et scripturas revelantes, quamvis sint et apostoli profetae, quia primus gradus omnia subiecta habet. denique {pessimus} Caifas propter quod princeps sacerdotum erat, profetavit ordinis utique causa, non proprii meriti. 2. tamen specialiter erant profetae et scripturarum interpretes et futura dicentes sicut erat Agabus, qui exitia et vincula huic apostolo profetavit futura Hierosolymis et famem cecinit, quae facta est sub Claudio. ideo quamquam sit melior apostolus, aliquando tamen eget profetis. et quia ab uno deo patre sunt omnia, singulos episcopos singulis ecclesiis praeesse decrevit.

Tertio doctores. illos dicit doctores, qui in ecclesia litteris et lectionibus retinendis pueros inbuebant more syna-

---

7 II Cor. 5, 20 9 Act. 1, 20 13 *cf.* Ioh. 11, 51 **16–18** *cf.* Act. 21, 11; *cf.* Victorin. Poetov. in apoc. 10, 3 (CSEL 49, p. 90, 14) **18** Act. 11, 28

---

2 possumus eadem *ΠEL* **3** gratia *C*, -ae E^2 gratiam quam *ΠED* concessam *om. A* **4 sq.** ecclesiam *NKLC* **5** primo *A* **7** qua *Π* legationem *A* **8** confirmante *A* **9** accipiet *LWGD* **10** secundos *V* **10 sq.** intellegimus *A* **11** futurum *ET* **13** pessimus *om. ΠE* **14** utique ordinis *A* causam *K* **15** et *om.* WGA^1 **15 sq.** interpretantes *A* **16** futura] *om. CWG, add.* in *V* **18** et ideo *A* **22** doctores] magistros *(bis) A* **23** retinendos *N* pueris *K, om. L* more] mose *G*, moyse *CW*

gogae, quia traditio illorum ad nos transitum fecit. ⌞quarto loco ait:⌟

Deinde virtutes, exinde gratiam curationum. 3. potest enim aliquis non esse episcopus et habere in se donum virtutis sanitatum. ⌞quinto loco donum intellectus tribuit,⌟ {opitulationes, gubernationes,} ut in rebus divinis vigilet intellectu; ita tamen, ut in aliquibus quae implere non conceditur, ab alio sumat quod dehabet, quia totum uni concedi non potest. sunt et gubernatores, qui spiritalibus retinaculis hominibus documento sunt.

Genera linguarum, ut donum sit dei multas linguas scire.

Interpretationem sermonum, ut hoc alicui gratia dei impertiat, ut linguarum interpretandarum habeat peritiam.

12, 29. Numquid omnes apostoli? verum est quia in ecclesia unus episcopus est (est episcopus).

Numquid omnes profetae? non est ambiguum non omnibus concedi profetiam.

Numquid omnes doctores? ille doctor est cui conceditur.

12, 30. Numquid omnes virtutes? 1. hic potest habere virtutem, cui dat deus daemonia eicere.

1sq. quarto loco ait *ΠETLP* **3** uirtutis *C* exinde *om. ΠE* gratias *(Vulg.) ΠEL*, -ia *C* curationum *om. C* gratiam curationum] donationum sanitates *A* **4** habet *A* **5** uirtutes A^{1} sanitatium *NKC* **5sq.** quinto—tribuit *ΠETLA* **6** opitulationes gubernationes *om. ΠEA* in *om. L* **7** intellectus *A* ita *om. ΠET* **8** alio] illo *K* debet E^{2}*A* unum *T* **9** sunt et *om. A* gubernationes *A* **10** retinaculum *NK* omnibus *A* **11** dei sit *TWGD* **13** interpretationem sermonum] *om. CW*G^{1}, -tio sermonum *ΠET*, -tiones s. *(Vulg.) LD*, interpretari *A* ut] et *A*, *om. T* **14** dei ut *T* **14sq.** ut—peritiam *om. V* peritiam] spiritum A^{1} **17** episcopus est *ΠEL* **18sq.** ambiguum que . . . concedit (*om.* profetiam) *A* **20** doctores . . . doctor] magistri . . . magister *A* doctor—cui *om. K* **22** uirtutis *C*

Numquid omnes gratiam habent curationum? quomodo potest fieri, ut omnes habeant dona curationum?

Numquid omnes linguis loquuntur? non utique, nisi qui accipit donum in hac re.

Numquid omnes interpretantur? ille potest linguas interpretari cui dat deus. in supra dictum sensum haec inserenda. explanavit enim reddita ratione omnes habere diversas gratias et nec totum alicui concedi exemplo membrorum; exemplo enim corporis carnis spiritale corpus insinuat; ac per hoc in omnibus deum benedicendum et in ipsius nomine gloriandum, cuius gratia est. 2. hanc rationem etiam in rebus fysicis invenimus. aurum autem cum melius argento sit, plus tamen in usu argentum est; et cum aes necessarium sit, plus tamen ferrum opus est; nihil enim paene sine ferro fit, cum sit inferius. et post haec:

12, **31.** Aemulamini autem carismata meliora. 1. hoc mox in subiectis absolvit.

Et adhuc magis excellentiorem vobis viam demonstro. gradatim illos ad meliora provehit ostendens illis gratiam supra dicti omnis doni, quae in hominibus videntur, sive loquendi aut curandi vel profetandi non ad meritum hominis pertinere, sed ad honorificentiam dei. ideoque nunc viam dicit illis se ostendere planiorem, qua itur ad caelum,

---

1 gratiam . . . curationum] donationem . . . sanitatum *A* **2** donum *WG* donationes sanitatum *A* **3sq.** numquid—re *om. N* non—**5** interpretantur *om. A* **4** nisi numquid *E* accepit *KVE* **5sq.** lingua *ET* **6** sensum in *WG*[1] **7** enim—**15** haec] numquid omnes interpretantur nec hoc ambiguum est que nisi deus gratiam suam dederit interpretari nequaquam poterit *A* rationem *WG*[1] omnes *om. Π* **8** et] ut *L* **10** hoc insinuat *K* in omnibus *om. K* **11** gratia] gloria *WG* **12** etiam *om. N* **14** enim *om. ΠE* **15** ferrum *E* fit] sit *NK* et *om. Π* **16** crismata *WG*[1], dona *A* **18** et *om. ΠET* magis *om. TWGDA* excellentiore *K* uiam uobis *(Vulg.) Π, E* (uobis *om. E*[1]) **20** supradictionis *ET* omnis doni quae] -es d. q. *T*[1], -es denique *WG*, nominis qua *A* hominibus] bonis *A* uidetur *VA* **21** sive] sibi *A* vel] aut *ΠE* **22** nunc *om. A* **23** se dicit illis *ΠE*, illis dicit se *(*se *om. A) DA* planitiorem *WG* itura *N*

quae meritum conlocat apud deum. nam quia supra dicta non semper ad meritum pertinent, dicit salvator: *multi mihi dicent in illa die*, id est iudicii: *domine, domine, nonne in nomine tuo profetavimus et daemonia eiecimus et virtutes multas fecimus?* et quia non hoc ad meritum pertinet, sed officia sunt ecclesiae, ad confusionem gentilium et dei honorificentiam protestandam dicit eis dominus: *recedite a me. non novi vos, operarii iniquitatis.* 2. securi enim quia dei in illis operatio cernebatur, neglegentes erga se fuerunt. nam et septuaginta duobus discipulis gaudentibus quod daemonia illis subdita fuerant, dicit salvator: *nolite in hoc gaudere, quod daemonia vobis subiecta sunt, sed in hoc gaudete, quod nomina vestra scripta sunt in caelo.* quare nisi quia nomini dei subdita sunt, non hominis merito? et quare nunc non ita fit, ut habeant homines gratiam dei? inter initia fieri oportuit, ut fundamenta fidei acciperent firmitatem. nunc autem non opus est quia populus populum adducit ad fidem, cum videntur eorum bona opera et praedicatio simplex.

13, 1. *Si linguis hominum loquar et angelorum, caritatem autem non habeam, unum sum velut aeramentum resonans aut cymbalum tinniens.* 1. magna utique videtur gratia diversis loqui linguis. plus autem aliquid est, etiam angelorum si possit linguam scire, id est si spiritaliter cognitum possit habere angelicum motum.

---

2 Matth. 7, 22 **8** Matth. 7, 23 **12** Luc. 10, 20

---

1 merito *A* quia] que *A*, *om. L* **2** mihi *om. NKET* **4** in–tuo *om. CWGA* iecimus *A*, eicimus *KC* **5 sq.** et per hoc ad meritum non pertinet *A*[1] non *om. KE* hoc] haec *ET*, *om. Π* **6** pertinent *VET* **7** honorificentia *N* dominus] iesus *D* **9** enim] autem *A*, ergo *ET* **10** et illis *L* **11** quo *C* dicit eis *V* **12** quod] quia *A* **14** nisi *om. V* in homine *A* dei *om. N* **15** subiecta (-i *V*) *ΠE* fit] fuit *D* fit nunc *V* **18** adducet *C* cum–**19** simplex *om. A* **21** autem *om. NV* velut] ut *A* **22** sonans *(Vulg.) ΠTA*, *om. E* **23** linguas *A* **25** si *om. K*

sed hoc ad meritum non adscribi, sed ad dei gloriam subiectis ostendit dicens sic esse ut aeramentum resonans aut cymbalum tinniens. 2. quia sicut aeramentum inpulsu alterius resonat et cymbalum tinnit, ita et hic, qui linguis loquitur, spiritus sancti effectum habet et motum, ut loqui possit, sicut alio loco salvator dicit: non enim vos estis qui loquimini, sed spiritus patris vestri, qui loquitur in vobis. nam et asina locuta est humana lingua ad Balam filium Beor, ut addisceret dei maiestatem, et pueri infantes in laudem dei proruperunt ad confusionem Iudaeorum. salvator autem non solum istos, sed et lapides ad condemnationem perfidorum et gloriam dei clamare posse ostendit. et inter ipsa primordia ad commendationem fidei qui baptizabantur linguis loquebantur.

13, 2. Et si habeam profetiam et sciero omnia mysteria et si habeam omnem scientiam, caritatem autem non habeam, nihil mihi prodest. 1. vere nihil prodest; ad dei enim gloriam profetatur, sicut dicit David profeta: non nobis, domine, non nobis, sed nomini tuo da gloriam. nam et Balam profetavit, cum profeta non esset, sed ariolus, et Caifas profetavit non merito, sed dignitate ordinis sacerdotalis, et Saul profetavit, cum iam inoboedientiae causa spiritu malo fuisset repletus, sed propter

---

6 Matth. 10, 20 **8sq.** *cf.* Num. 22, 28 **9sq.** *cf.* Matth. 21, 16 **11sq.** *cf.* Luc. 19, 40 **14** *cf.* Act. 10, 46 **19** Ps. 113, 9 **20sq.** *cf.* Num. 24, 4sqq., 17sqq. **21sq.** *cf.* Ioh. 11, 51 **22sqq.** *cf.* I Reg. 19, 23

---

1 ad *om. T* in subiectis *P*, subiecto *T*, -tio *ΠE* **2** sonans *WGPD* **3** tingiens *N* quia–**4** tinnit *om. A* **4** et *pr.*] aut *ΠE* **5** habet] est *K* **5sq.** motum–possit] multum nihilo qui possit ostendit A^{1} **6** sicut et *ΠE* dixit *A* dicit saluator *ΠE* **9** Balam WG^{1}, balaam *cett.* edisceret *P*, disceret *WG* **11** autem] enim *A* et] ad *W* **15** habuero *(Vulg.) CWGPD* **15sq.** nouero mysteria omnia *(Vulg.) CWGPDA* **16** et caritatem *A* **17** habuero *(Vulg.) V* **17sq.** vere–prodest *om. P* **18** David *om. A* **20** Balam *C*, balaam *cett.* **23** repletus non merito *A* sed] et *ΠET*

dei causam, ne posset conprehendere David, quem et occidere volebat. 2. et si sciero omnia mysteria. Iudae enim nihil profuit fuisse cum apostolis et didicisse mysteria, cum caritatis hostis tradidit salvatorem. et profeta Ezechihel diabolum mysteria caelestia scire ostendit, quando increpita voce in paradiso illum dei fuisse et pretiosos lapides habuisse testatur, quos lapides idem apostolus doctrinae divinae mysteria significavit. et nihil illi profuit, quia caritatis inmemor in superbiam prosilivit. et si habeam omnem scientiam. nihil ⌊mihi⌋ prodest scientia, si caritas non sit. 3. denique scribis et farisaeis nihil profuit dicente salvatore: vos habetis clavem scientiae et neque vos intratis neque alios sinitis introire. per invidiam enim caritatem corrumpentes scientiam eius ad nihilum deduxerunt, nam et Tertullianus et Novatianus non parvae scientiae fuerunt, sed quia per zelum caritatis foedera perdiderunt, in scisma versi ad perditionem sui haereses creaverunt.

Et si habuero omnem fidem, ita ut montes transferam. 4. virtutes facere aut daemonia per fidem eicere dei virtus et gloria est. nec hoc ad meritum proficit, nisi quis bonae conversationis fuerit aemulus, sicut supra memoravi.

13, 3. Etsi erogavero omnem substantiam meam. apertum est quia, si omnis substantia impendatur,

---

5sq. *cf.* Ezech. 28, 13 **7sq.** *cf.* I Cor. 3, 12—15 **11** Luc. 11, 52

---

1 dei *om. A* ne] ut non *P* possit *ΠLA* David *om. A* **1sq.** et occidere quem *TCWGPDA* **2** sciuero G^1, nouerim *(Vulg.) A* **4** caritate *W* hostiam *A* **5** increpita] -tat *ΠD*, -pata *A*, -pat *ET* **6** voce *om. ΠETA* paradisum *P* dei *om. A* **7** idem] id est *K* apostolos *K* diuina *G* **10** mihi *ΠELP*, enim *A* **11** scribit *K* **12** claues *A*, -im *L* **13** intrare A^1 etenim *A* **15** prauae *WA* **17** scismam *C* uersi in scisma *G* suae . . . creuerunt *A* **18** habeam *A* **19** transferam] *add.* caritatem autem non habeam nihil sum *A* per fidem *om. A* **23** erogavero] distribuero *A* **23sq.** substantia mihi *P* **24** impendatur] perdatur *Π*

nihil proficit caritate neglecta, quia caput religionis caritas est, et qui caput non habet, vitam non habet.

Etsi tradidero corpus meum ut ardeam, nihil mihi prodcst. sino caritate nihil prodest, quia fundamentum religionis caritas est. quicquid ergo sine caritate fit caducum est.

13, 4. Caritas magnanima est, iocunda est. caritas non aemulatur, non inflatur, non perperam agit; **5.** non ambitiosa est, non quaerit quae sua sunt, non inritatur, non cogitat malum, **6.** non gaudet in iniquitate, congaudet autem veritati. **7.** omnia tolerat, omnia credit, omnia sperat, omnia suffert. **8.** caritas numquam excidit. 1. tanta praeconia caritatis edocuit, ut non inmerito hanc ceteris anteponere videretur et in cassum laborare eos, qui aliis mandatis operam dant huic non obtemperantes. hinc ait Iohannes apostolus: caritas deus est, ut qui caritatem non habet, sciat se deum non habere. unde ⌊et⌋ in alia epistola idem Paulus apostolus ait: deus autem, qui dives est in misericordia, propter multam caritatem misertus est nostri. 2. qui ergo caritatem non habet, ingratus est misericordiae dei, quia non diligit, per quod salvatus est, ut perinde discerent quia graviter delinquebant,

17 I Ioh. 4, 8 **19** Eph. 2, 4

2 quia *T W* **3** ardeam] *add.* caritatem autem non habeam *A* **4** sine—prodest *om. N* prodest *alt.*] -esse *K* qua *N* **4 sq.** fundamenta *P* **7** magna est nima *W*, patiens est *(Vulg.) A* iocunda] benigna *(Vulg.) T A* **8 sq.** non perperam agit non inflatur *A* in perperam *E* agit perperam *(Vulg.) T G P* **9** est ambitiosa *(Vulg.) Π E T G P* **11** in] *om.* *N* D^1 *A*, super *(Vulg.) T* iniquitatem *T C* D^1, -ti *A* **12 sq.** omnia suffert omnia sperat *T L C W G D* **13** suffert] sustinet *A* excedit *Π* D^1, -cidet *E T L C*, -cadit *A* **14** caritas *E* **16** obtemperantes] operam dantes *P* **17** est deus *N* ut] et *Π T L* **18** et *Π E* **19** idem] *om. A*, id est *N* **20** multa *C* caritatem suam *(Vulg.) Π E T L D*, misericordiam (-a *C*) *C T W G* **22** per] propter *A* **23** discernerent *A* quia] que *A*

qui escam fraternae caritati praeponebant; nam haec est, quae et in praesenti prodest et in aeternum cum deo permanet.

Sive autem profetiae evacuabuntur, sive linguae cessabunt, sive scientia evacuabitur. **9.** ex parte enim cognoscimus et ex parte profetamus. **10.** cum autem venerit quod perfectum est, evacuabuntur quae ex parte sunt. omnia carismatum dona evacuari dixit, quia non tantum possunt conprehendere, quantum ipsa veritas habet. neque nos aut capere aut narrare possumus plenitudinem veritatis. qui enim fieri potest, ut lingua humana omne conplectatur quod dei est? ideo destruetur inperfectio nostra. non id quod verum est evacuabitur, sed dum additur inperfecto quod deest, destruetur. destructio enim inperfectionis est, quando id, quod inperfectum est, inpletur in verum.

13, 11. Cum essem parvulus, quasi parvulus loquebar, quasi parvulus sapiebam, quasi parvulus cogitabam. cum factus sum vir, ea quae parvuli erant destruxi. hoc dicit quia exeuntes sancti de hoc mundo plus necesse est inveniant quam nunc putant, sicut Iohannes apostolus de salvatore dixit: tunc videbimus

---

21 I Ioh. 3, 2

---

1 quia *P* fraternae] *add.* caritatis *Π* **2** et *pr. om. ΠEP* manet *A* **3** autem] ergo *A* euacuabantur *E*[1], abolebuntur *A* **4** scientiae *LP* euacuabuntur *L*, destruetur (dis- *A*) *PA (Vulg.)* **5** cognoscimus] scimus *N VEA*, *om. K* prophetabimus *C* **6** uenerit autem *A* **6 sq.** distruentur *A* euacuabitur quod ex parte est *(Vulg.) NL* **8** non in *A* **10** plenitudines *W* qui *scripsi*, quin *LCWGD*, quid *ΠET*, quoniam *A* **11** conplectatur omne *A* **11 sq.** distruetur *A*, destruitur *C*, destruatur *WG* **12** non quod *ΠET* est *om. V* **13** addito *L* deest] est *P* destruitur *K VETL*, distruetur *A*[1] **14** enim *om. L* **14 sq.** perfectum *EWGP*, *add.* eius *L* **15** in *om. D* **16** quasi] ut *(Vulg.) NKE* **16 sq.** loquebar quasi paruolus *V* **17** quasi] sicut *A (bis)* sapiebam quasi paruolus *V* **17 sq.** cogitabam ut paruolus *(Vulg.) V*, *om. N* **18** ea] et *E*[1], *om. PD (Vulg.)*, qui et *A*[1] **18 sq.** quae—destruxi] euacuaui quae erant paruuli *(Vulg.) P* **19** destruxi] deposui *TA* hoc dicit *om. A* dixit *EWGPD* quia exeuntes] ex. enim *A* **21** dixit] ait *P* tunc] cum *ΠEP*

illum sicut est. in hac ergo vita parvuli sumus ad comparationem futurae vitae, quia sicut vita haec inperfecta est, ita et scientia.

13, 12. Videmus nunc per speculum in aenigmate; tunc vero facie ad faciem. apertum est nunc imagines videri per fidem, tunc res ipsas.

Modo scio ex parte; tunc vero cognoscam, sicut et cognitus sum. id est videam quae promissa sunt, sicut videor. hoc est praesentem esse ad deum, ubi Christus est.

13, 13. Manent autem fides, spes, caritas, tria haec. maior autem horum est caritas. digne maior est caritas, quia ut fides praedicaretur et spes esset futurae vitae, caritas praestitit, sicut supra memoravi. unde et Iohannes apostolus: ex hoc cognoscimus, inquit, caritatem eius, quia ipse pro nobis animam suam posuit. iuste igitur maior caritas, per quam reformatum est genus humanum.

14, 1. Sectamini caritatem, aemulamini spiritalia, magis autem ut profetetis. post caritatem profetandi studium magis habendum hortatur, quia quamvis magni sint spiritales gradus, quos enumerat, hic tamen melior, quia (qui) ad utilitatem ecclesiae proficit, ut discant omnes divinae legis rationem. in quo enim quis animum de-

---

9 II Cor. 5, 8 **15** I Ioh. 3, 16

---

1 sicut et *LC* **1 sq.** computationem *P* **2** uita est *K*E^{1} **3** et] ut *N* **4** uidemus enim *A* **5** vero] uerbo *T*, autem *(Vulg.) A* **6** ipsa *A* **7** modo scio] nunc cognosco *(Vulg.) TA* vero] autem *(Vulg.) A* **8** et *om. A* videam *codd.* **9** ad *om. D* **11** nunc autem manent *(Vulg.) A* manet *ΠET* spes fides *ΠLA* **12** autem *om. A* eorum *N* est horum *A* caritas *om. A* **13** et] aut *N* esse *K* **15** inquit *om. P* **17** caritas est *E* **18** hominum *A* **20** prophetis *N*$E^{1}D^{1}A^{1}$ **20 sq.** prophetae *Π* studium prophetandi *A* **22** sunt *T* tamen *om. A* **23** quia *ΠEA*, qua T^{1}

derit, in eo ipso accipit donum dicente Solomone: scire legem sensus est optimus. scientia enim subnixa caritate non inflatur, sed est mansueta proficiens omnibus ad utilitatem.

14, 2. Qui enim loquitur linguis, non hominibus loquitur, sed deo; nemo enim audit, spiritu autem loquitur mysteria. hoc est quod dicit, quia qui loquitur incognita lingua, deo loquitur, quia ipse omnia novit. homines enim nesciunt, ideoque nullus est ex hac re profectus. spiritu autem loquitur, non sensu, quia ignoratur quod dicit.

14, 3. Qui enim profetat, hominibus loquitur ad aedificationem et exhortationem et consolationem. aedificatur enim, quando quaestionum solutionem addiscit; exhortatio autem illi fit, ut desiderium patiatur profetandi; consolatur vero, quia contemptum disciplinae in spe videt. scientia enim legis firmat animos et provocat ad spei melioris profectum.

14, 4. Qui loquitur lingua se ipsum aedificat. qui vero profetat ecclesiam aedificat. per id, quod enim solus forte scit quod loquitur, se solum aedificat; nam qui profetat omnem plebem aedificat, dum intellegitur ab omnibus quid loquatur. profetas interpretes dicit scripturarum. sicut enim profeta futura dicit quae nesciuntur, ita et hic, dum scripturarum sensum, qui multis occultus est, manifestat, dicitur profetare.

---

1 Sap. 6, 16

---

1 dicentes *T* **2** subnexa *NKET*, obnixa *A* caritati *ΠETA* **5** loquitur *om. WG* spiritus *A* **6** mysterium *A* **8** ideo enim *A* **8sq.** perfectus *T* **9** qui *A* **11** enim] autem *A* **12** ad *om. ΠLC* **13** aedificatur enim] aedificationem *V* solutionum *WG*[1] **14** illis *A* **15** contemptu *ΠETP*, -o *A* **16** etenim *A* **17** profectus *A* **18** semetipsum *(Vulg.) ΠETP* **19** qui—aedificat *om. V* vero] autem *A* per id quod] quid *P* **20** nam—**21** aedificat *om. V* **21** aedificat] significat *K* dum *om. CWG*[1] **22** quod loquitur *ET* **23** praedicit *L* **24** multis et *K* occultis *WG*[1]

14, 5. Volo autem vos omnes loqui linguis, magis autem ut profetetis. non poterat prohibere loqui linguis, quia superius donum istud dicit esse spiritus sancti, sed ideo profetandi magis studium habendum, quia utilius est. Maior est enim qui profetat, quam qui loquitur lingua, nisi interpretetur. quia si interpretari poterit, non erit minor, quia aedificat ecclesiam. hoc enim maius est, quod omnibus prodest. hic enim per donum dei linguis loquitur, qui etiam interpretatur, sicut et illi duodecim in Actis apostolorum.

14, 6. Nunc, fratres, si venero ad vos linguis loquens, quid vobis prodero, si non loquar vobis aut in revelatione aut in notitia aut in profetia aut in doctrina? haec omnia unum significant; docere enim nemo poterit, nisi intellegatur.

14, 7. Tamen quae sine anima sunt vocem dantia, sive tibia sive cithara, si distinctionem sonus non dederint, quomodo cognoscetur quod per tibiam canitur aut quod citharizatur? 8. etenim si incertam vocem tuba dederit, quis se parabit ad praelium? quoniam exempla facilius suadent quam

---

9sq. *cf.* Act. 2, 4

---

1 omnes uos *(Vulg.) A*, vos *om. P* linguis loqui *P* **3** qui *NKETA* dixit *A* **4** sed *om. N* habentum *K*, habent *N* **5** enim est *G* **5sq.** lingua loquitur *KVE* **6** nisi aliquis, *post* interpretetur *add.* ut ecclesia aedificationem accipiat *A* que *A* **7** non enim *E* erit] enim *A* qui *A* **8** quod] quia *V* hominibus *P* pro dono *ΠE* **9** sicut enim *E* **10** apostolorum *om. NT* **11** nunc autem *(Vulg.) ΠEL* **12** nisi uobis loquar *(Vulg.) A* loquor *TWG* **13** aut *pr. om. A* reuelationem *W*G^1 notitia] scientia *(Vulg.) A* **16** quia animam non habent *A* animae *W*G^1 **17** dantia sunt *A* **17sq.** si . . . non] nisi *(Vulg.) ΠETD*, si non *A* **18** dederit *D* cognoscetur] scietur *(Vulg.) TA* **19** uel *A* cytheratur *N* **19sq.** nam si *A*, etsi enim *(Vulg.) E* **20** dederit tuba *LA* qui *K* **20sq.** parauit *TW*G^1, praeparabit *KD* **21** ad *om. N* praelium] bellum *(Vulg.) ΠEA* suadunt *NK* **21sq.** quam uerba suadent *A*

verba, exemplis conmendat per quae facile adsequantur non debere illos in ecclesia loqui linguis, qui interpretari non possunt. ut quid enim loquatur, quem nemo intellegit?

14, 9. Ita et vos per linguam nisi significantem sermonem dederitis, quomodo scietur quod loquimini? eritis enim in aera loquentes, hoc est nihil proficientes.

14, 10. ⟨Multa⟩ ut puta genera linguarum sunt in hoc mundo et nihil sine voce. multa quidem genera sunt linguarum, inquit, sed habent vocum significationes proprias, ut intellegantur.

14, 11. Si ergo nesciero virtutem vocis, ero ei cui loquor barbarus, et is qui loquitur mihi barbarus. non utique id studendum monet, ut invicem per incognitam linguam barbari sibi videantur; sed quia concordiae res est, his nitendum est, ut per unanimitatem intellectus communi laetitia glorientur.

14, 12. Sic et vos, quoniam aemulatores estis spirituum, ad aedificationem ecclesiae quaerite, ut profetetis. quia prodest scripturas explanare — nam incitatur et gaudet animus, quando aliquid de scripturis percipit; et quantum propensior in hac parte fit, tantum deserit vitia —, propterea ad hanc partem studium monet adplicandum.

14, 13. Ideo qui loquitur lingua, oret ut interpretetur. eum qui linguis loqui desiderat, orare debere, ut

---

1 uerbis exemplis enim *V* **2** illis *K* loqui *om. V* **4** significantem] manifestum *(Vulg.) T* **5** scietur] intellegatur *A* **5 sq.** quod dicitur *(Vulg.) TA* **6** aere *NKWG* **8** multa *om. codd.* puta quanta *A* **10 sq.** uocem significationis propriae (pr. s. *L*) *ΠETL* **12** si – nesciero] igitur si ignorem *A* **13** et is] ex his *V*, is *om. A (Vulg.)* **14** id *om. A* inuocem *P* **15 sq.** concordia *K* **16** unitatem *A* **18** sic] ita *A* **19** spiritus, *om.* ad *A* **20** prophetis *VE*G^1D^1, abundetis *(Vulg.) TA* quia] quod *K* exponere V^1

accipiat donum interpretandi, ut proficiat ceteris studium eius.

14, 14. Si oravero lingua, spiritus meus orat; mens autem mea sine fructu est. manifestum est ignorare animum nostrum, si lingua loquatur quam nescit, sicut adsolent Latini homines Graece cantare oblectati sono verborum, nescientes tamen quid dicant. spiritus ergo, qui datur in baptismo, scit quid oret animus, dum loquitur aut perorat lingua sibi ignota; mens autem, qui est animus, sine fructu est. quem enim potest habere profectum, qui ignorat quae loquatur?

14, 15. Quid est ergo? orabo spiritu, orabo et mente; psalmum dicam spiritu, psalmum dicam et mente. hoc dicit quia, cum quis hac lingua loquitur quam novit, tam spiritu quam mente orat, quia non solum spiritus eius, quem dixi datum in baptismo, scit quod oratur, sed et animus simili modo, et de psalmo non ignoratur.

14, 16. Ceterum si benedixeris spiritu, hoc est, si laudem dei lingua loquaris ignota audientibus.

Quis supplet locum idiotae? quomodo dicit amen super tuam benedictionem, quia nescit quid dicas? inperitus enim audiens quod non intellegit, nescit finem orationis et non respondet: amen, id est verum, ut confirmetur benedictio. per hos enim impletur confirmatio pre-

---

2 eius] eum *K* **3** nam si *(Vulg.) E* **4** sed mens *A* mensa N^1, manus *K* fructum *N* **5** quae *A* **6** solent VE^1, et solent *WG* oblectari (-re *V*) *ΠET* **9** orat *T* linguam sibi ignotam *ET* **10** quem] quod *A* profectum] fructum *L* **11** qui eloquatur WG^1, quae loquitur *LA* **12** ergo est *(Vulg.) A* **13** mentem *C* psallam *(Vulg.) T (bis)* **14** dixit *P* **15** orat] loquitur *P* quia *om. V* **16** dixi *D*, dixit *cett.* quid *VL* **17** oratur *Π* **18** hoc] id *A* **19** si *om. NWG* **20** qui *(Vulg.)* $ΠD^1$, quid A^1 **21** benedictionem] eucharistiam *A* quia] quoniam quidem *A* nescis *VA* **22** dicat *V* **23** et] ideo *A* respondet *D*, -it *cett.* verum] vere *K*, fiat *A* **23 sq.** confirmet *D*

cis, qui respondent amen, ut omnia dicta veri testimonio in audientium mentibus confirmentur.

14, **17.** Nam tu quidem bene gratias agis. de deo dicit, qui cognita sibi loquitur, quia scit quid dicat. Sed alius non aedificatur. si utique ad aedificandam ecclesiam convenitis, ea debent dici, quae intellegant audientes. nam quid prodest, ut quis lingua loquatur quam solus scit, ut qui audit nihil proficiat? ideo tacere debet in ecclesia, ut hi loquantur, qui prosint audientibus.

14, **18.** Gratias ago deo meo, quod omnium vestrum lingua loquor. quoniam superius linguis loqui donum esse dixit spiritus sancti, ideo ad deum refert, quod omnium lingua loqueretur. et ne forte quasi aemulus per invidiam hoc docere (dicere) videretur, ostendit se omnium quidem horum loqui linguis, et quia non valde prodest.

14, **19.** Sed in ecclesia, inquit, volo quinque verba loqui per legem, ut et alios aedificem, quam decem milia verborum in lingua. utilius dicit paucis verbis in adapertione sermonis loqui, quod omnes intellegant, quam prolixam orationem habere in obscuro. hi ex Hebraeis erant, qui aliquando Syra lingua, plerumque Hebraea in tractatibus aut oblationibus utebantur ad commendationem. gloriabantur enim se dici Hebraeos propter meritum Abrahae, quod idem apostolus pro nihilo habuit dicens: mihi autem absit gloriari nisi in cruce domini nostri

---

24 Gal. 6, 14

---

1 respondit *E* testimonia *N* A^1, -ii *D* in *om.* *ΠET* **4** dixit *A* que A^1 scit] sicut *N* **5** non] qui *K* sicuti quae *N* **5sq.** aedificandum *EL*, *add.* in *LC* **6** conuenitur *NVETLPA*, conuenit *K* dici] loqui *ETA* **9** ille loquatur qui prosit *A* **10** meo *om.* *A* quia *A* **11** nostrum *K* magis lingua *A* linguarum *K* **12** dicit *K* **13** et *om.* *A* **14** docere *ΠEA* se *om.* *CD* **15** quia] quod *A* **17** verba] *add.* sensu meo *(Vulg.)* *TA*, *om.* per legem **18** decem—verborum] multa m. sermonum *A* **19** apertione (adp- *V*) *VCWGPD* **22** aut in *A* ad] aut *K*, ut *N* **23** dici Hebraeos] de hebreis *K* **25** crucem *C*

Iesu Christi. hos quidam imitantes ignota sibi lingua loqui malebant in ecclesia ad populum quam sua, sicut Latini symbolum Graece.

14, 20. Fratres, nolite pueri effici sensibus, sed malitia parvuli estote, ut sensibus perfecti sitis. perfectos illos vult esse, ut sciant quid ad instructionem ecclesiae sit necessarium, ut recedentes a malitia et erroribus his studerent, quae proficerent ad utilitatem fratrum. hic est enim sensu perfectus, qui id agit, ut prosit alicui, maxime fratri.

14, 21. In lege enim scriptum est quia in aliis linguis et in labiis aliis loquar populo huic, et nondum me exaudient (-et), dicit dominus. 1. hoc dominus de his dixit, quos praesciit nec salvatori credituros. in aliis enim linguis et in aliis labiis loqui novum testamentum est praedicare, sicut dicit Hieremias profeta: ecce venient dies, dicit dominus, et consummabo domui Istrahel et domui Iuda testamentum novum non secundum quod disposui patribus illorum. hoc est inmutata ratione aliter loqui quam se legis veteris verba habebant, dum audiunt sabbatum solvi, numenias evacuari, circumcisionem cessare, sacrificia inmutari, escas dudum prohibitas licere edere, Christum de deo deum praedicari. hoc est aliis labiis ⌊loqui⌋ et aliis linguis {loqui}. et nec sic perfidi

---

11 Is. 28, 11 **16** Ier. 31, 31 sq. **23** *cf.* Symb. Nic.

---

1 hos—**3** Graece *A*, *om. cett.* **4** pueri] fieri *K* **6** sciat *Π*, faciant *A* quid] quod *A*, qui *P* **7** maliti *A* **8** his *om. A* studerunt *A*, *add.* facere A^{2} **9** sensus *KGA* qui id] quid *NKPTD*^{1}, qui *EL*, qui ait A^{1} ut] quod *A* **11** enim *om. A* quoniam *(Vulg.) A* **12** et—aliis *om. A* in *om. T* aliis labiis *E* loquor *P* populo] plebi *A* **13** non *P* exaudient *ΠETLDA* **14** praescit *A*, scit *WG* **15** in *alt. om. ΠET* **16** ueniunt *A* **16 sq.** dies uenient *E* **18** iudae *TWPD* **19** eorum *KP* **20** aliter] aliquid *V* **20 sq.** ueteris se uerba habebunt *A* **21** habeant *D* **22** cessari *G* **23** licere] debere *A* praedicare *LPD* **24** labiis loqui *ΠETPDA*

deum obaudire voluerunt. 2. potest et sic intellegi, ut quia multi Iudaeorum malivoli erant et propterea non erat dignum (dignum non erat) his in revelatione loqui evangelium, ⌊sed⌋ in parabolis loqueretur ad eos, et intellegentes ideo non sibi (sibi non) revelari, quia mali erant nec sic se corrigerent, ut mererentur (mereri se facerent) per explanationem audire verba dei. unde dicunt discipuli ad dominum: domine, quare in parabolis loqueris illis? et dominus: quia vobis datum est, inquit, nosse mysterium regni dei, illis autem non, ut videntes non videant et audientes non intellegant, ne indigni salutem perciperent, quod animadvertentes pro meritis suis factum nec sic conversi deo satisfacere voluerunt.

14, 22. Itaque linguae in signo (signum) sunt. 1. hoc est velamine incognitae linguae obscurati sunt sermones dei, ne videantur a perfidis, et cum audiuntur incognitae linguae, signum sit, quia propter perfidiam factum est, ne audiens intellegat.

Non utique his qui credunt, sed non credentibus. hoc est quod dixit, quia ad occultandos sensus incredulis proficiunt linguae.

Profetia autem non incredulis, sed his qui credunt. 2. hoc est non competit fidelibus audire linguas quas non intellegant, sed infidelibus, qui non sunt digni intellegere,

---

7 Matth. 13, 10 8 Matth. 13, 11. 13

---

1 noluerunt *N* ut] et $W^1 G^1$ **2** non erat dignum *ΠET* **3** reuelationem *CWGD* sed $ΠETLG^2P$ **4** et] ut *A* intellegerent *ΠETA* non sibi *ΠE* **5** essent *A* nec] et uel *A* sic se] si *WG*, sic *T* **6** mererentur $ΠETA^2$, mereantur A^2 **10** illis] ad illos *E*, ad illis *L*, israel *K* **11** non] nec *K*, nonne *V* **12** ne *KP* **12sq.** conuerti *A* **14** signo *ΠET* **15** in uelamen *A* obscuritati *N* **16** et—**18** intellegat *om. A* **18** ut ne *NK* audientes intellegant *P* **19** utique *om. A* **20** dixit *A*, dixi *cett.* cultandos sensos *A* **22** prophetie KWG^1A **22sq.** infidelibus sed fidelibus *(Vulg.) A* **24** intellegunt *K*

sicut dicit Esaias profeta: vade et dic populo huic: aure audietis et non intellegetis etc.

14, 23. Si convenerit universa ecclesia in unum et loquantur omnes linguis, introeant autem et idiotae, nonne dicent quia insanitis? manifestum est quia, si omnes diversis linguis loquantur, tumultus fit quidam inconditus populi quasi frenesim patientis.

14, 24. Quodsi (si autem) omnes profetent, introierit (intret) autem aliquis infidelis vel idiota, increpatur ab omnibus, redarguitur ab omnibus, **25.** occulta cordis eius manifesta fient; et tunc cadens in faciem adorabit deum pronuntians quod vere deus in vobis est. cum enim intellegit et intellegitur audiens laudari deum et adorari Christum, pervidet veram esse et venerandam religionem, in qua nihil fucatum, nihil in tenebris videt geri, sicut apud paganos, quibus velantur oculi, ne quae sacra vocant percipientes (perspicientes) variis se vanitatibus cernant inludi. omnis enim inpostura tenebras petit et falsa pro veris ostendit. ideo apud nos nihil abdite (astute), nihil sub velamine, sed simpliciter unus laudatur deus, ex quo sunt omnia, et unus dominus Iesus, per quem omnia. si enim nullus sit, quem (qui)

---

1 Is. 6, 9 **20 sqq.** I Cor. 8, 6

---

2 aure *om. A* intellegitis *K* **3** si ergo uniuersa conuenerit *A* conueniat *T (Vulg.), add.* uniuenerit *K* **4** linguis loquantur omnes *A* linguas *P* introeant] intrent *(Vulg.) TA* autem *om. D* **4 sq.** et idiotae] imperiti aut infideles *A* **5** non *KW*[1]*GA* **7** inconditus] incondignitus *WG*[1], incognitus *V*, in coetu *A* frenesin *K*, frenes in *NA* patientes *LPA*, patiens *ΠETD* **8** quodsi *ΠE* **8 sq.** introierit *ΠEA* **9** quis *T* vel—**11** cordis] aut imperitus arguitur ab omnibus iudicatur ab omnibus occulta quoque cordis *A* **11** manifeste *EA*, -um *W* fiunt *CWGD*, -ant *P* **12** faciem eius *E* adorauit *WG*[1] **13** deus sit in uobis *L* sit *(Vulg.) V* **13 sq.** et intellegitur *om. A* **14** laudare *A* peruidit *P* **17** ne quae] neque *KEWG*, ne qua *A* percipientes *ΠA* **18** omnes *WG*[1] **20** abdite *ΠETL* **21** et *om. A* **22** quem *alt. ΠA*

intellegat aut a quo ipse discutiatur, potest dicere seductionem esse quandam et vanitatem, quae ideo linguis canitur, quia pudoris est, si reveletur.

14, 26. Quod est ergo, fratres? cum convenitis, unusquisque vestrum psalmum habet. 1. id est laudem dei per cantum eloquitur.

Doctrinam habet. hoc est sensuum per spiritalem prudentiam habet expositionem.

Revelationem habet. id est subest ei profetia occultorum, quae ad omnium mentem perveniat favente spiritu sancto (sancto spiritu).

Linguam habet. ut eos qui lingua loqui poterant non contristaret, permisit eis (eos) loqui linguis; ita tamen, ut interpretatio sequeretur. ideo ait:

Interpretationem habet, ut si interpres adesset, daretur locus loquendi linguis.

Omnia ad aedificationem fiant. 2. conclusio haec est, ut nihil in cassum in ecclesia geratur. hoc (hocque) elaborandum magis, ut et inperiti proficiant, ut nihil (ne quid) sit corporis per inperitiam tenebrosum. idcirco omnes paratos vult convenire diversis donis spiritalibus, ut ipsa aviditate animi vigilantes invicem se exhortantes meliora dona aemulentur (aemularentur) ad inluminationem fratrum.

14, 27. Sive enim lingua quis loquitur, per duos, ut multum tres; et particulatim, ut unus

---

2 vanitatem] uni- *C* **4** igitur est *A* conueneritis *A*, uenitis *N* **5** vestrum *om. A* **6** canticum *D* **7** sensum *ΠCPA* per *om. V* spiritalem] naturalem *A* **8** expositionem] *add.* habet *V* **9** revelationem] adapertionem *A*, apocalypsin *T (Vulg.)* **10** mente *C* perueniant *V* **10sq.** favente—sancto *om. A* spiritu sancto *ΠE* **12** linguis loqui *V* **13** permisi WG^1 eis *ΠET* tamen] tunc *A* **14** ideoque *D* ait et *V* **16** loquenti *CA* **18** hoc *ΠETA*, hoc quoque *D* laborandum *WGD* **19** et *om. ΠEA* ut nihil *ΠETA* **22** in inuicem $NKTG^2$ exhortantes *A*, -tati *cett.* **23** aemulentur *ΠET* illuminatione *C*, inluminonem *P*, emulationem *A* **24** enim *om. A* **25** duos] binos *A* ut *pr.*] aut *ECWGPD*, siue *A* per *(om. C)* partes *(Vulg.) TCA* ut *alt.*] et *(Vulg.) ΠELP*, *om. A*

interpretetur. hoc est duo aut tres, plus non linguis loquantur, sed singuli, non simul omnes, ne insanire viderentur; ideo ergo ut multum tres, ne occuparent diem linguis loquentes et interpretes illorum et non haberent profetae tempus scripturas disserendi, qui sunt totius ecclesiae inluminatores.

14, 28. Quodsi non fuerit interpres, taceat in ecclesia; sibi autem loquatur et deo. hoc est intra se tacite oret, ut (aut) loquatur deo, qui audit muta omnia. in ecclesia enim ille debet loqui, qui omnibus prosit.

14, 29. Profetae autem duo aut tres loquantur, et alii examinent vel interrogent. ipsum modum tenuit dicendo: duo aut tres loquantur, singuli autem sicut supra. ceteros autem interrogare permisit de his, quae forte in ambiguum veniunt aut quae adsequi aliquis non potest, quia diversa sunt ingenia, ut disputatione planiore dilucidentur.

14, 30. Quodsi alii revelatum fuerit sedenti, prior taceat. id est permittat potior inferiori, ut si potest dicat; nec aegre ferat, quia potest et illi dari donum ut dicat, cum videtur inferior, quod potiori concessum non est. sicut enim totum uni concedi non potest, licet potiori, ita et non potest alicui, quamvis inferiori, nihil inpertiri, ut nemo sit vacuus a gratia dei.

14, 31. Potestis enim per singulos omnes profetare, ut omnes discant et omnes exhortentur.

---

3 ut] aut *D*, ait *L* **4** et *pr. om. ΠETD* interpretem *WG*, -tae *C*, -te *N* **5** disserentes *P*, discernendi *A* **7** si autem *(Vulg.) A* **9** ut *ΠET* **11** autem *om. A* aut] uel *L* **14** ceteri *A* autem] utique *A* quae forte] qui *K* **15** ambiguis *WG*^{1}*P*, -i *T*^{1}, -us *C* aliqui *ΠC* al. adsequi *ΠET* **16** planiora *D* **16sq.** delucidentur *A* **19** potior] prior *NK* inferiorem *N* poterit *E* **20** quia et *L* illi non *A* daret *WG*^{1}*A*^{1} **22** potiora *P* **23** inferiori] *add.* ut superest *E*^{1} **24** a *om. CGP* **25** enim omnes *(Vulg.) T* omnes *om. TCWG*^{1}*P* **26** exhortent *G*, consolentur *A*

haec traditio synagogae est, quam nos vult sectari, quia Christianis quidem scribit, sed ex gentibus factis, non ex Iudaeis, ut sedentes disputent, seniores dignitate in cathedris, sequentes in subselliis, novissimi in pavimento supra (super) mattas. quibus si revelatum fuerit dandum locum dicendi praecipit nec despiciendos, quia membra corporis sunt.

14, 32. Et spiritus profetarum profetis subiectus est. quia enim unus atque idem spiritus est, qui tam profetis futura dicentibus, quam his qui revelant scripturas infundit se pro ratione et qualitate causarum, idcirco dixit: subiectus est profetis, ut ingenia accenderet hac spe, quod spiritus conatus bonos adiuvet. desiderio enim optimo ad dei res enarrandas subvenit, ut impleat boni propositi voluntatem. nam et de salvatore idem dictum est: bibebant autem de sequenti spiritali petra, petra autem erat Christus. hoc est subiectum esse, quod et sequi. sequebatur enim, ut humanis suffragiis deficientibus adesset ad auxilium tribuendum. ita et spiritus subiectus dicitur, ut conatus bonos adiuvet cum suggerit. subiectus enim videtur, qui coepta alterius perficit.

14, 33. Non est enim dissensionis res, sed pacis. quia ergo pacis res est dicente salvatore: pacem meam do vobis, pacem meam relinquo vobis, nemo alterum non sinat dicere neque debebit dicenti studio contradicendi

---

14 I Cor. 10, 4 **22** Ioh. 14, 27

---

1 est] esse *NK* quam—**3** Iudaeis *om. A* **4** supra *ΠEA* **5** si] se *N* **6** praecepit *NKETLCG* nec] ne WG^1 dispiciendos *NKCA* que *A* **10** pro ratione] per (in *V*) orationem (-ne *K*) *Π* qualitatem *Π* **11** accenderent *A* spem *P* **12** conatus—**24** studio *om. CWG* conatos *KA*, -is *NP* bonus *VE*, *om. L* desidero *K* **13** rem enarrandam *P* **14** et *om. A* **15** autem *pr. om. ΠDA* spiritali sequenti (-e *L*) *ETL* **16** est] est et *LD* sequi] *add.* gerit *P* **17** humani *P* **18** ad *om.* V^1P **19** conatos *PA*, *add.* dicitur *K* **20** qui] cum *D* **21** enim est *(Vulg.) T* est *om. A* res] deus *(Vulg.) TA* **22** res *om. A* **23** meam *om.* CWG^1D **24** neque debebit] quod debeat *D* debet *L* dicendi *KV* contradicentis *A*, -ti *ND*

resistere, ne discordia fiat in corpore. qui enim in pace vocantur, patientiae debent studere, ne pacis iura solvantur. Sicut in omnibus ecclesiis sanctorum doceo. hoc dicto hortatur illos, ut quae praecepit faciant, quando similiter se ecclesiis sanctorum praedicare testatur.

14, 36. Aut a vobis verbum dei profectum est aut in vos solos devenit? 1. arguentis verba sunt. sic enim inflati erant, quasi ipsis promissa fuisset haec salus, et exemplo eorum ceterae gentes vocarentur ad fidem aut non essent aliqui, qui possent suscipere gratiam dei apostolis praedicantibus. sic enim se iactabant quasi beneficium darent magis quam acciperent accedentes ad fidem; unde dicit: aut in vos solos devenit verbum dei? 2. omnis enim qui vult aliquid emere, quod scit ab aliis non requiri, cum quodam fastidio accedit ad emptionem quasi beneficium praestaturus vendenti. ideo hoc apostolus arguit in Corinthiis, quia tales se praebebant elatione vanitatis, quasi, si ipsi non oboedirent verbis fidei, nemo esset qui crederet, sicut dicit Iudaeis: vobis primis oportebat loqui verba vitae huius, sed quia repulistis ea indignos vos facientes aeternae vitae, ecce convertimus nos ad gentes.

14, 37. Si quis existimatur profeta esse aut spiritalis, cognoscat quae scribo vobis, quia domini sunt. hoc dicens tangit supra memoratos falsos apos-

---

19 Act. 13, 46

---

2 patientiam *A* **4** praecipit *A* **5** se *om. ΠE* **6** verbum] sermo *A* profactum est *N*, processit *(Vulg.) A* **7** uobis solis *A* **8** ipsis tantum *A* **9** exempla *P* aut] ut *A* **10** possint *A* **12** accipere *D* unde] ideo *A* **13** uobis solis *A* **14** aliis] illis *A* **15** ad emptionem accipit *A* ad temptationem *N* **16** uidenti *P* apostolos *G* que talis A^1 **17** quasi] quia *ΠE* si *om.* $T^1C^1W^1A^1$ obedissent *P* **19** primum *K* uerbum *ΠET* vitae] dei *V* **20** ea] et *KVET* **21** ecce *om. ΠET* conuertimur *WGD*, -temur *P* **22** exaestimatur WG^1, uidetur *(Vulg.) A* uel *A* **24** sunt] est mandatum *A*

tolos, a quibus fuerant depravati, qui pro desideriis hominum non divina, sed terrena docebant. ideo hic nihil suum tradere se dicit, sed domini, ut quibus suadet deo adquisiti, non hominibus videantur. qua fiducia et constanter praedicat liberam habens conscientiam, quia non hominibus placere vult, sed deo. unde peccatoribus non blanditur ut crescant, sed admonet ut desinant.

14, 38. Si quis autem ignorat, ignorabitur. recte quia, qui nescit domini esse quae loquitur apostolus, et ipse a domino ignorabitur in die iudicii dicente domino: amen dico vobis, quod nescio vos.

14, 39. Propter quod, fratres, aemulationem habete profetandi. quamvis arguat hos et in multis reprehendat et corripiat, eo quod recesserant a traditione eius, tamen fratres hos vocat, quia dicit Esaias ad plebem domini: dicite his qui non recte ambulant in viis meis: fratres nostri estis vos. ut ergo consolaretur istos post correptiones, fratres illos vocat et ad aemulationem profetiae hortatur, ut adsidua disputatione et explanatione legis divinae fierent structiores, ut possent discere perversas esse pseudoapostolorum praedicationes.

Et loqui linguis nolite prohibere. et hoc propter caritatem, ut qui possunt loqui linguis et qui interpretetur fuerit praesens, non vetentur, ne fiat dissensio.

14, 40. Omnia enim honeste et secundum or-

---

11 Matth. 25, 12 **16** Is. 66, 5

---

2 docebunt *P* **3** sese *NKE* suadendo adquisiti *A* adquisita *E* **4** videantur] dent gloriam sed deo *A* qua] quia $KG^{1}D$, qui *P* **6** blandit *WG* **7** desinat *E* **9** quia *om. A* **12 sq.** propter—profetandi] itaque fratres aemulamini prophetare *A* **13** arguit *P* **18** correptionem *VPA*, correctiones *WGD*, corruptiones *NK* **19** et *om. WG* **20** instructiores *A* possint *ΠET* **22** non prohibeatis *A* hoc *om. ΠE* **23** ut *om. A* possint *E* interpretatur *D* **24** si fuerit *A* **25** enim] autem *(Vulg.) ΠE* honeste autem *L*

dinem fiant. hoc est secundum ordinem supra dictum. honeste autem illud fit, quod cum pace et disciplina fit.

14, 34. Mulieres vestrae in ecclesiis taceant. 1. nunc tradit quod praetermiserat. superius enim velari mulieres in ecclesia praecepit; modo ut quietae sint et verecundae ostendit, ut operae pretium sit, quia velantur. si enim imago dei vir est, non femina, et viro subiecta est lege naturae, quanto magis in ecclesia debent esse subiectae propter reverentiam eius, qui illius legatus est, qui etiam viri caput est.

Non enim permittitur illis loqui, sed esse in silentio, sicut et lex dicit. 2. quid dicit lex? ad virum tuum conversio tua et ipse tui dominabitur. lex haec specialis est. hinc Sarra dominum vocabat Abraham virum suum. ac per hoc in silentio iubentur esse, ne supra dictae legis sententia infirmetur, cuius memor Sarra viro suo erat subiecta, sicut dictum est. quamvis una caro sit, sed duabus ex causis iubetur esse subiecta, quia et ex viro est et per ipsam intravit peccatum.

14, 35. Si quid autem discere volunt, domi viros suos interrogent; turpe est enim mulieribus in ecclesia loqui. turpe est, quia contra disciplinam est, ut in domo dei, qui eas subiectas viris suis esse praecepit, de lege loqui praesumant, cum sciant illic viros habere primatum

---

4sq. *cf.* I Cor. 11, 5 **12** Gen. 3, 16 **14sq.** *cf.* I Petr. 3, 6 (Gen. 18, 12) **17** *cf.* Gen. 2, 24

---

2 pace—fit] prece ac disciplina facit *A* **3** vestrae] *om. A (Vulg.)*, uero G^2 ecclesia *L* **4** nunc autem *V* tradidit *VED* uelare *A*, ualeri *N* **5** praecipit *NVA* et] ac *W*, ut *A* **9** ligatus *V* **10** caput] copulata *V* **11sq.** esse in silentio] se subiectas esse A^1 **12** et *om. NA* lex dixit *A* **14** hinc] sicut *G* uocabitur *E* abraham uocabat *A* **15** suum *om. A* ac—**19** peccatum *om.* A^1 iubetur *PD*, *om. WG* **16** sententiae *K* **18** et *om.* NT^1 **21sq.** mulieres in ecclesiis *A* **22** quia qui *V* contra—**p. 164, 6** quod *om. A* disciplina *C* **23** qui eas] quietas *K* **24** loqui non *VTWG*

et sibi magis competere, ut in domo dei precibus vacent linguam retinentes, aures aperiant ut audiant, quomodo misericordia dei mortem vicit per Christum, quae per Evam regnavit. nam si audeant in ecclesia loqui, dedecus est, quia idcirco velantur, ut humiliatae appareant. illae autem se inverecundae ostendunt, quod et viris obprobrium est. in mulierum enim insolentia etiam mariti notantur.

15, 1. Notum autem vobis facio, fratres, quia evangelium, quod praedicavi vobis, quod et accepistis, in quo et statis, 2. per quod et salvi efficimini, quo sermone adnuntiavi vobis, debetis tenere nisi forte sine causa credidistis. ostendit illis quia, si in hac causa quae subiecta est, a traditione eius seducti sunt, perdiderunt quod crediderunt. omnis enim spes credentium in hoc sensu est, quia mortui resurgent. quod autem dicit: in quo et statis, his dicit, qui firmi erant in fide traditionis huius. promiscuis enim loquitur, ut et hi, qui fixi in fide sunt, gaudeant, et qui nutant, corripi se doleant et corrigantur.

15, 3. Tradidi enim vobis in primis, quoniam Christus mortuus est pro peccatis nostris secundum scripturas. 1. scripturas testamenti veteris memorat, quae futuram passionem domini cecinerunt. dicit enim Esaias profeta: ut ovis ad immolandum ductus est,

---

24 Is. 53, 7

---

2 aurem *D* 2 sq. misericordiam *K V* 3 Evam] cum *V*, eas *N C W G^1 P* 4 audiant *T^1 L P* quia *om. Π E* 5 humilitate *N W G D* 6 inuerecunde *E D* et] ex *V* 7 etiam *om. A* 8 facio uobis *A* quia *om. Π E T A (Vulg.)* 9 praedicavi] euangelizaui *A* 10 et *pr. om. E* 11 efficiamini *K* quo—12 tenere] qua ratione euangelizaui uobis si tenetis *A* 12 forte *om. A (Vulg.)* 13 quia si] quasi *V*, quia *A* quae *om. Π* 14 crediderant *Π E T* 15 qui *K* surgent *N* 16 et *om. Π E T P* his] illis *E T* 18 fide non *K* notant *N*, mutant *D* 19 doleant] debeant *K* corrigant *N K* 20 quoniam] quod accepi quia *A* 22 scriptura *P* 23 qua *A* futurum *E*, -a *P* passionis *P* enim *om. A* 24 est] sum *A*

et inter cetera: quoniam tolletur a terra vita eius, ab iniquitatibus populi mei ductus est ad mortem. haec in Christo reperta noscuntur. sed quia praeteriti temporis significatio videtur, non est adversum, quia apud deum, qui omnium praescius est, nihil futurum est. ideo sic dicit quod futurum est nobis, quasi factum sit. 2. nam in Apocalypsi Iohannis apostoli dicit: agnus, inquit, qui occisus est a constitutione mundi. quia enim aliter non fiet quam scit deus, factum dicitur. nobis enim fit, non deo, quia apud deum nihil est quod futurum dicatur. et in psalmo ait: dominus regnavit a ligno, et Moyses de cruce eius ita significavit dicens: tunc videbitis vitam vestram pendentem ante oculos vestros et non creditis. idcirco ergo in eadem causa et futuri temporis aliquando significantiam ponit, ne a perversis non de Christo dictum defenderetur, si totum quasi praeteritum significaret.

15, 4. Et quia sepultus est. nulli dubium mortuum sepultum esse, sicut dicit Esaias profeta: et dabo malos pro sepultura eius.

Et quia resurrexit tertio die secundum scripturas. omnia in fide clausa sunt. ideo sub persona populi resurrectio domini tertio die futura descripta est. dicit enim Osee profeta: post biduum ⟨sanos faciet nos⟩ et {in} tertio die resurgemus et vivemus in conspectu eius. in Christo enim omnes resurrexisse, sicut in Adam

---

1 Is. 53, 8 **7** Apoc. 13, 8 **11** Ps. 95, 10 **12** Deut. 28, 66 **18** Is. 53, 9 **23** Os. 6, 3

---

2 iniquitate *GP* **6** a nobis *E* nam et *A* **7** apostolus *G* dicitur *LWPA* **9** fiet] fit *A*, faciet *K* **11** regnabit *ET* cruce rei *A*[1] **12** ita *om. A* **13** creditis *KCA*[1], -detis *cett.* **14** eandem *K* causam *Π* **15** significantia ponitur *D* **17** dubium est *ETL* mortuum] *add.* ac *D*, *add.* et *G*[2], *om. L* **18** malos] iniquos *A* **20** qui *K* surrexit *D* tertio *NKED*, -tia *(Vulg.) cett.* **21** causa *V* **23** sanos faciet nos *om. codd.* in *om. ΠET* **24** tertia *P* resurgimus *VCA*[1] uiuimus *V* **25** resurreximus *A*, -xissem *P*

mortuos esse nemo fidelium denegat. simili modo ⌊et⌋ in psalmo sub persona hominis etiam de Christo significat dicens: omnia subiecisti sub pedibus eius; gloria et honore coronasti eum.

15, 5. Et quia visus est Cephae, id est Petro. hoc etiam Cleophas cum socio suo (et Amaus) testantur in evangelio cata Lucan, quod apparuit soli Petro.

Postea illis undecim. et hoc in evangelio continetur.

15, 6. Deinde apparuit plus quam quingentis fratribus simul. hoc sua fide loquitur.

Ex quibus plures manent usque adhunc, quidam autem dormierunt. de his quibus post resurrectionem apparuit dominus, tunc multos dicit fuisse in corpore.

15, 7. Deinde apparuit Iacobo. singulari Iacobo apparuit sicut et Petro. quod ideo puto factum, ut multifaria adparentia fidem resurrectionis firmaret.

Postea apostolis omnibus. iterum omnibus apostolis visus est in monte, ubi constituerat illis Iesus, sicut refert Matthaeus evangelista. ante in Hierusalem post dies octo resurrectionis suae, id est dominica die, ianuis clausis intravit ad discipulos, ut Thomae animus firmaretur, sicut dicit Iohannes apostolus. in monte enim intellegitur mandata illis dedisse.

15, 8. Novissime autem omnium quasi abortivo

---

3 Ps. 8, 8. 6 **6sq.** *cf.* Luc. 24, 34 **18** Matth. 28, 16 **20sq.** *cf.* Ioh. 20, 26

---

1 mortuus *N* V^1 et *ΠETGPD* **2** sub *om.* *NV* **4** honorem *C* **6** cleopas *NCA* cum socio suo (suo *om.* *NK*) *ΠETL*G^2*P*, *om.* *A* testatur *PDA* **7** cata lucam *EG*, lucae T^2, *om.* *V* soli Petro *om.* T^1*W*G^1*P* **8** illis] aliis *A* in *om.* *WG* euangelio hoc *A* **9** quinquagentis A^1 **10** loquitur] dicit *L* **12sq.** de—corpore *om.* *A* **14** Iacobo *pr.*] petro *Π* singulariter *WGP* **17sq.** iterum apostolis omnibus *ETWGP* **18** illis] eis *A* **19** referat A^1 in *om.* *ΠA* **20** id est] idem *A* **23** sedisse *W*G^1 **24** quasi] tamquam *(Vulg.)* *PA*

visus est et mihi. apparuit illi primum in caelo, post oranti in templo. abortivum se dixit, quia extra tempus natus in Christo apostolatum accepit {iam Christo} in caelo (caelos) ⌊domino⌋ recepto cum carne.

15, 9. Ego enim sum minimus omnium apostolorum. humiliat se et temporis causam sibi adscribit. tempore enim minor est, non dignitate. sed quia et persecutor fuit, inclinat se dicens: qui non sum dignus vocari apostolus, quia persecutus sum ecclesiam dei. **10.** gratia autem dei sum quod sum. 1. deo dat gloriam, qui eum elegit, et dignitatem suam non sibi defendit, sed indignum se dicit. unde vere plus meretur sciens dixisse dominum: qui se exaltat humiliabitur.

Et gratia eius pauper non fuit in me (in me non fuit). 2. hoc dicit quia non propter quod persecutus est, minorem gratiam in apostolatu accepit.

Sed plus illis omnibus laboravi. addit ad causam, quia non solum minoratus non est, sed et amplius propter constantiam, qua vigebat in Christo, adflictus est, quod non aegre ferens dignior factus est.

Non ego autem, sed gratia dei mecum. ne se extulisse iactanter putaretur, statim se humiliat, cum hoc

---

1 sq. *cf.* Act. 9, 4; 22, 17 sqq. **13** Luc. 14, 11

---

1 primum] multum A^1 in] de *A* **2** dicit *A* tempus] corpus *N* natus est *A* **3** iam *om.* *ΠEA* Christo *alt. om.* *ΠE* caelo *ΠDA* **4** domino *ΠE* cum] in *A* **5** omnium *om.* *ΠEA* (*Vulg.*) **6** humiliat–**8** dicens *om.* *A* **7** dignitatem *N* et *om.* *N* V^1 *C* **8** quia non *ΠETW* **9** quoniam *A* **10** autem *om.* *P* A^1 sum id *TD* quod sum *om.* *E* *ante* deo *add.* minimum itaque se dicit apostolorum in uocatione non in gratia, *post* gloriam *add.* et honorem *A* deo autem *E* **11** et *om.* *A* **12** vere] -o *P*, et A^1 **13** deum *A* quis *T* **14** gratiam *K* non fuit in me *ΠE T*, in me egens non fuit *A* **15 sq.** persecutor minor est *P* **16** apostolato *NA*, -um *VW* G^1 *PD* accipit *A* **17** habundantius quam illi *A* laborabi *C* ad *om.* *E* L^1 **19** conscientiam *A* qua] quia *CW* G^1 *P* **20** non *om.* *ΠC* **21** dei (domini *K*) gratia *NKE*

ipsum non magis sibi, sed dei gratiae adscribit, ut semper omnem gloriam reportet ad deum unde iure exaltandus est.

15, 11. Sive igitur ego sive illi, sic praedicamus et ita credidistis. hoc est quod supra significavit, quia non inferiorem gratiam in praedicatione accepit quam ceteri apostoli, sed unam atque eandem. unde magis arguit perfidiam Corinthiorum, quia cum manifestata esset credulitas haec apud omnes ecclesias, hi ab hac spe et fide (fide et spe) desciverant, quam subiecit dicens:

15, 12. Si autem Christus praedicatur, quod ex mortuis resurrexit, quomodo dicunt quidam inter vos, quoniam resurrectio mortuorum non est? **13.** si ergo resurrectio mortuorum non est, neque Christus resurrexit. **14.** si autem Christus non resurrexit, inanis est praedicatio nostra, vacua est fides vestra. 1. haec a falsis apostolis erant tradita, qui Christum neque natum neque {in carne} passum neque resurrexisse adseverabant. quos et Iohannes apostolus denotat, quod Christum in carne venisse negabant. unde dicit: qui negat Christum in carne venisse, hic Antichristus est, et qui negat filium, nec patrem habet. 2. isti ambulabant et quorundam fidem, ne inprudentes a mundi sapientibus iudicarentur, subvertebant, quia prudentes saeculi stultum iudicant, cum

---

20 I Ioh. 2, 22. 23

---

1 gratia *A* **2** reportet ad deum] referat deo *A* dominum *N* **3** illis *W G*^{1} **4** ita] sic *(Vulg.) E T* significat *E* quod *A* **5** in *om. Π* **6** una atque idem *W G*^{1} **7** que *A*^{1} manifesta *K C W G P D A* **8** apud] inter *A* hi] qui *K V E*, quia *N* spe et fide *Π E* **9** disciuerant *D A*, desciuerat *P* subicit *C* **10** ex *om. P* **10 sq.** resurrexit a mortuis *(Vulg.) A* **11** resurrexerit *D* **11 sq.** quidam dicunt in uobis *(Vulg.) A* **12** quoniam] quomodo *W G*^{1} **13** ergo] autem *(Vulg.) A* **14** surrexit *G* **15** inanis ergo *A* vacua] inanis *(Vulg.) T* **16** est et *(Vulg.) C W G P D* **17** in carne *om. Π E* **18** surrexisse *N* adseuerant *C*^{1} *A* **19** apostolos *A* **21** est antichristus *C W G P D* **22** ambulant *K E*

audiunt resurrectionem mortuorum. quodsi, inquit, verum est quia Christus non resurrexit, falsi sumus praedicatores et fides vestra inanis erit. hoc enim crediderunt apostolo praedicante quia mortui resurgent, et hac spe adtracti sunt ad fidem. quod utique ad detrimentum illorum proficere adserit, si crediderunt quod futurum non est; et pudoris est, ut aliquis profiteatur hoc se credidisse, quod falsum est. 3. et verecundiam ergo illis incutit et labores illorum dicit infructuosos, si quod a falsis apostolis audierunt verum est, quia mortui non resurgent, quod nemo utique de se patitur audire, ut videntes hoc contra se esse reverterentur ad pristinam fidem.

15, 15. Invenimur autem et falsi testes dei, quia testimonium diximus adversus deum, quod suscitaverit Christum, quem non suscitavit. qui adserit quod Christum deus a mortuis suscitavit, falsus est testis, si non est factum. virtutem tamen dei praedicat, non utique ut inimicus, qui tam admirabile factum virtuti eius adscribit. quodsi verum est quia excitavit Christum a mortuis, quid huic dicendum est, qui et testis contra deum falsus est et opus eius stultitiam adserit?

15, 16. Si enim mortui non resurgent, neque Christus resurrexit. **17.** quodsi Christus non resurrexit, adhuc estis in peccatis vestris, **18.** et qui

---

1 resurrectione *N* si *om. N* **2** quia] quod *A*, qui *K* surrexit *G* **3** erat *V* haec *W* G^1 **4** quia] quod *A* resurgerent *E T* **4 sq.** retracti sunt a fide *A* **5. 8** illorum] eorum *E T* **6** crediderant *P*, -rint *V* **8** ergo *om. A* dicit *om. V* **9** infructuosum *V* **10** quia] quod *A* resurgunt *A* **11** reuertantur *A* **11 sq.** pristinam] primam *C W G P D* **13** autem et] etiam *A* et] in *W* G^1 testis *W* G^1 **15** suscitaverit] -uit *A* suscitavit] -abo *V*, *add.* quippe si mortui non resurgent *A* qui] quid *V* **16** quod] quoniam *P* **17** dei *om. A* **18** inimicos *W* G^1 **19** resuscitauit *A* **20** quid] quod *T* G^1, quis *Π E L* hic dicendus (-um *C*) *Π E L C A* dicendum est huic *T W G* falsus] factus *C L* **21** et *om. A* eius *om. D* **22** si autem *A* resurgunt *T A* nec *A* **23** si autem *A*

dormierunt in Christo perierunt. terret illos, ut quia nemo sibi male vult, doleat illis hoc coepisse ⌊se⌋ credere, quod contra ipsos est. quis enim peccata sibi remissa nolit audire? et qui dormierunt in Christo perierunt, addit ad terrorem, quia carorum suorum excessum nolunt aestimare perditionem. qui enim sub hac spe de saeculo exierunt sive occidi non timuerunt, quia resurgere exemplo Christi crediderunt, et non est verum, perierunt. hoc illis dicit, quod amore suorum defunctorum nolunt audire, ut illis amputet, quod prius per errorem volebant audire.

15, 19. Si in hac vita tantum sperantes sumus in Christo, miserabiliores sumus omnibus hominibus. manifestum est quia et in hac praesenti vita et in futura speramus in Christo; nec enim hic deserit servos suos Christus, sed dat illis gratiam et in futuro erunt in gloria aeterna. si autem futurae vitae spes non esset, omnibus hominibus, quod dixit, miserabiliores essemus. ut quid enim ieiunia, vigiliae, exitus, munda vita, iustitia, misericordia, mors, si pro his nulla merces erit in futuro? increduli autem vel hac vita fruuntur.

15, 20. Si enim Christus resurrexit a mortuis, initium dormientium; **21.** quoniam quidem per hominem mors et per hominem resurrectio mortuorum. hoc dicens tangit pseudoprofetas, qui Christum natum negabant ac per hoc non resurrexisse carnem, quia

---

1 ut] quod *ETWG* **2** mali *V*, mala *D* illos *ET* se *ΠETG*^{2} **4** audire] *add.* quod autem dicit *A* **5** uolunt *KA*, noluit *L* **6** aestimari *VEC*, existimare *D* perditionis *A* enim] *add.* non timuerunt *TWGP* sub *om. A* de isto *E* **7** qui resurgere se *A* **8** christo *T*^{1}*WG*^{1} et] *add.* si *G*^{2} **9** quod] quis *A* **11 sq.** in christo sperantes sumus *(Vulg.) LA* **13** manifestatum *E* **14** in Christo] christum *V* hic *om. C*^{1}*A* Christus *om. L* **15** illis et hic *A* erant *WG*^{1} **16** esset ab *A* **17** ieiunia *om. N* vigiliae *A*, -as *cett.* **17 sq.** exitiatus uigiliae *A*^{1} **18** mundam uitam iustitiam misericordiam *V* **19** mercis *VWGP*, -i *N* haec *K* **21** si enim] cum autem *A* **22** initium] principium *A*, primitiae *(Vulg.) T* **25** natum *om. A* surrexisse *E*

qui natus non est, nec moritur. sic autem probat Christum a mortuis resurrexisse, quia homo fuit, ut dubium non sit hominem a deo ex mortuis excitatum, ut quia peccato hominis mors inventa est, Christi iustitia resurrectionem meruerit mortuorum.

15, 22. Sicut enim in Adam omnes moriuntur, ita et in Christo omnes vivificabuntur. hoc dicit quia sicut Adam peccans mortem invenit et omnes ex eius origine tenuit, ut dissolvantur, ita et Christus non peccans et per hoc vincens mortem, quia qui non peccat vincit mortem, quia mors ex peccato, omnibus ergo, qui sunt ex eius origine, adquisivit vitam, id est resurrectionem. quamvis generalem tribuerit resurrectionem, ut sicut in Adam omnes, sive iusti sive iniusti, moriuntur, ita et in Christo omnes, tam credentes quam diffidentes, resurgant, licet ad poenam increduli, tamen vivificari videntur, quia corpora sua recipient iam non morituri, sed passuri poenam in eis sine fine, quod credere noluerunt.

15, 23. Unusquisque enim (autem) in suo ordine. nunc ordines vult resurrectionis exponere, ne ideo putarent fabulosum esse, quia factum adhuc non est in ceteris. ordines illis exponit et tempora, quando factum sit et quando futurum est, ut resurgant mortui.

Initium Christus. sicut ⌊et⌋ in Actis apostolorum testatur scriptum esse in Moyse: si passibilis Christus,

---

25 Act. 26, 23

---

2 a] ex *C* resurrexisse — **3** mortuis *om. A* **3** excitatum a mortuis *EL* peccatum *A* **5** meruit *NP* **6** enim *om.* T^1P **9** et *om. TGD* **10** quia *om. A* **11** ergo *om. Π* sunt et *C* **12** vitam *om. A* quamuis ergo *LP* **13** tribueret *NA*, -uit T^1 **15** quam etiam *A* resurgunt A^1, -ent VA^2 licent *V* **16** tamen *om. NK* uiuificare C^1A^1 **17** in eis *om. A* **18** quo *V* noluerint *V*, *add.* de resurrectione mortuorum *K* **19** enim *ΠE* **20** ordine] *add.* primitiae christus *A* resurrectionis uult *LD* **21** quia] quod *A* **23** futurum] facturus *A* **24** initium] primitiae *(Vulg.) T* et *ΠET* actibus T^2LWGDA **25** moysi *NK*, -en *V* si *om.* $ΠE^1$

si prior surgens ex mortuis etc. prior ergo resurrexit, ut forma fieret credentibus sibi. deinde qui sunt Christi in adventu eius. hoc duplici modo intellegendum, quia et in adventu eius secundo sancti resurgent iuxta fidem in Apocalypsi Iohannis, sicut et in primo adventu cum surrexit, multa corpora sanctorum resurrexerunt ad protestationem evictae mortis ac spoliatae. sub una ergo significatione duplicem adventum domini conprehendit.

15, 24. Deinde finis, cum tradiderit regnum deo et patri, cum destituerit omnem principatum et omnem potestatem et omnem dominationem. **25.** oportet enim illum regnare, donec ponat omnes inimicos sub pedes (pedibus) eius. **27.** omnia enim subiecit sub pedibus eius. **26.** novissima destruetur mors. 1. hoc dicit quia tradito regno finis erit mundi impleta resurrectione. quod quidam territi asperitate sermonis, dum quasi pie volunt sentire, a proprietate sensus declinant. horrent enim sonum verbi audientes: cum tradiderit regnum deo et patri, putantes traditione hac regni, si iuxta sonum verbi intellegatur, vacuum remanere, ut si tradit, iam ipse non habeat, quasi pater tradens omnia filio evacuaverit se. nam ipse dominus ait: omnia mihi tradita sunt a patre meo. et postea:

---

5 *cf.* Apoc. 20, 6; Matth. 27, 52 **18** *cf.* Quaest. app. 78, 1, p. 471, 24sqq. **23** Matth. 11, 27

---

1 resurgens *P* surrexit *EA* **2** forma] firma *A* sibi resurrectio *A* deinde—**3** eius *om.* C^{1} *W* G^{1} deinde hi *ΠETLDA* Christi—**3** eius] christo qui in aduentu eius crediderunt *(Vulg.) A* **4** in *pr. om. P*, in—resurgent *om. A* in *alt. om. ΠE* **5** apolypsi A^{1}, apocalypsis *ΠT* A^{2} **5 sq.** resurrexit *LD* **7 sq.** significationem *V* **10** et *om. CWG* distituerit *ΠE*, euacuauerit *(Vulg.) TA* **11** potestatem] *add.* et omnem (omnem *om. A*) uirtutem *CW* G^{1}*DA* omnem *alt. om. A* **12** illos *V*, eum *A* **14** subiecisti *WG* pedes *Π* **14** nouissima inimica *(Vulg.) ΠE*T^{1}*DA* **15** destruatur *TW*G^{1}, euacuabitur *A* quia *om. A* **16** mundo *K* **18** sonum] sensum *K* audientis *KVG* **19 sq.** traditione *A*, -em *cett.* **20** hanc *codd.* vacuum *A*, -am *cett.* **21** tradidit *ΠE*

haec est autem, inquit, vita aeterna, ut cognoscant te solum et verum deum et quem misisti Iesum Christum. ecce regnante filio regnat et pater. 2. quomodo autem tradens regnum filius evacuare se crederetur, cum dicat angelus ad Mariam: et dabit illi dominus deus sedem David patris sui et regnabit in domo Iacob in aeternum et regni eius non erit finis? et Danihel de eodem regno dicit inter cetera: deus caeli excitabit aliud regnum, quod numquam corrumpetur, et hoc regnum erit aeternum. nemo enim (ergo) dubitet filium semper regnaturum cum patre. 3. traditio autem haec est regni, ut cum omnia fuerint filio (filio fuerint) subiecta et adoraverint illum ut deum destructa morte, tunc filius ostendet illis non se esse, ex quo sunt omnia, sed per quem sunt omnia. et hoc erit tradere regnum deo et patri, ostendere ipsum esse, ex quo omnis paternitas in caelis et in terra nominatur. et tunc erit finis. destructio tamen mortis est resurrectio mortuorum.

Cum autem dicat: omnia subiecta sunt ei praeter eum, qui subiecit illi omnia. **28.** cum autem subiecta illi fuerint omnia, tunc et ipse subiectus erit ei, qui illi subiecit omnia, ut sit deus omnia in omnibus. 1. idem sensus est, quem nunc aperit, ut manifestet quid sit tradere regnum filium deo et patri. hoc tamen addit ad sensum, quia tradens pater filio

1 Ioh. 17, 3 **5** Luc. 1, 32sq. **8** Dan. 2, 44 **16** Eph. 3, 15

1 aeterna inquit *EL* **2** et *pr. om. ΠPD* verum *om. PA* **3** regnante et patre (-er *K*) *NK* **4** filio *V* **5** mariam uirginem *A* **6** regnauit *KC* *WG*^{1} **8** de caelo *E* excitauit *TWGPA*^{1} **9 sq.** quod—regnum *om. A* **10** et erit *A*, *add.* in *WP* aeternum erit *L* erit *om. V* enim *ΠE* **12** fuerint filio *ΠE*, *add.* suo *K* **13 sq.** et—esse *om. CWG*^{1} **14** ostendit *VL* sunt *om. LD* **15** ostendere se *E*^{1} **16** esse] ipse *N* **19** ei] *add.* profecto *A*, *add.* utique *T* **21** autem] uero *A* illis *E* illi subiecta *V* fuerint illi *(Vulg.)* *PA* omnia subiecta illi fuerint *G* et *om. A* ipse] ille *L* **22** illis subiecit *K*, sibi subdidit *A* **23** dominus *TCWGD* **24** filio *WPD* **25** quod *A*

regnum non se subiecerit ei, sicut filius patri se subiecit. incongruum est enim, ut pater subiciatur filio. 2. omnia ergo subiecit pater filio, ut similiter honorificetur filius, sicut honorificatur et pater, cum ergo omnia confessa fuerint Christum dominum (deum) substrata pedibus eius, tunc et ipse Christus dominus subicietur deo patri, ut sit deus omnia in omnibus; hoc dicit quia cum omnium principum et potestatum et dominationum fuerit pressa superbia et adoraverint Christum quasi deum, tunc et Christus propter unicam auctoritatem patris deum quidem se ostendet, sed de deo, ut unius principii sublimis et ineffabilis auctoritas maneat. 3. hoc est subicere se filium patri, hoc est deum esse omnia in omnibus, quia cum discit creatura omnis caput suum esse Christum, Christi autem caput deum patrem, omnia in omnibus est deus pater. hoc est, ut creatura omnis unum sentiat et una voce omnis lingua caelestium et terrestrium et infernorum confiteatur unum esse deum, ex quo sunt omnia. si autem dixisset: ut sit deus in omnibus, intellegeretur in omnibus quidem esse, sed per affectum aut communem sensum, non tamen ea ipsa ex ipso esse. sed cum dixit: omnia in omnibus, hoc significavit, quia et ex ipso sunt et in ipsis est. ex ipso, quia ab ipso creata sunt; in ipsis autem, quia in omnium confessione unus erit deus. non tamen sic subicitur filius patri sicut filio creatura.

15, 29. Alioquin quid facient qui baptizantur pro mortuis, si omnino mortui non resurgent? quid et baptizantur pro illis? in tantum ratam et

---

3sq. *cf.* Ioh. 5, 23 **16sq.** *cf.* Phil. 2, 11. 10

---

1 subieceret *T W G*¹ **3** filio suo *E* **5** dominum *ΠET*¹ et *om. A* **7** quia] quod *A* principatuum *V* **10** ostendit *C G P A*, -dens *V* **11** ut] et *Π* sublimitas *A* **16** unum—voce *om. A* et *pr.*] ut *W G P D*, *om. L* omnis *om. A* et *alt. om. P D* **18** deus *add.* omnia *V* **19** aut] ut *K* **21** dixisset *P* et *om. E T A* **22** in *om. C W G*¹ *D*¹ ex] et in *A* creata sunt] sunt omnia creata *V* sunt et *L* **25** baptizentur *P* **26** omnium *N* **27** quid] qui *N*¹ *K*

stabilem vult ostendere resurrectionem mortuorum, ut exemplum det eorum, qui tam securi erant de futura resurrectione, ut etiam pro mortuis baptizarentur, si quem forte mors praevenisset. timentes ne aut male aut non resurgeret qui baptizatus non fuerat, vivus nomine mortui tinguebatur. unde subiecit: quid et baptizantur pro illis? exemplo hoc non factum illorum probat, sed fixam fidem in resurrectione ostendit.

15, 30. Quid et nos periclitamur omni hora? **31.** quotidie morior pro gloria vestra, quam habeo in domino. 1. dicendo: quid et nos periclitamur? discrevit personas ostendens non catholicos esse qui pro mortuis baptizabantur. denique supra dixit: quid et baptizantur pro illis? numquid et baptizamur pro illis? nam et Iepthe, quamvis in re, quae accepto ferri non possit, fidelis inventus est, offerens filiam suam secundum votum suum, quod stulte voverat, non ergo factum probatur, sed perseverantia fidei in exemplum profertur. 2. praedicantium pericula et labores memorat dicens: quid et nos periclitamur? et subauditur: nisi quia speramus futuram resurrectionem, sicut supra memorat. securi enim quia post istam mortem vera vita sequetur, pericula non timent inlata ab infidelibus propter zelum illorum, quos quia crediderunt perdidisse se dolent. sollicitudinem ergo suam ostendit, quam

---

15—17 *cf.* Iudic. 11, 39. 30. 31; *cf.* Quaest. 43, 3, p. 70, 14sqq.

---

1 ostendere se *NK* resurrectione *K* **2** det] de *C* det eorum] deteriorum *W* qui tam] quidem qui *A* **4** mala *A* resurgere *ΠWGD* **5** aut qui *ΠETLD* **6** qui *K* exemplum *ΠETD* **9** pereclitamur *N*T^1*W* **10** uestra gloria (*add.* fratres *A*) *EA* **11** domino] christo iesu domino nostro (*Vulg.*) *A*, domino iesu *T* **12** ostendit *V* **12sq.** mortuos *W*G^1 **13** baptizantur *K*, -entur *A* qui *K*A^1 et *om. A* **14** nonquid *ΠETCA* baptizantur *V* pro illis *om. A* **15** iepte *LP*, iephe D^1, *add.* et A^1 re quae] requie *P*A^1 posset *WG* **16sq.** secundum—suum *om. A* **17** probat *A* **18** perseuerantiam *A*, -iae *W*, *add.* sua *E* profert *A* **21** quod *A* **22** sequeretur *A* **23** quia] qui *A* **24** se *om. NCWGPD*

habebat erga salutem illorum propter gloriam promissam a domino, sicut et in lege dictum est: exalta sicut tuba vocem tuam; si te audierint, lucraberis animas illorum. ad hoc festinabat apostolus semper sollicitus, ut gloria illi cresceret apud deum adquisitae salutis multorum.

15, 32. Si secundum hominem ad bestias pugnavi Effesi, quid mihi prodest, si mortui non resurgent? hoc est, si secundum humanum sensum — qui videns hoc in rerum naturam non cadere, ut caro iam soluta reformetur ad vitam, minime credit futuram resurrectionem mortuorum — bestiis offerri non timui, nihil profeci. sed non hoc est, quia certus de promissa vita non solum non timuit, sed et libenter bestiis offerri se passus est, sicut inter cetera ait in Actis apostolorum: ego enim non solum ligari, sed et mori paratus sum in Hierosolyma pro nomine domini Iesu Christi.

Manducemus et bibamus; cras enim moriemur. hoc ab Esaia profeta dictum est propter hos qui, quasi nihil futurum esset post mortem, ventri tantum studebant quomodo pecora, sicut et hi qui Corinthios depravabant.

15, 33. Nolite seduci, corrumpunt mores bonos conloquia mala. significat confabulatione malorum hominum everti posse bonum propositum. adsiduitas enim mali (pravi) conloquii vitiat mentem, ac per hoc ab his cavendum. quicumque enim acceptam fidem custodire vult,

---

2 Ezech. 3, 19 **14** Act. 21, 13 **17** Is. 22, 13

---

1 habeat *NGA* gloriam suam L^1 **2** et *om. A* **3** lucraueris *NKDA* animos *A* **5** multorum] illorum *ΠE* **6** ad] a *K*, *om. A* bestiis *A* **7** efeso *A* quod *TWG*[1] **9** uident *P* natura *TGPA* **10** creditur futura *A* **11 sq.** non—solum *om. A* **13** sicut et *A* **14** actibus *KPT*[2]*G*[2] **15** legari *C* **16** propter nomen *D* domini nostri *NVA* **17** bibemus *P* **18** ab] habet *P* hos] hoc *DA* **19** uentri non *K*[1] **20** et *om. A* **22** confabulationem *NKA* **23** uerti *A* **24** mali *ΠE* **25** enim *om. A*

maxime inter ipsa initia perstrepentes debet vitare, ut impleat quod utile iudicavit.

15, 34. Vigilate, iusti estote et nolite peccare. vigilandum monet, ne circumventione pravi sensus capti et a fide abducti depravarentur, mortuorum resurrectionem non credendo, iustos esse praecepit, ut non solum terrenam iustitiam excolant, sed et caelestem, quia terrena iustitia meritum non facit, sicut non facit reum. quid enim magnum est aliena non tollere, quippe cum hoc timoris sit? sed magnum est (magnum est autem) de proprio non habenti largiri: haec est vera iustitia. et ut non peccent subiecit. unde intellegi voluit non se iustitiam temporalem servandam mandasse, sed divinam, quia qui caelestem iustitiam servat, sine dubio in hac praesenti perfectus est.

Ignorantiam enim dei quidam habent, ad reverentiam vobis loquor. propositum dei ignorantes hi, qui inter eos convertebantur, mortuos resurrecturos stultum esse dicebant credere. ideo pudorem illis incutit quasi inprudentibus. credebant enim eis, qui ignorantiam dei habentes contra dei statuta docebant.

15, 35. Sed dicit aliquis: quemadmodum resurgent mortui? quo autem corpore venient? hos dixit ignorantiam dei habere, quorum depravatae sententiae verba protulit dicens: quemadmodum resurgent mortui? quo autem corpore venient? cui congrue respondit dicens:

2 iudicabit utile *A* 3 euigilate *T*, *om. A* iusti] sobrii *A* estote *om. T* 4 vigilandum monet] sobrios esse iubet *A* capti et] capient *A* 5 deprauentur *A* 6 credendo] *add.* peccantes uero *A* praecipit *CP* 7 iustitia *K* excolantes *N V*, -lentes *K* 8 rerum *P* 9 hoc – sit] non temere fit *A* 9 sq. sed magnum est *ΠETP* 11 haec – subiecit *om. A* 12 intellegi voluit] uoluit ostendere *A* temporalem] corporalem *P* seruandum *E* 13 servat] -andum *V* 14 praesente *D*, *add.* uita *A* 16 loquor] dico *A* 19 eis] illis *V* 20 statuta dei *A* 21 quemadmodum] quomodo *TA* 21 sq. resurgunt *A* 22 quo] quali *T* ueniunt *CA*[1] hoc *K* 23 deprauat *T* 24 resurgunt *A* 25 ueniunt *LA*

15, 36. Stulte tu quod seminas non vivificatur, nisi moriatur. cum animali homine non utique legis auctoritate agit, ut exemplis suadeat, quae si reciperet, non erraret, sed fysica ratione, de qua sibi blanditur, ut non credat resurgere soluta et emortua corpora. ostendit enim mortua rursum reparari ad vitam et multiplicata, ut confundatur error humanus.

15, 37. Et quod seminas, non corpus quod futurum est seminas, sed nudum granum, ut puta tritici aut alicuius ceterorum. **38.** deus autem illi dat corpus prout voluit, et unicuique seminum proprium corpus. si ergo nudum granum seminatur et dei nutu quodammodo elementorum ministerio vestitum resurgit, multa secum habens incrementa utilitatis humanae, cur non credibile sit dei virtute mortuum posse resurgere meliore (meliorata) tantum substantia, non numero multiplicatum? quid ergo requiritur ab infideli, quo corpore resurgant mortui, cum exempla praecedant ad fidem hanc melioratae resurrectionis, non amissae substantiae? quia proprium corpus recipiet, in quo creatus Adam est, iuxta exempla supra dicta.

15, 39. Non omnis caro eadem caro: alia quidem hominis, alia autem pecoris, alia caro volatilium, alia caro piscium. cum ex eadem massa omnis caro sit, unde et quomodo in his tanta diversitas est, ut una inpensa faceret genera diversa? dicant nunc sofistae mundi

1 stulte] insipiens *(Vulg.) A* **2** nisi prius *(Vulg.) V* moriatur] mortuum fuerit *A* **3** receperit *W G*, -et *D*, reciperent *V*, preciperet *P* **3 sq.** errarent *V* **5** resoluta *C W G D* et *om. A* corpora *om. N* **9** ut—**11** unicuique] et reliqua usque *A* **12** si—granum *om. A* et] ut *L* **13** ministerio in *W* **13 sq.** resurget *C A*, -gat *L* **14** secum *om. A* incrementa] indumenta *Π E T* **16** meliore *Π E T* melioratum substantia *A* **17 sq.** resurgent *A* **18** praedicant *D* **19** amisisse *T W G* quia] quo *A* **20** corpus non C^1 recipiet et *N* in *om. A* **22 sq.** aliquidem *K* **23** hominum ... pecorum *(Vulg.) A* caro] uero *D* **23 sq.** volucrum *(Vulg.) T* **24** caro] autem *A* **25** ut] et *W* G^1 *P* **26** inpensa ut *P* dicunt *K G*, -cat D^1

et scrutatores siderum, si valent conprehendere quae extra se sunt, cum quid intra se sit nesciant. denique omnes mundani filosofi, quia mentem suam legi dei humiliare, ut fidem eius susciperent, noluerunt, diversa semper et contraria adserentes inanissimis disputationibus invicem se confuderunt, quia in nullo horum testificatae veritatis signum agnitum est, quod antepositum verbis commendaret doctrinam, sicut et deus decrevit disciplinae nostrae, quae non verbis probatur, sed virtute, cui non possunt verba resistere. quemadmodum ergo ex una inpensa diversa animantium caro est, ita et unius carnis homines diversi erunt dignitate in resurrectione, ut talis unusquisque appareat, qualis fuerit meriti, quippe cum etiam hic diversitatem corporum videamus.

15, 40. Et corpora caelestia et terrestria, sed alia quidem caelestium gloria, alia autem terrestrium. caelestia corpora sunt resurgentium, terrestria autem antequam moriantur aut surgant, ut quia Christus caelestis est, ex eo corpora caelestia dicantur, ex Adam vero, quia terrestris est, terrestria corpora.

15, 41. Alia claritas solis, alia claritas lunae et alia claritas stellarum; stella enim ab stella differt in claritate. 1. unius naturae comparatione utitur ad indiscretae substantiae reddendam rationem, quia sicut sol et luna et stellae, cum sint unius quidem naturae, diversae

---

2 quod G^1*DA* sit] sint *NK* **3** ut] et *TWGPD* **4** suscipere *TWGPD* **4sq.** asserentibus inanissimas disputationes *V* **5** confoderunt *C*, conferunt A^1 **6** quia] que *A* eorum *A* testificat *CW*, -cata G^1, -catione *P* veritatis] uirtutis *E* **8** et *om. P* dominus *G* discreuit *TLCWGPD* **9** sed et A^1 cui] que *A* possint *E*, -it *A* uerbis *A* **10** ergo *om. A* diuersa tamen *A* **12** meritis *A* **13** diuersitate *ΠP* **14** sed ne *Π* **15** aliquidem *K* alia *alt.*] alium *K* **16sq.** terrestria—surgant *om. Π* autem] *add.* corpora sunt *A* **17** qui *N* **18** est et *P* corpore *TW* caelesti *K* Adam] eadem *N* qui *A* **20** claritas] gloria *A (bis)* **21** et *om. WGPD* claritas] gloria L^1, *om. A* enim] autem *A* **22** in] a *L* gloria *A* corporatione *A* **23** qua *A* **24** lunae *K* quidem unius *ET*

tamen claritatis sunt, ita et homines, cum sint unius generis, merito tamen dissimiles erunt in gloria, ut claritati solis illorum dignitas exaequetur, qui centesimum numerum habent, qui ut perfecti essent primi gradus aemuli fuerunt, de quibus dictum est: tunc iusti fulgebunt sicut sol in regno patris sui. 2. lunari autem claritati hi conparandi sunt, qui sexagesimum numerum bonis operibus mercati sunt, ut secundi gradus meritum haberent. stellis autem clarioribus eorum merita comparanda sunt, qui tricesimum numerum, tertii gradus dignitatem iustis laboribus quaesiverunt. sequentibus vero stellis, quae inter claras et obscuriores mediae sunt, peccatores homines coaptandi sunt, qui de tribus nullius gradus honorem adipisci voluerunt. 3. tetricis autem stellis et omnium novissimis perfidorum resurrectio similis est, quia errorem secuti stellis in errorem ducentibus comparandi sunt, sicut dicit in epistola sua Iudas apostolus. infidelitas enim non potest claram resurrectionem habere, quia sicut carbo cinere suo coopertus obcaecatur, ita et hi perfidia sua erroris tenebris circumdati luce carebunt.

15, 42. Ita erit et resurrectio mortuorum. exempla dat, ut non sit dubium resurrectionem futuram mortuorum, ut accepta ratione nemo ambigat.

Seminatur in corruptela, surgit in incorruptela. seminare est sepelire, ut corrumpatur; resurgere autem

---

3 *cf.* Matth. 13, 23 5 Matth. 13, 43 15 *cf.* Iudas 1, 13

---

1 sunt] sint *V* genere *P* **2** sunt *V* claritas *ΠA*[1] **3** quia *E* **4** primi] plurimi *N* **6** lunariae *A* claritatis *A*, -e *WG*[1] **9** comparandae *P* trigesimum *CWG*[1]*A*, trecens- *N* **11** vero *om. ΠE* et inter *ΠET* **13** gradibus *A* **14** qui *A* **16** enim] autem *A* **17** habere resurrectionem *A* **18** perfidiae suae errore *A* **20** erit *om. A* et *om. V*[1]*E* **21** dantur *A* sit *om. A* dubiam *A* resurrectione futura *WG* **22** ut— ratione *om. A* nemo] quis *A* **23** corruptelam *K*, -tale *N*, -telare *T*, -tionem *A* surget *(Vulg.) NKC*, resurget *E*, -ent *V* **24** est] et *L*

in incorruptela iam exsuscitatum non posse corrumpi, sed habere claritatem inmortalitatis.

15, 43. Seminatur in ignominia, resurgit in gloriam. in ignominia seminatur, dum in tetrico ponitur, fit fetidum et scatet vermibus; surgere est autem in gloriam, quia exsuscitatum et lumen erit et nullam squaloris iniuriam patietur.

Seminatur in infirmitate, surgit in virtute. in infirmitate seminatur, quia inmobile est et inregibile; surgit autem in virtute, quia iam totum vivum erit ac vegetum.

15, 44. Seminatur corpus animale, surgit corpus spiritale. animale corpus est, dum cibis sustentatur, ut vivat; spiritale autem, cum horum nihil indigebit, conversum in vitam. omnia supra dicta hoc sensu clauduntur. non enim aliud continetur in superioribus, nisi quia animale corpus moritur et surgit spiritale, quod neque iam manducet neque bibat nec infirmetur nec sit fetidum nec tetrum natura.

Sic enim scriptum est: **45.** factus est primus homo Adam in animam viventem. hoc in Genesi dictum est quia accepto spiritu ex flatu dei factus est homo in animam viventem. officium enim spiritus animare est corpus, ita tamen ut continuam vitam non habeat, nisi cibi et potus auxilio utatur.

---

18 Gen. 2, 7

---

1 incorruptionem *A*, -tale *N* excitatum *E T L A* **3** resurget *Π T W G* **4** gloriam *L C W G*, -a *(Vulg.) cett.* tritico *Π E A* punitur *T W G* **5** scatetur *W G P* gloriam *N L C*, -a *cett.* **6** quoniam *P*, qui *A* exsuscitauit *N K* suscitatus in lumine fit *A* **9** quod *A* immobilis *V E* est *om. A* inregibilis *E*, *add.* est *A* **10** quod *A* erit *om. A* ac] a *P* uegetatum (uegi- *G*[1]) *G*[1]*D*, uegitum reddetur *A* **11** surget *(Vulg.) W G D* **12** spiritale] *add.* si est corpus animale est et spiritale *A* cibus *K P* **14** clauduntur] clud- *A*, *quae sequuntur usque ad finem epistolae in codd. C W G P D ex Pelagio sumpta non notantur* **15** quod *A* **16** surgit *V E L*, -et *K T*, resurgit *N* **17** neque] nec *A* **18** enim] etiam *A* **20** ex *om. A* **21** animare] animale *A* **22** habeant *V* cibis *A* uegetetur cibi *L*

Novissimus autem Adam in spiritum vivificantem. hoc est, ut iam qui ante fuerat in anima, postea (postmodum) factus est in spiritu per resurrectionem, mori non possit, quia fiet totus vivens.

15, 46. Sed non primum quod spiritale est, sed quod animale, quia animale ex Adam, spiritale vero per Christum ex resurrectione mortuorum.

15, 47. Primus homo de terra terrenus, secundus homo e caelo caelestis. primus homo Adam est de terra temporalis, cui succedit mors; secundus homo Christus est de caelo, qui resurgens mori nescit.

15, 48. Qualis est ille terrestris, tales et terrestres. hoc est, quia terrenus mortalis est, mortales sunt et terreni. peccans enim Adam mortem invenit, ut omnes ex eo mortales sint.

Et qualis ille caelestis, tales et caelestes. id est, quia Christus non peccavit, vincens mortem caelestis est, ita sint et credentes illi. quamvis et non credentes spiritales futuri sint, sed sicut spiritalia nequitiae, ut sint tenebrosi. de sanctis etenim nunc loquitur, qui resurgent ad gloriam. sicut enim qui non credunt iam iudicati sunt, ita et qui credunt iam caelestes dicuntur.

15, 49. Sicut portavimus imaginem terreni, portemus et imaginem eius qui de caelo est. hoc est, sicut formam habuimus mortalitatis per peccatum Adae servi facti peccati, ita et formam habeamus vitae per iustitiam

---

19 Eph. 6, 12 **21** *cf.* Ioh. 3, 18 **26sq.** *cf.* Rom. 6, 17sq.

---

1 spiritu *T A*[1] **1sq.** uiuificante *T* **2** postea *Π* **3** mori] mortuorum *K* **5sq.** sed quod animale *om. A* **7** et resurrectionem *A* **9** e] de *N V* caelestis] *add.* qualis terrenus et terreni et qualis caelestis et caelestes *A* **10** succedit] accedit *L* **11** surgens *N* **16** caelestes sint *A* **18** sunt *A* **19** spiritalie *E*, -i *T* nequitia *K* **23** igitur sicut *A* **24** ei *E* eius—est] caelestis *(Vulg.) A* **25** pro peccato (-um *L*) *E*[1] *L* **26** peccati facti *A* habemus *L*

salvatoris facti servi iustitiae non mundi, sed dei, dum ea gerimus, quae inmortalitate digna sunt.

15, 50. Hoc enim dico, fratres, quia caro et sanguis regnum dei non possidebunt. carnem perfidiam vult intellegi, sanguinem autem turpem et luxoriosam vitam, quia cupiditas haec fervore sanguinis generatur, ut ostenderet non solum incredulum dignitosam resurrectionem non habere, verum etiam illum qui desideriis et vitiis carnis obtemperat. commonet ergo et instruit, qua ratione regnum caelorum consequi mereamur.

Neque corruptio incorruptelam possidebit. hoc dicit quia corruptam et lascivam vitam poenam necesse est pati; pro passione enim corruptionem posuit; nec enim mortem poterat significare, cum constet utique omnes homines inmortales resurgere.

15, 51. Ecce mysterium dico; omnes quidem resurgemus, id est tam credentes quam non credentes.

Sed non omnes immutabimur. nunc uniuscuiusque meritum in resurrectione significat, qualis in singulis futura sit.

15, 52. In momento, in ictu oculi. 1. id est cito valde, sine aliqua mora. in novissima tuba. ideo novissima tuba, quia postremum bellum geretur adversus daemones et principes ac potestates et ipsum diabolum. hoc enim fiet post annos mille, quibus hic regnabit salvator extincto Antichristo, cum Satanas dimittetur de carcere suo

---

23sq. *cf.* Eph. 6, 12 **25—p. 184, 1** *cf.* Apoc. 20, 3sqq.

---

1 dum] cum *ET* **2** gerimus] agimus *A* **3** enim] autem *(Vulg.) A* **4** possidere non possunt *A* **5** autem *om. A* **6** haec a *A* **7** dignam *A* **9** obtemperet *T* et] ut *K* **11** corruptio] -tela A^1, -telam *K* **12** lasciuia uitae *A* **13** pati—enim] patiatur passionem enim *A* corruptione *K* nec—**14** significare *om. A* **16** dico uobis *A* **17** resurgeremus *T* **19** resurrectionem *VA* **22** more *K* **23** geritur *A* **23sq.** demonas *NK* **24** ac principes et *A* **25** regnauit *KL* **26** dimitteretur A^1

ad seducendas gentes Gog et Magog, qui sunt daemones, ut pugnent adversus castra sanctorum. nec enim temporales homines poterunt adversum aeternos dimicare. 2. nam et ait Iohannes apostolus: vidi Michahel et angelos eius in caelo pugnantes adversus(-um) draconem et angelos eius, qui est diabolus et satanas. ideoque hic 'novissima tuba' ait, quia non semel cum illo pugnatum est, quia et in Antichristo et pseudoprofeta, qui faciebant coram illo signa et prodigia, ipse victus est. et hoc loco novissime adversus illum pugnabitur, ut iam mittatur in gehennam. et salvator inter cetera ait: nunc princeps mundi huius mittetur deorsum. et tunc ergo victus est et frequenter victus est. unde dicit Esaias profeta: quomodo cecidit Lucifer de caelo, qui mane oriebatur?

Et mortui resurgent incorrupti, et nos inmutabimur. 3. resurgentibus enim peccatoribus et impiis sancti inmutabuntur in claritatem, ut caro fiat spiritalis cum gloria quasi plumbum, si fiat aurum. sancti enim in adventu domini resurgent sicut superius ait: initium Christus, deinde qui sunt Christi in adventu eius, sicut et in Apocalypsi continetur. peccatores enim non sunt Christi, quia audient a domino: non novi vos. qui enim Christi sunt, carnem crucifixerunt cum vitiis et concupis-

---

4 *cf.* Apoc. 12, 7 **6** Apoc. 20, 2 **8sq.** *cf.* Apoc. 19, 20 **11** Ioh. 12, 31 **13** Is. 14, 12 **19** I Cor. 15, 23 **21** *cf.* Apoc. 1, 5 **22** Matth. 7, 23 **22sq.** Gal. 5, 24

---

1 ut] et *ΠETL* **3** aduersus *ΠETL* **4** apostolus ait *A* **7** ait] ut *K* **8** et *pr. om. NKETL* in *om. NKE* et *alt. om. A* pseudoprophetae *A*, -is *NKETL* **9** coram illis *ΠETL* ipse victus est] et ipse uictor *A* **10** pugnauitur *N*, -uit *K* **11sq.** huius mundi *A* **12** mittitur *E* victus est *om. A* **13** sicut esaias propheta dicit *A* **14** de caelo lucifer *ΠA* **15** *ante* et *pr. add.* canet (-it *T*) enim tuba *TA* resurgunt *A* **16** surgentibus *A* impiis et *L* **17** mutabuntur *N* claritate *A* fiet *K* **18** fiet *A* **19** surgent *A* **20** hii qui *A* et *om. A* **22** quia audientes *NK*, qui audiunt *A* **23** carnem suam *KT*

centiis. et in psalmo primo scriptum est: ideo non resurgent impii in iudicio neque peccatores in consilio iustorum. 4. ab impiis enim non est quod requiratur, sed ad hoc surgent (resurgent), ut pereant videntes verum esse quod credere noluerunt. perire est autem a deo esse alienum, sicut ait ad Romanos: quicumque enim extra legem peccaverunt, extra legem et peribunt et quicumque in lege peccaverunt, per legem iudicabuntur. ac per hoc peccatores iudicabuntur; indigni etenim sunt resurgere cum sanctis, sicut ait: neque peccatores in consilio iustorum.

15, **53.** Oportet enim corruptibile hoc induere incorruptionem et mortale hoc induere inmortalitatem. 1. hoc est quod supra dixit: et mortui resurgent incorrupti, id est, ut iam inmortales sint, non tamen inpassibiles. hi enim quos dicit poenas patientur pro qualitatibus delictorum suorum, ita ut exeant inde exsoluto debito. impii autem aeterna poena torquebuntur; ait enim: qui non crediderit, iam iudicatus est. unde et Esaias profeta: ignis, ait, eorum non extinguetur et vermis eorum non morietur. 2. in adventu tamen domini et sancti resurgent, et qui vivi fuerint inventi, obviam rapientur domino in aera mortem quasi soporem passi (passuri); in ipso enim raptu et mortem et resurrectionem habebunt, sicut dicit ad Thessalonicenses. tempore enim Antichristi aut apostatae erunt aut sancti aut in latibulis aut in poena positi ceteri gentiles, quos dominus Iesus cum duce ipsorum Anti-

1. 10 Ps. 1, 5 **6** Rom. 2, 12 **19** Ioh. 3, 18 **20** Is. 66, 24 **24sq.** *cf.* I Thess. 4, 16

1sq. resurgunt *KETA*[1] **4** surgent *ΠA* **7** extra—et *pr.*] sine lege *A* **7sq.** qui *A* **13** incorruptione *K* **14** hoc est quod *et* **15** ut iam *om. A* sint] erunt *A* **16** quo *K* **18** torquentur *A* **19** credit *A* **20** propheta ait *A* uermes *K* **21** inaduenti *N* **23** aere *NKV*[2]*ET* passi *Π ET* **25** ad tess. idem apostolus scribens *A* **26** sancti] rei *A* **27** quod *K* eorum *L* christo in adventu suo interficiet spiritu oris sui, id est iussu eius igni exurentur per angelos virtutis eius.

15, 54. Cum ergo mortale hoc induerit inmortalitatem, tunc fiet verbum, quod scriptum est in Osee profeta:

Absorpta est mors in victoriam. **55.** ubi est, mors, aculeus tuus? ubi est, mors, contentio tua? post resurrectionem impiorum et peccatorum absorbetur mors in victoriam. insultantis etenim verba sunt dicentis: ubi est, mors, aculeus tuus? ubi est, mors, contentio tua? victoria enim devictae mortis resurrectio mortuorum est. mors autem diabolus est cui insultatur. et contentiosus dicitur, quia per superbiam, cum impar viribus esset, resistebat. cum ergo superatus premitur et spolia illi detrahuntur, succensetur illi, quia contra se repugnavit.

15, 56. Aculeus autem mortis peccatum est. aculeum auctoritatem significat, quia mors auctoritatem per peccatum accepit, quia si peccatum non esset, diabolus obtorpuisset et mors non esset.

Virtus autem peccati lex. ideo virtus peccati lex ⌊est⌋, quia peccatum non imputaretur, si lex non esset.

15, 57. Deo autem gratias, qui tribuit nobis victoriam per dominum nostrum Iesum Christum. triumfum salvatoris nobis dicit profecisse (profuisse). quae

---

1 II Thess. 2, 8 **21** Rom. 5, 13

---

3 ergo] autem *(Vulg.) A* **4** verbum—scriptum] sermo qui scriptus *(Vulg.) A* **4 sq.** in—profeta *om. A* **6** absorta *NKET* uictoria *ET* **7** mors *pr. om. T* **8** resurrectionem enim *A* **9** uictoria *ET* sunt et *ΠET* **10** aculeus tuus] uictoria tua *(Vulg.) A* mors *alt. om. ET* **10 sq.** contentio tua] aculeus tuus *A* **13** per *om.* $N^{1}KE$ **14** superatur *ΠET* **15** suscensetur $NV^{1}A$ qui *NEA* repugnabit *V*, pugnauit *A* **16** est *om. NK* **17** aculeus *L* auctoritatem *pr.*] mortem *K* **17 sq.** per peccatum auctoritatem *A* **21** est *ΠA* **23** tribuit] dedit *(Vulg.) A* **25** profecisse *ΠT*

enim gessit salvator, non sibi utique gessit, sed nobis. quamobrem victoria eius nostra victoria est. ideo enim homo factus est manens deus, ut vincens diabolum, dum peccatum non facit (fecit), nobis victoriam adquireret, qui peccati causa detinebamur in morte, ut victus diabolus occiso Christo, qui peccatum non fecerat, omnes quos peccati causa detinebat amitteret. dum autem insultat homini, reus factus est. sic deletum cirografum, id est sententia, qua tenebatur genus humanum in morte inferi ereptis animabus et in caelum inductis, ut non per potentiam illi tollerentur, sed per iustitiam a deo per Iesum Christum dominum nostrum.

15, 58. Itaque, fratres mei dilectissimi, stabiles estote et inmobiles, abundantes in opere domini semper, scientes quia labor vester non est inanis in domino. omnibus quae ad doctrinam ecclesiasticam ordinandam necessaria sunt expositis et quid vitandum quidve sequendum sit demonstratis, fixos iam illos {esse} hortatur in bono et in operibus, quae fructum faciunt apud deum, semper promptos et copiosos, quia per haec quae exposita sunt certi sunt de cetero accepturos se boni operis mercedem a domino, ne pravis conloquiis possent interverti.

16, 1. De collectis autem, quae fiunt in sanctis, sicut ordinavi ecclesiis Galatiae, ita et vos facite. **2.** per unam sabbati unusquisque vestrum apud se ponat thensaurizans quodcumque voluerit, ut non cum venero, tunc collectae fiant.

---

8 *cf.* Col. 2, 14

---

2 victoria eius *om. A* **4** facit *Π* **8** delictum *N* est] *add.* data *A*[1], deleta *A*[2] **9** morti *K* morte—caelum] mortem fieret ereptus et animabus in caelis *A* **10** illi—iustitiam *om. N* **11** christum iesum *Π* nostrum pax *NKET* **12** dilecti *A* **13** et *om. ΠT* **14** quia] quod *NK* labor vester] laborum *K* **16** expositus *K* et aut *A* **17** esse *om. ΠE TL* **18** bonum *L* **20** certi sunt *om. A* **21** possint *KT* euerti *A* **23** ordinauit *N* ecclesiae *A* **24** unusquisque—**26** fiant *om. ΠETL*

dominico die collectam fieri praecepit, sicut et ceteris ecclesiis disposuerat, ut eo die, quo resurrexit dominus, plebs eius colligatur ad laudem et gloriam dei devicta morte, tunc etiam sumptus congregandos ad ministerium sanctorum, qui propter nomen domini pressuras patiebantur zelo gentilium sive Iudaeorum, qui non sinebant eos praedicare gratiam dei sub nomine Christi, ut haberent refrigerium ab his, propter quos tribulabantur. omni ergo die dominico iubet colligi plebem et congregare illos singulos prout voluerint in dona dei, et hoc apud se unumquemque reponere quasi in thensauro, ut veniente apostolo inveniatur ad usus necessarios, quia quod paulatim colligitur, nec grave est et invenitur multum.

16, 3. Cum autem advenero quoscumque probaveritis per epistolas, hos mittam perferre gratiam vestram in Hierusalem. conlatio haec duplici genere profectum habebat, ita ut sanctis proficeret supra memoratis et pauperibus in ecclesia constitutis, quia et modo et usibus maiorum natu proficit et egenis. per epistolas mittere se hos, quos idoneos ad dispensationem elegerint, dicit, quia epistolae testimonium praebent missis, ut cum gratia excipiantur.

16, 4. Sin vero dignum fuerit, ut et ego eam, ibunt mecum. hoc dicit quia, si fuerit copiosa collectio, posse etiam se ire. dignum est enim, ut si episcopus ipse eat, multum secum perferat ad refrigerium sanctorum. hoc est quod significat ad Romanos dicens: si enim spiritalium eorum conmunicaverunt gentiles, debent et in

---

25 Rom. 15, 27

---

1 collecta *NKT*, -as *V* praecipit NA^2 **2** ut eo *om. N* quo] cum *K* **3** etiam *om. A* **5** pressuram *A* **8** collegi KTA^1 **9** singulos *om. A* uoluerit *K* **11** necessarios praeparatum *A* **13** uenero quos *A* **15** consolatio *A* **16** perfectum *E* habebat] *add.* sicut et nunc habet *A* **17** quia] quae *A* **18** epistolam *A* **19** quod *V* elegerunt *N* quia] quae *A* **20** prebentes *ET* accipiantur *T* **21** si uero *E*, quod si *(Vulg.) A* ego quoque *A* **22** mecum ibunt *(Vulg.) A* quia *om. A* si] sicut *V* **23** enim est *A* ut si episcopus] et sic opus ut si *A* **26** gentes *A* et] hi *A*

carnalibus ministrare eis. ex Iudaeis enim erant, de quibus dicit dominus: quia salus ex Iudaeis est, qui Hierosolymis in magna invidia erant apud Iudaeos non credentes.

16, **5.** Veniam autem ad vos, cum Macedoniam pertransiero; Macedoniam enim pertranseo. **6.** apud vos forte hiemabo, nisi vos me forte deduxeritis quocumque iero. post omnem instructionem, ut laetos illos faceret, adventum suum illis promisit, per quod et omnes admonitiones suas, quibus illos corrigit, magis firmat, quia qui audit venturum eum, a quo legem accepit, sollicitior erit, ne adveniente illo erubescat.

16, **7.** Nolo enim vos modo in transitu videre. sciens multa se habere, quae ageret cum illis, non vult illos pertransiens videre; et ne contristarentur, multum tempus se promittit conmoraturum apud eos, et quia quae agit cum providentia agit.

Spero enim me aliquantum temporis manere apud vos, si dominus permiserit. si dominus, ait, permiserit. tunc enim dominus permittit, ut conmoretur apud eos, si dignos se praebeant emendantes vitia, quae in eis arguit.

16, **8.** Permanebo autem Effesi usque ad pentecosten; **9.** ostium enim mihi apertum est magnum et efficax, et adversarii multi. qua causa Effesi remansisset ostendit. invenerat enim illic sitientia pectora dei gra-

---

2 Ioh. 4, 22

---

2 qui in L^{1} **5** autem *om.* *K* **6** Macedoniam enim pertranseo *om.* *A* **7** forte *pr.*—deduxeritis] autem forte manebo uel etiam hiemabo ut uos me forte deduxeritis *L*, autem forsitan remanebo aut etiam hiemabo ut me deducatis *(Vulg.)* *A* **9** pro quo *A* **10** quia *om.* *A* **13** modo] mundo *N* **14** multas *NK* **15** per transitum *A* **16** promisit *ET* et *om.* *A* agit] ait *K* **18 sq.** spero—permiserit *om.* *ΠET* **19 sq.** si—permiserit *om.* *L* **23** ephesios A^{1} **23 sq.** pentecoste *N* **25** efficax] operosum *A* **25 sq.** remansisset ephesi *A* **26** sitientia] sententia *V*

tiam, quibus prompte infunderet mysterium Christi. sed quia diabolus inquietus est semper, et his qui deum desiderant invidus adiecit: et adversarii multi. quanto enim idonei inveniebantur ad fidem, tanto magis de non erant, qui zelarentur contradicentes et repugnantes doctrinae domini.

16, 10. Quodsi venerit Timotheus, videte ut sine timore sit apud vos; opus enim domini operatur sicut et ego, **11.** ne quis illum spernat. quamvis ea praedicaret Timotheus, quae ab apostolo acceperat, et esset idoneus evangelista, tamen quia non erat auctoritatis eiusdem, conmendat illum, ne ab his forte, qui dissidebant in plebe, non ut erat dignus reciperetur perstrepentibus eis, et timor illi nasceretur et nihil proficeret adventus eius saluti illorum. possent enim et gentiles excitari ad seditionem discordia plebis accepta occasione inruendi in Timotheum. ideo: ne quis illum spernat, quia opus domini operatur, inquit, sicut et ego. hoc est, ut in ea auctoritate susciperetur, qua erat apostolus; erat enim et ipse episcopus.

Deducite autem illum in pace, ut veniat ad me. expecto illum cum fratribus. tantum meritum Timothei memorat, ut non solum inter eos honorandum illum praecipiat, sed ut apostolum domini cum obsequio deducendum cum proficisci parasset. tam enim necessarium eum ostendit, ut etiam ipse illum expectaret cum fratribus propter evangelium Christi.

16, 12. De Apollo autem fratre significo vobis, quia multum rogavi illum, ut veniret ad vos cum

---

1 prompte] propter *A* infundere *K* **2** inquietatus *V* desiderat *K* **2sq.** invidus *A*, *om. cett.* **4** erant] deerant *T A* **5** dei *N K* **6** si autem *(Vulg.) A* **8** *post* ego *add.* operatur ergo ne *A* **9** ea enim *A* **10** idoneus et *N K* **11** his] illis *K* que *L* **12sq.** perstrepentibus—nasceretur *om. A* **14** seditionem et *A* **15** acceptam *N* **17. 18** et *om. A* ut *om. Π E T* **18** quia *L* **20** expecto enim *(Vulg.) A* **23** illum cum *L* cum—necessarium *om. A* tamen enim *N* eum *om. E T* **26** fratres *V* **27** illum rogaui *A*

fratribus; et utique non fuit voluntas, ut nunc veniret. veniet autem, cum ei vacuum fuerit. hoc dicens et voluntati illorum vel petitioni satis se fecisse ostendit, cum votum suum eis exhibuit; et Apollo excusavit, quando cur venire ad illos non potuerit declaravit ita tamen, ut non omnino excusaverit, sed distulerit. potest et sic intellegi, ut per Apollo tangat illos ideo significans noluisse ire ad illos Apollo, quia dissidebant, ut audito hoc paci studerent, et ideo de Timotheo dixerit: videte, ut sine timore sit apud vos, quia aliqui missi non bene fuerant suscepti, ac per hoc venturum Apollo, cum concordes fuerint.

16, 13. Vigilate, state in fide, viriliter agite, confortamini. **14.** omnia vestra in caritate fiant. vigilate, ait, ne circumvenirentur in fide. viriliter agite. hoc est monere, ut fortes sint mente circa ea quae sibi tradita erant, non ut pueri, qui quid sequantur ignorant. confortamini, ut tam voce quam opere robusti sint, quia professio et boni actus perfectos faciunt. ut autem in caritate haec fiant, quia quae cum caritate fiunt dei habent timorem et zelum. quicquid enim cum offensione fratris fit, fructum non habet. provocandi sunt enim aliqui ad bonum, non contristandi, ut puta si misericordiam facias cum detractione alterius aut ⟨in⟩humanus si sis aut alterum notes aut aliquid comedas insultans ei, qui ab hoc abstinet, ut facias illi scrupulum. omnia autem ita agenda sunt, ut hortatio sit ad

9 I Cor. 6, 10

2 veniret] uenerit *T* ueniat *A*[1] ei vacuum] oportunum *A* **3** et] ut *NK* eorum *ETL* fecisset *N* **5** venire—declaravit] non iret ad illos non decla//uerit *A* ueniret *N V* **6** omnino non *A* **7** significans ideo *A* **8** illos] eos *VET* **9** et] ut *N* **10** fuerunt *A* **13** corroboramini *A* **14** circumueniantur *A* **16** qui quod *A*, quicquid *K V E* **17** quia] que *A* **18** haec ipsa *A* **19** quia quae] queque *A*, quia quaecumque *E* **21** provocandi *om. ET* **22** *ante* ut *add.* sed prouocandi *ET* cum detractione] de oratione (ortat- *A*[2]) *A* **23** humanus *codd.* si *om. A* sit *NKET, add.* his *A*[1] alteros *A* aut *alt.*] ita ut *V* **24** illi] illis *N V* **25** autem *om. A*

meliora, non insultatio; tunc est pax. unde dicit dominus: ex hoc cognoscetur, si discipuli mei estis, si vos diligatis invicem. ubi autem contentio est et dissensio, amor non est.

16, 15. Obsecro autem vos, fratres, scitis domum Stefanae, quia sunt primitiae Achaiae et se in ministerium sanctis ordinaverunt, **16.** ut et vos subditi sitis talibus et omni operanti et laboranti. Corinthii Achaici sunt, ideoque de his ad eos loquitur, per quos provocat illos ad huiusmodi opus; sunt enim ex his. hoc enim Christianis magnum est, quia calcata avaritia de laboribus suis non habentibus largiuntur, in eo imitatores facti dei patris, qui in misericordia dives est. cum autem dicit: ut subditi sitis talibus, magis illos hortatur, ut aemuli facti operis huius alios habeant ipsi subditos.

16, 17. Gaudeo autem in adventu Stefanae et Fortunati et Achaici, quia quod vobis deerat, ipsi subpleverunt; **18.** receperunt enim spiritum meum et vestrum. agnoscite ergo huiusmodi. aliud esse collationem, quam dicit fieri in sanctos, et aliud ministris evangelii reddere vicem, sicut dicit dominus: dignus est enim operarius mercede sua. domum enim Stefanae in utroque significat devotam et in ministerio sanctorum et in his qui deserviebant ecclesiis, ita ut ad apostolum perferrent cum Fortunato et Achaico fratribus, ut et hi perferrent qui

---

2 Ioh. 13, 35 **13** Eph. 2, 4 **21** Luc. 10, 7

---

1 et tunc *A* **2** uos insultatis *K* **5** scitis] nostis *(Vulg.) A* **6** Stefanae] *add.* et fortunati *A*, *add.* et f. et achaici *L* **6 sq.** quoniam sunt initium achaiae et in ministerium sanctorum ordinauerunt seipsos *A* **8** talibus] eiusmodi *(Vulg.) A* **9** sunt achaici *NKT* achaici chorinthii sunt *A* **11** enim in *A* **12** in eo *om. A* **13** patris dei *A*, dei *om. E* misericordiam *V* **17** et] ut *N* quia] quoniam id *(Vulg.) A* illi *A* **18** et meum spiritum *(Vulg.) A* **19** cognoscite ergo eos qui eiusmodi sunt aliud enim *A* **21 sq.** enim est *A* **24** ita ut] ut aut *N* ad *om. A* perferrent] proficerent *A* **25** his proficerent *A*

erant ex his. unde dicit: refecerunt enim et meum spiritum et vestrum, per quod et pudorem illis incutit. et cum apostolus neget se ab his accepturum — dicit enim: non infringetur in me gloriatio haec in regionibus Achaiae —, quomodo refecerunt enim meum spiritum, inquit, et vestrum? sed credo refectus est spiritus eius in his quibus profecerat; sibi enim datum dicit, quod proficit his quibus voluit. agnoscite ergo huiusmodi hoc est imitamini.

16, 19. Salutant vos ecclesiae Asiae. horum salutatione conmonet illos, ut efficiantur similes illorum, qui unius sunt provinciae.

Salutant vos in domino multum Aquila et Priscilla cum domestica sua ecclesia. duas ecclesias memorat, publicam et domesticam. publicam dicit, quo omnes conveniunt; domesticam, in qua per amicitiam colligitur. ubicumque enim presbyter solemnia celebrat, ecclesia dicitur.

16, 20. Salutant vos fratres omnes. relevat animos illorum, quando omnes hos memores horum ipsorum ostendit.

Salutate invicem in osculo sancto. osculum sanctum signum pacis est, in quo, ut invicem sibi adhaereant sublata discordia, docet.

16, 21. Salutatio mea manu Pauli. se in epistola ista subscripsisse ostendit, et quae verba sint subscriptionis, subicit dicens:

4 II Cor. 11, 10

1 ex] cum *L* enim *om. ΠETL* **2** per—incutit *om. A* **3** apostolis *T* **4** infringitur *V* **5** enim et *A* **5sq.** spiritum meum *ET* **7** eius] meus *K* dicit datum *NA*, dicit *om. K* **8** profecit *KET*, -cerat *L* uolunt *T* cognoscite ergo eos qui huiusmodi sunt *A* **10** salutent *K* Asiae] sanctae *E* **11** quia *ΠET* **14** ecclesia sua *L* **15** publicam *om. V* **17** enim *om. A* presbiteri sollemnia celebrant *A* celebratur *K* **19** salutat . . . reuelat *K* **23** ut ad *A* **26** scripsisse *L* sunt *E* **27** subiecit *A*

16, 22. Si quis non amat Iesum dominum (dominum Iesum), sit anathema. maranatha, quod interpretatur: si quis dominum Iesum qui venit non amat, abscidatur. maranatha {enim} 'dominus venit' significat. hoc propter Iudaeos, qui Iesum non venisse dicebant; hi ergo anathema sunt a domino qui venit.

16, 23. Gratia domini nostri Iesu Christi vobiscum. **24.** caritas mea cum omnibus vobis in Christo Iesu. ideo talem subscriptionem posuit propter hos, qui dum dissensioni studebant, dominum Iesum non diligebant, quippe cum dicerent: ego Pauli, ego Apollo, ego vero Cephae. qui enim Christum diligit, non dat hominibus gloriam. et quia nulla spes in homine: gratia domini, inquit, Iesu Christi vobiscum, et subauditur: qui diligitis dominum Iesum. et quoniam non se invicem diligebant, in se hoc docet dicens: caritas mea cum omnibus vobis in Christo Iesu, ut amare se discerent ea gratia, qua diligebantur ab apostolo, non carnis affectu, sed in Christo Iesu.

---

11 I Cor. 1, 12

---

1 quid *L* Iesum dominum *ΠETL* **2** iesum christum *(Vulg.) A* **4** enim *om. ΠETL* **7** Iesu Christi *om. N* **10** studebant qui *K* **11** dicebant *N* ego *pr. add.* sum *A* **13** et *om. A* homine]-ibus *A* **14** inquit] nostri *A* **15** diligit *K* **16** in—dicens] ideo hos dicit *A* **17** ea] et *ΠETL* **18** quia *V* **19** iesu amen *K*

AD CORINTHIOS I EXPLIC̄ *N* INCIPIT AD CORINTHIOS II *NK* Explicit explanatio sancti Ambrosii ep̄i in ep̄lam ad Corinthios primam *L* Explicit ad Corinthios prima incipit ad eosdem secunda *ET* Explic̄ tract̄ sc̄i Ambrosii in ep̄la I ad Corinthi Incip̄ prologus in II *V* *sine subscriptione A*

AD CORINTHIOS SECUNDA

⟨Argumentum⟩

Sciens sanctus apostolus profecisse epistolam, quam ad arguendam plebem Corinthiorum miserat propter diversos illorum errores, aliam iterum epistolam ordinat ad exhortandam obauditionem eorum et tangit horum contumaciam, qui emendari nequiverant, in hoc tamen animo ⌊magis⌋ relevatus, quia ea, quae ad ecclesiasticam ordinationem pertinent, audierat esse correcta, certus deinceps, quia et vitia eorum paulatim corrigerentur, praeterea quod ex magna parte coeperant esse obaudientes. qui ergo ea, quae ad fidem et ecclesiasticum ordinem pertinent, emendaverant, sine dubio spes erat emendandi mores et conversationem. ac per hoc festinanter scribit eis, contristati ex correptione consolationem haberent et cresceret in eis fructus paenitentiae, ut videntes iam placere se ei cui displicuerant promptiores fierent circa bonos actus. quid est enim paenitere, nisi iam ab errore cessare interveniente mentis dolore? ut ergo probet iam bene se de his sentire, sic scribit ad eos:

1, 1. Paulus, apostolus Christi Iesu. iam securus de his confidenter se apostolum domini praedicat. in prima

---

Incipit necnon prologus deest in cod. A. Prologus genuinus desideratur in codd. C W G P D, qui in capite epistolae usque ad p. 197, 20 (nostra) *praebent expositionem Pelagii, quare hic non notantur.*

3 apostolus paulus *N L* **4** miserere *N* **7** emendare *K* nequiuerat *V E*[1] magis *Π L* **8** pertineant *N* **9** horum *N K* **15** fructum *V* **16** se *om. K* ei *om. L* **18** iam de his *V* **20** iesu christi *(Vulg.) A*

enim epistola vocatum se apostolum dicit eis tamen non probatum, qui a traditione eius abducti erant.

Per voluntatem dei. ut ratum probet apostolatum suum, dei voluntate a Christo factum se apostolum dicit. ita enim dominus ait Iudaeis: quoniam quae placita sunt ei, id est deo patri, facio semper.

Et Timotheus frater. cum hoc scribit, per quem epistolam primam misit ad eos, id est cum Timotheo, ut ostendat eis ab hoc se audisse de bona voluntate eorum, quam corripienti ei subdiderunt.

Ecclesiae dei, quae est Corinthi, cum sanctis omnibus, qui sunt in universa Achaia. nunc sociat istos sanctis ceterarum ecclesiarum, ut sciant se profecisse.

1, 2. Gratia vobis et pax a deo patre nostro et domino Iesu Christo. quoniam unum donum est dei et Christi, idcirco participes illos optat esse gratiae dei, quae est et Christi.

1, 3. Benedictus est deus et pater domini nostri Iesu Christi. semper in omni epistola mysterii ordinem tradit de deo patre locuturus et de dono eius et de domino Iesu Christo filio eius, ut sicut nominantur duo et esse intellegantur, ut unusquisque subsistens habeatur, quamvis una substantia sint, ut torpescat vana adseveratio Sabelli.

Pater misericordiarum et deus omnis consolationis. ab ipsa coepit ratione; multum enim refrigerii dat eis, qui correptionis causa fuerant contristati. audientes enim deum non solum totius originis patrem, sed et misericordiarum, relevati sunt spe ac certi facti ad hoc se correptos, ut

---

5 I Ioh. 8, 29

---

2 quia a *N L* **3** apostolum *E* **4** a *om. A* **6** id est] idem *K* **8** misit primam *A* **9 sq.** qua corripiendi *A* **13** proficisse *N L* **15** domino nostro *N* **15 sq.** dei est *V* **16** idcirco — **17** Christi *om. A* **17** est] es *K* **20** et *alt.* — **23** Sabelli *om. A* **25** ipso *K* rationem *N K* **28** se *om. Π T L* correpti (*add.* sunt *L*) *N E T L*

conversi dei misericordiam invenirent. quare autem 'misericordiarum patrem' dixit, nisi ut agnosceretur per misericordiam rursum regenerare et reformare paenitentes ut non sola sit venia, sed status pristini restauratio? et ideo misericordiarum ait propter diversa peccata, ut consolaretur contristatos causa delictorum. hoc est spem non negare conversis.

1, 4. Qui consolatur nos in omni pressura nostra. hoc est quod dixit: deus omnis consolationis, quia adest in omni pressura, ut possimus et nos consolari eos, qui sunt in omni pressura, per exhortationem, qua exhortamur ipsi a deo. duo genera consolationum induxit, unum quo consolantur qui iniuste pressuram patiuntur propter nomen Christi, ut liberentur, alterum eorum qui peccatorum causa contristati consolationem accipiunt, dum illis promittitur spes emendantibus ab his, qui consolati a deo erepti sunt de pressura.

1, 5. Quia sicut abundant passiones Christi in nobis, sic per Christum abundat etiam consolatio nostra. manifestum est quia pro quo patimur, ipse nobis adest consulens nobis per liberationem, eripiens nos de pressura interventu maiestatis suae.

1, 6. Sive autem pressuram patimur pro vestra exhortatione et salute sive exhortationem consequimur pro vestra exhortatione, quae operatur per patientiam earundem passionum, quas et nos ipsi patimur, **7.** et spes nostra certa est pro vobis, quia scimus quod, si socii estis passionum, sic et consolationis eritis. generaliter loqui-

---

3 regenerari et reformari *ET* solum *KE*^{1} **4** sed et *NVTL* **9** quia] qui *A* **12** et ipsi *ETL*, ipsi *om. A* **16** illi *K* **18** quoniam *(Vulg.) A* christi passiones *L* **19** uobis *N* **20** manifestum] *hic incipiunt codd. CWGPD* est *om. NKETA* **21** consolans *A*, consulem *L* **22** suae] *add.* et salute *K* **25sq.** operantur *KV*^{1} **27** ipsi *om. D* **29** consolatiis *K* eritis *om. C*

tur, ut quia credentium causa persecutiones patiebantur a perfidis, subiecti iniuriis et caedibus, sic iterum auxilio dei liberarentur ad consolationem credentium, ne scandalum passi a fide exciderent, quia iniuriae apostolorum temptationes erant credentium, sicut scriptum est in profeta Zacharia: percutiam pastorem, et dispargentur oves gregis. quamvis futura credant fideles, tamen inter ipsa primordia pressurae novellis faciunt scandalum; putant enim inanem esse promissionem, si vi obpressum viderint praedicantem. sed si iam firmus est credens, conpatitur cum suo magistro fidens de spe futura, ut simul consoletur, cum quo et conpatitur.

1, 8. Non enim volumus ignorare vos, fratres, de pressura nostra, quae facta est in Asia, quia supra modum gravati sumus supra vires, ita ut desperaremus nos etiam vivere. ideo passiones pressurarum indicat prope usque ad mortem inlatus, ut ostendat quae mala salutis illorum causa patiebantur, ut non gravius ferrent, si corriperentur errores illorum ab his, qui haec tam aspera tolerabant pro illis. quis enim medicorum non arguat susceptum suum neglegentius se tractantem ne cura medicinae eius sine effectu remaneat?

1, 9. Sed ipsi in nobis responsum mortis habuimus, ut non simus fidentes in nobis, sed in deo, qui suscitat mortuos. tantam insolentiam iniqui-

---

6 Zach. 13, 7

---

3 liberarentur *WGA*, -rantur *V* D^{1}, -rabantur *cett.* **4** excederent *Π P* A^{1} **5** zachariae *C (recte?)* **6** dispargentur *C*, disperg- *cett.* **7** tamen] nostri A^{1} **9** si vi] siue *NK*, sibi *V* G^{1} *P*, si *A* **10** si iam] suam *K* credentes *V* **11 sq.** patitur *P*, *add.* causa fide patiebantur—illorum *(ex l. 18 sq.) A* **13** uos ignorare *L* **14** quoniam *(Vulg.) T* **16** disperaremus *NKPA*, desperemus G^{1}, tederet *(Vulg.) T* **18** quae] quoniam *A* eorum *G* patiebantur—**19** illorum *om. A (cf. l. 11)* **19** haec tam] etiam *V* **20** aspera ingerebant *A* **21** tractante *N* **22** affectu *L* **25** domino *E* suscitabit *G*, -uit *LP*

tatis significat insurrexisse contra fidei praedicatores, ut mortem ante oculos haberent. denique erepti de ipsa pressura resuscitatos se dicunt. sic enim adflicti fuerant, ut desperarent de praesenti vita. sed quia deus praesidia sua non negat in necessitate positis, maxime suis, eripuit illos desperantes de semetipsis, fidentes autem de deo. nimia enim pressura deficere se profitebantur, nisi adesset deus.

1, 10. Qui de tantis mortibus liberavit nos, in quo speramus, quia et liberabit **11.** accedente pro nobis etiam vestra oratione, ut in multorum facie donum, quod in nos conlatum est, per multos in gratiarum actione celebretur pro nobis. hoc dicit quia gratia dei multorum causa consolata est apostolos, id est omnium credentium, quorum causa et pressurae eis ingerebantur. ac per hoc, quia omnium causa est, cuncti deo gratias referant, cum cessat temptatio, aut cum oritur, simul obsecrentur.

1, 12. Gloria enim nostra haec est, testimonium conscientiae nostrae. 1. hoc dicit quia de conscientia sua praesumebant, quia pura erat ab omni simulatione; quamobrem de dei auxiliis non diffidebant.

Quia in simplicitate et sinceritate, non in sapientia carnali, sed in gratia dei conversati sumus in hoc mundo, abundantius autem apud vos.

1 significant *N*, -cabat A^1 inresurrexisse *N* **4** disperarent NA^1 uitam *A* **6** disperantes *N* de semetipsis] semetipsos *D* autem] namque *A* nimia—**7** deus *om. A* **8** mortis C^1, periculis eripuit *(Vulg.) T* **9** quia et] quoniam *T* liberauit $VLCGDA^1$ accedentes Π, -tibus *T* **10** uestram orationem *V* vestra—**12** celebretur] per orationem pro nobis ut in multa facie quae in nobis est donatio per multos gratiae agantur *T* **11** consolatum CG^1A **12** actionem ΠEL celebrentur *A* **13** col//ta *A*, consolatus *K* apostolus *KV* **15** ac] et *A* **16** cesset *G* **17** obsecrent *LPA* **18** nam gloria *(Vulg.) T* **19** dicitur *A* **20** praesumebat Π quia] quae *A* simulatione] *add.* fidem integram exhibens deo in praedicatione *A* **22** sinceritate] *add.* dei et *(Vulg.) T* **23** carnale *D* conseruati *P* **24** ad uos *(Vulg.) T*

haec est gloria conscientiae quam dixit, simplicitas et sinceritas. et quia haec de dei doctrina sunt, adiecit: non in sapientia carnali, sed in gratia dei, ut ostenderet non humanae sapientiae, sed evangelicae praedicationi liberam se conscientiam exhibuisse. 2. praeterita refricat; hoc enim significat, quod in prima epistola arguit fucatam praedicationem iuxta humanum sensum aptatam, cuius praedicatores duplici genere in sapientia carnali accusat, quia et iuxta mundi sensum praedicabant, ne facile offenderent homines et quaestus causa hoc agebant, propriis lucris carnalibus studentes. unde apostolus numquam a Corinthiis sumptus voluit accipere, ne his occasionem daret, eo quod similis eis esset in hac re. hinc est quod dicit: abundantius apud vos simpliciter sumus conversati, quia cum ab aliis acceperit, ab his noluit, ne arguendi eos auctoritatem amitteret.

1, 13. Non enim alias scripsimus vobis quam quae legistis vel cognoscitis. ea se dicit scribere, quae non solum litteris cernerent, sed et operibus eius manifesta haberent, ut probaret ea quae loquitur gestis se implere, quibus uniuscuiusque mens et propositum discitur.

Spero autem, quod usque ad (in) finem cognoscetis, **14.** sicut et cognovistis nos ex parte, quia gloria vestra sumus, sicut et vos nostra, in die domini Iesu Christi. proficere illos sperat ex eo, quod iam coeperant meliores effici cognito affectu circa se apostoli, et gloriabantur in eo velut filii in patre clarissimo. unde et

---

6sq. *cf.* I Cor. 2, 4

---

1 quam] quae *P* **2** est et *K*, et *om. A* **3** carnale *D* **4** praedicationis *A*, -e *K*, -em *V* **5** refringat $W^1 G^1$, -frigat *V*, replicat D^2 **13** apud] ad *(Vulg.) A* **14** acciperet *ET*, -pit V^1 **15** his] illis *G* arguente *A* **16** alias *NK*, alia *(Vulg.) cett.* **17** vel] et *(Vulg.) CWGPD* cognoscetis *E* **18** manifestata *D* **20** mens] manes *E* **21** ad *ΠEL* **21sq.** cognoscitis *TWG* **22** nos] non *D* **23** sum *P* **24** Christi *om. A* **26** carissimo *PA* et *alt. om. A*

apostolus gloriam suam videri testatur in filios obaudientes. et tunc debere videri quando prodest, id est in die iudicii dei. hoc dicens perseverandum monet.

1, 15. Et hac fiducia volueram prius venire ad vos, ut secundam gratiam haberetis **16.** et per vos transirem in Macedoniam et iterum a Macedonia venirem ad vos, et a vobis deduci in Iudaeam. haec fiducia ⟨ex⟩ emendata est vita illorum; iam enim et desiderare se illos significat, quos ante indignum erat videre. plenam ergo gratiam habuissent de adventu eius, quia imago est epistola, praesentia autem veritas. non est itaque otiosum quia voluerat ire et non iit; intellegi enim vult esse aliquos inter eos, quorum causa voluntatem suam non implevit, ut adhibita opera purificarentur.

1, 17. Hoc ergo cogitans numquid levitate usus sum? aut quae cogito secundum carnem cogito, ut sit apud me 'est est, non non'? 1. quoniam dixit: volueram venire ad vos et non iit, idcirco numquid levitate usus sum, inquit, quia videtur, qui dicit aliquid et non facit, levitate uti. ideo ne forte istud de apostolo arbitrarentur, hoc purgat, quia non istud leviter, sed cum consilio fecit, ut non impleret quod disposuerat. aut numquid quae cogito, inquit, secundum carnem cogito? qui enim secundum carnem cogitat, tunc non implet quae disponit, quando aut personis amplioribus defert aut certe lucris aut adparatibus vincitur, quod apostolus semper spre-

1. 2 uidere *A* **2** tunc] hinc *P* **4** haec *Π* G^1 **5** secundum $G^1 A^1$ **6 sq.** transire// ... uenire *(Vulg.) A* a] in *V*, *om. N* **8** hac *TGD* ex *om. codd.* emendatae *A*, mundata G^1, enim data *E* uitae *NEA* **9** desiderasse *D* uideri *V* **10** ergo] enim *A* qui *P* **11** itaque] ergo *V* **12** iit] ibit *A* **15** cum hoc (ergo *add. m2*) cogitassem *T* **17** est *pr.*] esset *D* est *alt.*] et *TA* non *alt. om. TA* dixi *TW* G^1, dicitur *A* **19** leuitatem *A* inquit] in qua *P* quid dicit *T*, quod diem A^1 **20** ne] non *P* istud] hoc *A* **22** fecit secum *A* aut] ait *A* **23** inquit *om. D* **24** tunc] tam *T* non *om. Π* adimplet quod *A* **25** aut *pr.*] et A^1, ut *K* differt A^1

vit. 2. spiritalis autem tunc dispositum non implet, quando providentius aliquid pro salute animae meditatur, sicut et apostolus ideo non implevit quod voluerat, ut per hoc ipsum meliores efficerentur scientes ideo distulisse eum, quia quidam adhuc inter eos non se purificaverant a peccatis. ut sit, inquit, apud me 'est est, non non'. hoc significat quia non aliud egit quam sciit agendum, quia utilitas anteponenda est voluntati. hic sensus spiritalis est; carnalis autem sensus sic mutatur, ut anteponat voluntatem utilitati.

1, 18. Fidelis autem deus, quia sermo noster non est 'est et non'. hoc est quod dicit et ad Galatas: si quae destruxi haec eadem aedifico, praevaricatorem me constituo. ideo ergo fidelem in se dicit dei praedicationem. nam hoc faciunt adulatores; frequenter enim, ne homines offendant, quae vera sunt praetermittunt.

1, 19. Dei enim filius Iesus Christus, qui in vobis est, qui per nos praedicatus est, per me et Silvanum et Timotheum, non fuit 'est et non', sed 'est' in illo fuit. quantum ad idoneos praedicatores pertinet, hoc debet esse, ut sit apud illos est est, non non, ut non aliud faciant quam sciunt utile. quia enim frequenter aliud volumus quam est utile, ne voluntas vincat utilitatem, ideo apostolus voluntati suae utilitatem praeposuit, ne iret ad illos. in Christo enim Iesu non fuit 'est et non', sed 'est' in illo fuit, quia numquam aliud voluit quam est utile. semper enim voluntas eius cum utilitate est; nec in-

---

12 Gal. 2, 18

---

2 et *om. A* **6** est *alt.*] et *A* non *alt. om. A* hic *N* **7** scit *KTLGD* **8** et carnalis *K* **9** voluntatem *D*, uoluptatem *cett.* **10 sq.** fidelis—non *alt.*] apud uos non est in illo non sed est in (illo est *supra l.*) fidelis autem deus quia sermo noster qui fit *T* **11** dicit et] dicitur *A* **13 sq.** ideo—nam *om. A* **14** nam] ne *P* hoc] ab hoc G^1, quod *A* faciant *P* **17** nobis G^1P praedicatur *A* **22 sq.** utilitate ideo apostolos *K* **23** uoluntatis *KP*, uoluptati V^1 proposuit *KEPD* **26** est] enim *C*, *om. N*, est enim *D*

mutatus est, ut faceret invitus sicut homo, quod est utile, aut ut ambigeret de aliquibus et mutaret voluntatem.

1, 20. Quotquot enim promissiones dei sunt, in illo est; et in illo amen deo ad gloriam per nos. manifestum est quia semper in deo veritas est, hoc est amen, manifestata per Christum, post per apostolos praedicata ad gloriam dei signorum virtutibus testimonium perhibentibus vera esse, quae promisit deus per Christum dominum nostrum. gloria enim dei est, cum ab illo omnia et per illum et in illo esse discuntur.

1, 21. Qui autem confirmat nos vobiscum, Christus dominus; et qui unxit nos deus, **22.** qui et signavit nos et dedit pignus spiritum in cordibus nostris. 1. Christum dicit confirmare gentes in fide promissa Iudaeis, quia ipse est, qui fecit utraque unum, id est circumcisionem et praeputium, in uno novo homine faciens pacem. dominus ergo confirmat et deus qui unxit nos, id est, {qui} dedit regiam honorificentiam, sicut dicit Petrus apostolus quia sumus, inquit, genus regale per unctionem spiritalem, cuius typus fuit in regibus Iudaeorum. qui et signavit nos dando spiritum suum nobis pignus, ut non ambigamus de promissis eius. si enim adhuc mortalibus spiritum suum credidit, dubium non est quia iam inmortalibus addat gloriam. 2. unum tamen opus dicit patris et filii, quia et Christum dicit confirmare et deum. quem

---

9sq. *cf.* Rom. 11, 36 **15** Eph. 2, 14 **16** Eph. 2, 15 **19** I Petr. 2, 9

---

2 ambigeretur *E* et] ut *NKD* mutare *C* G^1, *add.* et *D* **4** et] ut *T C* G^1 **5** haec *P* amen] tamen *P* **8** promisit dei *N* **9** cum] quoniam *K* **10** dicuntur *NK* D^1 *A* **11** et qui *E* **13** significauit *T* G^1 spiritum sanctum *V* **14** in *om. CGP* fidem *V* **15** promissam *Π* est *add.* deus *V* utrumque *E* **17** ergo] autem *G* **18** qui *om. ΠEL* ait *A* **20** tipum *ET* **21** suum in V^1 *ET* **22** ad hoc *Π*, *om. E* **23** iam *om. A* **24** esse *(del. m2)* addit *A* ad gloriam *CWGP* tamen] ut non A^1 **25** quem] cum *NK*

enim confirmat filius, confirmat et pater; et cum dat spiritum pater, dat et filius, quia utriusque est spiritus sanctus, sicut dicit ad Romanos: si quis autem spiritum Christi non habet, hic non est eius. quoniam ergo de perfectione hominis locutus est, trinitatis hoc loco fecit mentionem; omnis enim summa perfectionis in trinitate consistit.

1, 23. Ego vero testem deum invoco super animam meam, quod parcens vobis non veni Corinthum. nunc manifestat, qua causa, cum voluisset ire ad illos, distulit, ut tunc iret, quando iam prope omnes emendatos inveniret. his enim nunc loquitur, qui videbantur velle se corrigere, sed operam non dabant, ut hoc implerent. quia ergo corripere illos necesse erat, iter suum ad alios convertit, ne contristaret multos, et hoc fuit illis parcere. quod ut mentibus eorum conmendet, deum testem dat, ne putarent indignos se esse et contemni ab illo; quo conperto, ut praesentiam eius mererentur, emendarent se.

Non quod dominemur fidei vestrae, sed quod adiutores sumus gaudii vestri; fide enim statis. quoniam fides non necessitatis, sed voluntatis res est, ideo dicit: non quod dominemur fidei vestrae. dominatus enim necessitatis causa est. sed adiutores sumus, inquit, (adiutores autem, inquit, sumus) gaudii vestri. hoc est quia sicut in malo opere tristitia est, ita et in emendatione gaudium. huius gaudii adiutores sumus, inquit, quia volentibus eis emendare se offerunt conmonitiones, ut quod velle coeperant possint implere.

---

3 Rom. 8, 9

---

2 est] et *N* **3** autem *om. VA* **7** uere *D* super] in *(Vulg.) EC WGPD* **12** opera *TCD* inpleret *V* **12 sq.** quia ergo] quo *A* **13** alios] illos *D* **14** nec *A*[1] illi *D* ut] hoc *A* **16** dignos *ΠETA* se *om. C* contempti *P* **17** emendare *Π* se *om. N* **18** quia dominamur *(Vulg.) T* quod] et *G*, *om. CP* **19** simus *L* **20** quoniam—necessitatis *om. ΠA* voluntatis—ideo] -te resisti deo *A* **21** dominatus]-tur *A* **22** sed—inquit *ΠELC* **24** male *K* **25** quia sicut *A* **26** commonitionis *V*, -ibus *A*[1]

2, 1. Decrevi autem hoc apud me, ne iterum in tristitia venirem ad vos. apertum est quia ideo noluit ire, ne forte corripiens paucos multos contristaret, ipse etiam contristatus; conpatiuntur enim omnia membra unius maerore.

2, 2. Si enim ⌊ego⌋ contristo vos, et quis est qui me laetificet, nisi qui contristatur ex me? hoc dicit quia non vult eos contristare. sed quia peccatis studuerant, necesse erat illos contristari invito apostolo, ita tamen, ut de cetero obaudientes facti laetificarent eos, qui contristabantur cum eis, ut qui corripiendo contristaverat eos laetaretur ex his, dum corriguntur.

2, 3. Ideo et scripsi hoc ipsum, ne cum venissem, tristitiam haberem a quibus oportuerat me gaudere, certum habens quia meum gaudium omnium vestrum est. idcirco dicit haec se scripsisse, ut postea veniens non esset unde contristaretur sublatis vitiis, sed gauderet cum eis quasi cum carissimis filiis, ut quia ab infidelibus tribulationibus adficiebatur, ab his utique gauderet, qui crediderant. gaudium enim apostoli purificatio est populi. ideo enim gaudet, quia vituperatio non est in eis, quos simul oportet gaudere.

2, 4. Nam ex multa pressura et angustia cordis scripsi vobis per multas lacrimas, non ut contris-

---

4 sq. *cf.* I Cor. 12, 26

---

4 sq. unius maerore] more *P* **5** merorem *V*, dolore *L* **6** ego *(Vulg.)* *ΠET* contristor *G* **7** contristatus *N* **8** quia *pr.*] qui *W* contristari *KGD* **9** contristare A^1 **10** facto D^2 laetificaret *P* quia *V* **12** laetarentur *ΠEP* his] eis A^1 dum se *A* corrigunt *CWA*, -gerentur V^1 **13 sq.** ideo—haberem] et hoc ipsum scripsi uobis ut cum uenero tristitiam super tristitiam habeam *(Vulg.)* T^1 uenissent *V* **14** haberi *V* me] ne *P* **15** certum habens] confidens in omnibus uobis *(Vulg.)* *T* **16** est *om.* *N* dixit *P* se dicit haec *A* **17** esse *K*, haberet *P* sublimatis *K* **18** eis] his *D* quia] qui *WGD* **19** afficiebantur $ΠTG^1$ **19 sq.** gauderent A^1 **20** et qui *T* purificato *N* **21** quia] quod A^1

temini, sed ut cognoscatis caritatem, quam habeo abundantius in vobis. manifestum est quia, quando hoc affectu quis aliquem corripit, ut plus illo doleat peccatis eius, non utique ut illum contristet, corripit, sed ut ostendat illi, quo amore diligat eum. qui enim non hoc affectu corripit, fratrem contristat; insultat enim, qui non condolet fratri.

2, 5. Si quis autem contristavit, non me contristavit, sed ex parte, ut non onerem vos omnes. omnes hos quos dicit sancti sunt. duae enim partes in populo sunt, sicut in prima epistola memoravi. hi ergo ex parte sanctorum sunt, quos contristatos in errore fratris significat sicut semetipsum. hoc dicens oneravit peccantem vel eum qui peccaverat. plus enim fit reus, in cuius delicto multi tribulantur. ac per hoc:

2, 6. Sufficit ei qui talis est, inquit, haec quae fit a pluribus obiurgatio. magnum dolorem utique patitur, qui delictum suum pluribus videt horrere.

2, 7. Ita ut e contra magis donetis et consolemini, ne quo modo abundantiore tristitia absorbeatur, qui eiusmodi est. 1. adflicto homini peccati proprii causa subvenire praecipit, quia paenitentia, si de vero animo est, hoc est si correptus statim in animo doleat, protinus habet fructum. denique in Regnorum habetur, quia Achab, cum arguisset eum profeta, conmotus animo statim meruit veniam. et David in causa Uriae Cethei correptus,

---

9 sq. *cf.* ad I Cor. 1, 4, 1 **23–25** *cf.* III Reg. 21, 27–29 **25 sq.** *cf.* II Reg. 12, 13

---

3 effectu *N* ut–**4** sed *om. A* **8** honorem (on- E^1) *N V* E^1 *T* W^1 omnes uos *(Vulg.)* *ΠLCA* **9** sanctis *E* sunt *om. ET* **9 sq.** sunt partes in populo *A* **11** contristatus N^1 *T* **13** fit] est *A* delicti *E* **15** inquit *om. A* **17** suum a *T* **18** e contrario *(Vulg.) T*, ea contra N^1 **19** quo modo] forte *(Vulg.) T* abundantior et tristitia *N* **20** afflictio *E* homini] omni *PA* peccato *NKA* **20 sq.** propria *A* **21** subueniri *LP* praecepit *CGP* D^1 patientia G^1 **22** est *pr. om. A* correptus est *E* **23** habet] haberet *C* W^1 G^1 regnorum libro *LD* **25** uri *C*

quia cognovit peccasse se, delictum eius deletum est. 2. ita et apostolus illum, qui incestum commiserat habens uxorem patris, obiurgatum et abiectum dolentem revocari iubet, ne diu videns se contristatum sperni desperans de se daret animum ad mundum fruendum, quasi qui locum apud deum iam non haberet. hoc est maiore tristitia absorberi desperantem de se converti ad admittenda peccata, quibus gravatus absorbeatur a secunda morte. haec enim vera paenitentia est iam cessare a peccato. sic enim probat dolere se sibi, si de cetero desinat.

2, 8. Propter quod obsecro vos, ut confirmetis in illo caritatem. **9.** ad hoc enim et scripsi, ut scirem, an in omnibus oboedientes estis. quantum datur intellegi, oboedientes hos factos in ceteris probat. emendaverant enim quae ad ordinem ecclesiasticum pertinent. unde etiam in hoc vult illos esse obedientes, ut confirment fratrem in caritate suscipientes eum in conmunione.

2, 10. Si cui autem aliquid donatis, et ego. 1. manifestum est quia quod iubet fieri, ipse facit. nec potest hoc abnuere, quod etiam obsecrans ut fiat, scribit, cum haberet potestatem iubendi. sed quia in prima epistola grave eius crimen detulit, ut horrerent illum omnes, nunc cum recipi illum vult, orat ne adhuc exulcerato animo adversum illum durum illis esset habere cum illo communionem eccle-

---

1 se peccasse *LD*, se *om. N* **3** patris sui *L* et abiectum *om. A* dolorem *P* reuocare *KPA* et ne *N* **4** diu *om. A* disperans *N T* W^1 *A* *(sim. saepe)* **5** quasi] hoc est *L* qui *om. D* A^1 **6** maiori *EL* absorueri *C*, -bere $E^1 G^1 A^1$ **6 sq.** desperantem de se *om. A* **7** grauat *P* **8** absorueatur *C* **9** dolore *V* T^1 *W* G^1 *P* se *om. ΠA* **12** in illum *(Vulg.)* *KVEC*, *om. N* et *om. A* **13** scirem] cognoscam experimentum uestrum *(Vulg.) T* an] si *T* estis ad hoc *A* **13 sq.** estis—oboedientes *om. V* **14** ceteros *V* **14 sq.** emandauerunt *A*, emendauerat *V* **15** quae] quem *E* **17** caritatem *C* W^1 communionem *V* **18** aliquid autem *G*, aliquid *om. K* donastis *(Vulg.) NKELD* **20** obsecras N^1 V^1, -erat *ET* **22** nunc] tunc *V*, num *K* cum] autem E^1, *om. WG* **22 sq.** recipere *A* **24** cum illis *L*

siae. neque enim tanta in eis erat quanta in apostolo providentia, ut statim intellegerent faciendum esse, quod dicebat apostolus in causa huius dumtaxat. ideo obsecratur, ut dimittant illi, significans deum illi ignovisse, quia nihil sine dei spiritu agebat apostolus.

Etenim ego quod donavi, si quid donavi, propter vos in persona Christi. 2. hoc dicto gravat illos, quia si magister petentibus discipulis donavit, cui voluerunt, peccatum, quanto magis obaudire debent discipuli magistro (magistrum)? et ut ratum ei, cui donavit, ostenderet apud deum, ait in persona Christi se donasse quod donavit. hoc est accepto tulisse Christum, cuius legatione fungebatur, ut factum apostoli factum sit Christi, sicut dixit: quaecumque solveritis super terram, erunt soluta et in caelo. si ergo huic pro quo petierunt, per apostolum Christus ignovit, quanto magis huic iam ignotum erat, cui ut donent etiam ipse hortatur?

2,11. Ne possideamur a satana; nec enim ignoramus versutias eius. hoc dicit, quod supra memoravi, quia consolatio debet subsequi fratrem delictum flentem, ne diu contristatus et contemptus a caritate ecclesiae incipiat desperare de se, et videns qui semper in insidiis est subtilis diabolus, mentem eius vilem effectam, accedat et suggerat ei, ut vel praesentibus fruatur, qui de spe futuri praemii

---

12 *cf.* II Cor. 5, 20; Eph. 6, 20 **13** Matth. 18, 18

---

1 tantam *C* quanto *K V*[1] **3** obsecrat *L* **4** dominum *T W G* cognouisse *N K* **6** nam et *(Vulg.) T* ego *om. E* si quid donaui *om. ΠE* **8** quia si] quasi *E T A*[1] uoluerant *V*[1], -erint *D*, -uit *W G*[1] *A* **9** abaudire *T W G* discipuli *om. A* magistro *ΠE L* **10** ratum ei] rarum esse *P* **11** ait] aut *E* hoc] id *P* **12** fungebantur *A*[1] **13** dixi *K* **14** solueris *D*[1] **15** petiuerunt *C* a christo *C W G*[1] **15 sq.** ignoratum *T W G* **16** iam–erat] pro quo petierat apostolus *A* donet *C*[1] *W G*[1] **17** ipsi *T* **19** versutias] astutias *L D* **20** debeat *A* **21** inciperet *A* **22** quia *A* est] et *W G* **23** uile *N C*, -li *A*, bile *V* affectu *A*, -um *V*, -am *N K* accederet *A*[1] et] ut *D* **24 sq.** frueretur . . . erat et periret *A*

deiectus est, et pereat frater possessus a diabolo, cui ad hoc paenitentia data erat, ut conversus reformaret se, sicut dicit in Hiezechihele profeta: nolo mortem morientis quantum ut revertatur et vivat, et iterum: convertantur, inquit, et replantabo eos.

2, 12. Cum autem venissem Troadam propter evangelium Christi et ostium mihi apertum esset in domino, **13.** non habui requiem in spiritu meo, eo quod non invenerim Titum fratrem meum, sed vale illis dixi et profectus sum in Macedonia. Troadam se perrexisse significat ad praedicandum eis evangelium Christi, et cum coepisset praedicare, fuisse qui caperent verbum fidei. sed quia solatium Titi defuit, intolerabilis erat labor perstrepentium causa. quamvis enim quidam eorum aperuerant corda sua ad recipiendum sermonem dei, tamen inpudentia infidelium non minima existebat exsurgens (insurgens) in apostolum zelo credentium, et haec duo in (ab) uno impleri non poterant, aut fideles instruere aut incredulis repugnare. ideoque vale illis facto qui susceperant eum, profectus est in Macedoniam.

2, 14. Deo autem gratias, qui semper triumfat nos in Christo. hoc est deum apostolos triumfare in Christo, victores illos facere in fide Christi, ut calcata perfidia

---

3 Ezech. 18, 23 **4** Ezech. 18, 32 **14sqq.** *cf.* Act. 16, 14sqq.

---

1 fratrem possesso *V* **2** dicit *om.* G^1 *P* **3** in ezechiele (-lo N^1 *V*, iezechielo *K*) *ΠETL*, ezecihel *C* morte *C* **3sq.** tantum *K* **6** Troadam *NCWD*, -de (ae) *KTLG*, -dem E^1, -da *cett.* **7** hostium *VTWG*A^1 est *G* **8** domino et A^1 in *alt. om. CWGD* spiritui *(Vulg.) CD* **9** non *om. W*G^1 inuenirem *WGP DA* **10** ualde *K* dicens et *V* Macedonia *LCW*, -am *(Vulg.) cett.* **11** troadae *T* perexisse se *E*, semper uenisse *K* eis *om. A* **12** coepisse *W*, -sent G^1 fuissent *CWGPD* **13** fidei] dei P^1*D* **15** aperuerint *G*, aperuenerant *K* sermonem] uerbum *P* **16** inprudentia *ΠETLP* existimabat *P* exsurgens *ΠE* **17** zelum A^1, -us T^2 in *alt. ΠET* **18** implere *K* **19** repugnaret *G* ualere *C*$G^1$$A^1$ illos *K* **22** christo iesu *(Vulg.) D* deum] enim deo *D* apostolus *C*, -is *P*

trofeum habeat fides, dum ex perfidis fiunt fideles et malivoli non proficiunt in persequendo credentes.

Et odorem notitiae suae manifestat per nos in omni loco, **15.** quia Christi bonus odor sumus deo in his qui salvi fiunt et in his qui pereunt. 1. odor notitiae dei in Christo et per Christum est. odorem autem idcirco dixit, quia sicut quaedam res, quae cum non videantur, per odorem tamen cognoscuntur, et intellegis in loco aliquo esse, quod non vides, ita et deus, quia invisibilis est, per Christum se voluit intellegi, ut praedicatio Christi, quae utique invisibiliter, sicut ad nares odor, ita ad aures pervenit, deum patrem insinuaret creaturae et filium eius unigenitum, cuius rei legatione fungentes apostoli — sicut dicit dominus ad deum, filius ad patrem: sicut me misisti in hunc mundum, ita et ego eos mitto in hunc mundum — odorem notitiae dei et Christi per signa et prodigia manifestarent. vera enim esse de deo et Christo praedicatio virtutis testimonio probatur. quae ideo in odore significata est, quia cum deus non videatur, per haec quae invisibiliter operatur in apostolis esse intellegitur, ut veritas doctrinae manifestetur. 2. qui ergo recte adserit Christum, bonus odor est deo, laude dignus in eo qui credit, nec vituperabilis in illo qui non credit. qui vero non recte adserit Christum, malus odor est deo, tam in his qui fidi sunt, quam in illis qui diffidunt; pro utrisque enim reus erit. qui enim diffidit, idcirco videtur non credere, quia perversum est quod audit, et qui credit, male credit. 3. apostolus ergo ratione

---

14 Ioh. 17, 18

---

2 credentes] fideles *A* **5** pereunt] *add.* auxilii sui tutos—iesu *(= p. 211, 4—7) A* **8** cognoscuntur tamen *A* et *om. A* **11** inuisibiliter est *E* **12** creatorem *WG* **13** cui *KV* legationem *ETPA* **15** mitto eos *A* **16** ut odorem *A* **17** enim *om. WG* **18** probabatur *ΠET* odorem *ΠETCA* **19** qui *K* hanc quam *A* **20** apostolos *P* ueritatis *K* **21** doctrina *KV* **22** in *om. WG*[1]*D* qui *om. K* **25** utriusque *C*[1]*G*[1]*P* **27** male credit *om. WG*[1] ratione *ΠETA*, -em *cett.*

legis locutus est, ut sicut in lege qui hostias bono voto offerebat, bonus odor erat deo et acceptabilis, ita et nunc praedicationis virtus doctrinae odorem praestat fraglantem deo. quam ob causam auxiliis suis tutos praestabat deus apostolos, ut verba cognitionis eius infunderent patentibus auribus, sive Iudaeis, sive gentilibus, addito his sacramento nativitatis domini Iesu secundum voluntatem dei et patris eius in unitate fidei salutaris ad salutem credentium et perditionem diffidentium.

2, 16. Aliis quidem odor mortis in mortem. hoc dicit quia incredulis praedicatio crucis Christi odor mortis est. audientes enim verbum dei sic accipiunt quasi pestem, ex quo (qua) oritur mors, et necesse est, ut iuxta fidem illorum fiat eis.

Aliis autem odor vitae ad vitam. verum est quia fidis sermo auditus dei nuntius est salutis aeternae, et secundum fidem eorum continget eis. sive ergo in his qui pereunt, sive in his qui salvi fiunt, Christi bonus odor deo erant apostoli, quia sinceriter et sine adulatione praedicabant. qui enim non credebant, ipsi sibi laqueum circumdabant his liberis, sicut dicit dominus ad Hiezechihel profetam: tu praedica. si te audierint, lucraberis animas eorum; si quo minus, ipsi sibi viderint. tu tamen liber eris a perditione eorum.

Et ad haec quis idoneus? **17.** non enim sumus

21 Ezech. 3, 19

1 sq. offerebant *V* **2** nunc piae *A* **3** virtus *L*, uir *cett.* fraglantem *LDA*², fragrantem *cett.* **4** auxiliis—**7** Iesu *om. A (cf. p. 210, 5)* totus *NP*, tutus *D* **4 sq.** deo apostolus *K* **6** gentibus *VE* hic *CWG*, huic *P* **10** quidem sumus *ELG*² in morte *N* **12** enim] autem *G* **13** ex quo *ΠE* **14** faciat *D* **15** qui *C* **16** fides *K*, fidei fides *A*, fidelis *P*¹*D* auditur *VE*, -tor *A* **17** contiget *A*¹, contingit *ΠETW* **18** erat *K* **19** et sine adulatione *om. WGPDA* **20** circumdederant *A*, -dantibus *V* **21** propheta *C* tu] tunc *K* **22** lucraueris *CWD*, lucratus eris *P* **23** uiderunt *T* liberaris *ETL* **24** illorum *TCWGPD* **25** quis tam *(Vulg.) A* idoneus est *C*

sicut plurimi adulterantes verbum dei, sed ex sinceritate, sicut ex deo coram deo in Christo loquimur. pseudoapostolos tangit diversos, qui corrupta doctrina verba dei per malam interpretationem adulterabant: tollentes divinum sensum ponebant humanum. ex quibus quidam zelum habentes traditionis Iudaicae nec de Christo bene docebant; ideo minus idoneos hos dicit, apostolos autem sinceriter praedicasse, sicut ex deo datum est. ‘ante deum’ id est quomodo deus dedit, ipso teste in Christo loquebantur non suam quaerentes, sed dei gloriam. hoc est in Christo loqui, eius honorem et potentiam praedicare.

3, 1. Incipimus iterum nosmetipsos commendare? 1. quoniam pseudoapostolos notat prava eorum conmenta designans se autem verum praedicatorem testatur, videtur iterum conmendare se sicut in prima epistola. et ne hoc versutia aliqua terrestris lucri gratia facere videretur, adiecit:

Aut numquid indigemus sicut quidam commendatitiis epistolis ad vos aut ex vobis? hoc dicens suum sensum purgat et adhuc pseudoapostolos notat, quos proprii honoris et quaestus causa circuire ecclesias probat ad auferendam, non ad tribuendam salutem. 2. ex his erant, quibus dicit dominus: comeditis domos viduarum et pupillorum oratione longa orantes; propterea accipietis maius iudicium. hi enim et res eorum et animas

---

23 Matth. 23, 14

---

2 coram deo *om. A* **3** diversos *om. A*, hic uersus *D* corrupti *ET*, *add.* diuina *G* **4** adulterant *P* **5sq.** ex – quidam *om. A* **6** traditiones . . . ne *K* de *om. A* **7** docebant] dic- *A*, -bat *E* hoc E^1*L* apostolus *KVC* **9** ipsos testes *V* teste] iudice *A* **10** gloriam sed dei *CW GPD* **13sq.** quoniam – conmenta] praua eorum mandata quibus pseudoapostolos notat *A* commendata *WD* **14** designat *NP* testatus *A* **16** lucri terrestris *A* gratia *om. A* **18** indigemur *A* **18sq.** commendatoriis *P* **23** domus *KVEP*A^1 **24** orationem longam *DA* **25** maius] magis *P*, malum A^1

invadebant; apostolus autem nec res eorum tangebat et veritate doctrinae animas eorum salvabat. non ergo carnaliter, sed spiritaliter se commendabat ad profectum salutis illorum, ut hoc de illo crederent quod erat, quia qui de bono male sentit peccat. ac per hoc commendatio haec istis magis proficit.

3, 2. Epistola nostra vos estis, scripta in cordibus nostris. epistola salutis indicium est. recte ergo ait, quia salus Corinthiorum in corde erat apostoli et eorum qui cum illo erant; semper enim de salute eorum cogitabant. cum ergo in corde sunt apostoli et eorum qui cum ipso erant, epistola sunt scripta in cordibus eorum, quia qui semper alicuius memor est, scriptus est in animo eius.

Quae cognoscitur et legitur ab omnibus hominibus. **3.** manifestati quia estis epistola Christi, ministrata a nobis. 1. apertum est quia, cum dicuntur Christiani, epistola Christi sunt indicantes salutem, quam dedit deus in Christo omnibus hominibus, scribentibus apostolis. dum enim docent, scribunt.

Scripta non atramento, sed spiritu dei vivi. quoniam quae promissa sunt aeterna sunt, idcirco dei spiritu scripta dicuntur, qui semper est, temporalia autem atramento, quod obsolescit et perdit memoriam.

Non in tabulis lapideis, sed in tabulis cordis carnalibus. 2. nunc legem veterem pulsat, quae primum data in lapideis tabulis abolita est fractis tabulis sub monte a Moyse. nova autem lex in animo scribitur, hoc est in corde,

---

26sq. *cf.* Exod. 32, 19

1sq. ueritatem *LC* **3** se *om. A* **4** ut–**6** proficit *om. A* **4** erant *KW*[1] **5** sensit *E* **9** cordibus *A* **10** cogitabat *A* **11** sunt *Π TLGPA*, sint *cett.* ipso] illo *PA* **12** epistola] apostoli *E* epistolae sunt scriptae *K* quia *om. N* qui] cum *V* **16** qui *C*[1] *WG* **17** sunt epistola christi *A* **21sq.** spiritu *om.*, scriptura *L* **22** quia *V* est non *GD* temporali *WGD* **23** absolescit *WG*[1]*P*, obolescit *EA*[1] perdidit *N* **27** moysen *CW*, -si *N*

non ⌊in⌋ calamo, sed per spiritum. quia fides ⌊enim⌋ aeterna res est, ab spiritu scribitur, ut maneat; vetera autem praecepta deficiente mundo cessabunt. ⌊sicut⌋ quomodo ergo differt lex a lege, ita differunt dispensatores illius legis a dispensatoribus legis fidei.

3, 4. Fiduciam autem talem habemus per Christum ad deum. quanta dignitas sit in apostolis manifestat, cum dicit: fiduciam talem habemus ad deum per Christum, ut ostendat veteres non hanc habuisse fiduciam ad deum, quia minor fuit administratio.

3, 5. Non quod sufficientes sumus aestimare aliquid a nobis, tamquam a nobis sit, sed sufficientia nostra ex deo est, **6.** qui et idoneos nos fecit ministros novi testamenti, non littera, sed spiritu. littera enim occidit, spiritus autem vivificat. 1: quamvis praeferat apostolicam dignitatem, in dei tamen laudem prorumpit, non istud meritis humanis adscribens, sed eius gratiae, qui dignatus est pro vita humana salutarem praedicationem ordinare, quae quos lex vetus reos tenebat salvaret, data remissione peccatorum per Christum dominum nostrum. litterae enim ad hoc datae sunt Moysi, ut contemnentes legem occideret secundum ius naturae. 2. spiritus autem, id est lex fidei, quae non scribitur, sed animo continetur, vivificat reos mortis convertentes tamen se, ut iustificati de cetero non peccent. recte ergo data fuerat lex,

---

1 in *ΠEL* qui *T* enim *ΠELA* **2** ab] de *A* moneat *Π* **3** sicut *ΠE*G^2*P* ergo *om. P* **4** differuntur *NKE* illius *om. CP* legis *om. ΠE* **4sq.** dispensionibus *N* **7** ad dominum C^1, deo *P* manifestum dicit *P* **8** fiduciam autem *CWG* **8sq.** per christum ad deum *TWGPD* **9** ostendet *P* **11** quod *om.* A^1D^1 simus *G* **12** tamquam—sit] *om. N*, quasi ex nobis sit *(Vulg.) P* **13** et *om.* T^1G^1*P* **14** litterae *W*G^1 **17** laude *KCWGD* praerumpit *TCWG* **19** quae] quia et A^1 **20** iesum christum *WGP*, iesum *del. D* **22** contemnentem *A* legem *om. A* occiderent *G*A^2 **24** ad se *A* ut *om. LP* se ut] seu *Π*

ut timor esset peccandi. sed quia fragile est genus humanum, misericordia dei data est in praedicatione apostolis, ut donatis peccatis evaderent mortem credentes in Christum (Christo). haec est praedicatio novi testamenti, quod promiserat deus per profetas.

3, 7. Quodsi administratio mortis in litteris formata in lapidibus fuit in gloria, ita ut non possent intueri filii Istrahel in faciem Moysi propter gloriam vultus eius, quae evacuatur, **8.** quomodo non magis administratio spiritus erit in gloriam? manifestum est maiorem gratiam esse legis fidei quam legis Moysi. quamvis enim ad hoc data sit lex Moysi, ut prodesset, contempta tamen facta est lex mortis. ergo quia peccatoribus providere non potuit, venit lex fidei, quae hos salvaret, non solum ignoscens, sed et iustificans eos. multum ergo interest inter legem et legem. tunc enim maculati peccato vultum Moysi descendentis de monte cum lege accepta in tabulis intueri non poterant, quia gloriosa facta fuerat (erat) facies eius, ne a peccatoribus posset adspici, quia digni erant morte. quae nunc gloria evacuatur per legem spiritus, cum accepta remissione peccatorum facti iusti digni sunt adspicere et possunt gloriam dei, sicut viderunt in monte Petrus et Iohannes et Iacobus gloriam Christi.

3, 9. Si enim in administratione damnationis

8sq. *cf.* Exod. 34, 30 **19sq.** *cf.* Quaest. 8, 1, p. 32, 11 **22sq.** *cf.* Matth. 17, 1sq.

---

1 esse *V*, sit *N* quia] quae *A* est—**2** dei *om. A* **3** Christum *ΠE TLG*^{2}*P* **5** prophetam *A* **6** ministratio *(Vulg.) TCWGP* in *om. L* **7** qui fuit *VE* gloriam *A* **8** possint *K* filii israhel intueri (intendere *P*) *VGP* facie *V* **9** eius] est *V* **11** gloriam *TCGDA*, -a *(Vulg.) cett.* gratiam] gloriam *NEA* **13** tamen] enim *TWG*^{1} mortis irrita *A* **14** qui *KV*^{1} venit *om. CWG*^{1} **15** hoc *V* **16** ergo] enim *A* **17** uultu *K* **17sq.** legem acceptam *V* **18** qui *WG*^{1} **19** fuerat *ΠE* eius] moysi *G* aspici possit *N* possit *ΠTDA*^{1} **20** mortem *A*^{1} euacuata est *A* **22** sunt ut *A* et *om. A* possint *A*, *add.* uidere *D* **23** christi gloriam *WG* **24** administrationem *P*

gloria, multo magis abundavit administratio iustitiae in gloriam. hoc dicit quia amplius est donum iustitiae dei per fidem Christi quam legis veteris, quia magis gloria in salute est quam in morte. quamvis iuste damnet, tamen ad laudem proficit magis, si indulgeat, ut possit reus corrigere se.

3, 10. Nec enim gloriosum factum est id, quod glorificatum est in hac parte propter excellentem gloriam. manifestum est non esse factum gloriosum, quod visum est in vultu Moysi gloriosum. quando enim nulli profuit gloria vultus eius, non habuit fructum gloriae, sed magis obfuit, licet non suo vitio, sed peccantium. tamen in hac parte gloria non est. illa autem est magis gloria, quae abundat in gratia, ut purificati homines dono dei abstersa caligine possint videre gloriam Christi.

3, 11. Si enim quod evacuatur fuit in gloria, multo magis quod permanet in gloria. non negat gloriam fuisse in lege vel in vultu Moysi, sed non permansit in Moysi (-se), quia figura erat in Moyse, non veritas. ideo adveniente salvatore cessavit figura, quia apparuit veritas manens semper, ut quantum interest inter imaginem et veritatem, tantum intersit inter gloriam vultus Moysi et gloriam Christi. ideo supra dixit: propter excellentem gloriam. illa enim tanta erat gloria, quanta debuit credi servo. haec vero tanta, quanta est genitoris eius, quia dominus Iesus in gloria est dei patris. sicut enim vespere stellae

---

25 Phil. 2, 11

---

1 gloriam *C*, *add.* est G^{1} abundabit *NKL* **2** gloriam *V*, -a *cett.* **3** leges . . . qua *E* **5** reus *om. A* **7** qui *V* **9** gloriosum multum *A* **10** uisum uultum *E* vultu Moysi] monte *A* gloriosum *om. A* **13** in illa est autem *A* **15** possent *TWGD* **16** gloria est *ELWGD* **19** Moysi *ΠC* Moyse *alt.*] -si *KP*, -sen *V* **20** cessaret *E* **22** inter] et *N* **24** erit *P* **25** est *om. A* genitori *A* dominus *om. ΠEA* iesus christus *L* **26** vespere] per noctem *A*

gloriosae sunt, oriente autem sole evacuatur earum claritas, ita et Moysi gloria evacuatur adparente gloria Christi.

3, 12. Habentes igitur talem spem multa fiducia utamur. 1. spem habere nos dicit videndi gloriam, non talem qualis fuit in vultu Moysi, sed eam quam viderunt tres apostoli in monte revelante se domino. hinc igitur conicere debemus, quantum nobis contulerit divina clementia quantumque nos superioris gratiae dono ditare dignata est, quam dederat Iudaeis. Iudaei enim, cum minor esset gloria vultus Moysi, eam speculari non poterant, nos vero non Moysi gloriam, quae inferior est, sed excellentem salvatoris gloriam visuros nos credimus. 2. Iudaei ergo servi gloriam non meruerunt videre, nos autem domini communis gloriam sumus visuri. ideoque et nos vicem reddere, in quantum possumus, debemus benivolentiae dei, ut propensiores simus in eius amore, qui nobis fiduciam dedit, abluens nos a peccatis, videndi gloriam dei. nunc itaque opus est, ut crescat in nobis fiducia bonis actibus parata. tantum enim videbimus quantum credimus.

3, 13. Et non sicut Moyses ponebat velamen super faciem suam, ne intuerentur filii Istrahel usque ad finem eius, quod evacuatur. quoniam digni facti sumus per gratiam dei videre gloriam Christi, idcirco: et non sicut Moyses, ait, ponebat velamen super faciem suam, ne intuerentur filii Istrahel. ideo ponebat velamen, quoniam splendorem vultus eius ferre non

---

5 sq. *cf.* Matth. 17, 2   20 sq. *cf.* Exod. 34, 33

---

1 sole] stellae *K*   eorum *Π*   1 sq. claritas earum ita gloria moysi *A*   2 euacuantur *W*   gloria Christi] christo in gloriam *A*   3 igitur] autem *L*   4 utimur (*Vulg.*) *ETPA*   gloria *A*   6 se] eis *P*   7 contulit *LD*   8 superiores *NKEC*   9 esset et *P*   10 eam] iam *L*   speculare *ΠEC*   11 inferiorem sed *P*   14 sq. possumus adquiramur *A*   15 debemus quibus A^{1} 18 in bonis actibus paratis *A*   19 credemus *N*   20 sicut *om. P*   ponebat *om. L*   22 usque *om. G*   24 supra *A*

poterant causa peccati, quo sublato potestas datur videndi gloriam dei usque ad finem eius, quia tamdiu non revelatur, quamdiu relicta lege convertantur ad gratiam fidei et sic evacuatur. accedente enim dignitate per fidem evacuatur indignitas.

3, 14. Sed obtunsi sunt sensus eorum usque in hodiernum diem. tamdiu obtunsos dicit, quamdiu non credunt. quae obtunsio infidelitatis causa obvenit. ideo conversis ad fidem acuitur acies mentis, ut videant divini luminis splendorem.

Id ipsum velamen in lectione veteris testamenti manet, dum non revelatur, quia in Christo evacuatur. obtunsio, ait, haec in lectione Exodi manet, quamdiu credant. non enim revelatur nisi credant. in Christo enim evacuatur, hoc est per fidem Christi aufertur velamen. amoto enim delicto incipient videre quod obstante peccato videre non poterant.

3, 15. Sed usque in hodiernum diem, cum legitur Moyses, velamen est supra cor eorum. manifestum est quia, cum legitur haec pars legis, sententia illorum recitatur qui sunt sub lege.

3, 16. Cum autem conversus fuerit ad dominum, auferetur velamen. converti ad dominum hoc est credere in Christum, ut agnoscens dominum veniam mereatur accipere. hoc est auferri velamen, sententiam evacuari, qua tenebatur reus sub lege.

---

1 quod *KVT*[1] sublata *V* **2** eius] *add.* hoc est usque ad finem eius *A* quia] qui *ET*, *om. P* quantumdiu *P* **3** relicta lege *om. A* conuertatur *WGA*, reuertantur *E* **4** euacuetur *pr. P* **8** infidelitatis causa] incredulitatis c. *L*, infidelitas *E* **9sq.** splendorem diuini luminis *A* **12** dum non] et nondum *D* **14** non credunt *A* **15** hoc] id *P* auferetur *KWGD* **16** amoto—delicto] et *A* incipiunt *ΠE* **19** est *om. N* super *(Vulg.) G* **20** illorum] eorum *A* **24** christo *N* cognoscens *ET* **25** accipere *om. A* auferre . . . euacuare *A*

3, 17. Dominus autem spiritus est. ubi autem spiritus domini, ibi libertas. quoniam deus spiritus est, per Christum legem dedit spiritus, non litteris utique scriptam, sed per fidem animis intimatam, non quae visibilia doceat, sed invisibilia credi suadeat, quae animus spiritaliter conligat, non quae oculus cernat. haec lex dat libertatem solam fidem poscens, ut, quia quae non vidit credit, de condicione erui mereatur.

3, 18. Nos autem omnes revelata facie gloriam domini speculantes ad eandem imaginem reformamur a gloria in gloriam sicut a domini spiritu. 1. nos dicit omnes, qui libertatem sumus consecuti dono gratiae dei, gloriam domini per fidem speculantes ad eandem imaginem transformari quam speramus, id est, ut similes inveniamur transacta hac vita imaginis gloriae Christi, sicut dicit Iohannes apostolus: scimus, inquit, quia cum apparuerit, similes ei erimus. 2. a gloria in gloriam sicut a domini spiritu. id est sublati beneficio dei ⟨a⟩ gloria Moysi, quam reatus causa cernere nequibamus, transformamur ad gloriam, quam credimus dari nobis a domini spiritu. tantum enim dabitur gloriae, quantum dignum est dare deum per spiritum suum. ideo enim dixit: sicut a domini spiritu, ut ostenderet talem gloriam dari, quae sublimitati congruat dantis. Moysi enim gloria nec tanta fuit nec perennis. pro modo enim legis et gloriam percepit. ita et pro modo legis fidei, in qua spiritus dei est,

2sq. *cf.* Ioh. 4, 24 **16** I Ioh. 3, 2

2 libertas est *A* **6** colligit *G* non] ne *L* **7** potens *P* credit ideo *K* **8** mereamur *VP* **9** omnes *om. ED* faciem *EC* **10** dei *C WGDA* **11** a gloria *om. WG*[1] **14** transformare *A*[1] **15** imagine *P*, -ni *W* **16** inquit *om. A* **17** in gloria *C* **18** spiritu] *add.* tantum enim dabitur gloriae *K* sublata beneficia *P* dei *om. N* **18sq.** a gloria] gloriae *codd.* **19** nequiuimus *N*, -quiuamus *V*[1] **20** transformamur — quam *om. Π* dari a *L* **21** enim lex *C*[1] **24** sublimitate *T*[1]*A*[1] moyses *K* **25** tantum *K* **25sq.** precepit *P*, accepit *L* dabitur gloria credentibus. tantum enim concessit deus fidelibus, ut spiritum suum det eis, pignus illius gloriae quam promissit.

4, 1. Quare habentes hanc administrationem, prout misericordiam consecuti sumus, non deficiamus. tantam spem dicit administrationis huius, ut non deficiat in pressuris confortatus fide promissionum. unde superius dicit: multa fiducia utamur. fidentes enim in his quae promissa sunt, quicquid adversum acciderit tolerant. quod non humanis meritis deputat, sed misericordiae dei, quae hominem primo abluit, deinde iustificat, adoptans filium deo, ut donet eum gloria simili gloriae filii proprii dei.

4, 2. Sed renuntiamus occultis dedecoris. 1. ut illi gloriae dignus sit homo, omnia turpia et polluta, quae fieri et cogitari possunt, amovenda docet, ut non solum de opere, sed et de cogitatione pellantur. invitantis verba sunt; sub sua enim et suorum persona ad meliorem vitam hortatur propter supra dicta vitia, quae in his saepe reprehendit. possunt et haec ‘occulta dedecoris’ esse, quae pravo sensu ad praedicandum meditantur, ut fallant. 2. unde subiecit:

Non ambulantes in astutia neque adulterantes verbum dei. ad dedecus enim et deformationem eius proficit, qui subdola mente confingit doctrinam ad decipienda corda simplicium; turpis enim invenietur in die iudicii dei. astutia enim malae mentis, ut id quod sibi libitum est ex-

---

8 II Cor. 3, 12

---

4 habentes autem *A* ministrationem *C W* G^1 **5 sq.** deficimus *(Vulg.) C W* G^1 *A* **7** confirmatus *A* fide] si *W*, sit G^1 **8** utimur *(Vulg.) T L A* **10** deputant *P*, putat *V* **11** primo *om. Π E* filio *V* **12** dei *V A* eum] ei *L*, deo *V*, *om. A* gloriam (-a *G*) similem *K V E L C G*, similem gloria *N* dei proprii *A* **13** renuntiemus *L* occulta *(Vulg.) A* **14** illa gloria *P* **15** cogitare $V^1 P A^1$ de *om.* $G^1 P D$ opere] corde *Π E T* **16** de *om. T C A* sunt haec *P* **18** propter quod *E* **22 sq.** profecit *C* **23** confingit $L G^2 D^2$, confringit *cett.* despiciendum *W G D* **24** simplicum *C P A* inuenitur *N*, -iet *D* **25** enim est *A* menti *V* ut] est ut *D*

pleat, verba dei adulterat, ut sensum invertat. adulterare est autem verum sensum per falsum velle excludere.

Sed in manifestatione veritatis commendantes nosmetipsos ad omnem conscientiam hominum coram deo. hoc dicit quia in praedicatione evangelica nulli se fecit suspectum addens amplius, cum dicit: coram deo, ut hoc ipsum non solum hominibus manifestum probet, sed etiam deo cui nihil occultum est. testimonium ergo dei implorat, ut vel ipsi credatur, quia ita praedicat, sicut datum est ab auctore. et deus hoc modo testis est, dum dat signa et prodigia fieri per manus eius.

4, 3. Sed et si opertum est evangelium nostrum in his qui pereunt. verum est quia increduli non vident perfidia obcaecante splendorem virtutis dei. velamen enim est supra cor eorum et obtunsio infidelitatis in Iudaeis maxime.

4, 4. In quibus deus saeculi huius obcaecavit sensus infidelium, ut non pervideant lumen evangelii gloriae Christi, qui est imago dei. deum dicit saecularium hominum, quia malivoli sunt erga fidem Christi, sensus obcaecare, ne videant veritatem evangelii maiestatis Christi. hoc ergo illis praestat quod volunt. quia enim malivoli sunt homines et intellegentes verum dicunt esse falsum, in eo ipso adiuvantur, ne possint credere quod nolunt. Christum autem, cum sit imago dei, corporeum tantum adserunt.

---

2 autem est *A*, est *om.* T^1D^1 **3** in *om.* *V* **5. 6** dicitur A^1 se fecit] efficit *A* **7** solum in A^1 **8** dei ergo *EL*, dei *om.* *A* **9** ipsi] sibi *L* quia] qui *K V*, quod *A* ita] ait ac *V* **12** sed] in quibus obcecauit sensum infidelium ut non peruideant *A* uestrum *P* **13** pereunt] *add.* est opertum in quibus deus huius seculi excecauit mentes infidelium ut non peruideant lumen euangelii gloriae christi qui est imago dei *A*, *add.* est opertum *D* est *om.* *Π*, est in his *A* qui *A* **14sq.** est enim *T W G* **15** super *G P A* in *om.* *T C W G P* **19** Christi] dei *N* **20** qui *A* **21** sensum *A* ne non *P* **22** praestant *E* qui *A* enim] ergo *G* **23** et in $W G^1$ **24** adiubantur *C*, adiudicantur *A* possent $T W D A^1$ uolunt *E T W G P D* **24sq.** christus *E T* **25** autem] an A^1, ac A^2 deo *P* tamen *L*

relinquentes gesta eius solius carnis faciunt mentionem; de quibus dixit Esaias: obcaecavit oculos eorum, ne videant ⌊oculis⌋ et ne audiant auribus usque in hodiernum diem.

4, 5. Nec enim nosmetipsos praedicamus, sed Iesum Christum dominum nostrum. 1. hoc est non nostram gloriam adnuntiamus, ne quis nos dicat propter nos ipsos evangelizare, ut nobis proficiat forte ad tempus, sed Iesum dominum nostrum adnuntiamus subicientes nos virtuti maiestatique eius. quando ergo nullum gravamus (concutimus), nullum concutimus (gravamus) et Christum dominum nostrum fatemur, quid est, ut elati iudicemur, aut {quasi} pro nostra propria utilitate praedicare, ut gloriosi appareamus?

Nos autem servos vestros propter Iesum. 2. in tantum se servum Christi esse probat, ut iubente ipso ministrum se horum in praedicatione testetur, ut pro utilitate horum subiecti sint in ministerio evangelii. servos ergo dicens ministros significat. sed ut humiliter loqueretur, sic dixit, ut vere ostenderet non ad suam gloriam praedicari a se evangelium, sed ad claritatem domini Christi, cui oboedit, cui servit, sicut et ipse dominus ait: ego sum in medio vestrum non ut ministrer, sed ut ministrem; non merito horum quibus ministrat, sed propter imperium domini.

4, 6. Quia deus qui dixit de tenebris lumen fulgere, inluxit in cordibus nostris ad inlumina-

---

2 Is. 6, 10 **22** Luc. 22, 27

---

3 oculis *ΠE* et—auribus] et aures eorum ne audiant *A*, *om.* *NKED* **5** nec] non *(Vulg.) K* **7** sed ne *A* **8** euangelizaret *V* **10sq.** grauamus ... concutimus *ΠEL* **12** fatentur *E* iudicemus *N*, -amus *A* **13** quasi *om.* *ΠLA* **15** Iesum] christum *D* **16** esse christi *KVE²A* **18** sunt *E¹A¹* ergo *om.* *WG* **19** significati *P*, *om.* *WG* sic] sicut *KWG* **20** et non *D* **20sq.** praedicari a se *NKC*, praedicare se *ETWGPA*, a se praedicari (-e *L*) *cett.* **21** ad *om.* *A* caritatem *A* christi domini *TWG* **23** uestri *E* minister *NVC¹A¹* **24** ministrant *ΠE*, -amus *A*

tionem cognitionis suae in facie Christi Iesu. hoc dicit quia misericordia dei factum est, ut nos, inquit, qui fuimus incredibiles in ignorantia, hoc est in tenebris, per nos daret deus lumen ceteris gentibus. quantum se adhuc humiliat, ut dei solius et Christi gloriam praeferat! inluminantur enim, ut cognitionem habeant gloriae dei per Christum. ideo gloriae dei {ait} cognitionem, id est non dei solius, sed et Christi, qui est gloria eius, ut significaret non deum solum cognosci, sed et opera eius et misericordiam et providentiam, qua et condidit et salvavit genus humanum, visus in Christo per gloriam virtutis suae.

4, 7. Habentes autem thensaurum hunc in vasis fictilibus, ut excellentia sit virtutis dei, et non ex nobis. 1. thensaurum sacramentum significavit dei in Christo, quod credentibus manifestatur, incredulis vero quodam velamine tectum est, quia sicut thensaurus in occulto ponitur, ita et sacramentum dei intra hominem, id est in corde humano absconditur. hunc ergo thensaurum in animo et corpore dicit esse a deo datum, ut eminentia virtutis eius appareat per homines praedicatores dumtaxat, ut reconcilietur omnis lingua creatori suo, non ad honorificentiam hominum, sed dei, qui se manifestat per homines. qui cum humiles et inperiti essent, acceperunt potestatem a deo et loquendi magnalia et agendi. 2. fictilia ergo vasa dicens infirmitatem naturae humanae significat, quae nihil potest, nisi a deo acceperit virtutem, ut ad laudem suam deus per

---

1 cogitationis *ΠL* faciem *KEWGA* iesu christi *P* **2** nos] non *K* **3** increduli *A* in *om. NEPA¹* **4** deus] dis *K*, *om. N* **5** inluminatus *NK*, -natur *EWG¹A¹* **7** ait] aut *P*, *om. ΠET* id est *et* sed—**8** eius *om. A* **9** misericordiam eius *V* **10** qua et] quia et *WG¹*, quae *ΠET* saluabit *TCWG* uisus est *V* visus—**11** suae *om. A* **12** habemus *(Vulg.) ΠEA* istum *(Vulg.) TG* **14** uobis *D* thensaurum *C*, thes- *cett.* significauit sacramentum *A* **16** tectus *N* quia—**18** absconditur *om. A* **17** homine *C* **18** ergo *om. A* **20** predictores *WG* **22** pro hominibus *A¹* **23** humiles et *om. A* acceperant *A¹* **24** dicens *om. A* **25** humanae *om. WG¹PD* quae] quia *A* **26** accipiat *P*

haec se praedicet, quae infirma sunt, ut gloria illi detur, non homini, qui ex luto fictus est.

4, 8. In omnibus pressuram passi, sed non coangustati. nunc ostendit propter quod idonei erant praedicatores, quia semper illis in necessitate adfuit deus. ideo pressuram, ait, passi, sed non coangustati. hoc est non permisit deus tantum nos obprimi, ut cederemus.

4, 9. Inopiam passi, sed non destituti. id est in inopia positis adfuit pastor deus.

Persecutionem passi, sed non derelicti. verum est quia consulebat eis deus, ne satis sibi facerent de his inimici.

Deiecti, sed non perimus. id est verberibus prostrati, sed obstante deo non mortificati; sive enim clausi sive vinculati adiutorio dei manus hostium evadebant. denique Paulus et Sileas cum essent clausi, iam caesi et pedes eorum essent in nervo conclusi, alacres hymnum canebant deo fortiores his facti, qui non erant caesi.

4, 10. Semper mortem Iesu in corpore nostro circumferentes, ut et vita Iesu in corpore nostro manifestetur. dubium non est quia in martyribus Christus occiditur et in his, qui pro fide patiuntur aut exitus aut vincula aut verbera, Christi passiones sunt, ut et vita eius in corpore eorum palam fiat. passiones enim sunt, quae ostendunt meritum ad futuram vitam, quam promisit Christus. unde alio loco dicit: cum infirmor, tunc potens sum, et iterum: per tribulationes oportet nos intrare in regnum dei.

16sq. *cf.* Act. 16, 24sq. **26** II Cor. 12, 10 **27** Act. 14, 21

---

1 se *om. N V* **2** finctus *N K E T G^2 A*, factus *V* **3sq., 6** angustati *A*, congustati *C* **4sq.** praedicares *N* **7** crederemus *K*, recederemus *E*, aderemur *P* **9** in *om. K V E* inopia enim *A* positi *K* **10** persecutione *A^1*, -es *A^2* derelicti] angustati *A* **11** consolabat *K A* **13** peribimus *P* **14** non] in *N* **16** Sileas] silas *V W G* iam] iam essent *L* **17** erunt *G* **23** uitae *V* **26** dicitur *A* **27** per multas *G*

4, 11. Si ergo nos qui vivimus in mortem tradimur propter Iesum, ut et vita Iesu palam fiat in hac mortali carne nostra. apertum est quod dicit, quia ideo, inquit, in mortem tradi propter Iesum non recusamus, cum possimus vivere, ut vita, qua resurrexit a mortuis Christus, huic mortali carni nostrae praestetur; hoc est non timere mori propter resurrectionem promissam.

4, 12. Itaque mors in nobis operatur, vita autem in vobis. hoc dicit, quia pro salute eorum morti subiciebantur. gentibus enim praedicantes inimicitias sibi excitabant tam a Iudaeis quam a gentibus (gentilibus) usque ad mortem.

4, 13. Habentes vero eundem spiritum fidei. hoc est communem spiritum, per quem firmatur fides, habemus vobiscum. ideo enim pro ipsis tanta patiebantur mala, ut invicem sibi copularentur in fide.

Secundum quod scriptum est: credidi, propter quod locutus sum; et nos credimus, propter quod et loquimur. exemplum ideo dedit de psalmo centesimo decimo quinto, ut ostenderet se ideo promptum esse ad omnia toleranda, quia credidit futuram resurrectionem. securus ergo de futura vita de praesenti vita non habet curam, quippe cum hoc credatur, ut tunc illa beata vita speretur, si haec contemnatur. securus ergo quia quod credidit verum est, audet hoc praedicare, ut ceteros spei suae participes faciat.

17 Ps. 115, 10

1 morte *W* **2** et ut *G* **3** mortale *E*^{1}*A*^{1} dicitur *A* **4** qui *A* morte *W* Iesum] quod *V* **5** possumus *PA* quae *NK* surrexit *KE*^{1} **6** carne *A*^{1} praestetur nostrae *A* **8** operatur in nobis *V* **9** dicitur qui *A* mortui *K* **10** enim] autem *EP* praedicantibus *V* **11** gentibus *ΠEA* **13** eundem] secundum *CWP* **14** firma fide *P* fide quam *K* **15** nobiscum *L* **19** et *om.* *ΠE*^{1}*A* centensimo *C* **20** quinto decimo *KECPA* ideo se *NKEL*, se *om.* *V* **21** credidit *KVETLWGPA* **22** de praesenti uita *PA*^{1}, *om.* *V*, praesentem uitam *cett.* curam] caram *ΠLD* **23** uita beata *A* **24** contempnitur *L*, -netur *W* securus—**25** faciat *om.* *A* ergo est . . . credit *V*

4, 14. Scientes quod qui exsuscitavit dominum Iesum, et nos cum Iesu exsuscitabit et constituet vobiscum. 1. hac spe dicit laborari propter fidem, quia exemplum praecedit resurrectionis domini Iesu, quid futuri erunt qui credunt, quia sicut in Adam omnes moriuntur, ita et in Christo omnes vivificabuntur. Adam enim forma mortis est causa peccati, Christus vero forma vitae propter iustitiam, quia peccatum non fecit nec dolus inventus est in ore eius. et quoniam participes hos communis fidei dixit, resuscitatos, inquit, constituet vobiscum, ut unius fidei in una sint domo pacis. cum enim intellegunt, quia pro ipsis patiuntur exitia, et isti solliciti sunt de passionibus horum velut conpatientes, simul et participes erunt in vita promissa, ut simul contristati simul gaudeant. 2. propter illos sic loquitur, qui resurrectionem negabant, quos et in prima epistola exprobrat.

4, 15. Omnia enim propter vos, ut gratia abundans per multorum gratiarum actionem abundet in gloriam dei. a munere suo deus nullum voluit esse alienum. et quia non omnes capiunt verbum fidei, apostolus dei voluntatem sciens persecutiones et pericula pati non timuit, dummodo omnibus fideliter praedicaret, ut plures possent credere, ut abundans donum dei non per paucorum gratiarum actionem minueretur ad contumeliam dei, sed

---

5 I Cor. 15, 22 **8** I Petr. 2, 22

---

1 quod] quoniam *(Vulg.)* C^1 exsuscitavit *C*, suscitauit *(Vulg.) cett.*, *add.* a mortuis *D* **2** cum iesum *C* suscitabit *(Vulg.)* *Π*, -uit *ETL* constituit *TCWG*^{1}*P* **3** laborare *KP* quia] que *A* **4** cum domino *A* quod *T*, qui A^1 facturi A^1 **5** erant *VPA* **8** qui *A* **9** quoniam] quia *CGPD* **10** communes A^1 resuscitatus *KA*^{1} **10 sq.** constituit *G*^{1}*P* **12** qui *A* pro *om.* *NVET* ipsi *VET* **14** erunt] sunt C^1 ut] aut *V* **15 sq.** propter—exprobrat *om.* *A* **15** qui] quia *KVE* **16** exprobat *VP* **17** ut *om.* *C* gratiam *P*, *om.* *C* **18** pro . . . actione *G* multarum *ΠETL* abundat G^1 **22** dum *V* fideliter *om.* *A* **23** possint *N* ut] et *N* **24** muneretur *P*

multis proficiens afflueret per multorum gratiarum actionem ad gloriam dei. quanto ergo hic dignus honore est, qui animam suam semper morti subiecit, ne donum dei longe aliter proficeret quam datum est! numquid non magna contumelia eius est, qui coenam faciens opulentam ac multos invitans paucos habet in summa?

4, 16. Quapropter non deficimus. 1. manifestum est haec ad superiorem sensum pertinere. ut enim devotionem suam adhuc propensiorem in dei rebus ostendat, haec subiecit, quibus nullo genere deficere se probat, quominus id quod deo placitum est impleatur, securus tamen de resurrectione promissa.

Licet si exterior homo noster corrumpitur, sed interior renovatur de die in diem. 2. pressuris, plagis, fame, siti, frigore, nuditate caro corrumpitur, sed anima spe futuri praemii renovatur, quia adsiduis tribulationibus purgatur. proficit enim in pressura, non interit, ita ut accedentibus temptationibus quotidie adquirat ad meritum, quia et corpori corruptio haec proficit ad inmortalitatem merito animae.

4, 17. Id enim quod in praesenti est momentaneum et leve est pressurae nostrae, supra modum in sublimitatem aeternum pondus gloriae operatur in nobis. praesentis temporis tribulationes, quae causa fidei ingeruntur, momentaneas et leves dicit, quia sunt

---

5sq. *cf.* Luc. 14, 16sqq.

---

3 iniecit *P* **4** datum] dictum G^{1} **5** quia *WG* inuitos *W*, -tatos *G*, -tant V^{1} **6** summam *K*, -mate *A* **7** deficiamus *ΠEG*², defecimus *D* **9** ostendit *E* **9sq.** subicit *WGP* **10** id quod] aliquod A^{1} **11** impleat *L* securus—**12** promissa *om. A* **13** si *om. N* **14** pressurae *ET* **15** fame siti plagis *A* caro *om. P* **16** spe] per *V* renovatur] *add.* de die in diem *P* qui T^{1}, que *A* **19sq.** quia—animae *om. A* **21** praesente *D* est *om. A* **22** et] est et *G* est *om. WG* **23** sublimitate *(Vulg.) WGPD* **24** in *om. A* praesentes tribulationes A^{1} **25** inferuntur *P* dicuntur que A^{1}

temporales, supra modum tamen in sublimitatem aeternum pondus gloriae operari patientibus. parvis enim laboribus magna redditur merces et pro levi tribulatione supra modum sublimitas gloriae pensabitur perpetuae.

4, 18. Non contemplantes quae videntur, sed quae non videntur; quae enim videntur, temporalia sunt, quae vero non cernuntur, aeterna sunt. desiderium caelestium et spiritalium habentes haec praesentia et terrena spernere profitetur, quia ad comparationem spiritalium haec nulla sunt. sic enim sunt haec ad superna, quomodo figura ad veritatem. figura deperit, veritas manet. ac per hoc de saeculo isto exire non metuunt iusti, sed gaudent.

5, 1. Scimus autem quia, si terrestris domus nostra huius habitationis dissolvatur, quia aedificationem ex deo habemus, domum non manufactam, aeternam in caelis. hac fiducia dicit non timendum dissolvi de corpore violentia infidelium aut sorte vitae, quia praeparata est huiusmodi hominibus habitatio in caelis aeterna, ut de temporali et terrena expulsi in perpetuam domum recipiantur, unde hoc et optandum est, si fieri potest. sed quia ⟨. . .⟩, optandum non est, ne in tua gloria alius pereat; si tamen acciderit, libenter ferendum est. terrestrem enim domum carnem hanc dicit, quia mortalis est, ut si de hac dissoluti fuerimus, aedificatam inveniamus in caelis domum aeternam. haec domus corpus immortale significat, in

---

1 tamen non A^1 **3** reddetur *A* mercis *N* **4** perpetua *K* **5** contemplantibus *(Vulg.) CWGPD* **7** vero] autem *P* cernuntur] uidentur *(Vulg.) TGWPD* aeterna sunt non uidentur *W* **9** quia] que *A* **10** si *P* **11** quomodo] q. ad *K*, quoniam *E* figura *alt.*] -am *E* **12** exire de isto saeculo *L*, isto exire de saeculo *E* iusti *om. ΠEA* sed gaudent *om. A* **13** quia] quoniam *(Vulg.) G*, qua *W* **14** qui A^1, quod *V* **16** haec *Π*, nec *E* dicitur *A* **17** sorte] ex sorte *D*, extortae *NVET*, exortae *K* **18** huius mundi W^1A^1 **19** perpetua *WD*, *om. P* **20** domo *TWD* et hoc *L*, et *om. T* si—potest *om.* CWG^1D **21** *lacunam indicavit Bulhart* **22** est *et* **23** domum *om. A* carnalem *K* qui N^1A^1 **24** fuerimus] -amus V^1, *add.* quia (qui *C*) *CWGD* inueniemus *KWG*

quo resurgentes semper erimus, cuius forma iam in caelis est in domini corpore declarata.

5, 2. Etenim in hoc ingemescimus habitaculo nostro, quod de caelo est, superindui cupientes. **3.** siquidem induti, non nudi inveniamur. 1. propterea dicit in precibus ingemesci, ut gloria promissa de caelis possit resurgentes induere. hoc ergo desiderantes insistunt precibus, ne surgentes recepto utique corpore nudi, id est alieni a promissa gloria inveniantur. hoc enim opus est, ut induta anima corpore dei iudicio superinduatur et gloria, quae est inmutatio in claritatem. 2. mors enim de terra est, resurrectio vero de caelis, si tamen inmutetur in gloriam. alii codices sic habent: siquidem expoliati, non nudi inveniamur. id est si exeuntes de corpore Christum vestiti fuerimus, quia quicumque in Christo baptizantur Christum induunt. itaque si in forma baptismi et traditione manserimus, expoliati corpore non nudi invenimur, quia in interiore homine habitat Christus, quem cum induti sive spiritu sancto dato nobis videbimur, erimus digni superindui promissa caelesti gloria. in illum enim decidet promissa claritas, quem viderit signum adoptionis habere.

5, 4. Nam cum sumus in isto corpore, id est mortali, ingemescimus gravati, eo quod nolumus

---

15sq. *cf.* Gal. 3, 27

---

3 ingemiscimus *(Vulg.) L W* **4** quod] quae *(Vulg.) C* semper indui *K (sim. l. 10)* **6** dicitur *A* precibus] operibus *V* **7** resurgentis *N K P*, -tibus *V*[1] inducere *P* **8** resurgentes *D* utique] que *A* aliena *W G*[1], -nam *V* **9** a *om. V T W P D* inueniamur *T* **10** et *om. E T* gloriam *C A*[1] **11** immutatione *V* claritate *D* mors—**21** habere *om. A* **12** vero] enim *T C W G D* inmutemur *W G* gloria *V D* **13. 17** spoliati *N* **14** christo *P* vestiti] induti *V* **15** baptizatur *W G P D* **16** induit *C W G P D* si itaque *(add.* si *W G) C W G P* traditionis *W G P D* **17** inueniemur *K V P D*, -mus *N*, -iamur *T*, -iamus *E L* **17sq.** interiorem hominem (*om.* in) *V* **19** data *K* uidebimus *N E* **20** gloria caelesti *T W G* decidit *Π* **22** cum] dum *A* **23** inmortali *G D*, corporali *N*

exui, sed superindui, ut absorbeatur mortale hoc a vita. idem sensus est; ideo enim dicit gravatos nos passionibus corporis et ipsius mundi tempestatibus postulationes ad deum dirigere, ne inmutemur victi et indigni efficiamur, sed ut, si contigerit exitus, perseverantes in fide induti inveniamur sancto spiritu, qui in substantia Christus est. tunc enim superindui promissa gloria poterimus, si exuti corpore non despoliati a sancto spiritu fuerimus. sic mortale absorbetur a vita, id est, ut resurgentes superinduamur inmortalitate cum gloria, ne ultra mori possit aut passionibus inplicari. hoc est absorberi a vita; non enim dicendus est absorberi a vita, qui ad hoc surgit, ut poenis agatur.

5, 5. Qui autem perficit nos in hoc ipsum deus, qui et dedit nobis pignus spiritum. hoc quod ingemescentes poscimus, id est non exui, sed ut superindui mereamur, iuxta supra dictum sensum in die iudicii deum perficere dicit, quia promisit et fidelis est dans huius rei implendae pignus spiritum; ipse est enim signaculum adoptionis nostrae.

5, 6. Fidentes igitur semper et scientes, quia inhabitantes in corpore peregrinamur a domino; **7.** per fidem enim ambulamus, non per speciem.

---

1 perindui *E* obsorbeatur *N* **3** ipsius—**10** gloria] ipsa morte postolationes ad deum dirigi ut ipsud corpus non alienetur a nobis sed ut superinduamur inmortalitatem *A* postulationem *WGPD* **4** dirigere] corrigere *K* efficiamus *N* **5** ut] et *ΠEL*, *om. T* si *om. WGPD* **5 sq.** inueniamus *NE* **6** spiritu sancto *EGP* **7** indui *K* **8** dispoliati *ΠLCGD*, -liti *W* **9** superinduamus *NE* **9 sq.** inmortalitatem *NVETL* **11** ad uitam *V* non—**12** vita *om.* CWG^1 non—agatur *om. A* **11** dicit cum est *P* **12** quia $VCWGD^1$ arguatur *ΠET* **13** quis *CA* hoc *om. D* **14** et *om.* G^1A **14 sq.** ingemescentes *om. A* **15** non] ut non *N*, non ut *LA* exui—**16** iudicii] corpore exuamur in perpetuum sed ut recepto in die iudicii dei superinduamur immortalitatem cum gloria *A* ut] et *TWG*, *om. ΠEP* **16** mereamus *N* **17** proficere *P*, confitere A^1 dicitur A^1 et—est *om. A* **21** habitantes *ET* **21** peregrinamus *NE* *(item p. 231, 2. 8)* **22** species *V*

manifestum est quia per fidem cum domino sumus, non per praesentiam; ac per hoc peregrinamur non fide, sed specie. et quare, cum idem dicat in Actis apostolorum: in ipso enim vivimus et movemur et sumus, hoc loco peregrinari nos a domino dicit? si ubique est, quomodo hic positi peregrinamur a domino? sine dubio ubique, immo omnia in domino sunt; sed quia sedis dei in caelis est et illic semper videtur, ideo hic positi, ubi non videtur, peregrinari ab eo dicimur. quando enim non eum videmus, licet praesens sit, absentes ab eo sumus.

5, 8. Audemus ergo et consentimus magis peregrinari a corpore et praesentes esse ad deum. recte ait: audemus; habentes enim fiduciam promissionis dei et scientes multum expedire illic esse quam in saeculo, consentiunt et optant excedere de corpore, ut requiescant usque ad diem resurrectionis sub altare dei.

5, 9. Ideo conamur (enitimur) sive praesentes sive peregrinantes placere illi. id agendum dicit et bonis operibus insistendum, ut sive in hac adhuc vita positi sive ante tribunal Christi praesentes placeamus ei. unde si disciplina servetur, et hic et illic placebimus, quia qui hic placet illic non displicebit.

5, 10. Omnes enim nos manifestari oportet ante tribunal Christi, ut recipiat unusquisque propria

---

3 Act. 17, 28 **15sq.** *cf.* Apoc. 6, 9

---

1 qui *K* cum] in *V* deo *A* **2** praesentia *KV* per fidem ... per speciem *ETP* **3** actibus *KWG* in *om. PD* **4** et *pr.*] et in ipso *P* **4sq.** peregrinare nos *PA*[1], peregrinos *E* **5** deo *A* quomodo] quod *ET* **6** deo *CGPDA* **7** sedis *NC*, -es *cett.* dei *om. A* **8** peregrinamus *A*[1] ab eo] a domino *L* **9** dicimus *NE* licet—sit *om. A* **11sq.** peregrinamur *E* **12** dominum *Π* **16** ad diem] tempore *ΠT*, in tempore *E* **17** ideo enim *WGPD* conamur (-mus *NL*)*ΠEL*, enitamur *C*, imitamur *A*, contendimus *(Vulg.) TWGP* **20** illi *ET* **21** placebimus ei *WG* quia—**22** displicebit *om. A* **22** illi *C* displicet *ET* **23** manifestari nos *E* manifestare *PA*[1]

corporis prout gessit, sive bona sive mala. igitur si iudicante Christo unusquisque nostrum facta corporis recipiet, non utique sine corpore adiudicabitur bono aut malo. et non dixit 'facta carnis', quia carnis vitia punienda semper, sed facta corporis, quia aliquando spiritaliter, aliquando carnaliter operatur.

5, 11. Scientes igitur timorem domini hominibus suademus, deo autem manifesti sumus. quoniam ergo iudicium dei futurum est per Christum ad singulorum discriminanda opera, idcirco apostolus suadere se dicit ad bonum sensum et vitam, ut auditores eius securi sint de poena futura et ipse glorietur in his habens fructum laborum suorum. quia quorundam praviloquio dies iudicii dei in dubium deducitur — corrumpunt enim mores bonos conloquia mala —, hominibus suademus, ait, ut credant et provideant, ne incurrant et tunc paeniteant, quando paenitentia fructum non habet. deo autem manifesti sumus. hoc enim praedicant, quod deus iusserat, et hoc scire dicitur deus quod bonum est. denique male agentibus dicit: nescio vos.

Spero autem et in conscientiis vestris nos manifestos esse. manifesta erat puritas eorum Corinthiis, quia neque aliquando in adulatione fuerant deprehensi neque praedicatio illorum displicuerat sanctis nec ab aliquo illorum quicquam, ut adsolet, occulte elicere temptaverant, ut foris

14 I Cor. 15, 33 **20** Matth. 25, 12

1 prout illi *C* seu . . . seu *A*, siue . . . seu *C* **1 sq.** si ergo *A* **3** iudicabitur *P* bona aut mala A^{1} **4** carnalis uita *A* uitia carnis *ET* uita *CGPD* semper est *CPDA*, est semper *G* **5** sed] et *NKET* quia *om. VD* aliquando *pr. om. A* **6** et carnaliter *A* **8** manifeste D^{1}, manifestati *NV* **10** opera] peccata C^{1} **11** aditores CG^{1} **13** qui A^{1} **16** praeuideant *G* incurrent *P* peniteat *V* **17** penitentiae *ΠET* habent *ΠET*, -eant *P* **18** praedicabat *EWGPD* **21** autem] inquit *CGPD* nostris *E* **21 sq.** manifestos nos *(Vulg.) L* **23** adolationem *V* **24** aliqua *K* **25** adsolent *V* licere *KVEL*, -ret *N*, eligere *A* temtauerat *ΠETCWD*

simplices apud turbas, intus vero impostores essent. ideo conscientias illorum pulsat, ut ipsi sibi (sibimet) testes essent de veritate eorum.

5, 12. Non iterum nos conmendamus vobis. 1. quoniam superius veram praedicationem suam obtestans laudare se visus est, idcirco nunc eadem significat, non ad laudem suam hoc dicere se, sed ad eorum gloriam, ut gaudeant integram se praedicationem addidicisse his adnuntiantibus.

Sed occasionem damus vobis gloriandi pro nobis, ut habeatis ad eos, qui in facie gloriantur et non in corde. hoc dicit, quoniam multi per elationem gloriabantur in se de apostolis, profitentes se ab his doctos, qui semper cum domino fuerunt. 2. ideoque et hic dicit dare se his rationem, per quam et ipsi glorientur (-arentur) adversus eos, quia apostolus erat, a quo et isti didicerant. unde alio loco dicit: nihil minus feci ab his, qui valde sunt apostoli. quod quidem coactus dicit, ne silentium eius istis obesset. qui ergo in corde gloriatur, superbiam reprimit sciens, quia humilibus deus dat gratiam, superbis autem resistit. superborum enim mens fructum non facit deo dignum.

5, 13. Sive ergo mente excidimus, deo, sive sanum sapimus, vobis. hoc dicit quia, si elate vel superbe putatur locutus, quia laudare se visus est verum dicens, deo hoc remittendum. si autem non superbe intellegitur, sed ad gloriam audientium esse locutus, Corinthiis proficere dicit,

---

16 II Cor. 12, 11 **19sq.** *cf.* Iac. 4, 6

---

2 eorum *P* sibi *ΠT*[2]*A* **6** laudari *WG* et nunc *A* significans *A* **7** se *om. NK* **8** didicisse *A*, addicisse *V*, addiscisse *K*, abdidicisse *E* **11** dicit ut *ΠELA* **12** gloriantur *V* illis *D* **13** fuerant *A* hinc *D* **14** se *add.* et *L* glorientur *ΠL* **15** quia] qui *NVEWG*[1] et *om. CWGPD* unde — **17** apostoli *post 21* dignum *add. A* **17** quod] quo *K* **18** gloriantur *A* **20** de deo *CWG* **22** ergo] enim *(Vulg.) TLCWGP* excedimus *(Vulg.) ΠLA* deo] *add.* excedimus *A* **23** sapiamus *E* vobis] *add.* sapimus *A* quasi *E* **24** qui *A* laudari *WGP* uerbum *K* **26** dicitur *A*

ut tunc sanum sit dictum audientibus, si ita intellegatur, ut dictum est; si autem iactanter putetur dictum, velut insanum deo dimittendum. omnis enim superbia velut insania habetur.

5, 14. Caritas enim Christi urguet nos hoc iudicantes, quod unus pro omnibus mortuus est. 1. quoniam Christus diligens genus humanum, ut eos redimeret, morti se dedit, ideo apostoli, ut vicem ei reddant, homines ex aliqua parte exhortantur ad eius obsequium. et ut eos adtrahant, necesse est ut verum se praedicare testentur aliis prava docentibus nec suum meritum taceant, ut malorum doctorum poenam designent. 2. non ergo elatione mentis haec agebant, sed ut donum Christi intellegeretur ab omnibus et fideliter devoti ei gratiarum actiones referrent. propter Christi ergo caritatem, quae et quanta dona eius circa diligentes eum sint, non tacent, non iactantiae causa, sed ut invitent audientes ad eius devotionem, ne mors Christi infructuosa videretur, non ut laus apostolorum nosceretur. per meritum enim et gloriam apostolorum agnoscitur Christi gratia et beneficium dei.

Ergo omnes mortui sunt. **15.** et pro omnibus mortuus est, ut et qui vivunt non iam sibi vivant, sed ei qui pro ipsis mortuus est et resurrexit. quia omnes necesse est mori causa Adae, pro omnibus mortuus est Christus, ut eos a secunda morte liberaret. ideoque qui vivunt in corpore scientes Christum mortuum esse pro se, sint ei subditi profitentes hunc dominum. quia enim prodest eis mors eius, testimonium perhibet resurrectio eius. igitur

---

2 autem *om. A* delictum *V* **3** a deo *C W G P D* **4** urget *(Vulg.) L C* nos certe *A* **5** quodsi *W G D* **7** inuicem *V* A^1 **9** se] esse *P* **10 sq.** nec—designent *om. A* **11** designant *W G* hoc *D* **12** hominibus *C W G D* **13** propter—**19** dei *om. A* **17** nosceretur] agnoscatur *L* **19** dei] *add.* hinc est quod dixit apostolus paulus *K* **20** pro hominibus *V* **21** iam non *(Vulg.) N V*, non iam non C^1, non sibi iam *G* **25** mortuus est *E* esse et *P* per se A^1 **26** deum *A* quid *A*, qui N^1 **27** eis *om. C W G P D* resurrectioni *P* igitur—**p. 235, 2** voluntatem *om. A*

hic sibi non vivit, qui paratus est domini sui facere voluntatem.

5, 16. Itaque nos ex hoc tempore neminem novimus secundum carnem. et si cognovimus secundum carnem Christum, sed nunc iam non cognoscimus. verum est quia Christo resurgente a mortuis iam cessat in eo carnalis nativitas, cessat infirmitas corporis, cessat et passio mortis. usque ad crucem enim suspicio fuit infirmitatis in Christo; post autem apparuit esse quod non credebatur, sicut et ipse ait: cum exaltaveritis filium hominis, tunc cognoscetis, quoniam ego sum. hoc ergo idcirco apostolus memorat, ut ostendat qua devotione obsequendum est Christo. pro salute enim hominum non solum hominem se nasci non dedignatus est, sed et iniuriis agi et mori, ut intellegentes quam pretiosa sit mors eius, propensius illi serviant, non quasi homini vicem reddentes, sed deo, quia unicuique pro persona eius et meritis refundenda obsequia sunt.

5, 17. Quare si qua est in Christo nova creatura, vetera transierunt et ecce {omnia} facta sunt nova. manifestum est quia per Christum renovata sunt

---

10 Ioh. 8, 28

---

1 quia *NK* **6** cognouimus *GP*, nouimus *(Vulg.) ΠEL* **7** cessat *pr.*] -et *N* **8** et *om. VWGPD* usque—**18** sunt] hoc non utique propter christum quem sors non tangebat humanae fragilitatis sed propter nos quibus exemplum datum est ut si uestigia eius sequuti fuerimus qui pro nobis mortuus est simile modo et in nobis post exitum uitae huius resurgentibus promisso tempore cessabit omnis infirmitas et corruptio. ideo etenim neminem nouimus inquit ex tempore secundum carnem quia in christi resurrectione generalis data est forma incorruptionis et claritatis et ita omnibus prouenire qui christo oboediunt nosceretur *A* **9** infirmitas G^1P^1 in *om.* KT^1 postquam *K* autem] cum *P* **10** credebatur] uidebatur *L* et *om. GP* **11** cognoscitis V^1C quia *VP* **12** ergo *om. ET* **14** non dedignatus] dignatus *P* iniurias *K* **20** et *om. NVLCWGP* omnia *om. ΠELCA* **20 sq.** noua facta sunt omnia *P*, facta sunt omnia noua *(Vulg.) TWGD*

omnia, si animadvertant dignitatem eius. novus enim fit his, quibus prius homo tantum videbatur, cum intellegitur esse deus, ut recedente infirmitate agnoscatur divinitas et cessante errore vetere, qui introducta multorum deorum opinione ab unius veri dei fide transduxerat genus humanum, revertantur omnia ad simplicitatis professionem unum deum adorantia in trinitate.

5, 18. Omnia autem ex deo. quamvis Christus nos redemerit, omnia tamen ex deo, quia ab ipso est omnis paternitas. ideoque necesse est praeferri personam patris.

Qui reconciliavit nos sibi per Christum et dedit nobis ministerium reconciliationis; **19.** quoniam quidem deus erat in Christo mundum reconcilians sibi, non reputans illis delicta ipsorum et ponens in nobis verbum reconciliationis, **20.** pro Christo, pro quo legatione fungimur, tamquam deo exhortante per nos, orantes pro Christo reconciliari deo. **21.** eum, qui non noverat peccatum, pro nobis peccatum fecit, ut nos essemus iustitia dei in ipso. 1. deus omnipotens genitor Christi — cum omnia, quae per Christum fecerat, errore caduca fuissent effecta, creatoris sui oblita — Christum dominum nostrum de sacris sedibus ad terrena venire dignatus est factum carne in specie hominis, ut forma esset hominibus, quemadmodum sibi deum creatorem suum pacificum facerent. deus ergo erat

9 Eph. 3, 15   23 *cf.* Quaest. 2, 5, p. 19, 13sq.; Sap. 18, 15   24 *cf.* Phil. 2, 7

1 si—**3** divinitas *om. A*   animaduertunt *G*   **3** agnoscitur *E*   et] ut *A*   **4** errore—qui] ergo uetera que A^1 introductus ETG^2 **6** reuerterentur *A*   **6sq.** simplices professiones . . . adorantes *A*   **8** autem *om. N*   nos] non *K*   **9** redemit *WG*, redimeret *K*, -erit *VE*   quia] quod *C*   **10** praeferre *A*   patris] diuinitatis *Π*   **14** illi CG^1 **15sq.** per christum *A*   **16** legationem *TWGA*   fungimus *NE*   **18** nouerant *V*   **19** iustitiae *C*   **22** creatori *W*, -em *V*   oblitam *V*, inmemores A^1 christus dominus noster *A*   **23** dignatus est uenire *A*   dignatus est] dignatum *ΠETD*   factum *CP*, factus *A*, et factum *cett.*   secundum carnem *A*   **25** ergo *om. A* in Christo. quomodo? quasi in vicario aut legato, sicut fuit in profetis, aut aliter? non sicut fuit in profetis, sic intellegi potest fuisse et in filio. 2. filius enim naturaliter legatus est patris dei. unde dicit: quia pater in me est et ego in patre. pater enim per id intellegitur esse in filio, quod una eorum sit substantia. ibi enim est unitas, ubi nulla est differentia. ac per hoc invicem sunt, quia et imago et similitudo eorum una est, ut videns filium vidisse dicatur patrem, sicut et ipse dominus ait: qui me vidit, vidit et patrem. recte ergo dicitur: deus erat in Christo, hoc est pater in filio, mundum reconcilians sibi, non reputans illis delicta eorum. quoniam creatura peccavit in deum nec paenituit, ut reverteretur ad eum, deus opus suum nolens perire misit filium suum, per quem praedicat eis remissionem peccatorum, ut reconciliaret eos sibi per ipsum, per quem nos creaverat. sive ergo per filium sive per servos deus exhortatur populum, quia ad ipsum omnis summa referenda est, cuius voluntate et providentia Christus incarnatus est ad salutem hominum redimendam. qui cum reverti vellet ad patrem, dispensationem acceptam a patre dedit discipulis. 3. orantes pro Christo reconciliari deo. hoc est quod dixi, quia pro Christo vicarios dedit apostolos, ut pro ipso praedicarent

4 Ioh. 14, 10 **9** Ioh. 14, 9

1 christo non *A* aut—**2** profetis *alt. om. A* fuisset *W* **3** et *om. T W G* filius—**5** patre *om. A* legatus] natus *ΠETLD* **4** patri *V* T^1 est *om. ΠEL* **5** enim in A^1 intellegetur *V* **6** est enim *CWPD* **7** qui *K* et *om. ET* **8** una est eorum *A* **8 sq.** sicut—ait *om. W* G^1 *P* D^1 sicut—patrem *om. A* **9** uidet *KLD* patrem meum *ΠEL* **10** dicit *EA* **12** in domino *A* **13** reuertatur *K* ad deum *WGA* **14** praedicata eis remissione *CWG* remissio est *A* **15** ut *LA, om. cett.* **16** sive—**20** discipulis] ponens in nobis uerbum reconciliationis pro christo et reliqua deum dicit per christum delegasse apostolis ut illo regresso ad celos cum triumpho in uicem eius praedicarent gentibus donum gratiae dei ut sicut per christum ita et per apostolos se praedicaret deus *A* seruum *V* dei *Π* **19** redibendam *WGPD (recte?)* **21** reconciliare A^1 *(item p. 238, 1)* a deo *GD* dixit C^1 G^1, dicitur A^1 **22** uarios *P* ipso] christo E^1

reconciliari deo. eum, qui non noverat peccatum, pro nobis peccatum fecit. deum dicit patrem peccatum fecisse filium suum Christum, eum utique qui peccatum nesciebat, id est, qui non peccaverat, quia factus caro non inmutatus, sed incarnatus factus est peccatum, sicut qui fit praefectus, non amittit quod erat, sed adsumit utique quod non erat. homo ergo factus est Christus causa peccati, quem non tangebat sors neque dignitas nasci hominem. 4. propter quod {enim} omnis caro sub peccato est, ideo factus caro factus est peccatum. et quoniam oblatus est pro peccatis, non inmerito peccatum factus dicitur, quia et hostia in lege, quae pro peccatis offerebatur, peccatum nuncupabatur. ut nos essemus iustitia dei in ipso. qui peccatum nesciebat dicente Esaia: qui peccatum non fecit nec dolus inventus est in ore eius, quasi peccator occisus est, ut peccatores iustificarentur apud deum in Christo. zelum enim passus est satanas adversus salvatorem videns eum docere homines, quomodo sibi propitium facerent deum abrenuntiantes diabolo. 5. et propter hoc occidit eum nesciens futurum adversus se. Christus enim post crucem descendens ad inferos devicta morte, quia peccatum nesciebat, teneri a morte non poterat, quia mors per peccatum inanivit infernum, ut mors iusti peccatoribus proficeret, ut de cetero mors eos, qui signum crucis habent, tenere non possit.

6, 1. Adiuvantes autem et obsecramus, ne in

7sq. *cf.* Quaest. 78, 1, p. 132, 19 **11** *cf.* Lev. 4, 8 *etc.* **14** Is. 53, 9

---

2 fecit peccatum *C* dominum *D* **3sq.** eum—peccaverat *om. A* **4** qui *A* **4sq.** inmutatur *A* **5** incarnatus se *A* sicut—**7** peccati *om. A* **6** profectus ... sumit *G* **9** enim] *om. ΠET*, autem *L* factum *D* **11** qui *A* et *om. CGPA* **12** quae] qui *A*[1] nuncupatur (non-) *E*[1]*TA*[1] **15** peccator] -tum *NV*, -to *K* **17** satanan *V* aduersum *VEA* **19** diabolum *A*[1] **19sq.** futurum fore eum *A* **20** aduersum *VET* se] est *P* descendit *WGPD* **21** quia] *add.* qui *ΠETLCPA*, om. *ND* tenere *A*[1] **22** poterant *V* per *om. TWG* inanivit] inanium *P*, inoleuit *A* **23** eos *om. WG*[1]*PD* **24** teneri *P* posset *A* **25** adiurantes uel adiuuantes *A* et *om. A* *(Vulg.)* obsecramur *CA*[1]

vacuum gratiam dei recipiatis. duplici genere apostolus humanae salutis curam subicere contendit, ut et dei providentiae devotus existeret et hominibus caritatis officium exhiberet.

6, 2. Tempore enim ⌊inquit⌋ accepto exaudivi te et in die salutis adiuvi te. hoc scriptum est in Esaia profeta; praedestinatam docet gratiam dei in tempore Christi. sic enim decrevit deus affluere misericordiam suam, ut in nomine Christi poscentibus auxilium largiretur.

Ecce nunc tempus acceptabile, ecce nunc dies salutis; **3.** nemini dantes ullam offensionem, ne vituperetur ministerium nostrum. tempus adesse dicit, quo possint ad indulgentiam proficere peccatores, tempus adesse dicit, quo morbis mortalibus medicamina possint (medicina possit) infundi. et ideo se sollicitum esse circa aegrorum salutem, ne forte neglegentia aliqua medicinae gratia effectu careret bonae voluntatis suae. fide ergo et vigilantia sua omnem offensionem neglegentibus amputat, ne horum forte segnitia occasionem offensionis pareret discipulis; ac per hoc liberos se significant, quia quod salutare est, simpliciter omni instantia praedicant. unde subiecit: ne vituperetur ministerium nostrum. vituperaretur enim ministerium ipsorum, si ea quae verbis docebant operibus suis, ut fierent, exempla non darent.

---

2 curam *om. V* subiecere *NEL*, subiere *V*, subire *Migne* **3** deuotos *KV* **5** inquit *ΠETLDA* **6** adiuuaui *E* **7** praedistinatam *N EGPA* **8** discreuit *WGP*, descreuit *C* suam] dei *V* **9** in *G*, *om. cett.* nomen *ΠETLP* **10** nunc *alt. om.* L^1*D* dies] tempus uel dies *A* **11** ut non *(Vulg.) P* **13** dicitur *A* **14** medicamina *ΠETLP* possint *ΠE LP* **16** aegroti *A*, -tum *P*, eorum *ET* forte non *A* neglegentiam *E* **17** gratiae *NP* effectum *A*, -us *E* caperet *A* et bonae *ΠELPD* fide *om. A* et] de *A* **19** segnitia *om. A* occasione *T* offensionis *om. A* pararet *A* **19sq.** disciplinis *D* **20** liberos esse *G* se] esse *WPA* significans *A* **20sq.** quia—praedicant *om.* A^1 **21** omnibus instantiae praedicat A^1 **22** uituperetur *alt. NV* enim *om. A* **23** docebat *W*

6, 4. Sed in omnibus commendantes nosmetipsos ut dei ministri. dei ministri sine adulatione docent, ut ei cuius ministri sunt placeant, non sicut pseudoapostoli scientes non se a deo missos praesenti utilitati studebant.

In multa patientia. patientia est, quae salvat homines. nisi enim patientia abusus esset, quomodo salvasset Corinthios, quos post praedicationem suam tantis vitiis morum et erroribus diversarum sectarum invenerat involutos, quos patientia sua paulatim ad veram doctrinam revocat?

In pressuris. pressuras pertulit sciens quid a deo pro his sit promissum.

In necessitatibus. necessitas erat etiam in pressura positum docere, quia a domino erat missus.

In angustiis. spe futuri angustatus perfidorum oppositionibus non cessit.

6, 5. In plagis. a Iudaeis et gentilibus caesus frequenter non tacuit gratiam Christi.

In carceribus. saepe in carcerem missus contempta salute sua etiam illic dei donum praedicavit.

In perturbationibus. in tantum deo devotus erat, ut nec perturbatio fiduciam, quam in deo habebat, minueret.

In laboribus. laborare non destitit manibus suis, ne cui gravis esset, certus hoc sibi proficere apud deum.

In vigiliis. tam sollicitus erat circa officium delegatum sibi, ut nec nocte cessaret.

In ieiuniis. aliquando voluntaria, aliquando necessitatis ieiunia pertulit causa penuriae et deo gratias egit spiri-

---

1 omnia *A* commendemus *CWGPD* **3** eius cui *K* **4** praesenti — studebant] praesentium lites oderant *A* utilitate E^1P **5** saluet *N* **6** enim] eum *E* **8** sectatores A^1 obuolutos *A* **10** pressuris] tribulationibus *(Vulg.)* *CWGD* **13** a deo missus erat *A* missum *E* **14** futura *A* angustiatus *N* **14 sq.** obinsitionibus WG^1 **15** cesset *N* **16** gentibus *NEL* **18** carcerem]-e *NKP*, carceribus E^1 **19** illi WG^1 donum dei *L*, deus deorum *W* praedicabit *W*, iudicat A^1 **22** destituit *K* **22 sq.** ne cui] nec *K* **23** certis *P* **26** geguniis *T*

taliter se pascenti, quia ideo contentus erat, ne ventris causa inclinaretur.

6, 6. In castitate. castitatem sive corporis sive evangelii vindicans non paucos fecit inimicos.

In scientia. legis et evangelii scientiam non in sapientia humana neque in simulatione adserens deo se fidelem dispensatorem Christi exhibuit.

In magnanimitate. grandis animi erat in baiulandis infirmitatibus fratrum et in contemptu mundi huius. unde alio loco dicit: mihi mundus crucifixus est et ego mundo.

In benignitate. benignus erat, quia sicut arguebat, ita et blandiebatur, ut post correptionem leni exhortatione consolaretur.

In spiritu sancto. spiritus sanctus effugiet fictum. quoniam ergo sinceriter docebat, in spiritu sancto dei donum tradebat.

In caritate non simulata. simulata caritas in his est, qui in necessitate deserunt fratres; unde hic semper necessitates fratrum suas faciens simplex erat in caritate. conpatiebatur enim omnibus, sicut alio loco dicit: quis scandalizatur et non ego uror? haec enim vera caritas est, si sua utilitate contempta eius curam agat, quem diligere se profitetur, quod semper fecit apostolus.

6, 7. In verbo veritatis. verbum veritatis erat in

---

10 Gal. 6, 14 **15** Sap. 1, 5 **21** II Cor. 11, 29

---

1 qui *A* **3** castitate *N* sive *pr.*] animae suae *P* corporis] *add.* siue animae *E* sive *alt. om.* *W G*[1] *P* **4** vindicans] scientia eum iudicans *A*[1] **5** scientiam] -ia *E T W G* **6** simulationem *V* **7** christum *V* **8** animi] enim *P* **8 sq.** baiulandi *W D*, -o *P* **9** infirmitates *P* contemptum *V* **10** unde in *P* **12** qui *A*[1] **13** correctionem *T W G*, *add.* suam *P* **14** consuleret *C*, -solaret *W* **15** effugiet *E T L G*, -it *cett.* **16** fictum] affectum *V* **19** fratrem *V* **20** necessitatis *A*[1] sua *V* **21** in alio *P* **22** non ego *V C A*, ego non *cett.* **23** agit *K P*, habeat *N* **23 sq.** diligere se] diligeres *P*, se *om.* *L*

eius doctrina, quia non aliud tradebat quam a domino acceperat.

In virtute dei. virtus in eo dei erat, quae per signa atque prodigia dei hunc idoneum ministrum probabat.

Per arma iustitiae a dextris et a sinistris. libram se significat fuisse et fidelibus et incredulis. per arma enim iustitiae perimit iniquitatem.

6, 8. Per gloriam et ignominiam. his, qui evangelium dei gloriam aestimabant, manifeste integrum et fidelem se praedicatorem dicit. simili modo et eis, qui verba divinae doctrinae ignobilitatem et deformationem putabant, fidelem {se} dei ministrum exhibuit, dum non terretur neque pudorem patitur ea illis loqui (eloqui) quae horrent audire.

Per infamiam et bonam famam. etiam his integrum se dei dispensatorem praebuit, qui fidei bonam opinionem faciebant et qui malam, dum non metuit hanc invidiam, sed constans est.

Ut seductores et veraces. increduli seductores eos vocabant, fideles e contra veraces eos et simplices pronuntiabant. nec hoc odio cedit, ut superducat fucum veritati.

Ut ignoti, et qui cognoscimur. malis ignoti erant, bonis noti; agnoscebant enim in his veritatem.

6, 9. Ut morientes, et ecce vivimus. 1. odio illos habentes quotidie putabant non evadere minas iniquitatis;

---

1 qui *V*, quod A^1, quae *P* non] ante *V* a deo *EA* **1 sq.** acciperat *A*, -ant *V* **3** erat dei *A* quae *om. Π* **4** atque] et E^1L dei *om. TWGPD* probat *Π* **6** libram *CWGD*, liberum *cett.* incredulis] infidelibus *E*, *add.* et infidelibus *CWGP* per arma ETG^2, armis *P*, arma *cett.* **7** peremit *ΠELD*, premunt *A* **8** ignominiam] ignobilitatem *(Vulg.) CWGPD* **10** se *om. ΠEA* dicit *om. A* **12** se *om. Π* exhibui *VE* **13** loqui *ΠEL*, eloquit *A* horrerent *C*, auderent horrere *A* **14** si his *E*, his *om. L*, his qui *A* **15** quia *W* **16** dum *om.* WG^1 **19** fidem (-iem *V*) *ΠC* e *om. NVA* et simplices eos *LG* **20** hoc *om. ET* odio] hodie *EP* frugum *V* ueritate *T* **21** ut] et *NV*, quasi qui *K* et] ut *WG* qui *om. KA* cognoscimus *NE*, -scamur *CWG*, cogniti *(Vulg.) KTA* **23** illis *VWG*

isti autem, quia deo propitio docebant, auxilio Christi tuti praestabantur a morte praesenti et futura.

Quasi temptati et non morti traditi. 2. temptati videbantur, quando sic tractabantur, ut cedere putarentur. et quia non vincebantur, morti non addicebantur. hic enim addicitur morti, qui in fide non permanet; et morti non huic, sed futurae. potest et de praesenti morte intellegi; temptari enim eos patiebatur deus, ut pressuris crescerent merito, non tamen permittebat eos occidi.

6, 10. Ut tristes, semper autem gaudentes. verum est quia tristitia haec gaudium operatur et, qui eos iniuriis contristabant, gaudium eorum exaggerabant.

Ut egentes, multos autem ditantes. quantum ad praesentem vitam pertinet, pauperes videbantur, sed spiritales divitias credentibus largiebantur, egeni in terris, in caelis divites.

Ut nihil habentes, omnia autem possidentes. hoc fuit in apostolis gloriosum, ut sine sollicitudine et nomine possidendi non solum ea, quae in possessionibus erant, sed et ipsorum (ipsos eorum) dominos possiderent. omnia enim necesse erat ante pedes eorum poni causa virtutum, sicut legimus in Actis apostolorum.

6, 11. Os nostrum patet ad vos, o Corinthii. hoc libertatis causa loquitur et purae conscientiae; male enim

---

20 sqq. *cf.* Act. 4, 35

---

1 quod *A* propitium *V* dei christi *ET* **2** praestabatur *W* G^1, -stabant *E* praesenti morte *A* et futura *om. A* **3** morti non *L*, non *om. C* **4** credere *TCWG* **5** qui *A* uicebatur *V* addiciebantur *P*, -ducebantur *E* **6** et] sed *CW* G^1 *PA* **7** potest – **9** occidi *om. A* **10** tristes] tristitiae *A*, tristia D^1 **11** haec *om. A* operatur – **12** gaudium *om. A* **13** autem] enim *A* quantum autem *W* **14 sq.** spiritaliter *V* **15** egenis *W* G^1 **17** et omnia *(Vulg.) KETLA* autem *om. N* possidenti *P* **20** ipsorum *ΠETL* **22** actibus *KL* G^2 *DA* **23** o *om. NK* corinthi *N* A^1 **24** mali *LD*

sibi conscia mens loqui trepidat, sensum perdit, in verbis errat.

Cor nostrum dilatatum est. eorum cor dilatatur, qui fiducia bonae conversationis gaudent in sese aut certe spe futuri praemii in tribulatione non angustantur; quia sicut in hac vita nisi praecesserit labor, reditus non sequetur, ita et in rebus divinis, si non exitia anteierint, praemium non sequetur.

6, 12. Non angustiamini in nobis, angustiamini autem in visceribus vestris, **13.** eandem habentes mercedis retributionem. hoc dicit quia non oberat magistris, si discipuli male verterentur contemnentes vigorem doctrinae, quia unusquisque pro operibus suis mercedem accipiet, quia quod ad magistros pertinet non tacuerunt dicente domino ad Hiezechihel profetam: exalta vocem tuam et loquere ad plebem: si te audierint, lucraberis eos; si quo minus, tu animam tuam salvabis.

Sicut filiis dico, dilatamini et vos. **14.** et nolite iugum ducere cum infidelibus. ad bonam conversationem et spem eos hortatur, ut fidentes et purgantes conscientias suas possint in semetipsis gaudere habentes fiduciam purae mentis, sicut et eorum magistri, separantes se ab infidelium societate in operibus malis. et bene ergo agendo

---

15 Ezech. 3, 19

---

1 sibi] siue *V* conscia] -ii G^1, conscientia A^1, -iae *P*, -iam *V* **1 sq.** errat in uerbis *A* **3** et eorum *E T*, eius *L* **4** gaudet *ΠE L* autem certi *P* **5** future spe *L* tribulationem *D* angustatur *ΠE T L* A^1 **6** reditus *N K D*, redditur *P*, editus *A*, redditus *cett.* sequitur *N E* G^1 *A*, *add.* fructus *A* **7** antegerint *T* **8** sequitur *N V T*, consequetur *C P* **9** angustamini *pr. C D*, *alt. V* C^2 *D* **10** autem *om.* P^1 *D* **11** mercedem retributionis *K E T* qui *V* A^1 **12** discipline *K* uersarentur *E G* contemnente *K* uigore *K V* **13** qui A^1 **14** qui *A* magistratus *A* **15** hiezechielem (ezech- *L*, ezeh- *T*) *T L P* **17** seruabis *K* **18** sicut—**23** malis *post* **p. 245, 1** futura *pos. A* (*om. 21* habentes—*22* mentis) **20** adhortatur *N* **23** agendum *V*

et futura sperando dilatari vult illos animo. qui enim laborat, et futura non credit, sicut infidelis angusti animi est desperatione futuri.

6, 15. Quae enim participatio iustitiae et iniquitati? et quae societas lumini cum tenebris? quaeve consensio Christi cum Belial? aut quae participatio fideli cum infideli? **16.** vel quae conventio templo dei cum idolis? manifestum est haec quae enumerat esse contraria; ac per hoc fugiendum ab his docet, quia dicit dominus: nemo potest duobus dominis servire. lex enim (etenim) iustitiam praedicat, ut fugiatur iniquitas; lumen ostendit, quod est veritas, ut ab ignorantia, quae tenebrae sunt, recedatur; Christum in dei mysterio adnuntiat, ut a diabolo, qui se deum mentiri vult, abscedatur; credentibus vitam pollicetur aeternam, ut perfidia exuti ab omni infidelium errore sint alieni; idola prohibuit coli, quia templo dei sunt inimica.

Vos enim templum dei estis vivi. nihil tam inimicum homini quam idola, quia ab unius dei fide cogunt recedere.

Sicut dixit deus: quoniam inhabitabo in illis et inter eos ambulabo et ero illorum deus et ipsi erunt mihi populus. **17.** propter quod exite de medio illorum et separamini, dicit dominus, et in-

---

10 Matth. 6, 24 **21–23** *cf.* Lev. 26, 12 **23–p. 246, 1** Is. 52, 11

---

1 enim] *add.* operatur *ΠETL* **2** sicut enim *N* infideles *C*, *add.* est *ET* sicut infidelis *om. A* angustia animi *Π*, angustiamini *W*, angustus animus eius *A* **3** futuri *om. A* **5** et] aut *(Vulg.) ECWGPD* luminis *CWGP* **6** quaeve] quae uero *P*, *om. V* christo *KEC* cum] ad *(Vulg.) K* belia *C* **7** infidele *ΠEG*² quae uel *D* **8** hoc *D* **9** numerat *A* docet] monet *A* **11** enim *ΠEL* **13** recondatur *W* misterium *P*, ministerio *E* **14** que *K* dominum *V* abscidatur *A*, recedatur *LD* **15** ut a *A* perfidiam *T* **16** idolo *W* **18** enim] autem *G* estis templum dei *(Vulg.) EP* estis dei *VLA* **21** quoniam] quia *A* **22** inambulabo *(Vulg.) P* **23** mihi erunt *G* **24** eorum *(Vulg.) G*

mundum nolite tangere, **18.** et ego suscipiam vos, et ero vobis in patrem, et vos eritis mihi in filios et filias, dicit dominus omnipotens. 1. interim primae causae sensum explicemus, ut cuius personae verba sint declaremus dicentis: quoniam inhabitabo in illis et inter eos ambulabo et ero illorum deus et ipsi erunt mihi populus. haec verba Christi sunt. hoc est enim, quod et inter cetera Hieremias testatus est dicens: post haec in terris visus est et inter homines conversatus est. hic enim habitavit in nobis dicente Iohanne apostolo: et verbum caro factum est et habitavit in nobis. et quia deus noster est, dicit iterum Hieremias: hic est deus noster. et quia populus eius sumus, dubium non est; ecclesia enim Christi est. 2. ideoque separari nos vult ab omni contaminatione, ut suscipiat nos in filios, sicut dicit: filioli, adhuc modicum tempus vobiscum sum. et quia omnipotens est, puto ambigi non debere. si enim, sicut ipse dicit, quaecumque facit pater, eadem et filius facit similiter, hoc est filium omnia posse, quae potest et pater. si quid non potest pater, non potest et filius; sed idoneus est filius, qui dicit de patre: apud deum autem omnia possibilia sunt. hoc testimonio et nos ad puram vitam exhortatus est et dominum nostrum Iesum ⌊Christum⌋

---

9 Baruch 3, 38 **11** Ioh. 1, 14 **13** Baruch 3, 36 **16** Ioh. 13, 33 **18** Ioh. 5, 19 **21** Matth. 19, 26

---

3 interim] itaque *V* **4** ut] et *A* personae] prime A^1, prima A^2 sunt C^1A **5** declaremus – inhabitabo *om. A* dicentes *Π* **7** hoc] haec *V* **8** et *ΠCA*, *om. cett.* ceteras *K* testatur *P* **9** et *om. NK* cum hominibus *V* **10** enim et *A* habitabit *C*, inhabitabit *NET*, habitauit et habitat *A* Iohanne – **12** nobis] alio loco eundem apostolum in interiore homine habitare christum *(= Eph. 3, 16 sq.) A* **11** habitabit *G* **12** dominus *WG* **14** separare PA^1 **15** filio *P* **16** uobiscum sum tempus *EL* **19** similiter facit *E* **21** dominum A^1 autem *om. PA* **22** testimonium A^1 **23** deum *A* Christum *ΠELD*

iam olim dominum nostrum et suscepturum nos in affectu caritatis suae praedestinatum ostendit.

7, 1. Haec ergo habentes promissa, fratres carissimi, mundemus nosmetipsos ab omni inquinamento carnis perficientes sanctitatem spiritus in timore dei. 1. manifesta sunt quae dicit; inquinamentum tamen carnis multifarie intellegendum est. ideo etenim non dixit: 'ab inquinamento carnis', sed: ab omni inquinamento, ut tota vitia carnalia fugiamus — omne enim quod lex prohibet carnale est — ,ut perficiamus sanctitatem spiritus in timore dei. sanctitatem sic perficimus spiritus, si in timore dei recta sequamur, ut sub nomine Christi a peccatis nos abstinentes sancti simus. 2. qui enim sine professione Christi a vitiis se cohibere videntur, sancti (sanctificati) sunt iuxta mundum, non secundum dei spiritum, quia secundum deum hi mundi sunt qui fideles sunt; ceteri vero qualesvis sint inmundi sunt. quicquid enim sine Christo est, inmundum est, sicut dicit ad Titum: quia infidelibus nihil mundum est; inquinata est enim eorum mens et conscientia.

7, 2. Capaces estote nostri. nemini (neminem) nocuimus, neminem gravavimus, neminem circumvenimus. considerare vult illos quae dicit, ut receptis his in animum conferant secum vera esse quae loquitur et spernentes hos quos tangit omnem animum transferant ad eos,

---

16 *cf.* ad. Eph. 1, 1 **18** Tit. 1, 15

---

1 deum *PA* affectum *P* **2** praedistinatum *ΠETWG* **3** promissa *om. TCWGP* **5** sanctitates *A*[1] **6** dico *D* **11** dei *om. A* **12** sequatur *V* **14** sancti *ΠETLA* **15 sq.** dei — secundum *om. A* quia qui *K* **17** vis sint] fuissent *N* enim] uero *G* **18** sicut *et* ad *om. E* **19** est mundum *L* enim est *P*, enim *om. VG* **21** nemini *ΠEL* **23** ut] et *WGPD, om. ΠET* his *om. NV* **24** animam *A*, -mo *P* conferat *LA*[1] loquetur *K* **25** transferat *CG*[1] **25 sq.** eos quos] eius quem *A*

quos vident vero affectu se diligere. pseudo enim apostoli erant, qui et nocebant illis corrumpentes sensus illorum et gravabant sacculos eorum circumventione serpentinae astutiae.

7, 3. Non ad condemnationem dico. hoc est non vos abicio, sed ut corrigatis moneo. qui enim aliquem condemnat, non illi dimittit.

Praedixi enim, quia in cordibus nostris estis ad conmoriendum et ad convivendum. ex praedictis vult illos cognoscere, quo animo loquatur ad eos. quos enim participes vult habere et ad praesentes passiones pro Christo et ad futuram vitam, non utique illos abicit, sed ut ad participationem (participatione) dignos se faciant exhortatur.

7, 4. Multa mihi fiducia ad vos, multa mihi gloriatio pro vobis. repletus sum consolationem, superabundabo gaudio super omni pressura nostra. fiducia haec de primae epistolae correptione est, quam quia non aspere susceperunt, fiduciam dederunt admonendi se. visi sunt enim velle corrigere {se}, unde gloriatur pro his. animum etiam suum consolatum ex hac parte pronuntiat in tantum, ut in omni pressura superabundare se gaudio obtestetur. videns enim esse spem in his, pro quibus angustias patitur, gaudet cum tribulatur, certus mercedem se a deo accepturum adquisitae salutis eorum.

7, 5. Etenim cum venissemus Macedoniam, nullam requiem habuit caro nostra. 1. pressuras et

---

1 vero *om.* *A* adfectum *A* pseudo enim apostoli *LED*, pseudoapostoli enim *cett.* **2** sensum *TCWD* **3** grauant *V* **6sq.** condempnet *P* **9** conuiuificandum *P* prisce dictis A^1 **10** quo animo] quia nemo *N* loquitur *D* **11** praesentis *V* **12sq.** ad participationem *ΠETA*, participationi *P* **13** exhortantur $G^1 A^1$ **15** consolationes *V*, -ne *(Vulg.)* *CW* **16** superhabundando *N*, semper abundo *E* gaudeo *E* super] in *(Vulg.)* *GP* **18** susciperunt *NW* dederant *D* **19** se corrigere *EA*, se *om.* *Π* **20** pronuntians *A* **23** contribulatus *P* **24** illorum *KP* **25** in macedoniam *(Vulg.)* *ΠEL*, machedoniam $W G^1 A^1$

caedes memorat, quas patiebantur causa credentium, ut magis provocaret (provocet) eos ad caritatem. nullam, inquit, requiem habuit caro nostra ut conpaterentur eis, certi quia pro salute fidelium animas suas traderent usque ad mortem. antequam digereretur enim tribulatio et corporalis iniuria, altera veniebat, ut requies patienti non esset. nam et quoniam sensu bruta est omnis caro, idcirco nullam requiem hanc habuisse vel habere in passione significat, animam autem, quamquam ipsa patiebatur in corpore, ex hac tamen parte requiem habere, quia (qua) sperat pro tribulationibus his, quae pro fide inrogantur a perfidis, daturum deum mercedem. denique in ipsa pressura deo hymnos canebant.

Sed in omnibus sumus adflicti. 2. iuxta historiam domino vocante intraverunt Macedoniam. et cum non pauci credidissent invenissentque solatium Lydiae mulieris, quae cum omnibus suis credidit, tunc factum est, ut spiritum phytonem, id est divinum, fugaret de ancilla quorundam, qui videntes perdidisse se non minimum quaestum, quem puella referebat divinando, concitaverunt seditionem Paulo et Sileae et traxerunt {eos} ad forum ad magistratus. qui multas eis plagas inponentes miserunt eos in ima carceris, ita ut et pedes eorum in nervo concluderent. haec est pressura,

12 *cf.* Act. 16, 25 **14—22** *cf.* Act. 16, 14—24

1 caedes] adflictiones *A* **2** prouocaret *ΠEL* **3** requiem non *P* ut—**12** canebant] numquid sensum habet caro ut sine anima patiatur sed carnem totum hominem significauit sicut et saluator spiritus inquit promptus est caro uero infirma *(Matth. 26, 41)*. quia enim erat et spiritus sanctus in eis non potuit dicere nullam requiem habuit spiritus noster qui (quia *corr.*) est inpassibilis. sed ad comparationem eius totum hominem carnem dixit sicut ad solis claritatem stelle tenebrosae sunt. qui (quia *corr.*) spiritus letus erat sciens illos per tribulationes proficere *A* **5** dirigeretur *WG*[1]*D* **6** iniurias *K* **7** idcirco *om. WGPD* **8** anima *ΠETG*[2]*D* **9** patiatur *NKE* **10** quia *ΠETLG*[2] **11** inrogatur *V* deo *N* **14** et] ut *N* **15** inuenissetque *N* **16** factus *ΠE* **16 sq.** phytonem *NKTWDA*, phit- *ELG*, pyt- *C* **18** se *om. NKD* **19** sile *L*[1]*D*, silae *K*, syleo *V* **20** eos *om. ΠEL* **21** imam carceris *CWG*[1], carcerem *A* **22** et *om. NLWGPD*

quam passi sunt in Macedonia et hinc est unde dicit: nullam requiem habuit caro nostra.

Foris pugnae, intus timores. 3. pugnae erant corpori, dum caedebantur, animo timores. illic enim timor est, ubi intellectus est. sed timor hic propter eos erat qui crediderant, ne passione eius scandalizarentur. nam sibi quid iam timeret, qui patiebatur? praeterea cum dicat in Actis apostolorum: non solum ligari, sed et mori paratum se pro nomine domini Iesu Christi. videtur ergo totum hominem adflictum in carne significasse, ut ex parte spiritus qui homini datur, ut maneat, quia est inpassibilis, adfligi potuisse minime intellegatur, sed ut homo totus ex parte corporis et animae adflictus in carne dicatur, ex parte vero spiritus inpassibilis. 4. potest et sic intellegi, ut foris pugnae, id est in publico a perfidis fierent contra fidos, dum furore pleni resistebant veritati, cuius rei nuntius intus timores generabat, ubi erat apostolus. quis enim homo non timeat angustias? sed quia in dei rebus propensior erat, timorem hunc spe superabat.

7, 6. Sed qui consolatur humiles, consolatus est nos deus in adventu Titi. quoniam deus suorum non est inmemor, sed semper dat eis in tribulatione solacium, adceleravit adventum Titi, ut refrigerio esset positis in fer-

8 Act. 21, 13

3 pugna erat *G* **4** caedebatur *WGP* animi *K* timor est] timorem *K* **5** ubi et *TWGPD* hic] illa A^1 erant *K* **7** timere *V* propterea *T* actibus NKG^2PA **8** et *om.* G^1A **9** domini nostri *TG*, domini *om. E* uidetur ergo] manifestum ergo est *A*, uid. enim *ΠETL* **10** ut – **14** inpassibilis *om. A* **11** datus LD^2 ut *om. ΠELPD* **13** vero] enim *P* **15 sq.** fierent – cuius] contra perfidos esset dissensio cum strepitus eius *A* **16** nontios intus uero *A* **17** generebat *D*, *add.* in domo *A* hominum *G* **18** qui *T* **20** humilis *T* **21** est et *A* Titi] *add.* non solum autem – in nobis *(cf. p. 251, 3 sq.) A* **22** sed] et *GD*, sed et *C* tribulatione] retributione *P* **23** accelebrauit *P* refrigerium *A* positis] posset de uiis *A*

vore. magna enim consolatio est patientis, si secum habeat condolentem.

7, 7. Et non solum ⌊ait⌋ in adventu eius, sed et in consolatione, qua consolatus est in vobis. 1. plus addit ad consolationem, quia audisse se a Tito significat conversionis eorum promptam voluntatem in tantum, ut Titus, qui dolorem habebat inobauditionis illorum, consolationem acciperet de paenitentia eorum. quantum affectum habere se circa eos (circa eos haberet) ostendit apostolus, ut nec imam carceris nec plagarum dolorem computaret scissi corporis neque nervum, quo pedes eius conclusi erant, sed audita correctione eorum laetaretur, immemor factus passionum deo gratias ageret pro horum salute, sic hoc aestimans quasi remunerationem tribulationum.

Adnuntians nobis vestrum desiderium. 2. nuntiavit Titus desiderium habere illos emendandi se. addiscentes enim quae promissa sunt (sint) bene viventibus incitati sunt ad desiderium horum.

Vestrum fletum. correpti flebant, dolentes quia peccaverant, nec excusare nisi sunt, unde gloriatur in his.

Vestram aemulationem pro me. addiscentes {enim} caritatem apostoli erga se, coeperunt illum defendere contra adversarios.

Ita ut magis gauderem; **8.** quia etsi contris-

---

1 habeant *W* G^1 **2** consolantem *C W G P D* **3** ait *Π E D A* et *alt. om. T W G P* **4** nobis *C W* G^1 plus] paulus *P* **5** addidit V^1*C D* se] est *K* **5 sq.** conuersiones *V W* G^1*D A*, conuersationis *L P* **6** prompta uoluntate *A* tantum enim *T* **7** inobauditiones *N* A^1 eorum *L D* **8** acciperit *N* V^1, acceperit *L* illorum *L D* **8 sq.** habere se circa eos *Π E D A* **9** se circa *C W G P* nec — **11** sed] in uinculis carceris et mugitu plagarum insuper pedibus conclusis in neruo *A* **10** in ima *P*, ima *L* dolore *W D* et scissi *D* **11** neruuum *A*, ner//u//um *C* quod *V* **12** correptione *Π E* **13** ageret] *add.* immemor *A* eorum *L D* **14** munerationem *C* G^1, -ne *W*, remuneratione *D* **15** uobis *P* **17** sunt *Π E T L* **19** dicentes qui A^1 **19 sq.** peccauerunt *D A* **20** ne *V* **21** aemulatione *K V* **22** enim *om. Π E L* coeperant *V P* offendere *E* **24** etsi] et sicut *N P*, *om. V*

tavi vos in epistola, non me paenitet. manifestum est non debere paenitere (paeniteri) ex hac re, quam secutus effectus est, quoniam severius in prima epistola corripuit errores eorum. non, inquit, me paenitet asperius scripsisse, quia hoc causa poposcit.

Etsi paeniteret, ait, video quia illa epistola, etsi contristavit vos ad horam, **9.** nunc gaudeo. hoc dicit quia si me paeniteret, inquit, propter caritatem, quia vos contristavi, consolatio succederet gaudii, quia profuit quod vos contristavi.

Non quia contristati estis, sed quia contristati estis in paenitentiam; contristati enim estis secundum deum. idcirco gavisum se dicit, quia cum pudore contristati sunt, non cum ira. qui enim reprehensus pudorem patitur, corrigere se promittit; qui vero irascitur, peiorem se futurum ostendit.

Ut in nullo detrimentum patiamini ex nobis. ut omnia, inquit, nostra effectum habeant in vobis, etiam quod contristavimus vos, pro vobis est.

7, 10. Quae enim secundum deum est tristitia, paenitentiam ad salutem stabilem operatur. manifestum est quod, qui tristis est, quia peccavit, secundum deum tristis est; dolet enim quia fecit quod odit deus. hoc ad stabilitatem salutis pertinet.

Tristitia enim huius mundi mortem operatur. hoc dicit quia sicut secundum deum tristitia vitam opera-

---

1 in epistola *om. E* manifestum—**2** paeniteri *om. A* **2** est *om. C W G*[1] paenitere *ΠE* qua *A* **3** affectus *P* **6** si] sic *W G*[1] peniterem *G*, -re *W* quia et *C W G D* **7** et sicut *P* vos *om. A* gaudio *L* **8** propter caritatem *om. A* **9** quia *pr.*] qui *N* quia *alt.*] quae *P* **11 sq.** contristatis *D*[1] *(bis)* **15** vero] autem *P*, enim *C W G D A* irascetur *V* **16** profuturum *D* **17** nullum *P* patiemini *N* **18** nobis *G*[1]*A*[1] **19** quo *W G*[1]*P* contristamur *N K D* **22** quod quia *P* **23** dolent *V* enim] *add.* ei et *A*, *add.* ei *N V L*, *add.* eis *K* qui *A* odit] dicit *A* **25** enim] uero *A*, autem *ΠE L* **26** qui *A*[1] sicut *om. V A*[1] tristitiam *V* vitam *om. V*

tur — paenitet enim et sperat dei misericordiam —, ita secundum mundum tristitia mortem operatur. detectus enim peccator tristis est quasi puniendus non habens a quo speret misericordiam; etsi forte ad praesens defuerit qui vindicet (qui vindicet defuerit), dei tamen iudicium evadere non poterit.

7, 11. Ecce enim hoc ipsum secundum deum contristari quantam efficit (perficit) in vobis sollicitudinem! verum est quia qui paenitet sollicitus est, ne denuo peccet.

Sed excusationem. recte, quia paenitentia non habet excusationem, sed confessionem.

Sed timorem. ostendit timorem in peccato, qui delicti causa veniam postulat.

Sed desiderium. desiderat reformari se, qui se scit factum per peccatum deformem.

Sed aemulationem. zelum incipit pati bonorum operum perficiendorum, qui intellegit pro se esse, quod corripitur.

Sed vindictam. necesse est, ut quis vindicet eum, cuius erga se sentit affectum; et in se ipsum vindicat, qui se causa delicti adfligit.

In omnibus castos vos exhibuistis esse negotio. quando omnia quae ad profectum melioris spei pertinent meditari videntur, zelum habentes apostoli et praeceptoris

---

4sq. *cf.* ad Rom. 2, 3, 1

2sq. detectus—peccator *om.* *A* **3** peccato *ΠE* tristitia enim est puniendis (-us A^2) *A* speret per *D* **4** et] sed *P* defuerit (fuerit *K*) qui vindicet *ΠEL*, euaserit *A* **8** contristare A^1 efficit *ΠEL*, perfecit *TD* **11** sed] sine *A* excusatione *VA*, excubationem *P* **12** confessionem] *add.* sed indignationem non indignatur qui correptus confitetur *A* **14** causam *VWG*^{1} **15** desiderio *Π* **20** quis] qui se *NV*, quis ei *K* indicet *NV*, iudicet *K* **23** uos castos *P* exhibuistis esse] exhibuisse *V* **24** perfectum *E* pertinet A^1 **25** meditare A^1

sui in omnibus officiis humanae conversationis, duce fide probos se videri contendunt.

7, 12. Igitur etsi scripsi, non propter eum qui inique versatus est. 1. inique versatum dicit illum, qui incestum admiserat; necnon etiam hos tangit, quos iniurias et fraudes fratribus in prima epistola fecisse significat.

Sed neque propter eum, qui inique tractatus est. hi inique tractati sunt, qui a fratribus contraria passi sunt. hic sensus est, quem in capite epistolae memorat, ubi dicit: si cui aliquid donastis, et ego. ostendit enim non magis horum causa, qui peccaverunt, scripsisse ⌊se⌋ remitti illis debere, sed magis propter ecclesiam, quia in uno male agente multi sunt, qui confundantur, et in uno contumeliam aut fraudem patiente multi sunt, qui indignentur, quia si patitur aliquid unum membrorum (membrum), conpatiuntur omnia membra.

Sed ut manifestaretur sollicitudo nostra, quam pro vobis habemus coram deo. 2. emendando iniustos et pollutos sanctificando et ecclesiae reconciliando totius populi sollicitudinem se habere demonstrat secundum quae supra memoravi.

7, 13. Ideo et consolationem accepimus. 1. accepisse ac per hoc et dare dicit consolationem. accepit autem, cum didicit corrigere velle quos arguebat, ut per paeniten-

---

6 *cf.* I Cor. 6, 7 **10** II Cor. 2, 10 **15** I Cor. 12, 26

---

1 ducem fidei *A* **2** probas *K*, -bro *W* probos se] probasse *P*, prout possent *A* uidere *A* **3** si *om. K* **6** in—epistola *om. A* **7 sq.** tractati sunt *V* **9** quae *W G*[1] **10** si cui] sicut *V* aliqui *N* donatis *N V* **11** maius *N* peccauerint *A* se *ΠETL* **12** remitte *W G*[1] **13** malo *D* confunduntur *A* **14** pacienti *W G* indigentur *C* **15** quia si] quasi *P* aliquid] unum *K (Vulg.)* membrorum *Π* **16** cumpatiantur *C* **17** manifestetur *A* **19** in ecclesia *E T* **20** quod *L*[1] **21** commemoraui *G* **22** accipimus *V W G*, -mur *N* **22 sq.** accepisse—consolationem *om. A*, accepisse se *L D* **23** et *om. W G D* autem *om. N V* **24** dicit *N K E L*, dedit *A*[1] corrigere velle] eos se correxisse *A* arguerat *A* **24 sq.** penitentia *K*

tiam se reformarent; dat autem, dum eos revocat ad ecclesiam, ne diu contristati desperarent de se et ad publicam et funestam vitam declinarent.

In consolatione autem nostra magis magisque gavisi sumus super gaudium Titi, quia requievit spiritus eius in omnibus vobis. 2. correptos per primam epistolam audiens velle corrigere consolationem accepit. a Tito autem addiscens, quia dolorem paterentur erroris sui, auctus est in consolatione, gaudio repletus, quia voluntas eorum in opere coeperat probari Tito hoc idoneo teste cum laetitia animi referente.

7, 14. Quoniam in quibuscumque pro vobis gloriatus sum, non sum confusus. antequam pergeret Titus ad Corinthios, audivit ab eis, id est ab apostolo et qui erant cum eo, bonam voluntatem esse Corinthiorum in emendandis vitiis. ac per hoc regresso et eadem referente non utique confusus est apostolus, sed alacer factus est, quia non aliter invenerat Titus, quam audierat ab eis.

Sed quemadmodum omnia vobis in veritate locuti sumus, ita et gloriatio nostra apud Titum veritas facta est. exultans in spiritu haec scribit apostolus, sic gaudens in his, ut efficaciam eorum tam veram probet quam est et praedicatio eius ad eos, in correptione dumtaxat. veritas enim arguentis in eo ipso tunc videtur esse manifesta, si hi qui arguuntur incipiant emendare se; dum enim correpti inmutantur, testimonium perhibent arguenti.

---

1 formarent *N* dum] cum *N* reuocant *V* **4** consolationem nostram *V W G* **5** gaudio *C W G P D* **7** audientes *W* G^{1} corrigere se *A* accipit *W* **8. 9. 17** quia] qui A^{1} **9** auctoriatus *A*, actus *V* est] enim *V* consolationem *A* repletis *G* **10** ceperant *V* approbari *L*, properare *A* ideo A^{1} **12** in *om.* *W* G^{1} quibuscumque illas *A* **18** inuenerat aliter *A* audiuerat *C* **20** gloria *P* **21** est facta *G* scripsit *E T* **22** efficiam *V* A^{1} **23** et] e *P* **23 sq.** in – dumtaxat] qui in correptionem dumtaxat proficiebant *A* correptionem *E* **24** arguentes *N V* tum *A* **25** hi *om.* *A* qui] que *A* incipient *T G D*, -unt *K A* **25 sq.** se dum] si *A*

7, 15. Et viscera illius abundantius in vobis sunt. animum et affectum Titi dicit esse in eis, quia videt (vidit) profectum illorum; sancti enim animus in omni bono est.

Reminiscentis omnium vestrum obaudientiam, quomodo cum timore et tremore excepistis illum. scientes Corinthii ab apostolo missum esse Titum ac se in quantis vitiis ab apostolo fuerant correpti, territi sunt in adventu eius. et quia vitam suam coeperant emendare, solliciti erant oboedire praeceptis eius, ut regressus animum apostoli mitigaret eis. quam rem Titum laudasse significat; in Tito enim apostolum reveriti sunt.

7, 16. Gaudeo quod in omnibus confido in vobis. non solum in bona voluntate eorum laetatus est, sed et in operibus bonis, quibus quae peccaverant emendabant. ideo in omnibus, inquit, confido in vobis.

8, 1. Notam autem facimus vobis, fratres, gratiam dei, quae data est in ecclesiis Macedoniae, **2.** quod in multa probatione pressurae abundat gaudium ipsorum. quoniam devoto animo perceperunt verbum fidei, idcirco gratiam eis datam dicit a deo, ut in tribulatione Pauli et Sileae, quam supra memoravi, scandalum non paterentur, sed in exultatione mentis acciperent confidentes de spe promissa, ut probatos se horum passionibus demonstrarent.

Et quod profunda paupertas illorum abundavit in divitiis simplicitatis eorum. votum eorum

---

22 *cf.* p. 249, 19sqq.

---

2 effectum *K* videt *ΠETL*, audit *A* **3** omnibus *N* **5** obaudientium *N*, oboedientia *G* **6** excipistis *N* **7** apostolum *N* ac se] a *D* **8** tantis *ET* **9** aduentum . . . uite sue *A* **11** quam ob *WG* titus *A* **12** apostoli *NK* **14** laetus *CPA*[1] **15** et *om. WGPD* operibus] omnibus *E* **17** notum *A*[1] **18** dei *om. L* **18sq.** machedoniam *KWGA* **23** in *om. ΠL* exultationem *V*[1]*A*[1] **24** promissi *N* se] *om. A*[1], eos *A*[2] eorum *A* **26sq.** habundabit *L*

praedicat, quia cum tenues essent substantia facultatum, animus ipsorum dives inventus est in ministerio sanctorum. pura enim conscientia operati sunt, non ut hominibus, sed ut deo placerent.

8, 3. Quia pro viribus testimonio illis sum, et ultra vires voluntarii fuerunt. quantum dignum fuit et deo placitum, qui vires illorum sciit, in facultatibus dederunt ad ministerium. et quia ex toto corde deo se dederant, amplius volebant offerre quam eorum vires admittebant.

8, 4. Cum multis precibus orantes nostram gratiam et communionem ministerii, quod est in sanctos. tam simpliciter et devoto animo obtulisse illos ministerium, quod ultra vires eorum erat, praedicat, ut cum lacrimis deprecantes offerrent, ut vel sic cogerent accipi a se, quod accipiendum non videbatur, quia plus erat quam poterat eorum substantia, ne forte eis postea egestas boni operis paenitentiam suaderet. sed quia tales se ostenderunt, ut puro animo iam praesentia postponentes futuris se promissionibus confidentia fidei confirmarent, accipi ab eis visum est, ne boni cordis gratia fructum amitteret.

8, 5. Et non sicut speravimus, sed semetipsos primum dederunt deo, deinde nobis per voluntatem dei. idcirco, inquit, ab his accipi debuit, quia prius emendantes errores pristinos et vitae vitia ac morum ultra quam sperabatur deo se voverunt. visum est enim simpliciter

---

1 detenuissent *T W* **2** diuis *W G* ministerium *A* **5** testimonium *(Vulg.) A* **6** uoluntariae *P* **7** vires] res *T* scit *T W G A*, scium *P* facultatibus quas *P* **7 sq.** dederant *W* G^1 **9** offerri *W G* illorum *E* admittebant] exigebant *A* **10** cum] tum *E* uestram *P* **13** erant *A* **14** precantes *A* accipi a] accipias *W*, -at *V* **15** quia non A^1 erant *A* **17** se *om.* *W* G^1 **18** puri *P* futuri re *V* **20** bono *W* G^1 gratiam A^1 admitteret *D*, amm- *P*, amitterent *A* **21** et] sed *A* **22** deum *V* **22 sq.** pro uoluntate *W G P* **23** accipi—quia] actibus defuit qui *A* **24** morum] mortis *A* **25** o sperabant *A* deo] de *C W* deuouerunt *L* G^2, uouerint *K*

illos hoc agere, ut ne (nec) timeret, cui offerebatur, accipere; quia non utique hoc animo offerebant, ut redimentes praepositos suos vitia eorum paterentur nec arguerent, quia munera excaecant oculos et vim auctoritatis inclinant. dantes ergo se deo, dum emendant vitia, deinde fratribus, dum offerunt sumptus, contristari non debuerunt, qui ante prope quam inciperent perfecti esse voluerunt. horum igitur exemplo invitat Corinthios, ut ea quae coeperant, hac exhortatione aucti mente sedula consummarent.

8, 6. Ita ut rogaremus Titum, ut quemadmodum coepit, ita consummet in vos etiam gratiam istam. quoniam Titi affectum sciebat sincerum (sincerum sciebat) circa istos nec non hos oboedientes ei, idcirco per ipsum etiam ad hoc opus exhortari illos facilius posse significat, ut quomodo in ceteris rebus exhortationis suae habuit fructum in eis, haberet etiam in hac gratia, ut ad ministerium sanctorum promptos eos faceret, ut, quia iam vitia emendabantur (emendabant), huius largitatis fructum haberent. qui enim ad hoc dant, ne arguantur, nullum fructum huius rei habebunt.

8, 7. Vos autem quemadmodum in omnibus abundatis fide et sermone et scientia et omni sollicitudine et insuper illa quae ex nobis in vobis est caritate, ut et in hac gratia abundetis magis. exhortatur illos, ut glorietur de his apud ceteras ecclesias. haec est enim probatio emendationis eorum, si prompti sint ad ministerium sanctorum.

---

1 hoc] ut *L* ut] et *W* G^1 ne *ΠTLPD*, non E^1 timere *A*, -rent *D* **2** qui A^1 **2 sq.** propositos *E* **3. 5** vitia] uitam *A* nec] ne *NK* **4** vim] uiam *N* dant *ET* G^2 *D* **6** offerent sumptos *V* **8** caeperunt *D* **9** consumarent *KV* **10** rogemus *NCW*, -amus *P* **11** consumet *V* uobis *(Vulg.) A* **12** sciebat sincerum *ΠEL* **13** ei *om. NA* **16** gratiam *A* ad] in *E*, *om. Π* **17** qui *A* uite *NK*, -am *V* **18** emendabantur *ΠET* **22** abundetis *CWG* scientiae *K* **22 sq.** omnem sollicitudinem *P* **23** super *WG* **23 sq.** illam . . . caritatem *WP* in] et *L* in vobis *om. ΠE* **26** emendationibus *E* **27** ad] in *V*

8, 8. Non secundum imperium dico, sed propter aliorum sollicitudinem et vestrae caritatis bonum probans. manifestum est quia non imperat, sed exhortatur, ut penuriam patientibus mittant sumptus et relevent sollicitudinem illorum bonum animum suum deo et hominibus ostendentes, pro qua re sine dubio mercedem accipient.

8, 9. Nostis enim gratiam domini Iesu Christi, quia propter vos pauper factus est, cum dives esset, ut illius inopia vos divites essetis. pauperem Christum dicit factum, quia deus nasci dignatus est homo virtutem potestatis suae humilians, ut hominibus divinitatis divitias adquireret, ut, sicut dicit Petrus apostolus, divinae essent consortes naturae. homo ergo factus est, ut hominem in deum adsumeret, sicut scriptum est: ego dixi: dii estis. hoc modo exhortatur, ut largiendo quasi pauperes fiant, ut prosit paupertas eorum, sicut Christi paupertas profuit nobis. et Christus quidem nostri, non sui causa pauper factus est, nos autem, ut nobis proficiat.

8, 10. Et consilium in hoc do. hoc enim vobis utile est, qui non tantum facere, sed et velle coepistis ab anno priore. **11.** nunc ergo et facere consummate, ut quemadmodum prompta est voluntas in vobis velle, ita sit et perficiendi ex eo quod habetis. hoc dicit, ut voluntas illorum in opere appareat, si vera est, secundum vires, ut tantum det, quantum potest et vult animus, ut munda fiat conscientia, non in simulatione, ut hominibus placeat et mercedem apud deum non habeat.

11sq. *cf.* II Petr. 1, 4 **14** Ps. 81, 6

---

3 conprobans *(Vulg.) ETCWGPD* qui *V* A^1 **4** sumptos E^1 et] ut *A* releuent et *V*, reuelent *K* **7** domini nostri *(Vulg.) KLD* **8** qui *W* G^1 *PDA* **9** et ut *N* **14** deo *A* **16** fiant] efficiant *V* **17** et *om. ΠETL* **19** in—do] hoc in deum *V* **20** qui et *K*, quia *N* **21** et *om. KELD* **21sq.** facere consumate *KVP*, facto perficite *(Vulg.) T* **24** dicit ut] dicitur *P* **25sq.** ut—animus *om. ΠE* **26** non] ut non *P*

8, 12. Si enim voluntas prompta est, secundum facultatem acceptabilis est, non secundum quod non habet. quoniam Corinthii ad hoc opus ministerii provocantur, hoc eis indicitur, ut non plus tribuant quam possunt, ne plus forte offerentes coacti, non voluntarii gravati viderentur sine mercede futuri, quia qui coactus aliquid facit, mercedem non habet. ecclesiae enim Macedoniae ultro obtulerunt cum precibus, ut probarent tota se voluntate hoc facere, ut plus offerrent quam poterant, ideoque acceptabile fuit. quanto enim amplius obtulerunt, tanto plus accepturi sunt. nam si tantum quis det, quantum vult aut potest, acceptum est; iudicio enim videtur hoc facere, ac per hoc tantum det, quantum potest et vult animus, ut rei huius possit habere mercedem.

8, 13. Non enim ut aliis refrigerium sit, vobis autem angustia. verum est quia sic dandum est, ut non egestatem praestet donantibus (dantibus).

Sed ex aequitate in hoc tempore. hoc dicit, ut quantum habet ad tempus, dividat cum sanctis; non enim plus exigitur quam sibi debet retinere, quia: diliges, inquit, proximum tuum sicut te ipsum. unde Zaccheus: ecce dimidium, inquit, bonorum meorum do pauperibus.

8, 14. Ut vestra abundantia ad illorum inopiam et illorum abundantia fiat ad vestram inopiam.

---

20 Lev. 19, 18 **22** Luc. 19, 8

---

2 facultatem] uoluntatem *CWGPD* **4** haec in eis *D* **5** grauati non *D* **6** sine] et *P* futuri priuarentur *P* **8** hec *A* **9** offerent *WP* **10** tantum *A* plus] amplius *P* **11** *ante* nam *add.* si enim . . . secundum id quod habet acceptum est non . . . habet *(= 8, 12 Vulg.)* ipse sensus est *A* **12** iudicium WG^1P enim suo *ET* haec *D* ac per hoc *post 13* ut *pos. T* tantum — **13** ut *et* possit *om. CWGPDA* **14** haberet *WG* **15** alii *ΠE* **16** si tantum est *A* **17** donantibus *ΠTL* **18** dicit hoc *ELC* **20** qui A^1 diliges *WGPD*, -is *cett.* **21** Zaccheus *NC*, -aeus *cett.* **24** habundantia fiat *K* ad *om. V*

hoc est quod dicit, ut, quia iuxta tempus sancti inopiam patiuntur deserentes omnia mundi et se in divinis solis operibus constituentes, ut doctrinae atque orationi insisterent ad profectum multorum, hi qui credunt quique artibus aut negotiis insistunt aut certe facultates paternas habent, ministrent sanctorum inopiis, ut iterum sancti illic, ubi divites sunt et isti inopes, communicent eis quasi vicem rependentes ministerio illorum, sicut dicit dominus: quamdiu fecistis uni ex minimis istis, mihi fecistis.

Ut fiat aequalitas, sicut scriptum est. haec est aequalitas, ut quia isti in hoc tempore ministrant sanctis, reddantur illis vices in futuro; debitores enim sibi faciunt sanctos.

8, 15. Qui multum habuit, non abundavit; et qui modicum, non minoravit. hoc in Exodo legitur. plus enim habent sancti in spe futuri saeculi, magis quam hi qui in hoc tempore videntur divites; et tamen aequabuntur illic utrique, ut sicut beneficio horum sanctorum inopia sustentatur, ita et beneficio sanctorum divites fiant hi in futuro saeculo, in quo videntur pauperes. non enim totos se dederunt deo, ut hic pauperes, illic essent divites; sed ex hac parte quia (qua) hic divites sunt, illic pauperes, sanctorum suffragio, qui hic positi iam illic mente sunt, ditabuntur. non enim qualecumque meritum est de iustis laboribus ministrare sanctis.

8, 16. Gratias autem deo, qui dedit hanc ipsam

---

8 Matth. 25, 40 **14sq.** *cf.* Exod. 16, 18

---

1 qui A^1 **2** patiuntur sed A^1 **3** atque orationi] et or. *LD*, atque orationibus *P*, *om. A* **5** insistant *P* **7** inuicem *L* **10** aequitas *ET* G^1*PD* **11** que A^1 isti ut *V* **12** reddatur *CA*, reddant *P* uicem *P*, uicissitudo *A* **15** hoc—legitur *om. A* **16** enim *om. A* sancti habent *LD*, habet sane *A* **18** illic] sic illi *A* **19** hi] hi qui *V*, *om. K* **21** sed] si *N* ex] in *L* **22** quia *NKLW*G^1*P*, quam *V* sunt et *A* **23** mente sunt *et* non—**25** sanctis *om. A* **24** qualemcumque *C* est] esse *N* de istis *D*

sollicitudinem pro vobis in cor Titi, **17.** quoniam consolationem quidem accepit. deus quia (qui) iustus est sciens Corinthios velle proficere, Titi affectum incendit circa eos, ut adimpleret exhortatione sua voluntatem illorum in opere bono, quia videns profectum illorum consolatus est, laetatus in eis.

Cum sit autem sollicitior, voluntarius profectus est ad vos. hoc est videns proficere illos circa actus bonos sollicitior factus est circa affectum illorum, ita ut voluntarius proficisceretur ad eos, qui prius etiam rogatus excusarat ab eis propter vitia illorum.

8, 18. Misimus autem cum illo fratrem nostrum, cuius laus in evangelio est per omnes ecclesias. **19.** non solum autem, sed etiam ordinatus est ab ecclesiis comes peregrinationis nostrae in hac gratia, quae ministratur a nobis per domini gloriam et sollicitudinem nostram. istum commendat, quia ignorabatur ab his, ut scirent in quanta iam essent boni opinione, ad quos tales viri mittebantur, ut congauderent cum eis, augentes eos in fide operationis dei, ad cuius gloriam sollicite hoc agebant vicarii Christi, ut conditor deus caeli et terrae agnosceretur in his.

8, 20. Devitantes hoc, ne quis vituperet nos in hac plenitudine, quae ministratur a nobis. quoniam de ministerio agebatur, ideo hoc subiecit, ne neglegens circa curam pauperum vel sanctorum iudicaretur, si hoc segnius

---

1 corde *(Vulg.) ΠELDA* **2** quia *ΠETGD* **3** intendit *K*, incitat *L* **4** uti *A* illorum] *add.* consolatus est *WG* **5** qui *CWG*[1] illorum] *add.* in opere bono *A* est] et *D* **6** laetatur *P*, laetatus est *ΠETGD* **8** actos *VTCA*[1] **9** sollicitior *om. A* **11** excusaret (se ex. *P*) *ΠTCWGPDA* ab eis *om. A* eorum *P* **13** est in euangelio *(Vulg.) L* **14** sed] si *N* **15** est *om. ΠET* **17** gloria *A* istos *A*[1] **18** qui *VA* eis *A* esse *L* **19** opinionis *A*, -ni *NK* **21** hoc *om. A* **23** nos uituperet *ΠELA (Vulg.)* **25** ministratio *WG* subicit *CWGPD* ne] ut *P*, *om. Π*

ageret. de hac enim re constituerant inter se apostoli, ut memores essent pauperum, quod ad Galatas significat. cum ergo invituperabilis esset in omnibus apostolus, ne in hac causa indiligens iudicaretur, idcirco hoc se praemonere significat, ut hoc opere impleto in omnibus sollicitudo eius et providentia adpareret.

8, 21. Providemus enim bona non solum coram deo, verum etiam coram hominibus. providet bona coram deo, dum, quod iubet deus circa ministerium sanctorum vel pauperum, fieri docet; coram hominibus vero sic providet bona, quia tales mittit ad hoc opus exhortandum, qui probitate sua non faciant eis scandalum, sed provocent eos, ne bona doctrina apostoli per inprovidos ministros eius in vituperationem caderet.

8, 22. Misimus autem cum illis et fratrem nostrum, quem probavimus in multis saepe sollicitum esse, nunc vero multo sollicitiorem, multa fiducia vestri, **23.** sive per Titum, qui est socius meus et adiutor in vobis, sive per fratres nostros, apostolos ecclesiarum gloriae Christi. Titum ideo socium suum vocat, quia et ipse episcopus erat, cui ministrum dedit notum omnibus ecclesiis ipsius provinciae. quibus addit tertium fratrem, probatum in multis operibus bonis atque sollicitum. per Titi autem relationem referentis bonam voluntatem Corinthiorum et ceterorum missorum, quos apostolos ecclesiarum gloriae Christi appellat, sollicitiorem se factum ostendit videndi illos et exhortandi ad ministerium

---

2 *cf.* Gal. 2, 10

---

1 constituerunt *DA* **2** sint *A* significant WG^1 **3** apostolis V^1G^1 **4** indigens *Π*, indecens *L* **10** sic] se *N*, si *V*, *om. KL* **11** prouidit *P* qui A^1 **14** in *om.* WG^1 cadat *A* **16** probabimus *VE* **17** multam fiduciam *P* **18 sq.** et—vobis *om. P* **20** gloria *(Vulg.) K* **21** qui A^1 cui] cum *P* ministerium *A* **22** notum in $WGPD^2$ ecclesiae *A* addit et *LWGPD* **24** reuelationem $\Pi G A^1$ referentes *C*, -tibus *N* **25** missorum *om. A* apostolos et *K* **26** ecclesiarum *om. W* se *om. A*

sanctorum. fiduciam enim accepit audiens meliores esse factos Corinthios. unde satagebat ad eos, certus quia obaudirent bona opera facere.

8, 24. Ostentationem ergo caritatis vestrae et nostrae pro vobis exultationis demonstrate in ipsis in facie ecclesiarum. conmonet eos, ut in his quos mittit dilectionem suam ostendant, ut bona, quae de ipsis audierant, vera probarent. sic enim ostendebant profecisse se monitis apostoli, si missos ab eo cum honore exciperent, ut ceterae ecclesiae agnoscerent vera esse bona, quae de eis dici coeperant. provocat ergo animos eorum, quia de quo bene sentitur, solet se meliorem praebere.

9, 1. Nam de ministerio, quod fit in sanctos, supervacuum est mihi scribere vobis; **2.** scio enim promptam voluntatem vestram, de qua pro vobis glorior apud Macedonas. 1. et haec oblectantis verba sunt; superfluum enim esse dicit scribere se de ministerio, quod fit in sanctos, ut de his bene sentire videatur. superfluum est enim, si commoneas eum quem scias facturum. sed ut diligentiam suam ostendat, necessarium est ut scribat et ut hos promptiores faciat et quid de eis ceteris praedicet manifestet. nam superflua solent maiorem parere sollicitudinem. nam et dominus non dubitans de amore erga se Petri apostoli tertio dicit ei: Simon Iohannis, amas me? quae

---

24 Ioh. 21, 17; *cf.* 21, 15sq.

---

1 esse factos] se f. CWG^1, effectos *A* **2** qui $CWGA^1$, quin *P* **3** bona—facere *om. A* **4** ostensionem *(Vulg.) A* **5** exultationis] exhortationis *A* **6** faciem *(Vulg.)* DA^1 **6sq.** ut dilectionem *tr. A* **8** si CWG^1 proficisse NV^1WA^1 **9** apostolis *C* si *om.* CWG^1 accipe-rent *D* **11** ergo] autem *P* animus *K* qui A^1 **12** solet se meliorem] sese meliores debent *A* **13** quo *V* sit *N* **16** machedones (mace- *LD*) $LWGDA^1$, -nias V^1 *(Vulg.)* et *om. A* oblectantia *A* **17** se] si *V*, *om.* WG^1PDA^1 **18** ut de] unde *A* eis *A* **21** ut et *DA*, sed ut *ET* et *alt.*] ut *E* quod G^1 **22** parare $KVETG^2A^1$, prae *N* **24** tertio *om.* WG^1D amas me] diligis me plus his *G*

trina repetitio quasi superflua videtur, sed prodest ad perfectionem monitionis, ut sciat magna se cum diligentia debere curare, quod frequenter mandatur.

Quoniam Achaia parata est ab anno priore. 2. post Macedonas Achaia, id est ecclesiae provinciae Achaiae — non omnes, quia et Corinthii Achaici sunt — praeparaverant se aemulatione ducti Macedonum, ut ministrarent sanctis. quo dicto plus exhortatur Corinthios, cum dicit illos paratos ab anno priore, sed expectare iam hoc, ut divideretur ministerium illorum pro uniuscuiusque necessitate.

Et vestra aemulatio provocavit plures. post Macedonas Achaiam paratam dicit, deinde ut et Corinthii fiant parati secundum promissum suum, ceterae vero ecclesiae aemulatione Corinthiorum, dum audiunt illos prius multis erroribus fuisse implicatos, post autem corrigentes se bonae voluntatis effectos, incitati sunt ad bonum opus, quia si hi, qui post acceptam fidem male versati sunt, hanc coeperant habere voluntatem, quanto magis isti, in quibus haec vitia non sunt reperta.

9, 3. Misi autem et fratres, ne gloria nostra, qua vos praeferimus, inanis fiat in hac parte; ut quemadmodum dixi praeparati sitis. hos fratres memorat quos supra, id est Titum et quos ei adiunxit adiutores, qui inpensius exhortarentur eos ad promissionem implendam in ministerio sanctorum, ut non solum litteris, sed et facie ad faciem oblectarent eos crebris admonitionibus, ne exultatio

---

1 uideretur $W G^1$ **2** magnam $P A^1$ se cum] secundum *N*, -di *P* diligentiam A^1 **3** curare *om. A* mandat *WP* **4** ab anno priore *om.* $W G^1$ **5** macedones *W G A* est *om. W* **6** omnis *N P D* qui *A* achaiae *D A*, -ii *W G* **6 sq.** praeparauerunt $E^1 D A$ **9** uideretur $P D^2$ **11** uestri *N* emulatione *Π* prouocat *E* **12** macedones (mach- *W G*) *E T W G D* achaia *V D* **14** emulationem A^1 **15** implicatus $K V^1$, -citos *A* **16** qui A^1 si hi] sibi *N* **17** coeperunt *D*, acceperant $V E^1 T L$ **19** reparata *N* **20** misimus *L D* et *om. Π L A (Vulg.)* fratrem *C* **21** quia A^1 **22** parati *P* **23** quos *pr.*] quod *Π* **24** eis A^1 **25** et] hec A^1 **26** oblectarentur *P D A* admonitionibus] oblectationibus *A*

apostoli, qua in splendore animi eorum gloriabatur, evacuaretur. saepius ergo hoc memorans sollicitudinem suam circa eos ostendit nolens illos confundi.

9, 4. Ne cum venerint mecum Macedones et invenerint vos inparatos, erubescamus, ut non dicam omnes vos, in hac parte. manifestum est quia, si non hoc inventum fuerit, quod testificatus est de his, et ipse erubescat in ipsis, et ipsi amplius confundantur, qui nec propterea quod testis eis extitit apostolus, id agere nisi sunt, quo verum illud facerent vel propter tanti viri personam.

9, 5. Necessarium ergo existimavi rogare fratres, ut praecederent ad vos et praepararent promissam benedictionem hanc vestram paratam esse, sed sic quasi benedictionem, non quasi circumventionem. ut sollicitudinem suam adhuc manifestet, rogasse se dixit fratres, per quos admoniti adimplerent, quod promiserant et non implebant. cum supra Titum voluntarium dicat profectum — hoc est, non illi fuisse extortum, sed mox ut audivit libenter amplexus est, ut videatur voluntarius ad illos profectus propter spem illorum —, nunc non ideo se rogasse hos significat, quasi nolentes ire, sed suum affectum probat circa illos, quando volentes ire insuper rogat, ut sine aliqua mora fiat, quod et illi volunt et hic precatur. hoc ergo agit cum his, ut in promissione sua fideles sint, et se ideo

17sq. *cf.* II Cor. 8, 17

1 qua] quam *P*, quia *Π* animi eorum] animarum *P* **4** uenirent *N* macedones mecum *L* **5sq.** ut—dicam *om. A* **6** vos] nos *A* parte] *add.* et reliqua *A* **7** inuenti fuerint *P* testificatum *PA* eis *P* **8** erubescant A^1 qui] quia *PD* **9** testes A^1 existit *V* agere enim usi sunt *Π* **10** quod *ΠETP* uere A^1 personam] pudorem *A* **11** existimarent *Π*, estimaui *P* rogare *om. D* **11sq.** ut fratres *D* **12** procederent *N* ad *om. D* **13** praeparatam *KV* **16** prorogasse *G* dicit *VG* id implerent *G* quae *P* **17** promiserat *Π* implebat *NK* **18** extorsum *N*, exorsum *K*, exhortum *P* **19** ut *pr. om. NVC* **21** hoc *WGP* **24** agit] ait *NKTP* eis *A*

commonere propter existimationem illorum, non circumvenire; sed ut tantum offerant quantum non paeniteat.

9, 6. Hoc autem dico quia qui parce seminat, parce et metet. parcum avarum significat, cui extorquetur, ut inferat; paenitet enim quia promisit. hoc de tarditate eorum conligit, qui olim promiserant et diu deliberabant. huic parco parva (perparva) messis est, quia cum dubitatione seminat; nescit enim prodesse quod facit.

Qui autem in benedictione seminat, in benedictione metet. hic in benedictione seminat, qui bona voluntate sub spe futurae retributionis hoc agit.

9, 7. Unusquisque secundum propositum cordis, non ex tristitia aut necessitate; hilarem enim datorem diligit deus. docet illos tunc prodesse hoc in futurum, si laeto animo fiat. ex his enim qui inferunt, hunc elegit deus cui retribuatur, qui devoto corde operatur quasi thensaurizans sibi apud deum; quia qui invitus facit propter praesentem pudorem, ne aliis inferentibus turpis inveniatur, mercedem non habet.

9, 8. Potens est autem deus omnem gratiam abundare in vobis. 1. dei potentiam adesse illis exoptat, ut, sicut in emendandis vitiis et doctrinae veritate conpungit corda illorum, ita et in hoc faveat coeptis illorum, ut abundent in omni bono per gratiam dei.

In omnibus semper omnem sufficientiam ha-

---

1 aestimationem *K* ne *P* **1 sq.** circumueniret *ΠETP* **2** offerent *N* peniteant *WG*[1] **3** quia *om. L (Vulg.)* qui *om. A* seminet *N* **4 sq.** extorquitur *WA*[1] **5** que *A* **6** illorum *L* collegit *ΠETLP*[2] diu] tunc *A* liberabant *WG*[1] **7** parva *Π* **8** enim] eum *K* prodesse *om. ΠET* **9** benedictionem *T* **10** et metet *(Vulg.) ΠELP* **11** agit] ait *N* **12** secundum *om. N* **12 sq.** cor *WG*[1] cordis sui ut non ... necessitate agerent *A* **13** aut] aut ex *ET* **14** illis *ET* **15** futuro *V* inserunt *N*, fuerunt *A*[1] **16** eligit *A* **17** sibi *om. WG* qui qui *A*[1] **20** deus autem *T* omnem *om. Π* **21** abundare facere *(Vulg.) L* **22** emendatis *A* ueritatis *A*[1] **23** hoc] hac re *A* **24** bono opere *ΠED*, opere bono *L* dei ut *ΠE*

bentes, ut abundetis in omne opus bonum. hoc dicit et optat, ut in omni re semper sufficientes sibi sint dei nutu nec indigeant his quae ad salutem necessaria sunt. si ergo sufficientiam sibi solam eligant, poterunt in dei opere abundare. illud enim sibi retinendo quod sufficit, cetera in usus sanctorum vel pauperum inpendant necesse est. et hoc erit abundare in omni opere bono. licet enim exigui hominis parvum sit quod tribuit, abundat tamen, quia recto iudicio fit. 2. et non solum quaeritur quantum, sed et de quanto et quo animo detur. denique illa vidua in evangelio de parvo laudata est, et qui multa mittebant laudati non sunt. illius enim parvum multum est, quia plus misit quam poterat; divites autem minus miserunt cum plus possent. ac per hoc modicum illius, quia ultra vires suas misit, plus inventum est quam divitum multum, quia id quod abundabat eis miserunt. qui ergo tantum dat quantum potest recte facit. viduam tamen illam ante se habet, quia haec omne quod habuit misit.

9, 9. Sicut scriptum est: dispersit, dedit pauperibus, iustitia eius manet in aeternum. 1. hoc in psalmo scriptum est centesimo undecimo. per exemplum addit ad curam pauperum, ut in omni opere bono abundent. si enim huius qui pauperibus largitur, iustitia manet in aeternum, quanto magis eius qui ministrat sanctis! pauperes enim possunt dici, qui publice egeni sunt. sancti enim discernuntur ab his, quia hi servi dei sunt, insistentes orationibus et

10sq. *cf.* Luc. 21, 3 **18** Ps. 111, 9

1 omni opere bono *PD* **2** sint] sinas A^1 **3** ad *om.* WG^1P **4** solum *A* poterant *G*, propter *N* opera *N* **6** usum *P* impendent *D* **7** omni *om. A* **8** parum *EGD* quia] quando *A* **9** et *pr. om. A* solum] enim *A* et *alt.*—**10** et *om. A* **10** detur] fit *P* **11** laudanda . . . laudandi *A* **12** est] fuit *A* qui A^1 **13** cum] quam *N* **14** quae *PA* **15** quam] quantum *C* quia] que *A* id] de eo *D*, de id *NA*, de eo id *ET* **16sq.** qui — misit *om. A* dant *WG* uidua tamen illa *K* **19** aeternum] saeculum *A*, s. seculi *(Vulg.) L* **20** est *om. LA* per] et hoc *ET* **21** ad *om.* D^1A ut *om. Π* omni *om. A* **24** qui] quia *ETP* publice A^2, -ae G^2, publicani *cett.* **25** quia] qui *A*

ieiuniis, puram vitam agentes, sicut et Anna profetis, quae non discedebat de templo ieiuniis et orationibus serviens die ac nocte, omnem mundi curam postponens. 2. misericordia ergo haec iustitia appellata est, quia sciens qui largitur omnia deum communiter omnibus dare, quia sol eius omnibus oritur et pluit omnibus et terram omnibus dedit, idcirco dividit cum his qui copiam terrae non habent, ne beneficiis dei privati videantur. iustus ergo est, qui sibi soli non detinet, quod scit omnibus datum, et iustus non solum in tempore, sed et in aeternum, quia in futuro saeculo hanc habebit secum in perpetuum.

9, 10. Qui autem subministrat semen seminanti, et panem ad edendum ministrabit et multiplicabit semen vestrum et amplificabit fructum iustitiae vestrae, **11.** ut in omnibus locupletimini in omni simplicitate. 1. omnia dei sunt; et semina et nascentia dei nutu crescunt et multiplicantur ad usus hominum. deus ergo qui haec dat, ipse et iubet de his communicari eis qui indigent. ac per hoc non poterit, qui tribuit iuxta dei voluntatem, dei nutu non augeri crementis huiusmodi ad amplificandum fructum iustitiae. danti enim addit, ut eo amplius habeat, unde largiri. haec est iustitia, ut quia deus dat, tribuat ex eo et homo ei cui deest. hos enim vult ministros esse eorum, qui potiora eligentes copias praesentis temporis spernunt totos se dei rebus obligantes. unicuique

1 Luc. 2, 37 **5sq.** *cf.* Quaest. 32, 2, p. 61, 5

1 puram] paruam *A* sicut enim *K* prophetissa *VLWGP* **2** in ieiuniis *D* **4** qui A^1, quid *L*, quia si *TWG* **7** diuidit *WGPD*, -et *cett.* **9** scit] sit *T* solum *om. A* in] hoc *D* **10** tempore *om. CWGP* et *om.* G^1A saeculo] tempore *A* **12** ministrat *L* **13** manducandum *(Vulg.) K* ministrauit *E*, praestabit *(Vulg.) KL* **13sq.** multiplicauit *ΠE* **14** amplificauit *VC*, ampliabit *TA*, -uit *E* **18** hoc *D* **18sq.** communicare *KTA* **19** potuit *A* **20** augere *A* crementis *CWG*, incrementis *cett.* **21** ad *om. CWA* dando enim addet A^1 **22** largire A^1 quia] quod *A* **23** retribuat WG^1 ei *om. A* **24** potius *A* enim secundum bonam voluntatem deus praestat auxilium. 2. sancti enim quia (qui) nihil volunt hic possidere, nisi victum habere et vestitum, hos qui hic habere volunt tutores illorum deus esse disposuit, ut qui bene et simpliciter eis ministraverit, amplificetur dei nutu, ut habeat unde semper largiri, et ad praesens locupletatus et in futurum semel enim seminans bis metet, ita ut si futuris spebus consulit, nolit eos subiectos habere, sed magis se eis inclinet, quia a deo huius rei accipiet mercedem. si enim ad praesens humiliari eos sibi voluerit, spem futuri amittit. hic enim accipit mercedem operis sui non simpliciter hoc agens, sicut dicit dominus: amen dico vobis, perceperunt mercedem suam.

Si quis operatur per nos gratiarum actionem deo. **12.** quoniam ministerium officii eius non solum supplet ea, quae desunt sanctis, sed et abundabit per multorum gratiarum actionem in deo, **13.** per probationem ministerii huius magnificantes deum in subiectione confessionis vestrae in evangelio Christi, in simplicitate communicationis in illos, **14.** et ipsorum orationes pro vobis desiderantium vos videre propter superabundantem gratiam dei in vobis. **15.** gratias deo super inenarrabili dono eius. 1. hoc dicit quia quicumque

12 Matth. 6, 16

1 praestet *N* **2** sanctis *A* quia *ΠETD* nil *KA* **3** uestimentum *ET* tutores esse *A* **5** largire A^1, largiatur *C* **6** et locupletatus *A* futuro *DA* **7** bis] his *Π* si] in *NK*, *om. P*, si se *A* spebus] speciebus *A*, rebus *ΠLP* consoletur *A* nollet *A*, nolite *K* hos *K* **8** quia] sed quia *A* **9** humiliare *KEA* **10** amittet (amm- *P*) *KPA* accepit *ET* **12** receperunt *E* **13** si quis] quae *(Vulg.)* WG^1D **14** officii] sacrificii *P* huius *(Vulg.)* *WGP* **16** abundauit N^1VEC multarum $ΠETLG^2A$ gratiarum *om. K* actionum G^1A^1 in *om. ΠE* **17** per *om. W* **18** subiectionem *WGD* confectionis *WG* **19 sq.** communionis *P*, *add.* uestrae *A* **20** in *om. E* et] et in *(Vulg.)* $NVETG^2D$ orationis *VP*, -ne *A* **21 sq.** habundantem *A* **22 sq.** gratias—eius *om. D* super] per *N* **23** quia *om. A* quiacumque *D* operatur per dispensatores doni dei hoc opus, unde gratiae aguntur (agantur) deo ab his qui necessarios sumptus accipiunt sub nomine Christi, non mendicitati subiecti, sed deo, de cuius bonis ali se norunt, non tantum ab eis gratiae illis referuntur, sed et a reliquis fratribus, qui pro his gratias agunt deo, commendantes factum ipsorum domino, ut paucis tribuentes a multorum obsecrationibus deo commendentur. probantes enim mentem eorum in hoc opere magnificant in eis dominum, cuius spe firmati oboediunt evangelio Christi in subiectione mentis, ne velint eos sibi humiliari, ut praebeant quae necessaria sunt sanctis. 2. et hoc erit in simplicitate hoc agere communicationis illorum, commendantes se orationibus ipsorum et desideriis eorum. quis enim non cupiat oculis videre necessitatibus suis propter dei nomen subiectos? denique dei dona vocantur. deo enim dat, qui his ministrat, quia qui iubet fieri, ipsi imputatur quod datur. gratias deo in his agentes et super ineffabili dono eius. donum enim dei est, quod incitat ad bonum opus homines. spes enim promissa lacessit ad ministerium supra dictum.

10, 1. Ipse autem ego Paulus obsecro vos per mansuetudinem et modestiam Christi, qui ad faciem quidem humilis sum in vobis, absens autem confido in vobis. 1. hoc est, quod nunc dicit, quia talis est absens, qualis et praesens. nec enim humilis erat ad fa-

---

1 dispensationes dono *NK* gratia *W* **2** aguntur *ΠEP* **3** mendicitate *E* **4** de *om. A* boni *V* ali se] ab ipso *A* alii WG^1 his *D* illius *T*, *om. A* **5** a *om. KWGP* reliquis] aliis *P* **6** illorum V^1P **6sq.** retribuentes D^1 **7** a] *om.* WG^1, ad *N*, ac *P* commendantur *G* **8** mente ipsorum *K* **9** deum *D* formati *CA* obaudiunt *A* euangelium V^1A **10—12** ne—humiliari, et hoc erit, hoc agere *om. A* **12** communicationes WC^1A^1 **13** ipsorum] illorum *NKL*, eorum *V* eorum] illorum *V* **14** oculis *om. A* uidere in *A* suis] illorum *V* **15** subiectum *A* dono *D* dant G^2 **16** ministrant T^1WG, -tris *V* **17** gratias autem *G* insuper effabili *D* ineffabile *A* **19** lacescit *L*, non lacesset *A* **22** quia *K* ad] in *T* **25** quales *E* et] est *L*

ciem adulatione aut subiectione alicuius rei, qui constantiam suam sic zelabatur, ut aliquando etiam a licitis temperaret, ne inclinaretur. unde dicit in alia epistola: omnia mihi licent, sed ego sub nullius redigar potestate. esca ventri et venter escis. et hunc et haec deus destruet. 2. ideo ergo absens obsecratur et modestiam Christi interponit, ne praesens durior inveniatur causa vitiorum eorum quam est in epistola, ut conponentes se, qui adhuc non emendaverant, mollirent sibi rigorem apostoli, ut moderatos eos inveniens pressa severitate laetaretur in eis. confidentiam itaque fiduciam severitatis significavit, quam forte in epistola tantum habere putabatur, non tamen praesens facie, quia in prima epistola severus et nimis rigidus videtur. et ideo conmonet, ne eadem severitate praesens utatur, sicut non sperabant.

10, 2. Rogo autem, ut non praesens audeam per fiduciam, qua aestimor audere in aliquos, qui arbitrantur nos secundum carnem ambulare. idem sensus est, quem ut dilucidet, repetit. orat enim, ut tales illos inveniat, ne cogatur irasci, sed ut requiescat cum his (eis). hic ergo aperuit, quod supra significavit et adhuc in subiectis plenius manifestat, hanc esse confidentiam, quam hic fiduciam dixit datae sibi potestatis a Christo, cuius vicarius est, ut vindicet in eos, qui sub nomine Christi agentes non obaudiunt, ut corrigant in quibus reprehenduntur. hos dicit, qui non recipiendo spiritalia, quae ab apostolo dice-

---

3 I Cor. 6, 12sq.

---

1 adolationis *ΠET*, -em P^1A^1 aut] et *P* **2** zelabat *L* temperabat *V* **4** potestatem *W* **5** hanc *P* **5sq.** destruet deus *G* **6** obsecrat EDA^2 **7** ne] non *K* **8** quam] quae *ΠEPDA* quia *KWGP* **12** tamen] tantum *K* **13** uidebatur *L* **14** et *om.* $ΠELG^2A$ **15** sperabat *V* **16** audiam *L* **17** qua] quia *E* qua existimor *(Vulg.)* *L*, quam existimaueram *V* audire TG^1A^1, uidisse *V*, *om.* *D* **18** arbitrabantur *E* nos] nosse *P* **19** delucidet *VTW* repperit *WG* **20** his *ΠE* **21** hinc *E* **23** potestates WG^1, potestas *V* a] in *L* **25** corrigantur *NKA*

bantur, sic eum existimabant, quasi carnalia loqueretur, quae recipienda non essent. ideo dicit: qui nos arbitrantur secundum carnem ambulare, quia qui spernit spiritalia, putat illa carnalia.

10, 3. Nam in carne ambulantes non secundum carnem militamus. hoc est in corpore positi spiritaliter vivimus; spiritaliter enim vivit, qui facit quod placet deo. hic ergo secundum carnem militat, qui desideriis carnis obtemperat; omnis enim error caro dicitur. Christo autem ipse militat, qui obaudit eum in fide et disciplina.

10, 4. Arma enim militiae nostrae non carnalia, sed fortia deo. ideo fortia, quia incorrupta; omnia enim carnalia corrupta sunt. arma ergo ideo, quia repugnant vitiis, signum habentia imperatoris sui Christi, qui hostis est vitiorum. sicut enim imperator per milites vindicat suum regnum, ita et salvator per nos servos suos defendit unius dei professionem et disciplinam.

Ad destructionem munitionum cogitationes destruentes **5.** et omnem altitudinem extollentem se adversus cogitationem dei. arma spiritalia fides est incorruptae praedicationis. per haec deus vincit principes et potestates, quos constat, ut sibi usurpent imperium, extolli contra fidem Christi cogitationibus se hominum inserentes, ut avocent eos a dei dominio, quas cogitationes destruit veritas fidei. munitiones ergo principes dicit et potestates, spiritalia nequitiae, qui se extollunt et

26 Eph. 6, 12

1 estimabant *P* **4** illi carnalia placere *A* **6** carnem *om. L* posito *D* **7** uiuamus *K* enim] autem *L*, *om. Π* **9** autem] enim *T W* **11 sq.** carnalia sunt *(Vulg.) G P* **12** dei *Π* fortia *alt.*] *add.* dei *K* **13** ergo] enim *P A* ideo fortia *A* **14** habent *E T L* **15** milites suos *L* **18** monitionum *K V* cogitationum *V* **19** distruentes *N*, destruens *E T* **21** est *om. A* uincet *A*[1] **24** reuocent *A* **25** destruet *E A*, -at *N K* **26** potestates et *W G* nequitia *W G* extollant *P* **26 sq.** et *alt.* — Christo *om. A*

armant infidelium animos ad contradicendum Christo. contra quos pugnat dei lex dissipans consilia eorum.

In captivitatem redigentes omnem intellectum et ad oboedientiam Christi perducentes. captivat intellectum, dum contradicentem ratione vincit, et ad fidem Christi, cui prius repugnaverat, humilem et mansuetum inducit.

10, 6. Et parati vindicare in omnibus inobaudientiam, cum impleta fuerit obauditio nostra. manifestum {est} quia vindicat inoboedientiam, cum illam condemnat per oboedientiam, tunc illam destruens, quando eos qui resistunt perducit ad fidem, ut perfidia ab his a quibus defendebatur damnetur.

10, 7. Quae secundum faciem sunt, videte. nunc vult eos quae palam sunt considerare, id est ea, quae dicturus est, quia sunt aperta, diiudicare. dicit ergo:

Si quis confidit esse se servum Christi, hoc cogitet iterum apud se, quia sicut ipse Christi est, ita et nos. 1. his loquitur, quorum tangit superbiam, qui de se praesumentes inflatione animi minus quam dignum erat de apostolo sentiebant, quasi non egerent praeceptis eius. quos conmonet, ut si de se confiderent, quia erant servi Christi, non utique deberent de apostolo dubitare, sed et de eo, quamvis inpar sit, vel similiter sentire, cum utique magis praeferre sibi deberent magistrum gentium. 2. sed hic humi-

1 ad] et WG^{1} **2** pugnant KV^{1} **3** captiuitate *K* **4 sq.** et—intellectum *om. NK*, et ad *om. V*, et *om. L* captiuam *V*, -uum *L* **5** contradicentem *om. A* rationem *CWGD* **6** prius] minus *Π* **8** parat *E TWG* in omnibus uindicare *L* **9** oboedientia *(Vulg.) ΠED*, obaud- C^{1} **10** est *om. ΠE* qui *A* oboedientiam *A* **10 sq.** cum—oboedientiam *om. Π*, cum illam *om. A* **11** per] in *A* **12** perducat *E* **14** facie *NK*, -ies *V* **16** quia] que *A*, quia tunc *ETWG* aperte diu diiudicare *P* **18** cogitat *A* iterum *om. V* **18 sq.** est christi *E* **20** qui de se] qua de re *A*, quid est *T* inflationem *A* **21** egentes *A* **22** si de se] fides VC^{1} qui *KP* **23** deberent *om. A* dubitarent *A* et *om. VL* **24** inpares *A* sit *om. A* sentirent *A* magis—**25** gentium] magistrum gentium cum scirent *A*

litatem illos in se docet aequans se illis, cum esset vas electionis et magister gentium in fide et veritate. hoc ergo vult illos considerare, quod utique clara luce videtur, quia de apostolo nemo credentium non plus aestimet quam de se, quanto magis nemo minus quam de se debeat aestimare. hoc ergo contestatur ac docet, ne elatione mentis bonae vitae meritum perderent. qui enim scit se aliquid esse, humiliat se, ut amplior fiat.

10, 8. Nam etsi aliquid amplius gloriatus fuero de potestate nostra quam dedit nobis dominus in aedificationem, non in destructionem vestri, non erubescam. nunc significat quia superius se humiliavit ipsis se comparando, cum si se erigat, non erubescat, quia a domino accepit potestatem praedicandi, ut salvet, non ut perdat obaudientes. si ergo hic, qui a domino missus est, inclinat se et comparat se inferioribus, quanto magis hi, qui nullius erant testimonii, comparare se non deberent, non dicam praeferre, maioribus!

10, 9. Ut non existimemur quasi terrentes vos per epistolas. ipse potest videri terrere per epistolas, qui neque auctoritatis alicuius est neque praesens fiduciam habet arguendi, absens autem ideo audet, quia praesens timet.

10, 10. Quia epistolae quidem graves et fortes,

---

1 Act. 9, 15 **2** I Tim. 2, 7

---

1 et uas *N* **2** uirtute *D* **3** hos *Π* desiderare *WG* clara] clasa E^1, clausa *Π*E^2 **4** et de *V* credentium] querentium *D* non *om. A* plura *ΠET* estimat *A*, existimet *D* **6** hos *ΠECG*^{2} ac] et *EL* elationes *C* **8** humiliet *KLP* amplior se *A* **9** etsi] si *TWGP* aliquid *om. K* **11** aedificatione *E* in *om. WG*^{1}*D* distructionem *NVPA*, destructione *G* uestram *(Vulg.) A* **12** erubescant *NK* qui *A* **13** ipsi *V TP* se *pr. om. A* si *om. A* erigant *C* **14** deo *P* accipit *KWP* praedicando *KA* ut non *tr. A* **15** perdet *K* oboedientes *ΠELP* is qui *A* **16** se *alt. om. A* **17** testimonio *TWG*^{1}*A*^{1} non se *tr. ΠEL* **19** estimemus *E*, est inmemor *NK*, est timor *V* **20** ipse—epistolas *om. A* terreri *ETWGP* **21** alicuius auctoritatis *A* habens *V* **22** quia et *A*

praesentia autem corporis infirma et sermo contemptibilis. **11.** hoc aestimet qui huiusmodi est, quia quales sumus verbo per epistolas absentes, tales sumus et praesentes in opere. ideo non se alium esse absentem quam praesens est probat, quia non erat praesumptor. a domino enim acceperat potestatem. cui enim non est data potestas, absens potest audere, praesens autem pudorem patitur. ideo apostolus non erubescit, dum corripit, quia fiducia potestatis hoc agit. haec propter hos loquitur, qui non missi praedicabant adulantes, quia se ipsos commendare volebant.

10, 12. Non enim audemus coniungere aut conparare nosmetipsos quibusdam, qui se ipsos commendant. hi sunt qui semetipsos commendant, qui non accepta potestate dominari volunt nomini suo vindicantes auctoritatem. qui enim mittitur, non sibi, sed ei a quo mittitur vindicat potestatem. per quod etiam ostendit se a domino dispensatorem electum. sic ergo non se coniungit aut conparat his, qui non missi praedicant, dum nihil ultra concessum praesumit.

Sed ipsi in nosmetipsos mensurantes et conparantes nosmetipsos nobis **13.** non in inmensum gloriabimur, sed secundum mensuram regulae, quam partitus est nobis deus, mensuram pertingendi usque ad vos. 1. tanta se uti dicit potestate, quanta concessa est ab auctore, nec mensuram egredi. idcirco non superba erit gloria, inquit, nostra, quando non egreditur ter-

---

3sq. verbo—sumus *om. NK* **4** simus *A* in *om. Π* **5** aliud *D* se esse *V* praesens est] praesentem *TL* **7** audire *VTLWGD*, -ri *A* **9** eos *EG* **14** se ipsos *ΠEL* **15** dominare A^{1} uendicantes *KL* **16** ei a] e *T* **16sq.** mittitur] *add.* non sibi *V* **19** ultra quam *A* **20** consensum *KW*G^{1}, *add.* est *A* **21** in nobis (uobis *K*) nosmetipsos (nos *om. NK*) *ΠEL (Vulg.)* **22** in *om. NK*T^{1}*CWD* **24** qua *V* **25** uti] ut *NK* potestate agere *Π* **26** nec] hanc *A* **27** transgreditur (trans-e- *E*) *ETWGPD*

minum datae potestatis. gloriam pro 'auctoritate' posuit, qua utebatur in correptionibus peccatorum, ut salvos eos faceret. nec tamen se gloriari dicit in extollentia potestatis, sed ad aedificationem illorum. ostendit enim potestatem, de qua si gloriari vellet, non illum puderet, quia data est illi a domino. 2. sed hic sic illa utitur, ut non glorietur nisi in profectu credentium corripiens constanter vitiosos et (ut) glorietur in salute illorum, ut potestas data saluti proficiat, non elationi. duplici igitur genere non se in inmensum gloriari testatur, et secundum datam potestatem, sicut dixit, et quia non ultra quam praedicatio eius personabat vindicabat sibi auctoritatem. de his enim confidebat, quos ipse fundaverat in fide Christi. 3. partitum dicit enim (enim dicit) unicuique, ad quos in praedicatione dirigeretur, ut singuli aliquas civitates proprias haberent, de quorum fide gloriarentur. dei enim nutu Macedonibus praedicare advocatus est hic apostolus, et ut Corinthiis evangelizaret a domino monitus est. his ergo audenter loquitur, quos ipse fundavit et ad quos dei nutu pervenit, ceteris non tali fiducia, quia in aliena regula erant, hoc est in parte alterius evangelistae.

10, **14.** N o n e n i m q u a s i n o n p e r t i n g e n t e s u s q u e a d v o s s u p e r e x t e n d i m u s n o s. hoc est non quasi non missi pervenimus ad vos in praedicatione, sed destinati deo mittente nos ad vos. superextendi autem est ultra extendi quam conceditur. sed non ultra, quia mensuram dedit deus, quam servarent evangelistae eius, quam hic se custodisse

---

16sq. *cf.* Act. 16, 9sqq. **17sq.** *cf.* Act. 18, 9

---

2 corruptionibus *KP* **3** extollentiam *D* **5** gloriare *A*[1], gloria *T* non ideo putaret *A* illum] solum *TWG*[1] **7** profecto *A*[1], -tum *P* et *Π* **8** ut] et *C* proficiant *A*[1], -iet *P* **9** elationibus *A* igitur] ergo *LD*, enim *P* **9sq.** gloriare *A*[1], gloriam *K* **10** dixi *C* **11** qui *A* **11sq.** uendicabat *K* **13** partium dicit enim *Π*, *add.* deum *A* **14** dirigitur *A* **15** quorum] quare in *A* **16** Macedonibus *om.* *Π* **18** audienter *KT*[1] **19** talis *A* **21** usque *om.* *V* **23** destinante *A*, *om.* *C* a deo *ΠP* **25** quia] quam *A*, qui *Π* **26** his *K* custodire *P*

testatur. ideo enim hoc ostendit, ut sciant quoniam a deo ad hos directus est, ac per hoc obaudire illos debere monita eius, ne contemnentes deo, a quo missus est, resistere viderentur.

10, 15. Nam usque ad vos pervenimus in evangelio Christi non in inmensum gloriantes in alienis laboribus. hic manifestius apparet quod dicit, quia ipse illos fundaverat. ideo tanta fiducia ad hos loquitur. nec enim labore alterius adquisiti fuerant ad fidem, sicut in alia epistola ait: in Christo enim per evangelium ego vos genui. non ergo extra mensuram gloriatur, qui in labore suo gloriatur.

Spem vero habentes crescentis fidei vestrae in vobis magnificari. quia fructum laboris sperat quaesitae fidei eorum, idcirco non neglegenter hoc agere se profitetur nec taediis et molestiis cedere, quia magnificari se credit apud deum, si augeantur in fide auditores eius, sicut dicit dominus: pater, sicut misisti me in hunc mundum et ego misi eos in hunc mundum et pro eis sanctifico me ipsum. hoc dicit quia testimonium magistri est in discipulis obaudientibus; unde ait:

In vobis magnificari secundum regulam nostram in abundantia, **16.** in regionibus, quae ultra vos sunt, evangelizare. laetior de fide eorum ultra eos praedicaturum se necessario profitetur ad augendam gloriam praedicationis, ubi non adhuc fuerat praedicatum.

10 I Cor. 4, 15 **18** Ioh. 17, 18sq.

2 hos] his *V* illos] eos *D* monitis *E T* G^2 **3sq.** uideantur *A* **5** *pro* nam *pon.* enim *post* vos *cum Vulg.* *C W* G^1*P D*, nam et *Π E T* G^2*A* **6** in *alt. om.* *W G P* **8** neque *D* **9** adquisisti *P* **10** enim] uos *P* **10sq.** uos genui ego L^1 **13** crescentes *Π* **14** nobis *C* magnificare A^1 **14sq.** quaesita T^1*P* **15** fidei] est dei *P* hoc] id *A* **16** ne *C W G P* crederet *W G P*, addiscere *K* magnificare E^1*L* A^1 credidit *W G P* **18** misit *A* **19** eos] eis *P* **19sq.** sanctificabo *W* G^1 **23** habundantiam *(Vulg.)* *Π A* in *alt. om.* *W* G^1*P* **24** illorum *D* **25** necessarium *N P*

Non in aliena regula praeparatis gloriari. manifestum est quia vir prudens non in his confidit neque gloriam sperat, quae aliorum laboribus constant. ideo et apostolus non audet in hos, qui aliis praedicantibus crediderunt, ne in alienis laboribus gloriari videretur, sed hoc nititur, ut eis praedicet, quibus non erat adnuntiatum, ut gloriam labore suo quaerat.

10, 17. Qui autem gloriatur, in domino glorietur. hoc dicto significavit ipsam confidentiam et gloriam domino dandam, cuius gratia est, ut qui in potestate evangelica confidit deo auctore confidat, ut quaestus omnis negotii divini domino in lucrum veniat. sed qui non accipit potestatem a deo, non potest in domino gloriari, quia suam gloriam quaerit.

10, 18. Non enim qui se commendat probatus est, sed quem dominus commendat. verum est quia illum dominus commendat et probatus est, quem dignum habet ac mittit, ut praedicet donum eius; quem autem non mittit, non illum commendat. ipse autem se commendat, qui non missus praedicat; ac per hoc idoneus non est, sed praesumptor et reprobus.

11, 1. Utinam sustineretis pusillum inprudentiam meam, sed et patimini me. incipientem vera de semetipso narrare insipientem se dicit, quia ad laudem eius videtur pertinere. propter quod dictum est: non te lau-

---

25 Prov. 27, 2

---

1 praeparatus *EA*, -ti *V* gloriaris *V* **2** confidet *C*, -at A^1 **3** quae] quibus *A*, *add.* in *WGPD* labor *A*, -ri *T* constat *ΠDA*^{1} **4** qui aliis] qualis *WG*, quia a. *A* **5** sed in *K* his *A* **6** labori *ELG*^{2} **7** adquirat *A* **9** ipsa confidentia *P* **10** deo *E* dante *A* **11** auctorem *KP* omni *P* **12** accepit V^1*CA* **13** deo] domino *A* **15** seipsum *(Vulg.) ΠED* **16** est *pr. om. D* **17** deus *KWGPA* **18** praedicet] presit et *A* quem] cum *N* **20** quia *N* **23** vera] seuera *VLCWGPD* **24** semetipso] se et ipsa *V* incipientem *VL* qui A^1 **25** uidebantur *A* **25sq.** laudant *T*

dent labia tua, sed proximi tui. sed hic dolore conpellitur propter hos, qui cum de eo bene prae ceteris (prae ceteris bene) sentire deberent, indigne sentiebant.

11, 2. Zelans enim vos deo zelor; paravi enim vos uni viro virginem castam adsignare Christo. 1. quae locuturus est amore eorum dicturum se ostendit, ut non magis ad laudem eius proficiat, sed ad horum profectum, ut discant quemadmodum parenti suo in evangelio faveant, quia vituperatio patris detractio filiorum est et laus filiorum gloria patris est. virgines ergo vult eos esse in fide; unde et corruptores fidei zelatur ab his, ut in die iudicii intaminatos eos adsignet iudici Christo. 2. hinc est, unde et in Apocalypsi Iohannis legitur: hi sunt, inquit, qui cum mulieribus se non coinquinaverunt; virgines enim permanserunt. hi sequuntur agnum quocumque vadit. in mulieribus errorem significavit, quia error per mulierem coepit, sicut et Zezabel mulierem dicit propter uxorem Achab, quae zelo Bahal dei profetas occidit, cum intellegatur idolatria, qua corrumpuntur mores et fidei veritas. nam si mulieres mulieres intellegas, ut ideo putes virgines dictos, quia corpora sua intaminata servaverunt, excludes ab hac gloria sanctos, quia omnes apostoli exceptis Iohanne et Paulo uxores habuerunt. et vide, an conveniat accusare apostolum

---

9 *cf.* Sirach 3, 13 **13** Apoc. 14, 4 **16sq.** *cf.* Gen. 3, 1sqq. **17sq.** *cf.* Apoc. 2, 20; III Reg. 18, 4

---

1 dolere *D* **1sq.** conpungitur *L* **2** de eo] deo *A* bene prae ceteris *ΠEL* **4** dei *(Vulg.) WGPD* zelo *KWGD*, uerbo *P* parari *W*G^{1}, parui A^{1} enim *om.* *WGPD*A^{2} **7** illorum *ETG*, *add.* eius *P* **8** dicant *W*G^{1} parente *W*G^{1} euangelium *A* fauerant *P*, fuerant *CW*, -runt *D* **9** qui A^{1} patris detractio *om.* *Π* **11** intaminatos] cont- *E*, in tantos A^{1} **12** in *om.* *WG* **13** cum se *WG* qui se *T* muliere *N* **14** non se *E* non sunt coinquinati *L* **15** uadet *N*, ierit *(Vulg.) LG* **16–18** quia—coepit, propter—occidit *om.* *A* **17** hiezabel *A*, ie- *L* **18** acab *C*, achabs *K* Bahal *om.* *W*G^{1} **19** ydolatriam *V* **20** mulieres *alt. om.* *KVWGPD* intellegat *V* **21** excludis *WGP* **23** omnes uxores A^{1}

Petrum, qui primus inter apostolos est, quanto magis inter ceteros!

11, 3. Timeo autem, ne sicut serpens Evam seduxit astutia sua, sic sensus vestri corrumpantur a castitate dei, quae est in Christo Iesu. ostendit qua causa cogitur vera de se protestari. ad hoc enim gloriam sibi datam profitetur, non ut se laudet, sed ut illos deformet, qui sub nomine Christi contra Christum praedicabant, a quibus Corinthii seducebantur, et veritas haec his magis quam ei proficeret. hoc enim agit, ne audiantur seductores, quos diabolo conparavit propter astutiam malitiae eorum, quia corrumpere fidelium corda a veritate Christi conantur. hoc ergo timens semper sollicitus de eis est, ne violentur.

11, 4. Nam si is qui venit alium Christum praedicat, quem non praedicamus, aut alium spiritum accipitis, quem non accepistis, aut aliud evangelium, quod non recepistis, recte pateremini. quare recte ait (ait recte) pateremini, si alius vobis Christus praedicatus fuisset aut ⌊si⌋ alius spiritus vel aliud evangelium traditum vobis fuisset, cum dicat Galatis: si quis vobis adnuntiaverit praeterquam quod ac-

21 Gal. 1, 9

1 est] et *V* **3** timeo] timotheo *N* autem] enim *G* **5** dei *om. LA (Vulg.)* **6** quae *P* cogitur *om. P* protestare A^1 **7** de se *L* **9** Corinthii *om. A* et] ut *A* eis *A* **10** agit] ait *K* audeantur *W* G^1 **12** illorum qui *A* **13** conatur *Π* semper] serpens *P* his *N* V^1 *T* **16** praedicauimus *(Vulg.) ΠED* aut] an *ΠE* **17** accipitis] accepistis *(Vulg.) E C W G P D A*, *om. K V* quem non *om. K V* alium *P* **19** quare—pateremini *om. C W G P D* quare] quia *NK*, qua T^1 quare—**21** Galatis] non hoc dixit quod rectum sit alium christum aut alium spiritum recipere aut aliam praedicationem quippe dum ad galathas dicat *A* recte ait *ΠETLD* **20** si *ΠLD* uelut *P* **21** euangelium] *add.* quod—euangelium *(ll. 18—21 recens. pr.) C W G P D* ad galathas *P* **22** adnuntiaverit] euangelizauerit *(Vulg.) A* praeter *G*

cepistis, anathema sit. si Galatis perversum erat aliud accipere quam ab apostolis fuerat traditum, quomodo Corinthiis rectum erat, si alius Christus praedicatus illis fuisset? sed sciens apostolus numquam alium Christum quam hunc qui crucifixus est praedicari, idcirco recte ait (ait recte) pateremini, si vobis alius potior Christus ab his qui veniunt praedicatus fuisset. Galatis autem anathema dixit, si aliud audirent, quod non utique maius esset, sed contrarium. porro autem, inquit, si ipse Christus praedicatur ab his, qui a nobis adnuntiatur, et hoc evangelium, quid causae est, ut nos inferiores habeamur, cum nihil amplius ab illis addiscatur? superius de pseudoapostolis loquitur fidei corruptoribus, hoc loco autem de veris praedicatoribus, quia plebs Corinthiorum variis erroribus fluctuabat, ut aliqui faverent pseudoapostolis, quidam eis, a quibus conpositis verbis eadem audiebant, quae ab apostolo audierant, alii autem apostolis favebant, quia cum domino fuerant, apostolum suum Paulum deformantes, quia in carne non viderit dominum.

11, 5. Existimo enim me in nullo inferiorem fuisse ab his qui valde sunt apostoli. non vult gratiam dei inferiorem in se videri, quia similiter docuit et eadem fecit, quae faciebant apostoli, qui propensiores videbantur, quia priores coeperant docere et fuerant cum domino, unde

---

1 si—**8** contrarium] hoc est autem recte pateremini si aliud audistis quod a nobis dictum non est aut si alius christus maior ab eo quam nos predicamus adnuntiatur uobis aut potior spiritus datus erat calore (col- *m. 2*) persuasionis ut preponeretis nobis tales predicatores *A* **1. 7** galathiis *L* **5** qui *om. WG* crucifixus est] crucifixum *G* recte ait *ΠEL* **8** est *WG* sed et *ETWG* **9** aut inquit *om. A* ipse est *D* praedicatus *D* a *om. Π* uobis *V* **10** qui T^1D^1 **11** habeamus *NKP* amplius] melius *A* illis] aliis (aliis his *E*) $ΠET^1DA$ discatur *PD* **12** corruptionibus *C*, -tores E^1 **13** qui *C* **14** aliquid WG^1 pseudoapostolos *T* **15** quidam eis] loquitur—praedicatoribus *(l. 12 sq.) P* **16** audiebant *WG* **17** qui *A* **18** qui *KA* uidit *A*, uideret ET^1G deum *NK*, *add.* nostrum *NKTL* **19** me enim *L* ullo *N* infirmiorem *CWGD* **20** fuisse *om. A* **21** infirmiorem *G* uidere qui *A* **23** qui NKT^1

maioris auctoritatis esse putabantur, cum huius apostoli electio cum testimonio sit et amplius ceteris laboraverit et dominum in templo orans viderit et locutus sit ei.

11, 6. Sed etsi inperitus sermone sum, sed non scientia. 1. hoc non ad apostolos pertinet, quia non erant eloquentes, utpote sine litteris, pleni tamen sancto spiritu, sed hos tangit, quos praeferebant Corinthii causa accurati sermonis, cum in religione vis sermonis necessaria sit, non sonus dulcis. 2. quomodo tamen se humiliat, ut inperitum se esse dicat in sermone? et ubi est illud, quod Festus ait: Paule, inquit, Paule, multae litterae te faciunt extorrem? hoc ergo dicens non se loqui nescire voluit intellegi, sed propter eos qui non per fidem, sed per eloquentiam commendari volebant. 3. et in eo tamen dixit se inperitum, quod non habet crimen; in eo autem, quod non caret crimine et adquirit salutem, non se inperitum pronuntiavit; quia qui inperitus est in sermone, reus non est apud deum; qui autem scientiam dei non habet, reus est ignorantiae, quia non licet ignorare, maxime quod pertinet ad salutem. quamobrem apostolus spreta eloquentia id agebat, ut fides teste virtute acceptabilis esset, ut non fidem eloquentia commendaret, sed virtus, cui cedit eloquentia.

In omnibus autem manifestus sum vobis. 4. manifestum se dicit esse Corinthiis in omnibus, quia non ignorabant etiam loquendi habere illum peritiam; et hoc scientes

---

3 *cf.* Act. 22, 17sq. **11** Act. 26, 24

---

2 amplius de G^{1} **3** ei sit *A* **4** inperito *E* sed *alt. om.* *WG* **5** apostolus *A* qui *A*, quoniam *G* **6** utpute *EG*, -ta *P* plenitate *W* spiritu sancto *NVLPD* **7** causam accusantes *A* **8** necessarius *A* **9** quomodo – **22** eloquentia *om.* *A* ut] aut *ET* **11** te litterae *G* **14** se uolebat *E* dixit] finxit *EG*, uixit *W* **15** habebat *K* in eo] ideo *E* non *alt. om.* *P* **16** adquiret *VE* pronuntiabit *V* **18** qui WG^{1} **19** ob rem *om.* *E* **22** credit *C* **23** manifestum *K* in uobis *G* **23sq.** manifestum – **p. 284, 2** quia *om.* *A* **24** qui *K* non *om.* *V* **25** eloquendi *P*

aliis favebant in eo, quo istum inferiorem nesciebant. ideoque conmotus loquitur, quia hoc peius erat, ut cum scirent illum in nullo deesse, humiliarent illum ceteris, cum vidissent per eum non solum impleri praedicationem, sed et signa et (ac) prodigia fieri apostolica.

11, 7. A u t n u m q u i d p e c c a t u m f e c i m e i p s u m h u m i l i a n s , u t v o s e x a l t e m i n i , q u o n i a m g r a t i s e v a n g e l i u m d e i p r a e d i c a v i v o b i s ? 1. quoniam inflati erant, eo quod sumptus ab eis accipere noluit, et propter hoc alios ei praeponebant (proponebant), idcirco 'numquid peccavi', ait, 'quia me humiliavi, ut me indignum ad accipiendum iudicarem, quia inde mihi irascimini, cum hoc non peccati sit, sed gloriae?' itaque sic se humiliavit, cum id quod sibi debebatur non exegit (exigit). debitum enim erat, ut sumptus ab his acciperet, quibus praedicabat evangelium dei, sicut dominus constituit dicens: d i g n u s e s t e n i m o p e r a r i u s m e r c e d e s u a. 2. sed ut ad utilitatem eorum proficeret, refutavit. duabus enim ex causis oblatos sumptus refutavit, ne et pseudoapostolis similis inveniretur, qui non ad gloriam dei, sed ad suam utilitatem praedicabant, ut non occasionem acciperent depraedandi — alio enim non accipiente non potest alter multum expetere —, et ne vigor evangelicae potestatis torpesceret; qui enim a peccantibus accipit, arguendi auctoritatem amittit. sic ergo exaltantur, cum ideo

16 Luc. 10, 7

1 et in eo *P* quos *V*, quod *L* **2** erat] est *ΠETLPA* ut *om. ΠETL* **3** ullo *N* deesse non solum *A* humiliare ut *L* prae ceteris *A*, cum c. *D* ceteri *WG*[1] **4** non suam implere *A*[1] et *pr. om. WG*[1]*D* et *alt. ΠL* **7** ut] et *P* **8** in uobis *P* quoniam—**13** itaque *om. A* **10** praeponebant *ΠETC*[1]*PD* **11** dignum *KE* ad *om. ΠE* **12** iudicaui *L* mihi inde *NK* **13** gloria *K* **14** exegit *ΠTLD*[2], exiget *EA*[1] enim *om. E* sumptos *A (item l. 18)* **16** constituet *G*[1], instituit *L* est *om. N* **17 sq.** sed] quod, *om.* ut *et* eorum *et* refutavit *et* enim *A* **19** et *om. TWG* **22** poterat *A* et] ut *N* ne *om. K* vigor] uror *A*[1] **23** accepit *A*[1] **24** sic] si *KW*[1]*G*[1]*P*[1] ideo] igitur *L*

ab eis non accipitur, ut correpti emendentur, a morte elevati ad vitam.

11, 8. Alias ecclesias spoliavi accepto stipendio ad ministerium vestrum. 9. et cum apud vos essem et egerem, nulli gravis fui. 1. onerat eos; ostendit enim non solum noluisse se ab eis accipere, sed et ab aliis accepisse et eis ministrasse. et ut multum hoc ostendat fuisse, non parum, ait: alias spoliavi ecclesias ad ministerium vestrum. non parva ergo significat se in eos inpendisse; cum enim dicit spoliavi, multa accepta et data significat, non extorta. unde subiecit: accepto stipendio. stipendium est enim, quod militans accipit ad sumptus vice mercedis. ruborem ergo incussit eis, quia non utique dolo refutavit, quando ipse eis ministravit, et ut per hoc ministerium, quod promiserant, facilius implerent scientes se esse debitores, ut non valde iam gloriosum sit ministerium eorum, sed debitum, ne vel inde se iactarent. et cum apud vos essem et egerem, nulli gravis fui. 2. in tantum eis proficere voluit, ut egestatem suam consolaretur propter eorum salutem. passus enim egestatem contentus fuit, ne illi aliquod scandalum paterentur. qui enim dat, putat se exaltari, et iam non se patitur argui.

Nam indigentiam meam subpleverunt fratres, qui venerunt a Macedonia. 3. a Macedonibus semper accepit, quia prius vitia sua correxerunt. et sicut a Corinthiis accipiendum non erat, ne illis in scandalum proficeret, sic

3 expoliaui *(Vulg.)* *NLWGPDA* **5** nullius *ΠE* **6** accipere ab eis *LD* et *om.* T^1D **7** ministrasse eis *A* ut et *N* **8** non] in *K* paruum *ΠETA* expoliaui *VLWGPDA* **9** parum *V* **10** cum – spoliavi] expoliare enim *A* expoliaui *NWGPD* accepta et *om. A* **11 sq.** accepta stipendia *P* **12** militas WG^1 accepit $T^1CG^1A^1$ ad sumptos *A*, assumptus *P*, -ta *N* **13** uicem *A* incutit *A* quia – **14** et *om. A* **14** quando – ministravit *om. T* et] sed *ET* **15** promiserunt *A* impleant *A* **16** valde *om. A* **17** ne *om.* WG^1 ne – iactarent *om. A* **18** in] ut *E* **19** egestate sua *A* propter *om. GD* **20** salute *WGP* **21** exaltare A^1 **22** se non *LD* patetur A^1 **26** in *om. V*

iterum a Macedonibus accipiendum erat, ne bene seminantes fructum amitterent.

Et in omnibus sine onere vestro me ipsum servavi et servabo. 4. in eo semper se permansurum dicit, acsi se corrigant, propter pseudoapostolos, qui occasionem quaerebant depraedandi eos.

11, 10. Est veritas Christi in me, quod gloria haec non infringetur in me in regionibus Achaiae. hortatur omnem Achaiam ut ministret sanctis; sibi autem non permittere, ne coeptam gloriam non impleret. gloria est enim a licitis abstinere, maxime ad aliorum salutem. in Achaiae ergo regionibus noluit uti, in ceteris usus est. et amplius promittit, sub testimonio Christi dicens in eo se mansurum, ne aliquando ab Achaiae regionibus acciperet.

11, 11. Quare? quia non diligo vos? deus scit. reddita ratione etiam dei scientiam testem dat dilectionis suae, quam habebat erga eos, quia non ideo nolebat accipere, quia non illos diligebat, sed ideo magis, quia amabat eos, ut hoc ipsum prodesset illis, sicut dixi.

11, 12. Quod autem facio, et facturus sum, ut amputem occasionem eorum qui volunt occasionem, ut in eo quod gloriantur inveniantur sicut et nos. gloria pseudoapostolorum in pecuniis erat accipiendis. ideo apostolus hoc refutavit, ne illis similis videretur; quia nisi hoc ab apostolo fuisset vitatum, maior occasio illis

2 amitteret *V*, emitterent *N* **3** et *om.* *ΠEL* vestro *om.* *P* **4** seruabi *C* semper *om.* *VLG*^{1}*PD* se semper *ET* se *om.* *NKW* mansurum *NKTW* **4sq.** mansurum (perm- *L*) se dicit *ELA* **5** ac] ad *V*, ut *N*, at *K*, *om.* *E* ac sic *A* pseudoapostolus *D* **6** depraehendi *Π* **7** est] et *V* **8** infringitur *V* in me *om.* *CWGPD* et in *ΠEG*^{2} **9** ministrat *K*, -ent *WGPD* **10** permitteret *ΠETG*^{2} **12** acaia *T* regione *P* uti] ut *A* **13** promittit] formet mittit *V* eo enim *G* **14** acceperit *A* **15** non *om.* *V* **16** dei scientiam *om.* *V* **17** habeat *L* uolebat *D* **18** illi *N* **19** sicut dixi *om.* *A* dixit *T* **20** et *om.* *A* **22** eo *om.* *P* quo *ECA* **23** gloriam *D* erant *NV* **24** illis] aliis *K* **25** quia] qui *A*, *om.* *ΠL* apostolis *V* illis *om.* *K* data fuisset accipiendi aut magis extorquendi, quando in hac re formam ab apostolo datam ostenderent.

11, **13.** Huiusmodi enim pseudoapostoli sunt, operarii subdoli, transfigurantes se in apostolos Christi. subdoli sunt, quia avaritiae causa, non religiosa mente neque missi praedicabant Christum, nomen sibi apostolicum usurpantes.

11, **14.** Nec utique mirum, ipse enim satanas transfiguratur velut angelus luminis. manifestum est quia frequenter {multos} fallit satanas ostendens se illis quasi angelum dei, ut decipiat eos. unde Iesus Nave sollicitus quaesivit, quis esset qui ei apparuit. et apostoli in navi perterriti putabant fantasma esse. unde Petrus apostolus dicenti domino: nolite timere, ego sum, non facile credens ait: si tu es, iube me venire ad te super aquam, ut, si firmiter posuisset pedem super aquas, sciret verum esse quia non erat fantasma, quod apparebat.

11, **15.** Non magnum ergo, si et ministri eius transfigurantur, sicut ministri iustitiae. ministri iustitiae apostoli sunt, quorum se hi socios mentiebantur, ut deciperent audientes.

Quorum finis erit secundum opera eorum. sine dubio, quia iudicabuntur huiusmodi secundum animi sui nequitiam, quia non propter deum, sed propter suum ventrem

---

11 sq. *cf.* Iosue 5, 13 **12 sq.** *cf.* Matth. 14, 26 **14** Matth. 14, 27 sq.

---

1 aut] et *P* **2** re *om. L* ostenderent] *add.* in apostolos christi subdoli sunt ut formam ab apostolo datam ostenderent *A* **4** se *om. N* apostolis *V* **5** Christi *om. L* subdoli sunt *om. A* causa] -ae *A*, *om.* *C W* G^1 **6** praedicant *C W G P A* **6 sq.** nomen — usurpantes *om. A* apostolorum *P* **10** multos *om. Π E* ostendit *T* **11** angelus *A* iesu *W G* **12** ut quis *K*, qui *L* naue *G* **13** Petrus *om. A* dicente *P A* **14** noli *P* non *om.* T^2 *C W G P* **18** ergo magnum *(Vulg.) L* et *om. L (Vulg.)* **19** sicut] uelut *(Vulg.) T C W P D A* ministri *pr.*] *add.* eius transfigurantur *V* **19 sq.** ministri iustitiae] qui *P*, *om. V* **20 sq.** ut deciperent] unde acciperent *K* **23. 24** qui *A* **24** propter *alt.*] pro deo *A*

simulant se ministros dei. finem tamen illorum secundum opera illorum dixit, ut sicut opera et cura ventris interit, ita et hi interire intellegantur.

11, 16. Iterum dico, ne quis me existimet insipientem. alioquin velut insipientem accipite me, ut et ego modicum aliquid glorier. 1. supra iam dixit: utinam sustineretis pusillum inprudentiam meam! hoc nunc repetit; semper enim proponit, quod postea multis interpositis prosequatur. quod ergo supra posuit, modo incipit enarrare; nam vera dicturus velut insipientem se dicit, quia videntur ad laudem eius pertinere. ut et ego modicum, inquit, glorier. modicum hoc dicit, quia in verbis, non in sensu est. 2. non ergo vere ad gloriam suam haec loquitur, sed vult illis ostendere, quia quos putant gloriosos, nihil plus ab hoc habent; ac per hoc si putantur hi gloriosi, et ego, inquit; ideo insipientis hoc esse dicit, ut ad laudem suam aliquid prosequatur, se autem coactum haec loqui. dolet enim ei, ut illos putarent sublimes hoc contempto, qui nihil plus ab eo haberent.

11, 17. Quod loquor, non loquor secundum deum. secundum deum non loquitur, quia ad carnis tumorem haec pertinent nec de inflatione apud deum surgit gloria, quia apud deum humilitas gloriosa est.

Sed quasi in insipientia in hac substantia gloriationis. non plenam dixit insipientiam, sed ex parte;

---

7 II Cor. 11, 1

---

1 simulant] -abant *L*, simulare studebant *A* se] esse *K*, se esse *LD*, *om. A* **1 sq.** secundum—illorum *om. A* **2** eorum *P* **3** interiri *P*, -imi *VETL*, -emini *N*, -ita A^1 **4** existimet me *L* **5** accipiente *E* **6** medicum *N* glorierer *C* **7** sustineritis *W* **9** proposuit *WG* **10** dicturus] d. est *V*, dicens *A* **11** uidetur *ΠE* et *om. A* **12** quod *A* **14** ut illos . . . qui quos *A* **15** si *om. N* hi *om. A* **16** insipientes *A* **17** ad *om.* A^1 se] si *N* **18** putent *A* sublimis *LW*G^1 **18 sq.** contemptu *NK* **19** quia *D* ab eo] habeo *NV*D^1 **22** hoc *D*, hi *E* surget *L*, sit *E* **24** quasi] quia si G^1*A* in *pr. om. KP* insipientiam *KV*

veritas enim est. sed quia elatio vitiosa res est, ideo, quamvis verum sit quod dicitur, quasi insipientia tamen est unumquemque laudare se. plena autem insipientia est, si se falsis quis laudet; ille enim superbus de vero est, hic stultus de falso. substantia tamen gloriationis in hac causa carnalitas est, quia sicut flos feni, ita decidet gloria ista.

11, 18. Quia multi gloriantur secundum carnem, et ego gloriabor. hoc dicit, quoniam aliqui ex Iudaeis credentes praesumebant sibi, quod essent filii Abrahae. hoc est secundum carnem gloriari, nobilitatem sibi carnis vindicare. inde enim sibi defendunt generis praerogativam, quia filii eius dicuntur, qui deo credidit, cum anima quae peccaverit ipsa morietur. si ergo haec gloria est, inquit, et ego gloriabor, quia et ego filius sum Abrahae. sed nihil prodest apud deum filium esse Abrahae, quia fides est quae salvat, non propago generis Abrahae. ideoque gloria haec carnis est gloria, ut puta si dicatur nobilis hominis filius.

11, 19. Libenter enim sustinetis insipientes, cum sitis ipsi sapientes. 1. insipientes appellat, qui de carnis circumcisione gloriabantur. et quia a Corinthiis portabantur, ut gloriosi viderentur, ideo apostolus etiam sustineri se ab his vult, ut et ipse hoc se esse ostenderet, quod erant hi, et non tamen gloriari ex hac parte secundum deum; unde gloriam hanc insipientiam vocat. gloriari enim se dicit secundum carnem. sed hoc stultum esse profitetur, ut et gloriam hanc inaniret et se coactum in laudem carnis erupisse doceret.

---

5 *cf.* I Petr. 1, 24 **12** Ezech. 18, 20

---

2 quasi in *ΠLCWG* tamen] tunc *A*[1] **3** si] se *C* **4** false *A* **5** carnalis *ΠELG*[2] **6** decidit *VEWGP*, -at *L* isti *K* **8** quoniam] non iam *WG*[1] aliquid *WG*[1] **11** praerogatiua *P* **12** credit *V*, -diderit *D* quae] qui *K* **13** haec ergo *A* **14sq.** sed—Abrahae *om. A* **15** qui *A*[1] **16** secundum ideo quae gloriam *E* **17** ut—filius *om. A* utpote *N* filius nobilis *L* **19** cum—sapientes *om. K* insipientes—**p. 290, 1** igitur *om. A* **20** gloriantur *CWPD* **21sq.** se sustineri (-re *L*) *KL* **22** se *om. V* esse *om. D* **23** hac *om. NK*

igitur ironia est haec. nam quomodo prudentes sunt, qui saepe reprehenduntur? nam plus sapit insipientia apostoli quam horum prudentia. hic enim sapiens sustinet inprudentes, qui patientia sua suffert eos, ut possint proficere, ne provocans aut abiciens eos peiores illos faciat, aut certe, si in illis proficere non potuerit, suam modestiam custodit. 2. horum in Corinthiis nihil est. quomodo ergo libenter sufferunt imprudentes, cum ipsi sint sapientes, nisi quia non sic vult intellegi, sicut sonant verba? hoc in sensu et in pronuntiatione est, quia eadem quidem verba non eundem habent sensum aliter pronuntiata, ut aliquando confirmet, aliquando neget quod dicit. hi enim ut imprudentes insipientes sufferebant falsos apostolos.

11, 20. Sustinetis enim, si quis vos in servitutem redigit. 1. hoc verum est quia redigebantur in servitutem non per prudentiam, sed per stultitiam, ut famularentur pseudoapostolis.

Si quis devorat. nec hoc falsum est, quia contenti erant devorari res suas a falsis doctoribus.

Si quis accipit. accipere est aliquem dolo capere, ideoque significat hos capi a dolosis magistris et ferre quod non expedit.

Si quis extollitur. 2. extollentia superbia est. hos ergo tangit, qui superbi erant male taxantes apostolum et his non displicebant.

Si quis vos in faciem caedit. in faciem caeditur, in cuius os iniuria inrogatur. nunc hos significat, qui eo quod

1 haec *om. A* **2** saepe] se *E* reprehendunt *E* nam] itaque *A* **4** qui] quia *D* sapientia *PA*[1] sufferet *CWG*[1] **6** poterit *A*[1] custodiat *A* **6 sq.** horum—est *om. K* **7** sufferunt libenter *G* **8** sic] sicut *Π* **9** in *alt. om. L* **10** qui *A*[1] **11** pronuntiata *C*, -iat *cett.* ut] aut *Π* confirmet aliquando *om. A* **12** hi] si *A*[1], sic *A*[2] prudentes *LWGD* **16** per *pr. om. ET* **17** pseudoapostolos *T* **18** quia] qui *A*[1] **19** falsis in falsis *K* **20** est enim *D* **21** et] ut *N* ferre] fieri *A*[1] **22** non *om. K* expetit *KA* **24** apostolorum *W* **25** displicebat *TCWG*[1]*DA* **26** in faciem uos *(Vulg.) L* **27** iniuriam *PA*[1], -as *WG*[1] hoc *KV*

essent ex genere Abrahae, obtrectabant eis, quod essent incircumcisi se praeferentes, hos humiliantes.

11, 21. Secundum ignobilitatem dico. 1. ignobilitatem dicit hoc, quod supra ait: et ego gloriabor secundum carnem. non enim dicit ad laudem pertinere, quia infirmus non erat, in quo se iactabant, quos occulte tangit. unde adiecit:

Quasi nos infirmi fuerimus in hac parte. manifestum quia non erat in hac gloria infirmus, in qua se praeferebant credentes Iudaei, quos hi patiebantur, quasi apostolus eorum in hac re esset dissimilis, quia et ipse erat ex semine Abrahae. 2. ac per hoc infirmi non erant in hac gloria carnis. infirmi autem hi iudicabantur, qui adpliciti fuerant generi Abrahae. isti ergo quasi infirmi in eo quod illi se praeferebant, eo quod essent Istrahelitae, in hoc ipso volunt se sufferri. ut ostenderet in hac gloria carnis non se esse dissimiles et infirmos, cum de sua causa loquitur, subinducit et Barnabae personam socii sui. unde et in prima dicit epistola: aut ego solus et Barnabas non habemus potestatem hoc operandi? non ergo minores erant in hac gloria, in qua se Iudaei iactabant, 3. sed non inde plaudebant. denique dicit:

In quo quis audet, in insipientia dico, audeo et ego. hoc est non fuisse infirmum in gloria, qua se iacta-

---

4 II Cor. 11, 18 **19** I Cor. 9, 6

---

2 se *om. V* proferentes *N*, per- *E* **3** secundum—**7** adiecit *om. A (cf. Orig. in Matth. 3, 878)* **7** unde et *L* subiecit *P* **8sq.** manifestum est *L* **9** erant . . . infirmi *A* **10sq.** credentes—dissimilis] iudaeis *A* **11** ipsi *A* erant *TA* ex] de *L* **12** ac—**21** iactabant *om. A* infirmus non erat *L* **13** carnis] christi *P et finit* iudicabuntur *V* **14** firmi *T C*[2] *W G*[1] *D*, infirmi *cett.* quo *K V T L G*[2] *D*, quos *N* **14sq.** proferebant *W G* **15** ipsi *D* **16** ostenderent *Π E T W G* **17** subducit *W G* **19** aut] ut *W* **20** hoc] non *Π (cf. ad I Cor. 9, 6)* **23** insipientiam *L* **23sq.** audeo et ego *om. W G*[1] **24** in qua *K*

bant Istrahelitae, nec quidem ex hac re prudentem iudicari; praeferre enim se non solent prudentes. in insipientia ergo dicit audere se in eo quo audent hi qui se iactant eo, quod sint filii Abrahae; ut gloriam illorum inaniat, imprudentem se pronuntiat, ne illi prudentes viderentur in hac parte aut nobiles.

11, 22. Hebraei sunt, et ego. Istrahelitae sunt, et ego. semen Abrahae sunt, et ego. in his parem se eorum, de quibus supra significavit, ostendit, ut detractiones eorum, quibus indignus his iudicabatur, falsas ostenderet.

11, 23. Ministri sunt Christi, velut insipiens dico: magis ego. 1. vera de se dicens insipientem se pronuntiat, ut intellegatur coactus in laudem suam prorupisse, nam qui sponte ea refert, quae ad laudem eius proficiant, imprudentem se non dicit. ostendit ergo quae sint, quae faciant illum ministrum Christi magis esse quam sunt reliqui praedicatores. 2. occasione enim inventa omnium tangit personas, etiam apostolorum, dolens quia dei gratia minor in hoc iudicabatur, cum eadem operaretur quae ceteri apostoli et fidei causa maiora exitia toleraret. unde et in alia epistola dicit: plus illis omnibus laboravi.

In laboribus plurimis. 3. ideo in pluribus ait laboribus, quia et illi laboraverunt, sed non tantum. hic enim a

---

22 I Cor. 15, 10

---

1 Istrahelitae] iudaei *K* ne *A* ex] in *L* iudicare *TA* **2** praeferri *Π* nolent *C* ergo] enim *G* **3** se *pr. om.* *ECWG^1D* quo] quod *VL* **4** eorum *L* inaniet *K* **9 sq.** detractatione *C^2 W^2* **10** indignus *om.* *CWG^1* his *om.* *K* falsa *ΠET*, -os *D* **10 sq.** ostendere *WG* **12** christi sunt *ΠELA*, *add.* et ego *V^1* **13** magis] plus *(Vulg.)* *CWGD*, *add.* et *E* de *om.* *$E^1$$T^1$* **13 sq.** pronuntians *A^1* **15** referat *ET* **15 sq.** inprudentes *N* **16** dicitur *A^1* faciunt *V^1A* **17** esse magis *A* **18** occasionem *V* occasione — **21** toleraret *om.* *A* inueni *V* **20** quae et *T* **21** et *alt. om.* *NVETG^1A* **22** omnibus illis *K* **23 sq.** pluribus laboribus ait *D*, laboribus plurimis ait *ΠEL* *(recte?)* **24** hic — **p. 293, 3** suaderet] nunc laborum narrat miserias *A*

mane usque in quintam horam victum manibus quaerebat (quaeritabat) et exinde usque ad decimam horam disputabat publice tanto labore, ut contradicentibus suaderet.

In carceribus abundantius. apertum est frequentius istum missum fuisse in carcerem quam illos.

In plagis super (supra) modum. 4. ideo *super (supra) modum*, quia ultra quam oportuit. nam et illi caesi sunt, sed non tantum.

In mortibus saepius. verum est quia frequentius hic pericula sustinuit quam ceteri.

11, 24. *A Iudaeis quinquies quadraginta una minus accepi.* hoc dicit quia quinquies flagellatus est a Iudaeis secundum legem Moysi accipiens plagas triginta novem, sicut scriptum est in Deuteronomio. quod per quinque ergo vices factum est, hic summatim refert.

11, 25. *Ter virgis caesus sum.* hoc a gentibus passus est.

Semel lapidatus sum. a Iudaeis lapidatus est in civitate Lycaonia.

Ter naufragium feci. qui omni tempore legitur navigasse, adversis procellis facile fuit ter naufragium facere.

Nocte et die in profundo maris fui. hoc factum est, quando missus est Romam, cum appellasset Caesarem. tunc desperatione vitae in alto, hoc est ⌊in⌋ profundo maris fuit, mortem ante oculos habens. sic enim scriptum est in ipso loco: *ita ut desperaremus nos etiam vivere.*

---

1 *cf.* Act. 19, 9 (cod. gigas) **13sq.** *cf.* Deut. 25, 3 **18sq.** *cf.* Act. 14, 18 **22sq.** *cf.* Act. 27, 12sqq. **26** II Cor. 1, 8

---

1 in] ad *W G* quaerebat *Π L* **3** in tanto *K* **4** carcere *C* **6** super *pr. Π* **6sq.** ideo – modum *om. N A* super *alt. K* V^1 *E* **7** quia – oportuit *om. A* nam] quia *A* **9** saepius] frequenter *T* **9sq.** hic frequentius *L D* **11** quadragenta *C*, -genas *(Vulg.) Π E T L* **16** sum – **18** lapidatus *om. V* **19** lycaonica *T*, liconia *K A* **22** profundum *A* **23** ad romam *D* **24** in disperationem *A* in hoc *A* in *alt. Π L* **25** sic enim] sicut *G* in *om. C W A* **25sq.** ipso in *G* ut – **p. 294, 1** memorat] nunc alia memorat in itineribus sepe *T*

11,26. In itineribus crebrius. 1. nunc alia memorat pericula, ut terra marique pro Christo vexatum se secundum carnem ostendat.

Periculis, ait, fluminum. si itinerum pericula recitat, quid est ut dicat: periculis fluminum? sed hieme iter faciens, quia utique imbres adsidui sunt, egredientibus fluminibus incurrebat periculum.

Periculis latronum. cum in civitate diabolus eum occidere non posset, latrones illi excitabat in via, cum nihil ferret, quae latrones cuperent.

Periculis ex genere. Iudaeorum dicit persecutiones, qui fratres eius erant secundum carnem; dolebant enim quia deserta lege ad evangelium Christi se converterat.

Periculis ex gentibus. a gentibus persecutiones passus est propter mysterium incarnationis domini Iesu Christi et unius dei praedicationem.

Periculis in civitate. 2. usque adeo sub periculo fuit in civitate, ut per fenestram effugeret manus insidiantis sibi.

Periculis in deserto. periculum hoc a Iudaeis fuit procuratum, quando eum factis insidiis in via volebant occidere.

Periculis in mari. iam superius dixit (dixerat): ter naufragium feci, nocte et die in profundo maris fui. quod aliud fuit periculum in mari? sed hoc est peri-

---

12 *cf.* Rom. 9, 4 **18sq.** *cf.* Act. 9, 25 **21sq.** *cf.* Act. 23, 12

---

1 crebrius] saepe *(Vulg.)* *C W G* **2** ut *om.* *A* pro Christo *om.* *A* **3** ostendit *A* **4** iterum *K*, itenere *E* pericula *om.* *K* **6** quia] qua *N A* **7** incurrebant $W G^1 D$ **9** excitauit *V* **12** quia] qua A^1 **13** deserta] aduersa A^1, spreta *N V E T L*, spiritu *K* conuerterant $N V^1 C$ **14** persecutionem *V*, -is *A* **15** domini nostri *L* **16** dei *om.* *K* **17** sub] in *C G* **18** ciuitatem *C* **20** a *om.* A^1 fuerat *N K T E W A* **21** uiam $W G^1$, uidia *C* **23** mare *C* dixit *Π E L D* ter *om.* $W G^1 D$ **24** profundum *N K A* **25** alium fuit in periculum *V* in—periculum *om.* *A*

culum, quando in mari, hoc est in navi, milites cogitaverant omnes custodias occidere, ne quis enatans effugeret. quod periculum centurio prohibuit inferri, ne Paulus occideretur, ut eum vivum Romam perduceret.

Periculis in fictis fratribus. 3. falsi fratres hi sunt, de quibus dicit ad Galatas: propter subintroductos autem falsos fratres, qui subintraverunt explorare libertatem nostram, quam habemus in Christo Iesu. hi enim partim Christiani erant, partim Iudaei, in neutro perfecti, qui zelo legis apostolo invidiam excitabant, eo quod praedicato Christo legem iam cessare dicebat. denique his perurguentibus Timotheum conpulsus est circumcidere. fictus ergo Christianus est, qui aemulatione legis persequitur Christianum. hic est falsus frater. 4. si enim tantum Iudaei erant hi et propter Iudaismum fratres eos falsos appellat, quid opus erat iterare? iam enim superius dixit: periculis ex genere. sed secundum carnem non sunt falsi fratres, in Christo autem falsi sunt, quia non tota mente Christiani sunt. 5. fuerunt et alii falsi fratres sicut Demas et Hermogenis.

11, 27. In labore et molestia. 1. verum est quia potest esse labor sine molestia, sed hic ideo addidit et molestiam, ut laborem ipsum exitiosum ostenderet.

In vigiliis multis. multae fuerunt eius vigiliae, sed aliae voluntariae, alterae ex necessitate. in pressura enim

---

2 Act. 27, 43 **6** Gal. 2, 4 **20** *cf.* II Tim. 4, 9

---

1 mare A^1 naue A^1 cogitauerunt *NEC* **2** effugiret *NEW* **4** uiuum eum *TWGD* **5** finctis V^1, falsis *(Vulg.) LD* **6** subinductos *A* **7** expoliare *W* **8** christi *WG* **10** apostolis *A* **11** dicebant *ΠEA* **12** perurgentibus *L* **13** quia *WG* **14** persequutor A^1 hoc est falsos fratres *A* **15** eos] hos *L* **17** dixerat *A* **18** sunt] fuerunt *E* que A^1 **19 sq.** fuerunt—Hermogenis *om. A* **20** Hermogenis *CWGD*, -gines *K*, -genas *E*, -genes *cett.* **21** modestia *NV* verum—**22** sed *om. A* **22** addit *CWGDA* **23** ipsum exitiosum] ipsorum grauem *A*

positus necesse erat, ut vigilaret dei quaerens auxilium; et non solum diebus, sed et noctibus docebat, sicut dicit in Actis apostolorum.

In fame et siti. 2. fugatus frequenter ⌊a⌋ Iudaeis persequentibus necesse erat, ut famem pateretur et sitim per inopiam.

In ieiuniis multis. saepius ieiunavit, ut dei adminiculo protegi mereretur; ieiunat enim, qui de non habet quod edat et abstinet.

In frigore et nuditate. in frigore fuit et nuditate, quando naufragium passus est. denique ignem fecerunt, ait, et refecerunt nos propter pluviam inminentem et frigus barbari in insula Militine.

11, 28. Praeter illa quae extrinsecus sunt, instantia mea, quotidiana sollicitudo omnium ecclesiarum. sollicitudo haec, quam dicit quotidianam, de traditionis usu descendit, ut omnibus diebus conmissum sibi populum instruat; illa autem quae supra memorat superindicta sunt necessitate cogente, dies enim ad opera datus est, nox ad requiem; sed quia instabat necessitas, ut omnibus occurreret, etiam nocte docebat. se enim adfligere non dubitabat, ne dei gratia esset in otio.

11, 29. Quis infirmatur, et non ego infirmor? 1. conpati se dicit omnibus et condolere eo affectu, quo provideat vulneri medicinam. hoc autem ideo prosequitur, ut

---

2 *cf.* Act. 20, 31 **11** Act. 28, 2

---

2 actibus *L* **4** fugatus autem *E* a *ΠLD* iudaeidis *N* **5** sitem A^1 **8** de] dum *L*, *om.* *VTWGD* habet et *ETW*G^1 **10** in *alt.*—nuditate *om.* *Π* et nuditate fuit *A* **12** et *om.* *WG* **13** militen *NK*, -tenae *A*, -leta *V*, melitenae *G*, -ne *LD*, miten *E*, -taena *T* **15** sollicitudo *om.* *K* **16** cottidiana *NKE* **17** usum *A* discendit *A* ut in *E* **18sq.** superinducta *VA* **19** operam *L* datus] deputatus *A* **21** succurreret *A* noctu *A* **23** quis enim *L* non ego *VC*, ego non *(Vulg.) cett.* **24** eo *om.* *N* **24sq.** prouiderat *T*, -deri *W* **25** medicina *NK*, medica E^1

ostendat qua cura commissam sibi ecclesiam tueatur et regat, ac per hoc in nullo se minorem debere iudicari ceteris apostolis, quippe cum secundum quod claruit plus illis omnibus laboraverit. maiore enim invidia laborabat apud Iudaeos prae ceteris apostolis, quia cum persequeretur ecclesiam, subito inmutatus factus est defensor eiusdem testificans atque adfirmans, quod Christum, quem prius ut hominem mortuum aestimabat, de caelo secum locutum audierit, cuius testimonium necessario multi sequerentur scientes eum de persecutore non utique sine ratione factum defensorem. hac causa excruciabantur Iudaei et quaerebant eum semper interficere.

Quis scandalizatur, et non ego uror? 2. scandalizari est carnis pati desiderium, quantum ad locum hunc pertinet. et quia etiam inviti solent scandalizari inlecti forma aut pulchritudine corporis aut propriae carnis calore, apostolus autem necessitatem humanae naturae considerans uri se dicit, ut consulat talibus, conpatiens infirmitati eorum nec hos condemnans, sed commonens in humilitate sermonis, ut spe promissi praemii repugnent stimulis carnis, ne quis eorum qui eum audiunt, desideriis carnis victi desperantes de se putantes iam non accepto ferre deum, si corrigant, et in eisdem manentes depereant.

11, 30. Si gloriari oportet, in his quae infirmitatis meae sunt gloriabor. hoc dicit quia, si gloriandum

---

7sq. *cf.* Act. 9, 4sqq.

---

1 sibi in *K* tuetur *E* regat] protegat *G* **3** cum] qui *WGDA* **3sq.** laborauit *L*, *om.* *V* **4** maiorem $E^1 T^1$ laborat *A* **6** testificatus *E*, *add.* ea *A* **6sq.** confirmans *L* **8sq.** testimonio *CWG* **9** necessarium *N* sequenter *WG* eum] enim *L* **10** haec *WG* **11** excruciebantur *KA* **13** ego non *(Vulg.)* *KL* **13sq.** **15** scandalizare *A* **15** et *om.* *ΠEL* formam WG^1 **16** pulchritudinem WG^1A proprii *L* **17** autem] enim *A* **18** dicet *W* ut] aut *N* consolat *ΠE*, -atur *A* conpatiens] est patiens *N*, suscipiens *A* infirmitates *A* **19** hoc *Π* **20** spe] se A^1 promissa E^1 repugnarent *G* **21** desperantes–**22** et *om.* *A* **24sq.** infirmitates A^1

est Christiano, in humilitate gloriandum est, de qua crescitur apud deum. unde alio loco dicit: cum infirmor, tunc potens sum, hoc est, cum humilior pro salute fratrum, tunc exaltor. hinc gloriandum est, non de carnis progenie, quia est quis ex semine Abrahae.

11, 31. Deus et pater domini nostri Iesu Christi scit, qui est benedictus in saecula, quia non mentior. deum testem dat, ut quae dicit facile credantur, propter hos dumtaxat, qui eum non ut verum apostolum honorificabant.

11, 32. Damasci princeps gentis Arathae regis custodiebat civitatem Damascenorum, ut me conprehenderet; **33.** et per fenestram in sporta dimissus sum per murum et effugi manus eius. **12, 1.** gloriari oportet, sed non expedit (opus est) mihi. 1. princeps Damasci videns Iudaeos insidias tendentes apostolo implere voluit per potentiam malam cogitationem illorum, ut ipse eum, si posset, conprehenderet, ut et Iudaeis placeret et ut diligens in officio sibi credito videretur, si eum quem perturbatorem audiret causa quietis interficeret. hoc inter ipsa primordia. tunc quando apparuit illi in via dominus eunti Damascum, incensi sunt Iudaei videntes eum, qui vinctos credentes in Christo (Christum) venerat perducere in Hierusalem, praedicare sectam, quam venerat condemnare.

---

1 *cf.* Matth. 20, 28 (cod. Cantabr.) **2** II Cor. 12, 10 **21–p. 299, 2** *cf.* Act. 9, 2–25

---

1 crescat *A* **3** salute carnis *A*[1] fratris *VCA* **4sq.** quia est quis *om. K* **5** quis] *om. VD*, qui *NL* **6** et *om. E* **7** quia] quod *(Vulg.) V* **9** eum] cum *N* **11** gentes *A*[1] aretae *(Vulg.) VTL* regis *om. V* **13sq.** demissus *L* **14** effugi] sic euasi *(Vulg.) E* **14sq.** si gloriari *(Vulg.) DA* **15** sed *om. D (Vulg.)* expedit *(Vulg.) ΠETLA* **17** malas cogitationes *V* **17sq.** eorum *L* **18** ut *pr.*] et *K* ipsi *W* possit *NKETG* conprehendere *NK* **19** ut et *NA* **20** audierat *A* causam *WG* interficere *V* **22** accensi *A* eum *om. A* **23** in *pr. om. A* Christo *ΠEL* ducere *A* **24** condemnere *TW*

⌊et⌋ sic factum est, ut a discipulis per fenestram per murum in sporta dimissus effugeret. 2. quod quidam indigne factum dicunt, quia non dei auxilio liberatus est. sed quod ab hominibus fieri potuit, quid opus erat, ut dei suffragio liberaretur, cum dei suffragium tunc sit necessarium, si humanum auxilium deficiat? quo facto non sibi dicit expedire gloriari, quia praesentis vitae gaudium fragile est; si enim non evasisset, martyrium fecerat. sed quia fugiendum in persecutione mandatum est, data opera effugit; nec enim debet aliquis expectare, ut in semetipsum peccetur. 3. ergo gloriandum dicit quia evasit. sed non expedit, inquit, propter superbiam, quia de humilitate crescitur et auxilium dei mitibus proficit, non elatis. praeterea qui gloriatur mortem se evasisse, quae pro fide infertur, inane videri significat pati pro Christo; ideo non expedit gloriari.

Veniam autem ad visiones et revelationes domini. 4. nunc ostensurus est, quo sublatus est, ut perinde quanta et qualia sint, quae illi ostensa et dicta sunt, possint intellegi, ne, sicut quibusdam videbatur, minor ceteris apostolis crederetur.

12, 2. Scio, inquit, hominem in Christo ante annos quattuordecim, sive in corpore nescio, sive extra corpus nescio — deus scit —, raptum huiusmodi usque ad tertium caelum. utrumque confirmavit, quia utrumque posse fieri non negavit, ut et sine corpore rapi potuisset et in corpore. et forte quibusdam videatur

8sq. *cf.* Matth. 20, 23 **12** *cf.* Matth. 20, 28 (cod. Cantabr.)

1 et *ΠEL* **2** demissus *LA*, missus *Π* effugiret *N* V^1 quidem *L* indignum *V* **3** dicant *T* **3sq.** omnibus *L* **4** potuit] solet E^1 est *WG* ut *om. V* **5** cum] quam *V* **6** auxilium *om. K* quod factum *V* **8** fecerit *ET*G^2, faceret *A* **9** ne *V* **10** in *om. W*G^1*L* ergo—**15** gloriari *om. A* **11sq.** propterea *T*, propter quia *WGD* **17** ostensurum *K* quod *Π* esset *A* **18** sit *V* possit *VTWGD*, -sunt *E*, prosint C^1 **23sq.** huiusmodi *om. A* **24** utrumque uerum quae *V* **25** qui *N* **26** rapi—corpore *om. T* uidetur *A*

non magnum esse, si homo Christi raptus est usque ad tertium caelum, cum in tertio circulo dicatur luna esse. sed non ita est, quia ultra omnia mundi sidera raptus intellegitur. et ideo magnificum et mirabile est quod narrat. significat enim supra firmamentum in tertium numero caelum de spiritalibus caelis raptum semetipsum.

12, **3.** Et scio talem hominem, sive in corpore sive extra corpus nescio — deus scit —, **4.** quia raptus est in paradisum et audivit archana verba, quae non licet homini loqui. **5.** pro huiusmodi gloriabor. 1. bis se raptum dicit, id est hinc usque ad tertium caelum, deinde in paradisum caelestem, in quo latroni dixit dominus, quod futurus esset cum eo in paradiso, inquit, patris, illic ubi et civitas dei dicitur esse, Hierusalem mater nostra. 2. quid ergo mirum, si post resurrectionem corpus iam expiatum atque tenuatum factum inmortale futurum credatur in caelis, quando non dubitat apostolus adhuc mortale corpus potuisse levari ad caelos et tolli in paradisum dei patris caelestem? pro huiusmodi homine, id est qui tam dignus est deo, ut hoc experiretur, gloriari se dicit; et non vult aperte dicere quia de se loquitur, ne laudare se videatur. et Iohannes apostolus, cum de se sciatur loqui: hic est, ait, discipulus, quem diligebat Iesus, qui et recubuit in coena supra pectus eius, ne de se gloriose effari videretur.

Pro me autem non gloriabor, nisi in infirmitatibus meis. 3. sic de se non gloriatur, dum non aperte

---

13 Luc. 23, 43 **14sq.** *cf.* Gal. 4, 26 **23** Ioh. 21, 20

---

2 tertio] quarto *A* **5** numerum *A* **7** corpore nescio *D* **8** quia *om.* *W G*^{1} **9** est—**p. 302, 2** magnitudine *hiat C* paradiso *V* **10** se licebat *A* **11** raptum] paratum *A*^{1} **12** quo] eo *T* ad latronem *A* **14** dei *A*, *om. cett.* **17** creditur *A* **18** leuare *A*^{1} **19** hominem *E T W G A*^{1}, -es *V* **20** quia *Π E T* tam] iam *E T L* ex hoc *Π E L* gloriare *A*^{1}, gloria *N* **23** qui *om. A* **25** affari *L* **26** non] nihil *(Vulg.) V* **27** non *pr. om. A* nisi dum *E T W G* non *alt. om. N E*^{1}

de se profitetur. in infirmitatibus sane, inquit, meis gloriabor. exponere enim pressuras passionum et infirmitates angustiarum non videtur gloriosum, sed flebile. idcirco se in his gloriari dicit, sciens tamen quia ad profectum perducunt remunerationum caelestium. 4. quid enim tam gloriosum in futuro Christiano quam exitia pro Christo inlata sibi narrare?

12, 6. Nam et si voluero gloriari non ero stultus; nam veritatem dico. hoc dicit quia, si meritum suum profiteatur quod habet apud deum, non erit inprudens; vera enim loquitur. ergo si quis pro meritis suis quae sibi ostensa sunt loquitur, non est utique stultus; si autem taceat, est etiam prudens. sed qua causa hic non palam gloriatur, nunc subicit dicens:

Parco autem, ne quis me existimet super id quod videt me vel audit aliquid ex me. ostendit igitur, qua causa non aperte glorietur. ne quis me existimet, inquit, ultra gloriam meam tendere, quam limes meritorum admittit. hos significat, quos obtrectatores habebat causa legis, sicut supra memoravi. nam utique meritorum gloriam bonum est non tacere, ut invitentur credentes.

12, 7. Et ne sublimitate revelationum extollar, datus est mihi stimulus carnis, angelus satanae, ut me colafizet, ne extollar. deum bonis meritis providere testatur, dum permittit temptationibus hos deprimi, non solum ne laborum suorum fructibus abdicentur, verum etiam ut augeant his ad cumulum possessionis aeternae. hoc

---

1 infirmitatibus meis *A* **2** enim] autem *K*, inquit *A* passionem *K* **3** flebilis WG^1, debile *A* **4** tamen *om. A* **4sq.** remuneratione *WG* **5sq.** quid—narrare *om. A* **8** dico] dicam *ΠELA* **10. 11** loquor A^1 **12** qua] quia *KW* hinc *T* non] *om. VT*, nunc *WG* **13** subiecit *KTW* G^1D **14** existimet stare *K* **15** vel] aut *NL* audet A^1 aliquid *om. N* **17** inquit] umquam *A* ultra] extra *A*, intra *ΠE* in gloriam *V* limis (*add.* me A^1) NVA^1 **18** hoc *NET* **20** non est *D* **23** ut] qui *(Vulg.) A* extollatur *A* **24** promittit *WG* **25** ne de *A* abdicerentur *NK*, addicentur *TWGA* **26** possessionis] promis- E^2WGD

ergo remedium datum est apostolo, ut iniuriis pressus animo non possit extolli magnitudine revelationum, quia otiosum pectus necesse habebat in his quae viderat extolli.

12, 8. Propter hoc ter dominum rogavi, ut discederet a me, **9.** et ait mihi: sufficit tibi gratia mea; nam virtus in infirmitate perficitur. 1. stimulos diaboli, quos perfide mentibus inserens ad nocendum dei servis instigat, ut cessarent ab eo, ter dominum deprecatum se fuisse et non impetrasse testatur, non quia despectum se dicit, sed quia inscius contra se petebat, ut cessarent ab eo temptationes, per quas perfectior [se] fiebat. ideo ad Romanos dicit: nam quid oremus, sicut oportet, nescimus. 2. unde hoc sibi dicit responsum, ut sufficeret sibi gratia dei, quia aut vires tolerandi addebantur aut tempus pressurae adbreviabatur, ut devotio, dum infirmitate pressurae accedentis non frangitur, probata videatur.

Libentissime itaque magis gloriabor in infirmitatibus meis, ut inhabitet in me virtus Christi. 3. apertum est quia tunc gloriandum docet, quando iniuriis humiliatur. a Christo autem virtus tolerandi praebetur, ut quia prius asperae ac per hoc fastidiendae iniuriae videbantur, postea libenter suscipiendae, ut Christi auxilio lenirentur. libenter ergo caedi se dicit, dummodo a Christo curetur, sciendo plus addere medicinam Christi ad salutem quam infirmitas detrahit sanitati.

---

12 Rom. 8, 26

---

1 apostolo promissionis *T* **2** non *om. V* posset *N A* magnitudinem *N A*^{1} **3** habet *Π, add.* ut *N K* **4** hoc] quod *(Vulg.) V* ter *om. C W G*^{1} **5** et *om. A* **6 sq.** stimulus *N V C A*, -li *W G*, -lo *D*^{1} **7** quod *A*, quo *V* perfide] -is *D*, -iae *cett.* **8** seruus *K* instigat ut] -atus *N*, -atur *K* cessaret *V A* **10** se *pr.*] *add.* fuisse *A* conscius *L* petebat] putabat *V* **11** ideo] unde *A* **13** ut *om. V* sufficere *V* **14** qui *C*, qua *Π E L* aut *pr.*] ut *Π E L* **15** adbreuiebatur *A*, adbreuiatur *V* ut plena *A* **18** Christi] dei *C W G* **21** aspere *Π* fastidiandae *W G*, -do *G*^{1}, -dienda *V* **22** linirentur *Π E* **25** detrahit] de *A* sanitate *A*

12, 10. Propterea (quapropter) placeo mihi in infirmitatibus, in contumeliis; cum enim infirmor, tunc potens sum. verum est quia tunc vincit Christianus, cum perdere putatur; et tunc perdit perfidia, cum se vicisse gratulatur; plaudet ergo cum illi insultatur, et surgit cum premitur.

12, 11. Factus sum insipiens, vos me coegistis. 1. conpulsum se dicit, ut quid esset, ostenderet. et non utique stultus est, qui de se vera locutus est, sed inclinat se, ut manifestet, quia non voluntate merita sua ostendit.

Ego enim debui a vobis commendari. manifestum est quia hi debuerant testimonium ei perhibere adversus obtrectatores eius, apud quos ecclesiam constituit et signorum prodigia apostolatus ostendit, ut hoc tacente illi eum defenderent, quem patrem habebant in evangelio Christi.

Nihil enim minus feci quam illi valde apostoli. 2. valde, hoc est nimis, sicut quibusdam videbatur; nam hoc erant, quod et apostolus Paulus. hoc ergo dicit quia minor non est neque in praedicatione neque in signis faciendis apostolis praecessoribus suis, non in dignitate, sed tempore. nam si de tempore praescribendum putatur, ante coepit Iohannes praedicare quam Christus et non Christus Iohannem, sed Iohannes Christum baptizavit. non ergo sic iudicat deus. denique prior secutus est Andreas salvatorem quam Petrus et non tamen primatum accepit Andreas, sed Petrus. 3. quare ergo apostolus quibusdam non videbatur,

---

1 propterea *ΠE* **2** infirmitatibus meis *(Vulg.) L* in contumeliis] *om. L, add.* in necessitatibus in persecutionibus in angustiis pro christo *A* infirmo *C* **4** perderetur *A* et—**5** insultatur *post p. 304, 19* aliquid *pos. A* perfidiam *K* **5** plaudit *L* cum] quam *V* **8** quis *A* **9** quia *D* uere *N*, ueritatem *V* **9sq.** cum manifestat *A* **12** debuerunt *A* **13** obtrectores *W* ecclesia *ET* instituit *V* **14** apostolatus *ΠLD*, -lus *cett.* **15sq.** euangelium *C* **19** et *om.* V^1T **20** in *alt. om. A* **22** perscribendum *KA* **25** prius *A* **26** non *om.* L^1A

cum eadem posset per dei gratiam quae et apostoli? ideo dolet et conpulsus ostendit, quid a dignatione domini mereatur. hinc est unde non solum minorem se non esse coactus est profiteri, sed et plus omnibus laborasse. his ergo displicebat et non videbatur esse apostolus, qui aemulatione paternae legis praedicationem eius respuebant quasi inimici traditionis Moysi, quia eam iam cessare dicebat, apostolis magis faventes et istum his humiliantes, quia illi non tam constanter contra legem aliquid adserebant.

12, 12. Etsi nihil sum, tamen signa apostoli facta sunt in vobis in omni patientia, signis et prodigiis et virtutibus. sic se humiliat, ut erigat. patientiam tamen primam memorat, quia diu illos portavit quasi inpatientes aegros, ut adhibita medicina signorum atque virtutum curaret vulnera erroris illorum.

12, 13. Quid est enim quod minus habuistis ceteris ecclesiis, nisi quod ego ipse non gravavi vos? donate mihi hanc iniuriam. adhuc per humilitatem se commendat; ostendit enim non minus illos aliquid habuisse ceteris ecclesiis, sed et amplius. evangelium enim dei gratis his praedicavit, quod nullis concessum est ecclesiis dicente domino: dignus est enim operarius mercede sua. si ergo pro bono opere iniuria, inquit, dignus sum,

22 Luc. 10, 7

1 et *om. A* **2** ostendet *C* a (ad *A*) dignationem *T A*, ad agnitionem (-ne *K*) *N K* **3** non solum unde *A* **4** confiteri *A* laborare *A* **5** esse—**8** faventes *om. A* quia *Π* aemulationem *C* **7** apostolus *K V* **8 sq.** quia—adserebant] qui apostolicam praedicationem refutabant *A* his] hi *A*, *om. D* illi *om. Π E* **10** apostoli *om. A* **11** potentia *Π E D* **12** ut] et $W^1 G^1$ **13** primum *G* quia] quam *A* **14** quasi] quia *E* **15** curet *A*, curare *N K* erroris] -es *N*, *om. A* **16** habuis *C*, -bui *D* **17** prae ceteris *(Vulg.) A* grauabi *C* **18** donate] concedite *A* hanc iniuriam] iniuriis *V* **19** commendat] exaltat *A* non minus] minus *E T*, omnibus *C W*, ominus G^1 *post* aliquid *add.* habere et tunc prodit perfidiam—insultantur *(cf. p. 303, 4 sq.) A* **20** habuisse condigna A^2 ecclesiis—**21** est *om.* $T^1 A$ **22** est *om. K* enim *om. E* **23** iniuriam *A* inquit *om. L* ignoscite mihi; omnis enim stultus boni accusator est. ut hos ergo inperitos ostendat, veniam ab his postulat eius facti, de quo laude dignus est.

12, 14. Eccc tcrtio hoc parati sumus (paratus sum) venire ad vos et non vos gravabo. 1. ne forte hoc inter initia fecisse putaretur ad commendationem suam, post autem mercedem evangelicae praedicationis velle accipere, ostendit in ea se voluntate durare, ne factum suum postea (post) emendare videretur et esset, quod ab obtrectatoribus reprehenderetur.

Non enim quaero quae vestra sunt, sed vos. ostendit ideo se nolle accipere ab eis, ut illos ipsos lucraretur, ut intellegentes quia pecuniae praeponit eos tandem cognoscerent affectum illius erga se.

Nec enim debent filii parentibus thensaurizare, sed parentes filiis. patrem se eorum significat, sicut in prima epistola dicit: per evangelium ego vos genui. 2. carnales tamen parentes sunt, qui filiis thensaurizant; nam spiritales a filiis dignum est ut accipiant sumptus ad sustentandam vitam praesentem. non enim magnum est, ut spiritalia tradentes consequantur carnalia. hic autem in tantum probat se nolle accipere, ut transferat causam carnalis patris ad spiritalem, ut non solum non ab eis accipiat, sed et, si potest fieri, ipse illis tribuat, sicut supra iam dixit: alias ecclesias spoliavi accepto stipendio ad ministerium vestrum. hoc dicto tangit eos, ut intellegant quantus sit et quid hi mereantur, qui tanti apostoli providentiam neglexerunt.

---

17 I Cor. 4, 15 **25** II Cor. 11, 8

---

1 omnes *D* **2** ostendit *K* **4** hoc *om. K* parati sumus *Π* **5** ne] nec *WG* **7** autem] haec *A* **9** postea *ΠEL* ab] ob *K*, *om. N* **12** nolle] nullo *K*, ullo *N* **13** proponit *TA*, -nis *W* **13 sq.** cognoscant *A* **20** sumptos A^1 **22** autem non TWG^1 **24** et *om. A* tribuet A^1 **25** spoliavi *KA*, expoliaui *(Vulg.) cett.* **27** quia *Π*

12, 15. Ego vero libentissime impendam et superimpendam et ipse impendar pro animis vestris. nunc aperte affectum et caritatem, quam circa eos habebat, ostendit, quando non solum sua pro eis impendere et propensius impendere paratum se dicit, sed et se ipsum pro salute animarum eorum etiam mori, sicut et apostolus Iohannes dicit, quia exemplo salvatoris: pro fratribus, inquit, etiam animas nostras debemus ponere.

Plurimum vos diligens minus diligor. provocat eos ad amorem, quia ipsi plus illum deberent diligere, maxime per quem didicerunt viam salutis, per quem et adquisiti sunt deo, ex perfidis facti fideles et ex contaminatis purificati.

12, 16. Esto autem, ego non gravavi vos; sed ut astutus dolo vos cepi. omnia quae possent ex adverso proponi non tacet, ut se purget per omnia, quia nihil per circumventionem egit apud eos, sed in simplicitate, sibi semel prospiciens, his duplici genere, ut et apud deum provideret eis et hic censum illorum non quaereret, sibi autem hoc sufficere quod a deo promissum est in futurum. forte enim suspicarentur ideo illum contempsisse, quia parva erant quae offerebantur, ut maiora consequeretur, ut circumspiciens merita sua non pecuniam refutaret, sed numerum indignum sibi aestimans contemneret.

12, 17. Numquid per aliquem eorum, quos misi

---

7 I Ioh. 3, 16

---

1 uere A^1 **2** superimpendar *(Vulg.) A* animis $C W G^1 A$, -abus *(Vulg.) cett.* **4** eis] uobis *V* impendere] pendere $W G^1$, *om. A* **5** se *alt. om. A* **6** eorum] *om. KL, post* mori *pos. N* et *om.* $G^1 A$ **7** Iohannes *om. L* **9** diligo *C W* **10** deberent] -ere *W*, *om. L* **11** et *om. C W G A* **12** facti sunt *E T G* **13** estote *K*, est *T* grauabi *C* uos non grauaui *L* **14** possint *V K*, -sunt *N L* **15** non *om.* $C W G^1$ qui *A* **16** conuentionem *V* eos] uos *V* **17** et *om. Π* **18** eis *om.* $Π E G^2$ sensum *A* **19** futuro *V* **20** illis A^1 **21** ut *alt.*] et $Π E T L G^2$ **21 sq.** circumspicerent A^1 **22** reputarent *A* numero *K*

ad vos, circumveni vos? hoc est quod dicit, quia quos misit non illis hoc intimarunt, ut, si vellent pacatum habere apostolum, dignam quantitatem personae illius offerrent, quia ideo noluisset accipere, quia minus quam dignum erat offerebatur. quod compositum apostoli astutia intellegerent, ut quod egit non per contemptum, sed per avaritiam egisse probaretur.

12, 18. Rogavi Titum et misi cum illo fratrem. numquid avarus in vos fuit Titus? non eodem spiritu ambulavimus? non iisdem vestigiis? apertum est quia, quando ab his quos misit nihil tale dictum aut factum est, una eorum sententia probatur in bono exclusa suspicione avaritiae.

12, 19. Olim putatis quod excusemus nos apud vos? hoc est quod dicit: olim de nobis dubitatis, arbitrantes qui (quia) non simpliciter agamus vobiscum? a pseudoapostolis enim exagitabantur, quia volentes depraedari eos, tergiversatione hoc agere apostolum adseverabant (adserebant), quasi ut plus possit accipere.

Coram deo loquimur. omnia autem, carissimi, pro vestra aedificatione. sic illos cupit verum et bene de se sentire, ut et ratione et testificatione satis illis faciat, quia non ut sibi prosit, talem se praebet, sed ut ad aedificationem eorum proficiat, ut vel sic amorem illorum circa se provocet, dum non gravat censum illorum et auctoritatem potestatis in arguendis vitiis non inclinat. sine dubio enim

---

1 sq. quia quos misit *om. A* **2** non illis] nullis *N* intimarent *T* peccatum *K W G*[1], placatum *V*[2] **3** dignum *A* offerent *K W* **4** noluisse *A* erat] fuit *L* **9** in uobis *T W G D* non] nonne *(Vulg.) Π E D* **9 sq.** spiritum *E* **10** ambulamus *A* non] nonne *(Vulg.) L D* **11** nil *Π E L* **12** probabatur *N* bonum *A* **14** olim *A*, iterum *cett.* **16** qui *Π L D* **16 sq.** seudoapostolis *A* **17** depraedare *A*, deprecari *Π* **18** adseverabant *Π* **19** quasi *om. A* posset *A*[2] **20** loquimur] agimur *K* autem *om. L*[1] *W G* **21** aedificatione] exhortatione *C W G*[1] ueros *K* **23** possit *W* se] et *N K* ut *alt. om. E T W G D*[1] **24** ut] et *Π* **25** auctoritate *W G*

prodest ei, qui corripitur, ut emendet, si praepositus ideo oblata refutet, ut libere arguat.

12, 20. Timeo enim, ne cum venero, non quales volo inveniam vos. quoniam non omnes adhuc, quos in prima epistola corripit, emendaverant in quibus fuerant vitiis reprehensi, ideo cum auctoritate vult videri iturus ad illos, ut territi corrigantur, ut tales illos inveniat quales vult.

Et ego inveniar vobis, qualem non vultis. hoc dicit, ut tales se praebeant, ut conveniat eis cum apostolo, ut invicem congaudeant sibi. ille enim invenit aliquem qualem non vult, qui se talem facit, ut discordet ab illo.

Ne forte sint inter vos contentiones, aemulationes, animositates, dissensiones, detractiones, susurrationes, tumores, seditiones. nunc errores memorat, quos in superiore epistola reprehendit, quando personis deferentes et alterum alteri praeponentes dissidebant ab invicem.

12, 21. Ne iterum, cum venero, humiliet me deus apud vos et lugeam multos ex his, qui ante peccaverunt et non egerunt paenitentiam super inmunditiam et fornicationem et inpudicitiam, quam gesserunt. 1. hoc praemonet, ut non illos tales inveniat, quales dudum invenerat cum vitiis diversis operum inmundorum vel magis nominum, quia omne opus sine crimine est, sed inordinationis nomen facit crimen. tunc enim

---

1 prodest ei] prodesse ei *Π*, prouidet *A* ut] ac G^1 praepositos *V* **2** refutat *A*, -auit *V* arguat] corrigat *A* **3. 7** qualis A^1 **5** emendauerat T^1*A*, *add.* aut *K* **6** ituros *K W* G^1 **7** corrigant *W A* **8** a uobis *L C W G D A* non qualem *L* **9** praebeant] praeueniant *V* conueniet *A* **10** ut] cum *A* *post* sibi *finit V* **11** discordat *E* **12** contentiones *om. K* **13** animositates *om. K* **14** errores] ergo res *N K* **15** superiori *N K E T A* **15sq.** personas differentes ab alterutrum *A* **18** cum venero *om. L* **20sq.** super inmunditiam *om. T* **21** inmunditia et fornicatione et inpudicitia *(Vulg.) L D* **24** opus bonum *A* **24sq.** sine crimine] sincerum *C* **25** inordinatione *A*

est inlicitum, cum aliter fit quam concessum est. 2. illis ergo peccantibus se humiliari dicit, quia incipit ut pius pater peccata filiorum deflere. quis enim pater non gaudeat bene agentibus filiis? sic iterum necesse est lugeat, si prave versentur. ideo admonet, ut, si qui praeteritarum fornicationum aut alterius inmunditiae vel inpudicitiae non egerunt paenitentiam, sicut quidam quos significat egisse, nunc agerent, ut veniens sine tristitia esset cum eis. 3. cum enim dicit: et lugeam multos ex his, qui ante peccaverunt et non egerunt paenitentiam, probat quosdam ex his egisse paenitentiam, quosdam non egisse. quod Novatiano adversum est, quia dicit fornicatores non posse peragere paenitentiam et recipi in communionem. hic probat peregisse ac per hoc receptos in pace ecclesiae. tres ergo formas peccatorum probat, cum fornicationem et inpudicitiam et inmunditiam nominat.

13, 1. Tertium hoc venio apud vos. superius praeparatum se dixit, nunc iam venturum.

In ore duum testium vel trium stabit omne verbum. hoc secundum legem dixit, ut aliquis duobus aut tribus testibus aut purgetur aut condemnetur. ita et hi tertio adventu apostoli ut purgati inveniantur, commonet.

13, 2. Praedixi enim et praedico ut praesens secundo adventu et absens nunc, his qui ante peccaverunt et ceteris omnibus quia, si venero iterum, non parcam. pridem se dixisse significat praesen-

10sq. *cf.* Quaest. 102, 17, p. 212, 17 **19** Deut. 19, 15

1 fit] sit *K* est] sit *A* ergo] enim *A* **2** pater *om. A* **4** est] est filius *K*, est ut *L* si peruertantur *A* **5** fornicationem *A* **7** aliquos *GA* ut] et *NKE*G^{2} **8** uenient *T* **10** paenitentiam] *add.* non agere *NKCWG*, non egisse *T* **11** nouatianus *A* **11sq.** aduersus *N*A^{2} **13** recipere A^{1} **17** tertio *(Vulg.) ET*G^{2}*DA* apud] ad *(Vulg.) NKEL* G^{2}*A* **18** dicit G^{1}*A* **19** uel trium testium *(Vulg.) L* stat *A* **21** purget *CW* hi] in *A* **23** praedico et praedixi *A* **24** secundum aduentum *A*

tem, ut corrigerent se, ne cum pudore corriperentur. et nunc iterum absentem se eadem dicere contestatur, ut post secundam correptionem, si se non emendaverint, parci eis non debeat.

13, 3. Quoniam probationem quaeritis eius, qui in me loquitur Christus. probationem quaerunt Christi loquentis in apostolo, dum praeceptis non oboediunt volentes probare, si audet vindicare, ut per id intellegatur esse fidae auctoritatis, ut de cetero timeatur. qui enim magistrum contemnit, emendari se non quaerit.

Qui in vobis non infirmatur, sed potens est in vobis. potens est in his Christus, quia viderunt in nomine eius mortuos excitatos, daemones fugatos, paralyticos convaluisse, surdos audisse, mutis redditum affatum, claudos cucurrisse, caecos vidisse. haec omnia virtutis sunt, non infirmitatis; denique hac causa adtracti ad fidem sunt.

13, 4. Nam et si crucifixus est ex infirmitate nostra, sed vivit ex virtute dei. 1. verum est quia propter peccata nostra crucifixus est Christus, ut mortem destruens credentes sibi liberaret ab ea. infirmari ergo se passus est propter nos, ut mortem vinceret nobis. descendens enim ad inferos qui omnino peccatum nesciebat et quasi peccator occisus cirografum Adae delevit, ut de cetero defuncti sub eius nomine a morte non tenerentur, sed haberent fiduciam eundi ad caelos. propter infirmitatem ergo nostram occisus revixit virtute patris, ut discipulis probaret quae docuerat esse vera exemplo in se ostenso.

Etenim nos infirmamur in illo. 2. hoc ad apos-

---

1 se *om. W D* ne] siue *A* et *om. N* **3** ei *W G*[1] **6** *post* Christi *finiunt N K, add.* incipit ad philippenses **7** uolentis *C*, uolunt *A* **8** fides *E T W G D*, fidei *A* **10** emendare *E T W G D*, *om.* non **13** daemonas *C* **14** reditum *A*[1], reddi *E* **15** curisse *E*, curasse *A* vidisse] audisse *E*[1] omnia maximae *A* **20** sibi] in se *A* infirmare *A* **21** est *om. E T W G* uincerit *A* **23** occisus est *C A* adae cyrographum *G* delebat (-bit *W*) *T W G*, diluit *A*[1] **26** discipulos *A* **27** in se *om. A*

tolorum personam pertinet, qui eum, id est Christum, praedicantes infirmabantur, dum iniuriis agebantur, claudebantur, caedebantur.

Sed vivimus cum ipso ex virtute dei erga vos. manifestum est quia, si a perfidis infirmabantur, apud credentes non erat haec infirmitas, sed profectus, quia hinc potentiores fiunt fideles, dum infirmantur. inlata ergo mors a perfidis vita est erga credentes; virtute enim dei resurgent, ut vivant cum Christo.

13, 5. Vosmetipsos temptate, si estis in fide; ipsi vos probate. 1. invicem ut se fratres discutiant praecepit; sollicitiores enim fiunt, si secum invicem conferant. temptationem ergo hanc probationem voluit intellegi, quia omnis probatio temptatio est, non tamen omnis temptatio probatio. si enim deus temptare dicitur, probatio est; si autem diabolus temptare dicatur, temptatio est, quia evertere nititur. et homo aliquando temptat, ut probet, aliquando, ut capiat.

Aut non cognoscitis vos, quod Christus Iesus in vobis est, nisi reprobi estis? 2. hoc dicit quia, si probare vos invicem nescitis, non cognoscitis quia Iesus Christus est in vobis, et hoc est reprobum esse nescire religionis vel professionis suae fidem. qui enim fidei suae sensum in corde habet, hic scit Christum Iesum in se esse.

13, 6. Spero autem cognituros vos quia non sumus reprobi. provocat eos ad scientiam fidei et rectae vitae. cum enim coeperint scire apostoli sui certam auctoritatem et meritum apud deum, poterunt et circa se esse solliciti.

---

1 id est] ideo *D* id est Christus *om. A* **7** inlata] in tales *A* ergo] enim *WG* **8** resurgant *L* **11** ad inuicem se *D* **13** hanc ergo *A* **15** si *pr.*] est si *A* temptare — **18** capiat] temptat euertit *A* **16 sq.** auertere *G* **19** non *om. E* **20** nisi si forte *A* **22** in uobis est *CA* est *alt. om. L* reprobum in A^1 religionis *om. D* **23** vel *om. ETWGD* **25** quia] quoniam *G*, quia nos *(Vulg.) A* **28** deum] *add.* ut *D*, *om. L*

13, 7. Oro autem deum, ne quidquam mali faciatis, non ut nos probati appareamus, sed ut vos quod bonum est faciatis. nos autem quasi reprobi sumus. eo affectu quo semper orat pro eis, ut a malis temperent, non ut nos, inquit, probati appareamus, id est, non ut in auctoritate videamur vobis peccantibus, sed ut vos quod bonum est faciatis, nos vero ut quasi reprobi simus. quid est hoc? orat apostolus, ut reprobus sit? non sane; sed hoc orat, ut his bene agentibus, dum non auderent corripere, quasi humilientur, ut humiliati velut reprobi appareant. probati enim a deo videntur, dum iudicant peccatores auctoritate concessa. si ergo quos iudicent non sint, cessante in his auctoritate quasi reprobi videntur.

13, 8. Non enim possumus aliquid adversus veritatem, sed pro veritate. hoc dicit quia potestas non est data contra veritatem, ut arguant bene viventem, sed pro veritate, ut vindicent in eum qui inimicus est legis. ideoque cessabit potestas, si quod bonum est fecerint. unde ad Romanos ait: vis non timere potestatem? bonum fac et habebis laudem ex illa. cum ergo non timet bonum operando, evacuata est apud eum potestas. hoc est quasi reprobum esse, quia hoc in eo cessat, unde probatur potestas.

13, 9. Gaudemus enim, cum nos infirmamur, vos autem fortes estis. hoc est infirmari non exercere potestate. hos autem optat fortes esse, ut bene agentes vitia vincant et prohibeant a se vindictam aut correptionem.

Hoc et oramus in vestram consummationem.

---

19 Rom. 13, 3

---

6 ut *om. A* in *om. T* uideamus *E W* **7** ut *alt. om. A* quia si *W* **8** sumus *C A* **10** audent *A*, uiderent *E* ut] et *L* uelut] uel *E C W G* **12** quos] qui *A* **13** sunt *L D A* **16** arguat *A* **17** uindicet *A* **18** unde et *W G* **22** reprobam *A* **24** gaudeamus autem *L* etenim *E* **25** est enim *T* infirmare *A*[1]

petit orans, ut in eo perficiantur nec peccent consummati in virtute bonae vitae et in incorrupta fide.

13, 10. Idcirco haec absens scribo, ut non praesens durius agam. apertum est quia ideo absens commonet, ut correctiores illos inveniat et non illic positus increpet cum pudore, ut erubescat qui peccat in coetu fraterno. Secundum potestatem quam dominus dedit mihi in aedificationem et non in destructionem. haec potestas est, quam superius optat esse otiosam, his bene agentibus; si quo minus, exercere se in hac, ut aedificentur correpti, non mortificati peccatores. non enim destruuntur, quia arguuntur, ut corrigant, sed aedificantur ad vitam.

13, 11. De cetero, fratres, gaudete, perfecti estote, consolationem percipite, idem sapite, in pace agite; et deus pacis et dilectionis erit vobiscum. 1. gaudium hoc de emendatione erit, unde et poterit provenire profectio. sed ante erit consolatio, ut spe futurorum deserant praesentem oblectationem. idem, ait, sapite. hoc propter veterem discordiam, ut iam unum sentiant. in pace agite. si concordes fuerint, habebunt pacem. 2. et deus pacis et dilectionis erit, inquit, vobiscum. deus pacis Christus est qui dixit: pacem meam do vobis, pacem meam relinquo vobis. ipse est et deus dilectionis, quia iterum ait: novum mandatum do vobis, ut diligatis invicem. et: in hoc, inquit, cognoscent omnes quia

---

22 Ioh. 14, 27 **24** Ioh. 13, 34sq.

---

1 eo *om. L* proficiantur G^1*A* ne *CA* nec peccent] ut *D* **2** in *WG*, *om. cett.* **3** absens] habens *T* **4** agamus *A*, -emus *D* absens ideo *A* **4sq.** conmendat *A* **5** correctio rectiores *W*, correctiore G^1, correptiores *DA* **6** cum pudore] quia pudorem D^1 qui] cum *D* peccauit *A* in] ut in *D* **8** et *om. A* in *alt. om. D* **12** ut] et *A* corrigunt *C*, -untur *A* **13** perficete *D* **17** perfectio T^2*A* ut semper futurorum spe *A* **18** ait *om. EG* hoc – **20** agite *post 21* pacis *pr. pos. A et add.* si – pacis *pr. (l. 20sq.)* **23** meam *om. L* est *om. ETWG* et *om. D*

disciPULI mei estis, si dilectionem, qua dilexi vos, habueritis ad invicem. alia tamen pax dei, alia mundi est, quia et maligni et spurci habent pacem, sed ad damnationem. Christi enim pax libera est a peccatis; perfidiam enim fugit, dolum spernit, factis malis repugnat. haec deo placita est et amica, diabolo autem inimica. hanc qui habuerit, habebit et dilectionem simul et deum eorum ad tuitionem perpetuam.

13, 12. Salutate vos invicem in osculo sancto. haec salutatio ecclesiastica est, quia oscula haec non carnalia, sed spiritalia sunt, quae complexu corporum animos copulant, non desiderio carnis, sed spiritus.

Salutant vos sancti omnes. provocat eos ad sanctitatem, ut et ipsi audeant reddere vicem sanctis in salutationem. ideo enim a sanctis salutantur, ut illos imitentur.

13, 13. Gratia domini Iesu Christi et dilectio dei et communicatio sancti spiritus cum omnibus vobis. trinitatis hic complexio est et unitas potestatis, quae totius salutis perfectio est. dilectio enim dei misit nobis salvatorem Iesum, cuius gratia salvati sumus. ut possideamus hanc gratiam salutis, communicatio facit sancti spiritus; hic enim dilectos a deo et salvatos gratia Christi tuetur, ut trium perfectio consummatio sit hominis in salutem.

---

1 mei estis discipuli *E* mei *om. L* **2** ad] in *EG*, ab *W* **3** qui T^1 **3 sq.** damnationem est *A* **5** factis] actibus *A* **9** invicem *om. E* **10** est ecclesiastica *T W G* **11** animas *E* **12** spiritu *E T W G D* **13** omnes sancti *(Vulg.) A* **14** et *om. E* audiant *L* uice uicem *L* **14 sq.** salutationem *L C D* **15** imitantur *E* **16** domini nostri *(Vulg.) L* **18** hic *om. A* quae] quia *D* **19 sq.** salutarem *A* **20** et ut *A* **21** haec *E T G*, hinc *A* **22** dilectio *E T W G*, dilectis *A* saluatis *A* **23** salute *A*, *add.* amen *G*

expl ad corinthios secunda *C* explicit ad corinthios (*add.* prima D^2) *D* expl in eplm ad corinthios secundam ambrosii epi *G* explicit epistola secunda deo gratias. engilricus subdiaconus scripsit *E* explicit explanatio sci ambrosii in eplam ad corinthios secundam. incipit argumentum eplae ad galathas *L*; *sine subscriptione T A*

INDEX SCRIPTORUM[1]

I. SCRIPTURA SACRA

Asterisco lectio scripturae a Vulgata discrepans, verbo cf. ipsa verba scripturae non afferri indicatur.

[1] Primo numero indicatur pagina, secundo linea

II. ALII AUCTORES